Zeuske | Sklaverei

Sklaverei – eine sehr alte Schlange

> »Welche neue Form wird dieses alte Monster annehmen,
> in welcher neuen Haut wird diese alte Schlange daherkommen«
> (Frederick Douglass, 1865).[1]

Der Mensch sei frei geboren, aber überall liege er in Ketten, sagte Jean-Jacques Rousseau im ersten Kapitel seines *Gesellschaftsvertrags*.[2] Sklaverei, der Besitz von Menschen, ist heute weltweit verboten, aber es gibt sie immer noch als globales Phänomen, heute genauso wie durch die ganze Weltgeschichte hindurch.[3] War ›der Mensch‹ je frei geboren?

Sklaverei bedeutet Gewalt von Menschen über den Körper anderer Menschen, es bedeutet in den allermeisten Fällen körperlichen Zwang zu schwersten und schmutzigsten Arbeiten oder zu Dienstleistungen sowie Mobilitätseinschränkung. Dazu kommen alle Formen und Folgen von Statusdegradierung, wie besonders der entwürdigende Kauf und Verkauf von Menschen. Einzelne der genannten Dimensionen, auch in Kombinationen, existieren weiterhin. Heute sind sie oft nicht mehr begründet mit der falschen, aber wirkungsvollen Theorie von eingefrorener ›äußerer‹ Statusdegradierung, d. h. Rassismus, sondern eher durch andere soziale oder ethnische Rangzuschreibungen. Sexuelle Verfügung ist sogar noch immer verbunden mit einem der Hauptmerkmale formeller Sklaverei – dem Kauf und Verkauf sowie der Kommodifizierung menschlicher Körper, oft im Rahmen irgendeiner Art illegaler Verschleppung oder Entführung. Aber Sklaverei bedeutet nicht nur sexualisierte Gewalt; auch die schlicht durch exzessive Gewalt erzwungene Arbeit für die jeweiligen Halter macht die Opfer zu Sklaven – heute ist das meist keinen Medienbericht mehr wert. Was hingegen nicht mehr existiert, ist die Legitimierung und Institutionalisierung durch formale Rechtssysteme sowie der Anspruch, ein einmal erworbenes Eigentum über das Mutterrecht (»Sklavenbauch gebiert Sklaven«) sozusagen legal zu verewigen. Aber selbst das gilt in Bezug auf Gebräuche weltweit nur bedingt.

Sklavenstatus und Sklaverei (oder besser: Sklavereien) sind offenbar ein nicht-evolutionäres Phänomen der Welt- und Globalgeschichte. Ich komme auf dieses fundamentale Problem noch mehrfach zurück. Hier gilt es zunächst festzuhalten, dass Sklaverei zwar in bestimmten Gesellschaften eine stärkere Einbindung in vorherrschende Wirtschaftssektoren (wie Hauswirtschaft, Bergbau oder Plantagen), Institutionalisierung und Verrechtlichung erfahren hat in Form von sogenannten »hegemonischen Sklavereien«, aber nicht-institutionalisiert oder in anderen Formen der Institutionalisierung in allen Gesellschaften bis heute existiert hat und weiterhin existiert. Sklavereien und unfreie Arbeit treiben eher, wie ein Motor aus menschlichen Körpern, die Dynamiken von Wirtschaft und Reichtum an. Es gibt insofern keine evolutionistische Epoche der »Sklavereigesellschaft«; es gibt nur Gesellschaften mit mehr oder weniger ausgeprägten, mehr oder weniger institutionalisierten Sklavereien. Oder eben mit Sklavereiplateaus, wie ich es in vorliegendem Buch vorschlage. Besagte Plateaus setzen in der Welt- und Globalgeschichte irgendwann einmal ein; sie hören aber nicht auf und existieren auch unterhalb oder neben den jeweils späteren Plateaus (mit Ausnahme des weiter unten behandelten dritten Sklavereiplateaus). Ich bin auch nicht ganz sicher, ob wir nicht besser immer im Plural von Sklavereien sprechen sollten. Bei den Gesellschaften mit stärker ausgeprägten Sklavereien handelt es sich, möglicherweise seit der Bronzezeit, aber einigermaßen sicher seit der Uruk-Zeit im 4. Jahrtausend vor unserer Zeitrechnung, jeweils um staatlich oder imperial organisierte Gesellschaften oder um solche, die sich gegen Expansionen wehren bzw. auf Raub und Menschenjagd spezialisiert sind (räuberische Gesellschaften oder *militaristic slaving societies*).[4] Erst seit dem 14. Jahrhundert verbanden sich Sklavereien, zuerst in Weltregionen, die mehr und mehr als »Westen« bezeichnet wurden, mit Institutionen und Firmen, deren Gesamtheit seit 1900 als »Kapitalismus« bezeichnet wird (siehe das dritte Plateau unten).

Sklaverei ist nur scheinbar tot. Bei näherem Hinsehen wird schnell klar, dass die großen und klar erkennbaren Sklavereien sich zu illegalen, meist kleinen und getarnten Sklavereien gewandelt

Plateaus

haben. In diesem Wechsel des Aggregatzustandes der Sklaverei von groß und fest zu eher flüssig und klein sowie oft opportunistisch liegt der Bruch, den ihre formalen Abschaffungen im »Westen« oder auf seinen Druck hin 1792–1970 weltweit langfristig bewirkt haben. Die große Mehrzahl anderer, sagen wir ›kleinerer‹, verdeckter und mobiler Sklavereien, existiert weiter oder entwickelte sich neu. Prozesse der Versklavung und Zwangssysteme haben, vor allem seit dem ambivalenten Prozess von Abolitionen und Abolitionsdiskursen, zwar einen anderen historischen Aggregatzustand angenommen. Alle Sklavereien sind heute, wie bereits gesagt, illegal, aber es gibt mehr Versklavte als je zuvor in der Geschichte (zumindest was die geschätzten, bekannten und absoluten Zahlen betrifft).

Um das Rätsel der sich immer wieder häutenden Schlange Sklaverei zu lösen, will ich zunächst auf der Ebene von Welt- und Globalgeschichte Definitionen von Sklaverei darstellen und analysieren. Danach folgen, in einer sehr weiten historischen Perspektive, die Plateaus oder Stratifikationen von Sklaverei auf diesem Globus. Im Grunde ist dies ein anthropologisch-historischer Versuch, die genannten Aggregatzustände von Sklavereien in chronologische Schichten zu ordnen. Es wäre auch eine räumliche Ordnung von Sklavereitypen möglich, dann würden sich aber zu viele chronologische Sequenzen innerhalb einzelner Räume wiederholen. Die übergreifende räumliche Ordnung ist an Ozeanen und Hemisphären ausgerichtet.

Für mich gibt es eine relativ simple Zäsur zwischen Welt- und Globalgeschichte – ohne dass ich damit sagen will, dass bestimmte Imperien, Staaten, Kulturen oder gar Individuen nicht auch heute noch Weltgeschichte schreiben, dafür sorgt schon die sogenannte *New Imperial History* (die natürlich von britischen Historikern lanciert worden ist). Die Zäsur ist 1522. In diesem Jahr kehrte eines der Schiffe, mit denen Fernão de Magalhães, spanisch Fernando de Magallanes (dt. Magellan), 1519 aus Sanlucar bei Sevilla aufgebrochen war, nach fast genau drei Jahren im September 1522 nach Spanien zurück. Das Schiff hatte den Erdball umrundet. Damit war der Beweis für die Theorie des Globus erbracht. Im 16. Jahrhundert beginnt Weltgeschichte, die den Globus umfasst – reale Globalgeschichte. Und es entsteht der enge historische Zusammenhang von europäischem Kolonialismus, Massensklavereien, Imperien und Kapitalismus, verbunden und vorangetrieben durch neues Wissen, die Massenproduktion (von Nahrungs- und Genussmitteln wie Zucker, Kakao, Kaffee, Tabak, Drogen, Opium, Farben, Gewürzen, Kautschuk, Trockenfrüchten), Technologien (wie dem Schiffbau und Transport) sowie Transkulturationen. Seit die Spanier 1571 Manila auf Luzón gegründet hatten, waren alle vier großen, bis dahin in Europa bekannten Landmassen (Amerika, Asien, Afrika und Europa) durch Segelschiffe verbunden. Auf all diesen Kontinenten existierten lokale und indigene Formen von Sklaverei. Damit begann die globale Phase der Weltgeschichte, die bis heute anhält. Nur Australien wurde erst durch britische Sträflingstransporte Ende des 18. Jahrhunderts einbezogen. Das sind Fixpunkte der wirklichen Globalisierung, natürlich nicht des ideellen Raumsphären- und Globendenkens (da sei Peter Sloterdijk vor).

Die Weltgeschichte vor und nach dem 16. Jahrhundert sowie die Globalgeschichte seit dem 16. Jahrhundert sind durch Sklavereien geprägt, oft unter dem Dach von Imperien oder räuberischer Regimes bzw. militaristischer Menschenjagdgesellschaften. Meist aber, und das dürfte für viele neu sein, verbirgt sich Sklaverei in der Tiefe der Geschichte in Häusern und Gebäuden, d. h. die sogenannte Haussklaverei konnte und kann auch in Tempeln, Jurten, Zelten oder Palästen stattfinden.

Was war Sklaverei? Zunächst sollten wir uns darüber klar sein, dass das deutsche Wort ›Sklaverei‹ für eine Institution steht, ein bereits existierendes Gewaltsystem, das in einer Gemeinschaft mit herausragenden Anführern oder einer Gesellschaft mit Staatsstrukturen (sozialen Hierarchien, Herrschaft, Armee, Recht, Bevölkerung, Territorium) durch Rechtsregeln und Gewohnheit der Mitglieder der Gesellschaft abgesichert ist, meist sogar durch Religion. Wenn also nach Sklaverei als Institution gefragt wird, ist die antike Sklaverei im römischen Imperium und Sklaverei in der Tradition des »römischen« Rechts wahrscheinlich die am besten definierbare Sklaverei der Welt- und Globalgeschichte. Auf jeden Fall aber ist sie die am häufigsten in der Geschichtsschreibung dargestellte Sklaverei. Sklaverei als voll entwickeltes soziales System bedeutet aber mehr – sie besteht mindestens aus den sozialen Elementen Versklavte (die absolute Mehrheit), Sklavenhalter, ›Sklavenproduzenten‹ und -jäger sowie Sklavenhändlern und ihren jeweiligen Hilfskräften (Bewacher, Matrosen/Ruderer, Ärzte/Heiler, Köche, Übersetzer, Schreiber/Notare).

Um diese Elemente in der Breite der Globalgeschichte und der Tiefe der Weltgeschichte zu erforschen und darzustellen, reicht es nicht, die Rechtsregeln und -texte einer Institution in einer gegebenen Gesellschaft und deren geschichtliche Entwicklung und Rezeption anzuschauen. Sklaverei als Institution war und ist ein rechtlich erlaubtes System der Gewalt (*coercion/violence*), der Nutzung menschlicher Körper als Kapital und der Herrschaft einer Person über den Körper einer anderen Person, meist zum Zweck der Ausbeutung ihrer Arbeitskraft und/oder ihres Körpers.[5] Die sehr lakonische Kurzform einer Definition des Verhältnisses von Gewalt und Kontrolle menschlicher Körper stammt von Peter Kolchin: »Born in violence, slavery survived by the lash«[6]. Das erfasst nachgerade paradigmatisch auch das Ubiquitäre und Alltägliche von Gewalt. »Ubiquitär« bedeutet in diesem Zusammenhang, dass Sklaverei und Gewalt immer und überall anzutreffen waren und auch heute noch zusammengehören.

Ich spreche lieber von Sklavereien, weil *eine* Sklaverei immer das innere Bild eben dieser gerade skizzierten »römischen« Sklaverei evoziert. Um die sprachliche Konstruktion von etwas Festgefügtem und Unveränderlichen zu vermeiden, bezeichne ich mit Joseph Miller »*slaving* als historischen Prozess«[7]. Im Kern geht es um die Verfügbarkeit der Körper von Menschen oder von Teilen der Körper von Menschen. Diskursiv umhüllt und repräsentiert waren diese verfügbaren Körper in der meisten Zeit, indem man ihnen niedrigste Ränge der jeweiligen Gesellschaft oder Gruppe (Verwandtengemeinschaft) zusprach oder sie sogar ganz ausschloss

(Orlando Patterson nennt das *social death*).[8] Das ist für die bisherigen, eher rechts- oder wirtschaftshistorisch ausgelegten Geschichten der Sklaverei eine völlig neue Herangehensweise an Sklavereipraktiken.

Sklavereien und, mehr noch, *slaving* als Strategie hat es in der Welt- und Globalgeschichte bei allen Clans, Völkern, Stämmen und Gruppen gegeben, vor allem um und in Feuer- und Wohnstätten, Siedlungen, Häusern, Tempeln sowie Palästen. Die frühen Sklavereien existierten lokal und weltgeschichtlich zugleich in dem Sinne, dass es sie überall in der Welt gegeben hat, sie aber nur in ihren lokalen Sinnzusammenhängen zu verstehen sind und keine Verbindungen miteinander aufwiesen, also beispielsweise kein Sklavenaustausch stattfand. Bis zu den großen Wissensrevolutionen der Neuzeit, die mit dem Beweis der Globalität zusammenhingen, waren Sklavereien selten global in dem Sinne, dass Versklaver oder gar Versklavte gewusst hätten, dass sie auf dem Erdglobus operieren; oder dass es übergreifenden Sklaventransport und -austauschstrukturen gegeben hätte. Lokale Gruppen fanden es die meiste Zeit der Weltgeschichte auch völlig legitim, Mitglieder anderer Gruppen (›Fremde‹) zu töten oder zu versklaven.

Die extrem lokale Fokussierung erweiterte sich – mit Vorläufern in anderen expansiven Imperien (wie Assyrien, Rom oder China) – vor allem seit der arabisch-berberischen Expansion, der mongolischen Expansion im 13. Jahrhundert und seit der europäischen Atlantikexpansion im 15. und 16. Jahrhundert. Die im 16. Jahrhundert einsetzenden Transporte von Massen Versklavter auf iberischen Schiffen über den Atlantik von Afrika nach Amerika haben sogar entscheidend zur Erkenntnis dieser Globalität beigetragen: Die erste Süd-Süd-Globalisierung, wenn ich das in modernen Begriffen ausdrücke, fand zwischen Afrika (sowie bald auch Asien über Manila und Macau) und Amerika statt.

Als Hypothese datiere ich die Anfänge von lokalen, aber weltweiten Sklavereien wegen ihrer Bedeutung für Arbeiten, Dienstleistungen, Viehhüten und Vorratshaltung auf die Anfänge der Landwirtschaft. Diese begann vor rund 10 000 bis 3000 Jahren in voneinander unabhängigen Gebieten – im Vorderen Orient, in der Ost-Sahara, in China, im Industal, in Neu-Guinea, Peru und Mittelamerika. Diese Sklavereien differenzierten sich auch chronologisch und breiteten sich von den Entstehungszentren in unterschiedlichen chronologisch-räumlichen Dynamiken aus (u. a. nach Europa). Es könnte angenommen werden, dass es günstige Gelegenheiten zur Haltung erster ›Sklavinnen ohne Institution‹ schon in der Zeit der Cro-Magnon-Menschen (Jungpaläolithikum), besonders in der Phase des Magdaléniens (um 18 000–10 700 v. Chr.) mit seinen Feuerstätten, Lagerplätzen und ersten Siedlungen gab. Damals taten sich einerseits erfolgreiche Jäger als dominante Persönlichkeiten und sozusagen erste Eliten (volkstümlich große Männer, *big men*, genannt; später auch Häuptlinge, Priester usw.) hervor. Andererseits waren Brennstoffbeschaffung, Abfallbeseitigung, Verletztenpflege sowie andere »schmutzige« und geringer geachtete Nebenarbeiten zu erledigen (knüpfen, flechten, Seile drehen, Felle schaben – sogenannte »geringe Arbeiten«, d. h., gering geschätzte *menial works*). Möglicherweise hatten auch Frauen als Heilerinnen und Spezialistinnen für Beobachtung und Übersinnliches eine besondere Stellung, sodass neue Mitglieder von Gruppen (meist Frauen und Waisen) entweder unter deren Kontrolle oder die von »großen Männern« kamen. Eventuell existierte eine auch eher opportunistische Art der Sklaverei schon in den präneolithischen Opferritualen, die es 400 Generationen lang geben sollte. Auf jeden Fall sollten Opfersklaverei und Menschenopfer sowie Anthropophagie und Rituale mit lebenden oder toten Körpern bedacht werden, wenn es um die Entstehung von ›Zivilisation‹ (Ackerbau; städtische Siedlungen), Religion, Landbesitz, Herkunftsbewusstsein sowie die Legitimierung von Eigentum (Ahnen) und die Herrschaft von Priestern ging.

Wichtig für eine Globalgeschichte der Sklaverei ist, dass die ›kleinen‹ Sklavereien des ersten Plateaus bis in die Gegenwart reichen und von den reinen Zahlen her gar nicht mehr so klein erscheinen. Es gibt noch heute viele Individuen, vor allem Frauen und Kinder, im Sklavenstatus: Laut einem Bericht der International

Labour Organisation (ILO) von 2014 betrifft das weltweit 21 Millionen Menschen (eine konservative Schätzung), drei Viertel davon Frauen und Kinder. Ein ILO-Bericht für die Periode von 2002 bis 2011 hatte Zahlen von 19,5 bis 22,3 Millionen genannt, der Global Slavery Index zählt 45,8 Millionen Menschen als Sklaven – heute, jetzt. In absoluten Zahlen ist das die größte Menge an Versklavten in der Weltgeschichte, bei einer Weltbevölkerung von rund 7,5 Milliarden Menschen dennoch relativ wenig. Was es aber heute wirklich nicht mehr gibt, ich wiederhole das, sind große Wirtschaftskomplexe wie Plantagen- und Bergwerkssklavereien in Gesellschaften, die auf Sklaverei beruhen, also die sogenannten Sklavereigesellschaften. Alle Sklaverei ist heute illegal, aber trotzdem »da«.

Damit ist auch gesagt: Wenn das Thema dieses Buches die Welt- und Globalgeschichte der Sklaverei ist, kann es sich nicht nur um die mehr oder weniger ›bekannten‹ und in legislativen Texten relativ trennscharf definierten Sklavereien der Antike, Roms oder um die Sklaverei im Süden der USA drehen. Von dazu forschenden Historikern höre ich am häufigsten Kritik an meiner allgemeinen Definition von Sklaverei als Verfügung über Körper auf der Basis von realer Gewalt gegen eben diese Körper und Statusminderungen, aber auch an der Definition von Sklaven als Kapital menschlicher Körper. Dabei geht es mir gar nicht um eine unbedarfte Überdehnung des Begriffes Sklaverei. Im Sinne von *slaving* als historischer Strategie beabsichtige ich, Welt- und Globalgeschichte eben nicht aus der Perspektive von »Freiheit« als normativer Kategorie zu interpretieren. Es geht vielmehr darum, die tiefenhistorischen Prozesse der Versklavung, des Handels mit Menschen nachzuzeichnen und die jeweilige Stellung von Versklavten in der sozialen Ordnung unterschiedlichster Gesellschaften zu bestimmen. Es geht mir auch nicht einfach nur um Arbeit und Verkauf von Menschen, sondern um realgeschichtliche Verfügung über Körper. Eben diese verwischt die Trennschärfe legaler Definitionen.

Mit »weit« ist sowohl der gesamte Globus als auch die zeitliche Tiefe, d. h. von ungefähr 8000 v. Chr. an (oder gar 20 000–

18 000 v. Chr.) gemeint. Ich beschränke mich nicht auf Griechenland von etwa 800 v. Chr. bis zum 3. Jahrhundert, Rom vom 4. Jahrhundert v. Chr. bis ins 6. Jahrhundert oder den Süden der USA von 1820 bis 1865. Ich nenne diese ›bekannten‹ Sklavereien, die mit relativ klaren Chronologien und Rechtsregeln verbunden waren, die uns noch heute eingängig erscheinen, weil sie auf die eine oder andere Art auch noch unsere Gesellschaften prägen (etwa durch das Eigentumsrecht oder die traditionell akzeptierte Spaltung in arm und reich), »hegemonische Sklavereien«.[9] Aus der Perspektive dieser Sklavereien scheint es, als existiere nur »a single archetypal image of slavery«[10], wie Andrea Major in ihrem Buch über Sklavereien, Abolitionen und das *Empire* in Britisch-Indien schreibt. Würde sich eine Menschheitsgeschichte der Sklaverei lediglich auf diese Sklavereien fixieren (wie es die meisten Geschichten der Sklaverei tun), wäre sie eben keine Welt- und Globalgeschichte. Eine Globalgeschichte dieses Zuschnittes muss zumindest den Anspruch erheben, das ganze Rund des Globus und eine große zeitliche Spanne der Weltgeschichte bis heute zu behandeln; eben als eine Art globaler Menschheitsgeschichte. Anders würden die Anfänge nicht in den Blick kommen. Es würde nicht deutlich werden, dass solche ›kleinen‹ Sklavereien informell heute noch existieren. Und räumlich gesehen würden weite Gebiete des Globus (indigene und vorkoloniale Amerikas / Karibik, Afrika, Mittelasien, Indien, China, Japan, Südostasien, Philippinen, Indonesien, Russland/Sibirien, Australien, Kanada, die Gebiete im und am Indischen Ozean sowie die Gebiete im und am Pazifik) im Dunkeln bleiben, nämlich fast die ganze Welt. Man sollte sich darüber im Klaren sein, dass eine solche Geschichte gerade für Historiker, die auf Quellen angewiesen sind, schwierig ist.

Niemand spricht gerne über Sklaverei. Da, wo es heute noch Sklavereien gibt, ist es sogar gefährlich, darüber zu sprechen. Oft wissen die wenigsten, dass Menschen in der Nachbarschaft eigentlich Sklaven sind. All das ist kompliziert und hängt mit der erwähnten Fokussierung auf die antike Sklaverei in »römischer« Rechtstradition zusammen. Es gab seit der Spätzeit des römischen

Reiches im 6. Jahrhundert unter Kaiser Justinian (schon mit dem Zentrum Konstantinopel) eine relativ klare rechtliche Definition des »Sklaven« und der »Sklavin« sowie einer »Sklaverei«, fokussiert auf das Eigentumsrecht, aber auch auf das Zivil-, das Völker- und das Naturrecht sowie gewisse Rechtsrituale. Der *Codex Justinianus* (später: *Corpus Iuris Civilis*) war es auch, der zwei Grundtypen von Sklaverei definierte: zum einen »Privatsklaven« in der Rechtsfigur Herr/Sklave, d. h. »ein Herr, ein Sklave«, und zum anderen eine kollektive Sklaverei von Menschen, die an ein bestimmtes Besitzterritorium (*gleba*) gebunden sind (oder auf Territorien angesiedelt werden). Letztere können nur gemeinsam mit dem Territorium Besitz sein und Eigentumstransaktionen (wie Verkauf oder Tausch) unterworfen werden; das ist die rechtliche Konstruktion des *glebae adscriptus* (meist übersetzt mit »an die Scholle Gefesselter«) oder des Halbfreien. Der Codex Justinianus benutzte als Bezeichnung für Versklavte noch nicht den Begriff »Sklave«, sondern »römische« Namen wie etwa *servus* und *ancilla* oder *colonatus* – das Wort »Sklave« verdankt der »westliche« Kulturbereich erst der Transkulturation zwischen islamischen, christlichen und osteuropäischen Eliten während expansiver Imperien- und Staatsbildung.

Ganz genau weiß noch niemand, was die »Halbfreien« und an »die Scholle Gefesselten« sein sollen. Sie werden fast immer im Zusammenhang mit Sklavenkategorien debattiert, meist aber von »richtigen« Versklavten differenziert; ich interpretiere den Kolonat und die der Rechtsfigur der *glebae adscripti* Unterworfenen als Subjekte kollektiver Sklavereiformen, auch in Hinsicht auf andere Räume der Globalgeschichte – siehe regelrechte Sklavensiedlungen bei germanischen Gruppen, deren Bewohner schon Tacitus an *colonati* erinnerten, oder Russland im zweiten Sklavereiplateau. Der wohl beste Kenner in Deutschland, Klaus-Peter Johne, beschreibt den Kolonat nach dem 3. Jahrhundert als »Alternative zur Wirtschaft mit Sklaven«[11]. Johne sagt weiter:

»Die Fesselung der Kolonen an den von ihnen bearbeiteten Boden steht am Ende eines langen Weges […]. Durch die Schollenpflichtigkeit der Arbeitskräfte ließen sich die Einnahmen der Grundherren sicherstellen und über diesen Umweg durch regelmäßige Steuereingänge die Staatsfinanzen zumindest in gewissem Umfange sanieren«.[12]

Zudem ließen sich in Krisenzeiten höherer Mobilität rurale Arbeitskräfte eben besser fixieren. Der Versuch der Stabilisierung eines

»durch Barbareneinfälle und Bürgerkriege zerrütteten Reiches bestand somit auf dem Agrarsektor in einem Arrangement zwischen dem militär-bürokratischen Staatsapparat auf der einen und der Aristokratie der großen Grundeigentümer auf der anderen Seite. Die Lasten dieses Arrangements hatten die kleinbäuerlichen Kolonen zu tragen […]. Die Gesetzessprache hat dafür den im Jahre 342 erstmals belegten Ausdruck *colonatus* geprägt«.[13]

Miroslava Mirković sagt, nachdem sie einen ganzen Artikel lang über Kolonen als »Nicht-Sklaven« argumentiert hat: »Es gibt aber Beispiele, die zeigen, daß die abhängigen *coloni* sich selbst, im Bewußtsein ihrer realen Lage und ökonomischen Abhängigkeit, als Sklaven des Landbesitzers bezeichneten«.[14]

Die Sklaven, die wir heute innerlich vor uns sehen – junge Männer aus Afrika, die in den Plantagenökonomien Amerikas schufteten –, entsprechen nicht so sehr dem »römischen« Bild der kollektiven Sklaverei, sondern der chromatisierten Rechtsfigur »ein Herr, ein Sklave«. Es hat diese Sklaven gegeben, zweifelsfrei, aber das Bild ist erst zwischen 1550 und 1700 entstanden und hat seine weite Verbreitung durch die europäische Expansion seit um 1650 sowie die Aufklärung und die Abolitionsdiskurse (seit 1770) gefunden.

Die Sklavereien, die westliche Seemächte auf dem Atlantik und in den Amerikas in der Neuzeit zwischen 1440 und 1888 organisierten, konnten auf diese »römische« Tradition der Rechtsdefinition der Sklaverei und des »Privatsklaven« als absolutes Eigentum in beiden Hauptdimensionen (totale Kontrolle und Weggabe/Verkauf an Fremde) zurückgreifen, eben in der Tradition des *Corpus Iuris Civilis*. Die wichtigsten rechtlichen Aspekte, die eher direkt als indirekt in der Tradition des »römischen Rechts« stehen, sind erstens die »Befugnis«, mit einem Menschen zu machen, was der »Halter« für richtig ansieht (bis hin zur Tötung), und zweitens, einen versklavten Menschen auch an Fremde wegzugeben, d. h., zu verkaufen und zu kaufen (die Rechtspapiere/Notariatsprotokolle sind immer aus Sicht des Verkäufers formuliert), woraus sich drittens die lebenslange Kondition der Versklavung sowie Ortfixierung (Mobilitätsbeschränkung) sowie viertens die Vererbung dieser Kondition (mittels des Mutterrechts nach der Regel »Sklavenbauch gebiert Sklaven«) ergeben.

In vielen anderen Sklavereien gibt es aber diese römische Rechtstradition nicht, vor allem die Dimension der Veräußerung des Eigentums (»Weggabe an Fremde«) und die Dimension biologischer Weitergabe des Sklavenstatus (»Sklavenbauch gebiert Sklaven«) fehlen. Stattdessen existieren andere, in Europa weniger geläufige Formen – u. a. das Herausreißen aus einer Herkunftsgruppe, die Weggabe von Kindern der eigenen Gruppe oder auch die Ansiedlung oder Übernahme von bäuerlichen Bevölkerungen in kollektive Sklavereien oder expansive Imperien (Staat) als Arbeitstributsbeschaffer und Sklavenrazzienbetreiber (das Wort *razzia/ghazzia*: ›Überfall, Raubzug/Versklavung‹, stammt aus dem Arabischen). Das Kriterium der Verfügung über Körper von Menschen ist allemal wichtiger in Bezug auf die Definition individueller Sklavereien à la »ein Herr, ein Sklave«. Es gibt andere Aushandlungssituationen, doch sie sind alle von Gewalt und von kastenartigen Differenzierungen in Gute und Schlechte, Ehrbare und Entehrte, Eroberer und Eroberte oder Eigene und Fremde geprägt.

Deshalb kann man in einer Welt- und Globalgeschichte, wie ich sie verstehe, Sklaverei als Realität und Sklave oder Sklavin als Status nicht nur nach römischen Rechtsregeln definieren. Ob überhaupt Rechtsregeln einer Kultur (darauf bezieht sich meist das *caveat* hinsichtlich des Rechts), eines Staates oder eines Wirtschaftssystems, einer Zivilisation Sklavereien in der Realität ihrer Entwicklungen sowie in weltgeschichtlicher Tiefe und in globaler Breite erfassen und definieren können, lasse ich dahingestellt. Eine kategoriale Trennung ergibt nur Sinn in einem relativ engen zeitlichen und räumlichen Rahmen – Ausgangspunkt ist fast immer die neuzeitliche Plantagensklaverei (weltweit etwa 1500–1950), d. h. eine globale »hegemonische« Sklaverei meist unter Kontrolle von christlichen Europäern und ihren Nachkommen in europäischen Kolonien.

Neben dieser eher strukturellen Definition von Sklaverei gibt es, wie bereits erwähnt, auch eine prozessuale, die von dem jeweils unterstellten historischen ›Sinn‹ der Sklaverei ausgeht. Joseph Millers Begriff *slaving* beschreibt

> »[...] eine Strategie, die Menschen [Versklaver und Sklavenhändler] in historischen Positionen der Marginalität seit jeher mit bedeutenden Konsequenzen für sich und andere um sie herum verfolgt haben, ohne Beachtung der Leiden, die diese Versklavungspraxis den Menschen, die sie versklavten, auferlegte«[15].

Dem möchte ich die Verfügbarkeit von Körpern als Voraussetzung dieser Strategie und Hauptcharakteristikum von Sklavereien hinzufügen. Innerhalb dieser langfristigen Perspektivierung ist die kategorische Trennung etwa zwischen Sklaverei, Schuldknechtschaft (*debt bondage*) und anderen *bondage*-Formen, wie sie in englischsprachiger Forschung vorgenommen wird, kaum sinnvoll, vom Begriff ganz abgesehen – im Grunde sind damit Abhängigkeiten außerhalb der rechtlichen Scharfzeichnung »Herr und Sklave« im »römischen« Recht gemeint. Zudem geben sie sich bei näherem Hinsehen meist als Übergangsformen zu Sklavereien zu erkennen; da ist das Konzept der Schuldsklaverei (*debt-slavery*, James Warren[16]) allemal besser.

Mein eigenes Spezialgebiet umfasst die kubanische Sklaverei

und Sklavereien in der Karibik sowie die *Atlantic slavery* (Sklavereien und Sklavenhandel) auf und am Atlantik. Zwischen 1830 und 1880 war Havanna die Zuckermetropole der Welt und im etwa gleichen Zeitraum auch die Metropole des Menschenschmuggels. Dieser Versuch einer Globalgeschichte steht in der Tradition des kubanischen Intellektuellen José Antonio Saco (1797–1879), der ein Rassist war, ganz ähnlich wie sein Vorläufer Francisco de Arango y Parreño (1765–1837), und sich zudem als Adam Smith der Plantagensklaverei und »guter« Sklavenhalter profilierte (weil er seinen Mitsklavenhaltern empfahl, die Versklavten gut zu behandeln)[17]. Den weitgespannten analytischen und weltgeschichtlichen Ansatz dieser Autoren nehme ich an; den funktionalen Rassismus verweigere ich, analysiere ihn aber als Hauptform der Statuszuschreibung für Versklavte und ihre Nachkommen. Saco publizierte eine der ersten umfassenden Weltgeschichten der Sklaverei »in römischer Tradition«. Freilich schrieb Saco seine Geschichte aus ganz anderen Gründen – weil er Rassist war und die Sklaverei erhalten wollte. Ich dagegen tue es, weil ich meine, Sklaverei und Rassismus sollten, nach dem eher diskursiven Hiatus der liberalen Abolitionen, endlich wirklich beendet werden.

Kuba, vor allem die *Cuba grande* der technologisierten Plantagenwirtschaft im Westen der Insel, war die ›modernste‹ Sklaverei des 19. Jahrhunderts. Deshalb findet sich die globalhistorisch erste Visualisierung einer Sklavereiwirtschaft nach den Regeln der Modernität im Werk eines Akteurs der Sklaverei: Justo Canteros *Los Ingenios* – aus diesem Buch stammen noch heute fast alle ›authentischen‹ Illustrationen in Büchern über Plantagensklaverei.[18]

Die erste wirkliche Kulturgeschichte der Sklaven, nicht so sehr der Sklaverei, erwuchs aus reichlich dubiosen kriminalethnologischen Ansätzen zu Beginn des 20. Jahrhunderts (Cesare Lombroso). Die erste ›postkoloniale‹ Geschichte einer Gesellschaft wiederum, die ihren welthistorischen Aufstieg Sklavinnen und Sklaven, Menschenhandel und der Sklaverei verdankt, die Ex-Sklaven allerdings mehr oder weniger alle als »Hexer« und Verbrecher verunglimpft, stammt aus der Feder von Fernando Ortiz (1881–1969), dem Schöpfer des heute wieder so wichtigen Konzepts der *transculturación* (Transkulturation).[19]

In einer Linie der verborgenen Transkulturation folgte ihm der Literat Miguel Barnet 1966 mit seinem weltweit erfolgreichen Prototypus der *Testimonio*-Literatur unter dem Titel *Biografía de un Cimarrón* (dt. *Der Cimarrón*). Darin spricht ein weißer Autor für einen Ex-Sklaven (span. *cimarrón*), eine Technik der realhistorischen Transkulturation, die es auch im 19. Jahrhundert schon gegeben hatte. Heute würde man das wahrscheinlich im Postkolonialismus als Mimikry-Subjektivierung bezeichnen.[20] Barnets »authentische« Geschichte wurde geschrieben vor dem breiten Hintergrund der Arbeiten von José Luciano Franco, Pedro Deschamps Chapeaux und Juan Pérez de la Riva.[21] Sie bezieht sich aber auch auf die wichtigste Struktur- und Sozialgeschichte einer konkreten Sklavereigesellschaft *El Ingenio*[22] (im Grunde wird darin nur die Entstehung um 1790 bis etwa 1860 behandelt), deren erster Band 1964 von Manuel Moreno Fraginals (1920–2001) publiziert worden war. Moreno Fraginals gehörte einer der Schulen kubanischer Sklavereiforschung an, die im Unterschied zu Fernando Ortiz auf Strukturen und Demografie setzte. Diese Historiografie war vor allem verbunden mit dem Namen Ramiro Guerra y Sánchez, der auch das englisch-karibische und französisch-karibische Konzept der *Sugar Revolution* einbrachte. Sein Schüler war Raúl Cepero Bonilla; in gewisser Weise gehören auch die Sklavereihistoriografie sowie Wirtschaftsgeschichte Puerto Ricos und der Dominikanischen Republik dazu.[23] Die ›große‹ Sklaverei hat längst auch eine substanzielle Sklavereigeschichtsschreibung hervorgebracht, die ›kleinen‹ Sklavereien hingegen nicht.

Sollte nach Lektüre des vorliegenden Buches der Eindruck entstehen, es gebe »überall Sklaverei«, obwohl uns bisher immer erzählt wurde, mit »der« Abolition der Sklaverei sei alles in grauen Vorzeiten vorbei gewesen, so ist er nicht ganz falsch. Es war nicht »überall Sklaverei«, aber es gab viel mehr und viel länger unterschiedlichste Sklavereien, als wir glauben. Sklaverei ist Teil der Menschheitsgeschichte, und dies ist ein Buch, das sich auf Ver-

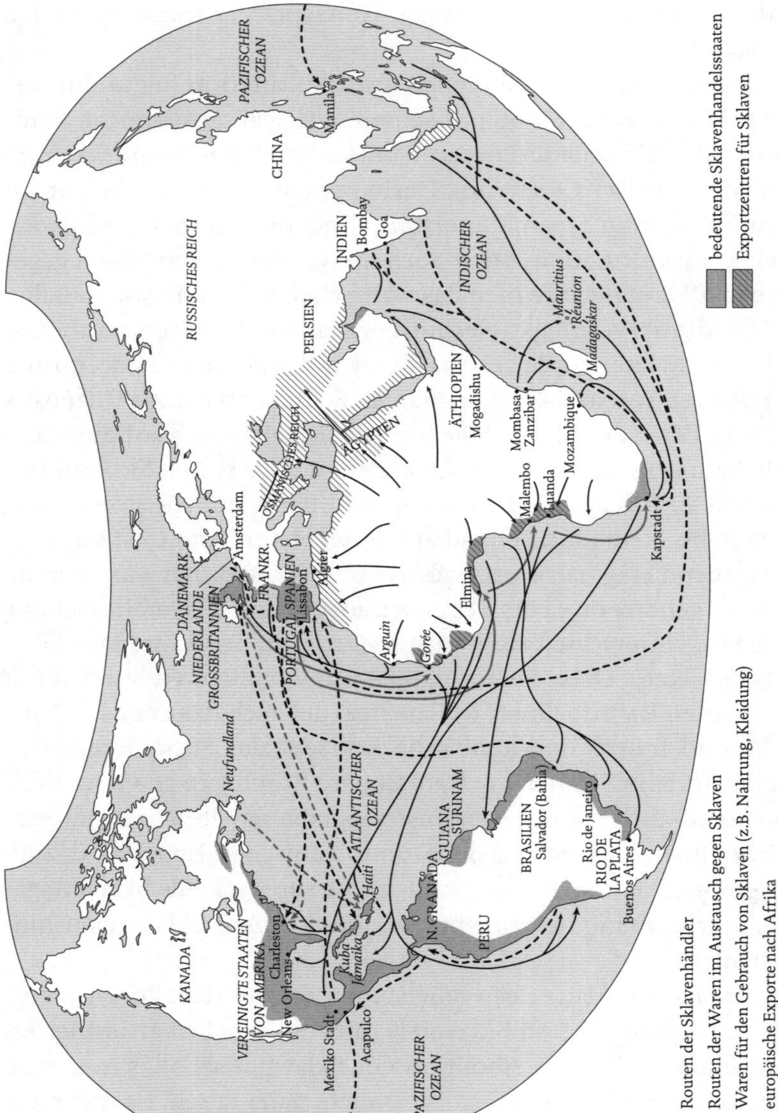

Weltsklavenhandel 1500–1900

sklavte und Sklaverei konzentriert. Es zeigt, dass es viel mehr Versklavte gab, als wir uns möglicherweise vorstellen können oder wollen – und es gibt sie vor allem heute noch. Versklavte sind bis auf einige heutige Formen von »moderner« Sklaverei vor allem im »Westen« auch in der Weltgeschichte meist und klar ersichtlich von jedem und jeder erkennbar gewesen. Ein von Aristoteles inspirierter römischer Sklavenbesitzer würde bei einem Besuch (per Zeitmaschine natürlich) eines durchschnittlichen »westlichen« Gebiets wahrscheinlich uns alle für Sklaven halten – weil wir alle oder zumindest die übergroße Mehrheit für andere Menschen arbeiten.

Definitionen

> »Es ist gefährlich, das Wort Sklaverei zu benutzen.«[24]

Eine Definition von Sklaverei als Institution für die gesamte Welt- und Globalgeschichte ist schwierig. Ich will es trotzdem versuchen, obwohl ich kein großer Freund von Definitionen bin.[25] Angesichts der Ubiquität von Sklavereien kann, wie gesagt, dieser niedere und rechtlose Status nicht an irgendeine klar abgrenzbare soziale Großformation gebunden werden, noch kann Sklaverei als Rechtsform definiert werden. Es geht nur anthropologisch-historisch.

Sklaverei war und ist in der gesamten Weltgeschichte ubiquitär: es gab sie überall und fast immer in alltäglichen Situationen. Die anthropologische Universalie besteht in der Herauslösung von Menschen aus ihrer sozialen Umgebung (also ihrer wie auch immer definierten und kulturell kodierten Gemeinschaft, etwa: Clan, Dorf, Stamm, Gruppe, Familie) und der auch durch Hunger oder Strukturen erzwungenen Unterordnung in niedrigem Status oder »ohne Status« in einer anderen Gemeinschaft. Je weiter die Entfernung zwischen beiden sozialen Umgebungen (Gemeinschaften) ist, desto mehr kommen Fremdheit und »Anderssein« sowie extreme Abhängigkeit ins Spiel.

Wir können mit den Definitionslinien auch *slaving* erfassen, das in Zeiten der *Atlantic slavery* nicht auf »römischem« Recht der Konstruktion eines ›privaten‹ Herr-Sklave-Verhältnisses beruhte. Und wir können mit dieser anthropologisch-historischen Definition weit in die Geschichte zurückgreifen (bis zum Neolithikum). Diese Dimensionen ermöglichen den Verweis auf innere und äußere Statusminderungen, die sich im Laufe der Weltgeschichte der Sklavereien herausgebildet haben und die vor allem seit Beginn der Globalgeschichte im 16. Jahrhundert ideologische Ausgangspunkte neuer Sklavereien sein konnten, am deutlichsten wohl im fünften Plateau der großen Lagersklavereien. Wir können so auch globale Dimensionen der Sklaverei außerhalb der atlantischen Chronologie und Hemisphäre erfassen (etwa: Russland, China, Indien, Südostasien, Indischer und Pazifischer Ozean), und wir können darüber hinaus heutige Sklavereien beschreiben.

Das Problem meiner weiten Definition von Versklavten und Sklaverei ist: Wie weit reichen die Kriterien, die es uns erlauben, von Versklavten zu sprechen? Lässt sich eine global existierende prozessuale Institution der Gewalt mit jeweils lokalen, regionalen und überregionalen Wurzeln und Ausprägungen annehmen, deren Kern in der bereits mehrfach erwähnten Verfügung über Körper besteht? Die Antwort ist im Allgemeinen einfach, aber sie ist, historisch wie auch heute, in den konkreten Ebenen der Realität von lokalen Versklavungen und bewussten Marginalisierungen schwer zu geben. Ich werde im Laufe des Textes immer wieder auf die realen Probleme von Status und Statuszuschreibungen zurückkommen.

Menschen in Sklavereiarbeit, Menschen in Gewaltsituationen, Menschen, deren Körper von anderen benutzt werden, Menschen, die aus ihren Familien herausgerissen sind, finden sich meist (außer z. B. bestimmte hochrangige Opfer- und Elitesklaven) in den lokalen oder regionalen Sozialordnungen und in Texten über bestimmte Gesellschaften an Stellen, an denen Unterschichten (Arbeitende) und Arbeitssysteme beschrieben werden. Alle Sozialordnungen sind auch Körper- und Raumordnungen. Körperordnungen werden in sozial- und wirtschaftsgeschichtlichen Arbeiten eher selten thematisiert, zumal über diese niedrigen Sozialkategorien wenig gesprochen und schon gar nicht geschrieben wurde. Zudem erhoben Menschen aus diesen oft sehr großen Gruppen von Versklavten selbst kaum ihre Stimme (im Sinne von selbst verfassten Dokumenten über ihre Situation). Besonders deutlich wird das Nichtsprechen über Sklaverei bzw. das Zur-Seite-Drängen des eigentlich Offensichtlichen unter dem Druck von Zivilisations-, Nations- und Modernisierungsdiskursen des 19. Jahrhunderts, wie sie etwa mit der großen Erzählung der britischen Abolition verbunden sind.

Es ist auch ein Problem der Perspektive. Vorliegendes Buch ist eines über Versklavte und Sklavereien und eben keines über Freiheit oder Menschenrechte bzw. nur über die »Freiheit« (Abolition, Emanzipation) und Rechte von Versklavten. Also konzentriere ich mich weniger auf Menschen, die »frei« waren (rechtlich) oder real mehr »Freiheiten« genossen als die in der jeweiligen Gesellschaft Versklavten. Den potenziell Versklavbaren (meist Fremde, Bauern oder städtische Unterschichten, Frauen und Kinder) war die Unterscheidbarkeit von den jeweiligen Sklavengruppen, auch den kollektiv Versklavten, wie leibeigenen Bauern, ein Anliegen, für das viele auch in den Tod gingen, wie viele Aufstände zeigen – siehe etwa die großen Bauernrebellionen im russischen oder im chinesischen Reich.

Der Kern meiner Definition von Sklaverei besteht darin, dass der Körper eines Menschen, Mann, Frau oder Kind, durch Institutionen geschützt und berechtigt, unter Kontrolle eines Halters (deshalb Sklaven*halter*) steht, der ihn mit Gewalt seiner Mobilität und Entscheidungsfreiheit beraubt und ihm Leistungen des Körpers (Arbeit/Produktion, Energie, Dienstleistungen, Sex, Reproduktion, Schutz), Teile des Körpers (Eunuchen) oder gar das Leben selbst (Opfersklaven, Sklavensoldaten, Opferungen in Totenfolge oder zur Prävention von Rebellionen) abverlangt. Damit sind diese Körper zugleich Kapital. »Sklavenhalter« können auch Frauen, Gruppen von Menschen, Korporationen oder Institutionen (Herrscherhäuser, Paläste, Tempel, Armeen, Aktiengesellschaften, der Staat) sein. Zu einer Definition gehören Ursachen. In der Globalgeschichte gibt es vier Hauptgründe der Sklaverei: Selbstversklavung/

Weggabe (oft im Zusammenhang mit Schulden), Krieg, Handel und Geburt als Versklavte oder Versklavter.

Das ist noch keine rechtliche Definition, es sei denn, man bezieht die legale Gewalt (»Befugnisse« des Halters aufgrund eines Besitz- und Eigentumsrechts) mit ein. Ich will mich auf die Lebenssituationen von Versklavten konzentrieren, die immerhin die größte Gruppe innerhalb des oben genannten Sklavereikomplexes (Versklavte, Sklavenhalter, Sklavenhändler usw.) bilden und kaum adäquat in der Geschichtsschreibung behandelt werden – meist wird unter dem Thema »Sklaverei« die Institution behandelt und nicht das Leben und die Subjektivität der Versklavten.[26] Die rechtliche Dimension bleibt erst einmal außen vor, weil sonst immer gleich das »römische« Recht oder auch die legalistische Tradition Chinas in den Vordergrund drängen. Es geht mir zunächst um Gewalt, und zwar weniger nach dem Motto »na, Prügel haben wir ja alle bekommen« (was selbst im heutigen Deutschland für fast alle über Fünfzigjährigen noch gilt).

Vielmehr interessiert mich die wirklich die Oberfläche eines individuellen Körpers markierende oder verstümmelnde Gewalt, die die Lebenssituation, Lebensweise und das Leben individueller Versklavter komplett durchdringt und überformt. Selbst die andauernde Androhung solcher Gewalt wirkt lebensverändernd. Diese Dauereinwirkung von Gewalt, monotoner Arbeit (die die Körper von Menschen stark beeinflussen kann), Angst vor Gewalt (oder vor intensiverer Gewalt), zum großen Teil auch sexualisierter Gewalt, Repression, Stress und andere Faktoren (Überarbeitung, schlechte Ernährung, Krankheiten) wirkt sich bis auf die Körperhaltung, die Gesundheit und die Knochen aus. Oft sind Mutilationen, wie etwa Brandzeichen (*carimbos*) oder Tätowierungen im Gesicht oder auf den Schultern, das rituelle Zeichen, der »Ausweis« von Sklaven. Sie sind allerdings schon kurz nach dem Tod der entsprechenden Person nicht mehr nachweisbar (d. h. archäologisch nur selten fassbar).

Gewalt ist grundlegend als »einseitige Macht, Drohung, Gewalt«[27] zu verstehen: erstens als direkter Zwang auf individuelle Körper, meist durch profane Prügel mit Peitschen oder Stöcken. Sie ist in gewissem Sinne »messbar« an den Verletzungen oder Mutilationen einzelner Körper oder Körperteile, etwa der Haut des Rückens, Verletzungen, um Flucht zu verhindern (Blendung, Füße abhacken, Fußsehnen durchtrennen), Verstümmelung von Ohr(en) oder Nase sowie durch entwürdigende Tätowierungen im Gesicht und Brandzeichen (*carimbo*). Zweitens ist die strukturelle Gewalt der Sklaverei als Institution sowie ihrer Infrastrukturen zu nennen, legitimiert und oft legalisiert durch »den Staat« oder staatenähnliche Gebilde (*coercion*). Das ist das Hauptelement von weiträumigem Sklavenhandel, Sklaverei und Sklavenstatus (z. B. in der *Atlantic slavery*). Eine dritte Form von Gewalt ist nicht so direkt, aber umfassender und möglicherweise die historische Ursache aller Sklavereien (vor allem in quantitativer Hinsicht und weil sie bis tief in die Prähistorie reicht). Kurz gesagt ist es die Angst vor dem Tod, speziell vor dem Verhungern. Ordnen sich Menschen dieser Gewalt unter, hat sie folglich auch eine Schutzfunktion – sie verspricht etwas mehr Sicherheit vor Tod, Hunger oder zusätzlicher Gewalt. Viertens muss noch der Gewaltpegel von Gesellschaften und Kulturen in die Analyse einbezogen werden.

Was den Gewaltpegel angeht, scheint das periphere lateinische Europa von 500 bis 1500 sich durchaus hervorgetan zu haben mit der »Völkerwanderung« sowie den Expansionen der Franken, Slawen, Ungarn, Wikinger/Normannen usw., aber auch mit dem Widerstand kleinerer vom Raub lebender Stämme oder Völker gegen imperiale Expansionen, den unendlichen Fehden, dem Fehlen eines dämpfenden Zentralismus, den Razzien, Kriegen, Religionskonflikten, Belagerungen und Rebellionen. Dieser hohe Gewaltpegel verbreitete sich durch die atlantische Expansion weltweit. In der politischen und demografischen Zerstörung eigenständiger Imperien und Gesellschaften in der Neuen Welt scheint die alles durchdringende Gewalt einen neuen globalen Höhepunkt gefunden zu haben. Der zweite Gewaltexzess unter Beteiligung an sich schon gewaltbereiter und -gewöhnter Europäer galt verschleppten Menschen vor allem aus Afrika. Am Anfang betraf das einfach nur *cativos* – Kriegsgefangene. Der massive und systematische Terror auf dem Atlantik und – seit der Expansion der Portugiesen im 15./16. Jahrhundert auch auf und am Indischen Ozean sowie darüber hinaus in den Pazifik hinein – gegen große Gruppen »anderer« Menschen hatte wiederum Auswirkungen auf die Gewaltintensität der Geschichte Europas.

Parallel zu dieser Gewaltgeschichte verläuft die Geschichte der Individualisierung des »Selbst«, der Klassenbildungen und der Globalisierung der europäischen Konsumtion (sowie anderer Weltteile – siehe das Vordringen amerikanischer Nutzpflanzen nach China und Indien) –, was wiederum aufs engste mit dem Nutzen außereuropäischer Massensklavereien zur Produktion von Luxus zu tun hat. In einigen Imperien, deren Kultur in einer Religion wurzelte und sich auf eine legale Tradition (wie die des »römischen« Rechts) berief, kam es auch zu Kodifizierungen der Sklavenhaltung (wie den *Leyes de Indias* im spanischen Imperium). Die »legale« Erlaubnis, Gewalt auszuüben (»Befugnis«), ist eine wesentliche und in Texten regulierte Dimension von Gewalt und als solche nur graduell unterschieden von anderen Formen der Sklaverei wie *modern slavery*, *serfdom*, *debt bondage*, *indentured service*, *serviciais* und *convict labour* (*penal servitude*).[28] Sklaverei nach »römischem« Recht ist aber durch die Verschriftlichung sowie Fassung in Gesetzen besser nachweisbar.[29]

Die eher anthropologische Dimension der Verfügung über den Körper, die sehr wohl für individuelle Versklavte und für einzelne Gruppen weltweit empirisch erforscht werden kann, spielt dagegen kaum eine Rolle. Dahinter steht selbstverständlich auch die methodische Schwierigkeit, dass in vielen Gesellschaften mit Nah- und Schuldsklavereien (wie Asien und Afrika) Versklavte, vor allem Kinder- und Haussklavinnen (speziell Mädchen) so ubiquitär wie unsichtbar waren – da sie im Haus verborgen blieben. Andere Sklaven, vor allem in kollektiven Sklavereien im 19. und 20. Jahrhundert, wurden und werden in Lagern vor der Öffentlichkeit verborgen. Seit Sozialgeschichte etwas aus der Mode gekommen ist, spielt auch die Analyse von Sozialordnungen mit ihren jeweiligen Körperordnungen sowie Verräumlichungen keine große Rolle mehr. Im Marxismus hieß das Ganze noch Klassenanalyse – auch wenn Versklavte kaum jemals eine Klasse bildeten und Karl Marx Schwierigkeiten mit Sklaven und Sklavinnen hatte.[30]

Eine Welt- und Globalgeschichte, die Sklaverei und die sozialen Gruppen, die sie konstituieren (Versklavte, Sklavenhalter, Sklavenhändler und Personal) als Ordnungsprinzip nutzt, soll nicht zur Inflation eines ›europäischen‹ Begriffs beitragen. Sklavereien sowie Versklavte (und weitere Gruppen) können in gegebenen Gesellschaften durchaus empirisch lokalisiert und erforscht werden. Wenn dabei der Eindruck entsteht, alles sei Sklaverei gewesen (ich übertreibe etwas), so ist dieser Eindruck generell nicht ganz falsch. Es gibt einen wahren Kern – in allen Gesellschaften der Welt hat es Versklavte gegeben und in vielen Gesellschaften sogar Massen von Versklavten, die globalgeschichtlich meist nicht nach europäisch-westlichen Rechtsformen definiert waren. Und sie waren oft für global operierende Europäer oder »Westler« und »Westlerinnen«, die Quellen wie Briefe, Tagebücher oder Reiseberichte schrieben, einfach nicht als Sklavinnen und Sklaven erkennbar. Der Eindruck entsteht aber auch, weil oftmals die Frage nach globalen Sklavereiformen überhaupt nicht gestellt worden ist und – zusätzlich – viele Gesellschaften, Individuen und Institutionen lieber den Schleier des »forgetting« darüber wallen lassen würden. Dazu kommt, dass sich eine Welt- und Globalgeschichte der Sklaverei und der Versklavten sowie Versklaver eben auf ihren Gegenstand zu konzentrieren hat.

Wie eine ganze Reihe von Historikern subsumiert der Konstanzer Globalhistoriker Jürgen Osterhammel Sklaverei unter *servitude*:

> »Servitude umfasst neben (1) Sklaverei mindestens vier weitere Formen: (2) Leibeigenschaft (*serfdom*), (3) Indentur (*indentured service*), (4) Schuldknechtschaft (*debt bondage*) und (5) Zwangsarbeit im Strafvollzug (*penal servitude*)«.[31]

Allerdings ist fraglich, warum man für globale Sklavereiformen unter Einbeziehung der heutigen Formen ›moderner‹ Sklavereien diskursiv übergeordnete Ersatzworte wie Servilität, *bondage* oder *servitude* sowie »Leibeigenschaft«, »Schuldknechtschaft«, »Zwangsarbeit« oder »Knechtschaft« nutzen soll und welcher Erkenntnisgewinn für eine globale Weltgeschichte der Sklaverei in solchen anderen Begriffen liegen könnte. (Gleichwohl können Letztere als Differenzierungen im konkreten lokalen Rahmen, in legalen Systemen oder innerhalb eines Forschungsfeldes durchaus sinnvoll sein.) Die Ablehnung des Wortes Sklaverei als Oberbegriff wird meist mit Rechtsformen begründet, beruht aber historisch oft auf Diskursstrategien wie einer gezielten Politik des »Schweigens« über Sklaverei bzw. Sklaven. Oder sie wurzelt in einer gezielten »Nichtsichtbarmachung« – man verzeihe mir das Wortungetüm – von Versklavten sowohl gerade wegen der Existenz von Versklavten in Realzeit (wie im Heiligen Römischen Reich im 18. Jahrhundert)[32], aber auch in Bezug auf »the work of forgetting slavery« in Großbritannien nach 1808 (Abolition des Sklavenhandels auf britischen Schiffen) und 1838 (Abolition der Sklaverei in britischen atlantischen Gebieten).[33] Gezieltes *forgetting* ging und geht weltgeschichtlich weit über das britische Beispiel hinaus, *cum grano salis* gilt das für alle Sklavereimächte und ehemaligen Sklavereimächte, aber auch für Imperien, die sich bisher in gewisser Weise als »sklavenfrei« oder wenigstens »sklavenhandelsfrei« konzipiert haben bzw. konzipiert worden sind (wie das spanische Weltreich). Und Nichtsichtbarmachung von Versklavten ist auch heute gängig.

Am wenigsten Sinn ergibt die Unterscheidung aus post-postkolonialer Sicht, wenn die »Kolonialität von Arbeit« an den Rändern des »Westens« (und in seinen peripheren Einflussgebieten, wenn man, wie ich, die Wallersteinschen Peripherien nicht so mag) konstatiert wird, meist nachdem auf die Konzeptualisierung von Sklaverei als »Anomalie« und als »niedrigere Form« von Arbeit durch Adam Smith und Karl Marx verwiesen wurde: Man spricht dann von »einer Theorie des Weltsystems, die Sklaverei und Leibeigenschaft zusammen mit Pachtverhältnissen, Kontraktsklaverei und anderen Formen der Zwangsarbeit als Arbeitsregime an der Peripherie des modernen kapitalistischen Systems begreift«.[34]

Hinter dem Unwillen, Sklaverei auch Sklaverei und Sklaven Versklavte zu nennen, steht nicht nur kulturalistischer Relativismus, sondern neben dem aktiven Vergessen auch einerseits eine Politik des Schweigens über Sklaverei, die historisch sehr alt ist, und andererseits ein funktionalistischer Unwille gegen die heute gängige Sklavereirhetorik des Neoabolitionismus, der mediengerecht gegen *neo-slavery* vorgeht. Der rhetorische »Kampf gegen Sklaverei und Sklavenhandel« ist seit den Umbruchzeiten um 1800 ein Mittel, um die Gefühle möglichst vieler Menschen an Wirtschafts-, Sozial- und Lebensformen sowie an die Kultur von Gesellschaften zu binden, die für sich Freiheit und Modernität als normative Hauptwerte proklamieren, während sie Wirtschaftsformen der direkten Kontrolle des Körpers von Ausgebeuteten (»Sklaverei«) für alt und unmodern erklären.

Hat sich irgendeiner der (westlichen) ›Wertehistoriker‹ schon einmal gefragt, wie ein Bogen großer Emotionen (»Moral«, *humanitarian feeling*) von der Abolitionsbewegung in Großbritannien Ende des 18. Jahrhunderts hin zu medial inszenierten Großspektakeln der Neoabolitionisten gegen »moderne Sklaverei und *trafficking*« geschlagen werden konnte? Großbritannien prägte um 1800–1815 eine neue »moralische Ordnung« der Globalgeschichte. »Britisch sein« bedeutete nach den Napoleonischen Kriegen nach 1815 und vor allem nach 1840, zur siegreichen »Zivilisation« zu gehören und den »Freihandel« zu unterstützen. Die Menschen in Gegenden zukünftiger britischer Herrschaft (und anderer europäischer Kolonialherren) waren Opfer und sollten es bleiben. Julia O'Donnell nennt die heutige Anknüpfung an die von Großbritannien ausgerufene »neue moralische Ordnung« in einer scharfen Argumentation die Wahl zwischen Viktimisierung und Konsumentenbekehrung, in der sich Regierungen und NGOs mit Coca-Cola und Microsoft einig seien.[35]

Sehr verkürzt gesagt unterliegen Menschen, die versklavt werden, einer inneren und einer äußeren Degradierung ihres Status. Innere Degradierung bedeutet, dass versklavte Menschen am unteren Ende der Hierarchie einer gegebenen Gruppe, Gemeinschaft (*community*) oder Gesellschaft in der Geschichte angesiedelt wurden. Ihre Körper wurden oft markiert – durch Torturen, Peitschenhiebe, mit einer Verstümmelung oder einem Zeichen, einer bestimmten Kleidung oder Nicht-Kleidung (etwa keine Schuhe), oder mittels bestimmter Arbeiten, die mit Schmutz, Unreinheit, Blut, Leichen, Ekel, Dreck und schwerster Routine zu tun hatten. Ich nenne sie »Versklavte« statt »Sklaven und Sklavinnen«, um deutlich werden zu lassen, dass die Menschen keine »geborenen Sklaven« waren, wie es bei Aristoteles heißt, sondern zu Sklaven gemacht wurden (selbst wenn sie wirklich als Sklaven geboren wurden). Meist handelte es sich um Frauen oder Kinder, die ihre Verwandten verloren hatten (oder von ihnen weggegeben wurden), neu in eine Gruppe gekommen waren, oder um Schuldner.

Je länger es diesen Status in einer gegebenen Gruppe oder Gesellschaft gab, oder im Fall massiver Konflikte oder Expansionen, desto mehr wurde die innere Degradierung verschärft, bis hin zu typischen Mutilationen oder rechtlichen Fixierungen des Sklavenstatus wie im alten Rom oder in anderen Sklavengesellschaften. In China existierte eine scharf umrissene legale Festschreibung des Sklavenstatus nur für Staats- und Militärsklaven sowie für Verbrecher und für Menschen, die in Gebiete außerhalb Chinas verschleppt wurden, oder die sich am Beginn des *slaving*-Prozesses »freiwillig« verpflichteten und dann in Sklavereigesellschaften transportiert wurden. Eines der Körpermutilationsmodelle für Dauersklaven ist im Alten Testament auf folgende Weise beschrieben: »So bringe ihn sein Herr vor Gott und stelle ihn an die Tür oder Pfosten und durchbohre mit einem Pfriemen sein Ohr, und er sei Sklave für immer«.[36] Aber auch Spanien oder England im Mittelalter und in der frühen Neuzeit kennen Mutilationen und Brandzeichen im Gesicht, wie den berühmt-berüchtigten »ese« und »clavo« (ein S-Zeichen mit dem Symbol eines Nagels in der vertikalen Mitte – heute das Dollarsymbol ($); zugleich das spanische Wort für Sklave – ese + clavo (= *esclavo*) oder Namen von Eigentümern, die auf die Wangen gebrannt wurden. Das wichtigste Besitzzeichen ist das bereits erwähnte Brandzeichen (*carimba* oder *carimbo*) im Bereich der atlantischen Sklaverei.[37]

Es gab auch Elitesklaven, die vor allem im islamischen Bereich in verschiedenen Sultanaten Militär-, Verwaltungs- und Herrschaftsbeamte wurden, etwa im Safawiden-Reich (Persien) oder unter den Osmanen, im Mamluken-Sultanat sowie im Sokoto-Kalifat. Die meisten dieser Sklavensoldaten entstammten der Tradition der türkisch-mongolischen Militär- oder Elitesklaverei aus Asien. Eine Statuserniedrigung spielte aber auch in den Biografien dieser Versklavten eine Rolle, oft ganz am Anfang, etwa wenn »weiße« Jungen aus christlichen Familien oder Mädchen aus bestimmten Regionen (meist aus dem Kaukasus, aus Südrussland/Ukraine oder aus dem Sudan) verschleppt wurden. Ehud R. Toledano nennt diese Elitesklaven im Osmanischen Reich »kul-type slaves«[38]. Als Staats- und Elitesklaven arbeiteten sie meist in Palastkomplexen, aus denen sich Herrschaftseliten rekrutierten – auch im direkten biologischen Sinne, wenn versklavte Mädchen und Frauen (»Harem«) für den Nachwuchs sorgen mussten.

Bestimmte Typen der Opfersklaverei – z. B. für gefangene Elitekrieger in Mittelamerika – gingen ebenfalls mit zeitweilig hohem gesellschaftlichem Status einher. Das Phänomen findet sich in allen Imperien und Häuptlingstümern Amerikas sowie speziell bei hochrangigen aztekischen Opfersklaven. Für die Verkörperung des Kriegsgottes der Mexica wurde ein junger, schöner und angenehmer Kriegsgefangener sehr hohen Rangs ausgewählt, der neben dem offiziellen Mexica-Machthaber (*tlatoani* = Großer Sprecher) für ein Jahr Tezcatlipoca (»Rauchender Spiegel« oder »Rauch des Spiegels«) verkörperte, die oberste Macht und Gottheit. Der Opfer-Repräsentant Tezcatlipocas wählte nach einem Jahr den Zeitpunkt seines Todes selbst aus. Dieser zeitweilige extrem hohe Status wurde aber nur ausgesuchten Opfersklaven zuteil, einen mittleren Status nahmen gefangen genommene Krieger ein und bei Massenopfern wurden auch Menschen niedrigen Status getötet.[39]

Eliteversklavte, die mit ihrem Wissen, ihren Fertigkeiten und ihrem Körper Dienste leisten mussten, gab es auch im atlantischen Westen (in geringerem Umfang) mit den sogenannten Königssklaven, den *esclavos del rey* (z. B. die bekannten *congos reales* als Artilleristen) oder *nègres du roi*. Die Versklavten verstanden sich als Elite und brachten dieses Statusbewusstsein auch zum Ausdruck. Trotzdem hatten sie zwischen Versklavungsort in Afrika und dem Sklavereiort in den Amerikas Status eingebüßt, wie auch die genannten Elitesklaven. Mamluken etwa wurden nach Ende der Ausbildung (im Alter von 18 bis 19 Jahren) freigelassen. Die *Nucai* der Manchu (Militärsklaven, Bannermänner), die im 17. Jahrhundert China eroberten, wurden zwar nicht formell freigelassen, stiegen aber innerhalb des Militärsklavenstatus auf und erreichten sehr hohe Positionen.

»Schuldner zu sein« und die Schulden nicht zurückzuzahlen, führt beinahe in der ganzen Weltgeschichte zu einem schlechten Status. Fast alle Gesellschaften, mit Ausnahme vielleicht der vorderasiatischen und nordafrikanischen islamischen Kernterritorien, mussten sich mit dem Problem herumschlagen, ob sie Schuldner zu Sklaven machen oder nicht (siehe die Reformen des Solon im 6. Jahrhundert v. Chr., die den Status eines Schuldners vom Status der Versklavung trennten). Die meisten Gesellschaften kannten grundsätzlich keine Trennung zwischen Sklaverei und Schuldnerstatus, und auch in Rom selbst kam es in Krisen zu einer Zunahme von Neuversklavungen wegen Schulden. Verschuldung war oft der Einstieg in ein Sklavenleben.

Martin Krieger beschreibt die indische Schuldknechtschaft folgendermaßen:

> »Üblicherweise bildete das freiwillige Eintreten armer, verschuldeter Landbewohner in die Schuldknechtschaft den Beginn des Daseins als Sklave. Gerade in Notzeiten, als nach Missernten die Reispreise stiegen, begaben sich zahllose Menschen selbst in ein solches Verhältnis oder verkauften ihre Familienangehörigen«.[40]

Ich werde mich deshalb mit dem Problem der Steuerschuldner als Sklaven in der Welt- und Globalgeschichte auseinandersetzen, aber eher selten den Begriff *bond-servants* benutzen, sondern in der Annahme, dass diese Menschen in Sklavereipraktiken und Gewaltstrukturen gerieten und meist klar zu Sklavenarbeiten, die auch den Körper betrafen, oder Körperdienstleistungen degradiert wurden, von *bond-slaves* sprechen.[41] Chinesische bäuerliche Schuldner etwa, die zu Sklaven degradiert wurden, waren klar für niedere Arbeiten wie Wasserschleppen, Holzsammeln, Entenhüten, Reinigen, Feuermachen sowie die Entsorgung von Abwässern und Fäkalien, Blut, Leichen und Kadavern zuständig. Die innere Degradierung konnte bis zur Negierung der Ehre der jeweiligen normalen Gruppe oder Gemeinschaft reichen (in China etwa die Kaste der *jian*), ohne dass diejenigen, die es traf, automatisch mit dem Begriff »Sklave« belegt wurden. Aber aus dieser Gruppe stammten viele informell Versklavte. Es ist fast müßig zu sagen, dass »Status« in Gemeinschaften/Gesellschaften nicht einfach für sich steht, sondern immer auch eine extrem wichtige kulturelle Dimension von »lokalem Selbstverständnis [...] von Verwandtschaft und von politischer Gruppenbildung«[42] sowie Abhängigkeit darstellt.

Gab es nur wenige Sklaven von außen, blieb es bei der inneren Statusdegradierung. Die versklavten Menschen blieben trotz des niedrigen Status real immer noch Mitglieder der jeweiligen Gruppe oder Gesellschaft, sie waren keine Fremden und trugen »nur« das zeitweilige Stigma der niederen Stellung in der jeweiligen sozialen Hierarchie und Ordnung. In anderen Fällen wurden sie von Eliten bzw. vom Staat in festumrissenen Termini als Sklaven definiert und in der Realität als solche behandelt, oft auf sehr grausame Weise. Sklaverei war in diesen Fällen nicht oder wenig institutionalisiert. Diese Sklavereien vor allem von Frauen und Kindern existierten und existieren überall auf der Welt, aber in sehr lokalen Ausprägungen – was sich meist in einer Vielfalt von »Namen« der jeweiligen Sklavereien ausdrückt. Als Anlass für die Integration Fremder und den Übergang zu auch äußerer Statusdegradierung gilt das Interesse, die eigene Kommunität zu stärken und zu vergrößern, verbunden auch mit internen Kämpfen um Machtpositionen. In einer nächsten Stufe, bei Staatsbildungen, Territorialkonflikten, Verschleppungen, Razzien, Migrationen, Expansionen oder Konflikten mit anderen oder weiter entfernten Gruppen (meist im Zuge der historischen Entstehung und Entwicklung militärisch-monarchischer Regimes, den »Imperien«), kam es zu immer massiveren Statusdegradierungen der von außen in die Gemeinschaft Verschleppten bzw. der eroberten Gruppen und Gesellschaften, meist gebunden an die »Herkunft« oder das Herkunftsgebiet der Versklavten oder Verschleppten.

Die Hauptmotivation dürfte der Versuch gewesen sein, die von außen in eine bestimmte Gemeinschaft gekommenen Menschen von ihrer Herkunftsgruppe (»Vorfahren«, »Ahnen«, Genealogie) zu trennen. Je mehr Menschen per Zwang und Gewalt von außen in eine Gruppe oder Gesellschaft kamen, desto mehr wurden diese Menschen wegen ihrer »ahnenlosen« sowie verwandtschaftslosen Herkunft oder wegen bestimmter Merkmale stigmatisiert – visuell, nach ›Farben‹, sprachlich, räumlich, religiös oder biologisch (»Tiere«; Herkunft aus Tier-/Mensch-Verbindungen)[43] – schließlich auch sichtbar als Körpermarkierung in Ritualen. Diese markierte »Fremdheit«, die Stigmatisierung des ganz »Anderen«, ist also eine ganz archaische Dimension aller Sklavereien.[44]

Die meisten Sklavereiforscher, vor allem die der modernen Geschichte (drittes Sklaverei-Plateau), gehen davon aus, dass härteste Routinetätigkeiten auf Feldern, im Bergbau, im Transport oder im Bau sowie niedere Dienste in Häusern die Realität des Lebens von fast allen Versklavten prägten. Es gibt hunderte, möglicherweise tausende Arten von realer Arbeit. Versklavte erledigten meist die schlechten, schmutzigen, ekligen sowie extrem schweren Arbeiten, oftmals mit der immer gleichen Routine bzw. Langeweile. Dazu kamen Tätigkeiten, die mit Tod, Blut, Schmutz, Ekel und Entwürdigung zu tun hatten oder körperlichem Ausgeliefertsein – Letzteres mussten zumindest zeitweilig auch Eliteversklavte (Mamluken oder Frauen und Mädchen für Harems) über sich ergehen lassen. Deshalb gibt es heute in Brasilien eine Debatte über »Sklavenarbeit« (ohne *legal ownership*). In den Zeiten vor dem dritten Plateau wird meist darauf verwiesen, dass Versklavte unterschiedlichste andere Tätigkeiten und Dienstleistungen verrichten mussten oder Elitesklaven waren, die oft mit Krieg und Tod, unbeliebten Exekutivaufgaben oder körperlichen Diensten zu tun hatten. Aber auch die Versklavten prähistorischer Zeiten, vor allem Frauen und Kinder, mussten niedere Arbeiten (*menial works*) und eklige Dienste leisten oder mit Tod, Blut, Abfall, Unrat oder Reinigung umgehen. Meist hatten sie auch keine Kontrolle über die Dauer der Arbeiten oder Dienste.

Sklavenarbeit sowie lange und/oder unregelmäßige Arbeitszeit, Überarbeitung sowie bestimmte Formen der Ernährung (»Sklavenessen«) wirken sich auf Körper, Gesundheit und Psychen von Versklavten aus. Zum Glück ist nie in der bisherigen Geschichte über so viele Generationen Sklaverei ausgeübt worden, dass neue Menschengattungen entstanden wären. Stattdessen hat es immer wieder Rebellionen, Widerstand, Revolutionen, Systemzusammenbrüche und Niedergänge von Imperien gegeben. Sklavereien haben sich zudem weltgeschichtlich in ganz kleinem Umfang, d. h., in kleineren Gruppen unterhalb der Ebene von Staat oder Ähnlichem, in den letzten 20 000 Jahren eher opportunistisch entwickelt. Das bedeutet, dass Sklavereien »ohne Institution« meist nur auf die in diesem Status lebende Person bezogen und nicht generationsübergreifend waren. Das bedeutet aber auch, dass informelle Sklavereien immer wieder entstehen.

Quellen über institutionalisierte Sklavereien haben wir in schriftlicher Form seit um 2000 v. Chr., materielle Quellen, die mit den Ideen von Fernhandel und Elitenetzwerken verbunden sind, schon seit der Bronzezeit (Beginn um 4000–3000 v. Chr.). Zugleich spielt die aus Vergleichen gewonnene Idee eine wichtige Rolle, dass Jäger und Sammler wirklich extrem opportunistisch Versklavung einzelner Individuen (Frauen, Kinder, Fremde) betrieben. Versklavte stellten in der (kleinen) Gruppe noch eher eine Belastung dar. Größere Gewaltinfrastrukturen und Nachfrage nach dauerhaft Versklavten entstanden überhaupt erst mit Bodenbau, Viehhaltung und festen Häusern (auch Paläste, Tempel und Jurten), d. h. im Laufe des Neolithikums, einigermaßen sicher wahrscheinlich, wie gesagt, in der jeweiligen Bronzezeit.

Auch wenn sich viele Texte über Versklavte mit Widerstand, Rebellionen oder Formen von institutionalisierter Sklaverei beschäftigten, wurde die absolute Masse der Versklavten im Laufe der gesamten Welt- und Globalgeschichte zu Sklavenarbeit und Sklavendiensten gezwungen. Der Großteil dieser Versklavten wird in dieser langen Zeit seit vor 20 000 Jahren eher opportunistisch erworbene Sklavinnen »ohne Institution« gewesen sein (wie es die Masse der dem Sklavenstatus zum Opfer fallenden Menschen auch heute wieder ist). Und die einzelnen institutionalisierten Sklavereisysteme und -gesellschaften existierten meist nur auf mittlere historische Epochendauer (300–500 Jahre). Sklavenhalter konnten innerhalb dieser Systeme und Wirtschaftsordnungen trotzdem, je mehr Macht sie hatten und je niedriger der Status ihrer Untergebenen war, Tages-, Wochen-, Jahres- und Lebensarbeitszeit der Versklavten bestimmen.

Mit der mutterrechtlichen Regelung »Sklavenbauch gebiert Sklaven«, die einige der wichtigsten Sklavereigesellschaften des zweiten und dritten Plateaus prägte, konnten die Bestimmung für bestimmte Arbeitsbereiche und der Status sozusagen für immer und ewig im Sklavereirecht festgeschrieben werden. Das Kriterium der faktisch unbegrenzten Arbeitszeit scheint mir ein sehr starkes zu sein – und natürlich ein extrem umstrittenes (weil Arbeitszeit ein grundlegendes Element jeder Wirtschaft ist – bis heute)[45].

Es ist erstaunlich, wie nachhaltig Sklaverei und Sklavenexistenzen aus der Erinnerung vor allem Mitteleuropas verdrängt worden sind (zu den Diskurs- und Medienpraktiken dieser Verdrängung siehe das Kapitel »Kein Ende nach dem Ende«). Ich will diese Einführung mit zwei etwas gewagten Thesen beenden, die aber vieles über die Schwierigkeiten sagen, Sklaverei aus heutiger Perspektive, d. h. samt der vielfältigen »modernen« Sklavereien, zu definieren.

Erstens: Keine und keiner von uns, einschließlich des Autors, ist in der Geschichte seiner Vorfahren mit globalhistorischen Sklavereiformen *nicht* in Berührung gekommen – in der absoluten Mehrheit waren das Versklavte oder Leibeigene. Oder glaubt jemand wirklich, seine Vorfahren waren Prinzessinnen, strahlende Ritter oder Könige »ohne Leibeigenschaft oder Versklavung«? Selbst diejenigen, die behaupten würden, ihre Vorfahren seien keine Versklavten gewesen, wie Adlige oder die heute wieder in den Medien so beliebten *royals*, sollten sich ihre Familienchroniken mit kritischer Distanz anschauen. Die ersten Vertreter einer ›Familie‹ oder eines ›Hauses‹ waren fast immer Ministeriale (in Mitteleuropa, siehe zweites Sklavereiplateau). Ministeriale waren zunächst waffenfähige Versklavte der Kirche, von Königen oder Adligen. Eventuell gehörten sie zur Minderheit derer, die Sklavenarbeit nutzten oder Menschen versklavt haben. Darauf ist heute kaum jemand mehr stolz. Früher, zu Zeiten der jeweiligen Sklaverei, war es aber eine Grundvoraussetzung dafür, wirtschaftlich aufzusteigen sowie einer Elite anzugehören und die Meinung darüber zu prägen, was als »gut« und »nützlich« galt.

Zweitens: Wir können Versklavte der heutigen »modernen« Sklavereiformen (siehe das Kapitel »Und heute?«) selten erkennen, obwohl sie ubiquitär sind und sich so kleiden und präsentieren, wie wir es von der großen Masse unserer Mitmenschen erwarten. Das verbindet Sklavereigeschichte aus heutiger Sicht (inklusive ›moderner‹ Sklaverei) mit den Versklavten und den Sklavereien in anderen Gesellschaften als den großen, uns allen aus Filmen und Büchern mehr oder weniger bekannt erscheinenden Sklavereien, in denen Versklavte auch visuell und im Recht ganz klar unterschieden waren (wie den antiken Sklavereigesellschaften des Mittelmeerraumes, der Karibik, Brasiliens oder dem Süden der USA – siehe das Kapitel zum dritten Sklavereiplateau). Die Eliten der Gesellschaften, vor allem des ersten und des zweiten Sklavereiplateaus außerhalb des »Westens« mit seinem Recht in »römischer« und katholisch- sowie protestantisch-christlicher Tradition, d. h. des historischen Russland, China, Indien, Südostasien, Afrika, Ozeanien, Zentral- und Westasien sowie Nordafrika, können alle mit Nachdruck sagen: Bei uns hat es keine tropischen Plantagen mit versklavten Schwarzen und keine Massen von Sklavenschiffen gegeben (was für Afrika und die arabisch-islamischen Gebiete sowie einige Inseln des Indischen Ozeans nicht ganz stimmt). Bei uns, so diese Eliten und viele heutige Historiker, gehörten Sklaven zur Familie. Das Wort »Sklave« wird in dieser Argumentation freilich nicht benutzt, sondern eine Vielzahl anderer Worte.

Globalhistorische Sklavereiplateaus

»Forscher schrecken zurück vor den hässlichen Implikationen, die das Wort ›Sklave‹ für gewöhnlich mit sich bringt«.[1]

Erstes Sklavereiplateau ohne Menschenhandel (Beginn etwa 20 000 / 8000 v. Chr.)

Slaving ist eine mächtige Triebfeder der Geschichte. Sklavereien haben die Weltgeschichte von Anfang an nicht nur begleitet, sondern waren oft – wie Gewalt (als ordnende Kraft und als Grausamkeit oder Zwang), wie Krieg und Gier nach Ruhm, Erfolg oder auch Jagderfolg, Profite und Reichtum – eine Art Motor hinter dynamischen Entwicklungen. Die Frage, wo Sklaven und Sklavinnen oder Sklavereien Spuren und Quellen in der Menschheitserinnerung und Tradition hinterlassen haben, soll im Folgenden nur punktuell, anhand von drei Aspekten, thematisiert werden, obwohl sie für die Globalgeschichte heute ausgesprochen wichtig ist.

1. Die meiste Zeit seit etwa 20 000 v. Chr. gab es opportunistische Versklavungen, vor allem von Frauen, Kindern und Fremden.

2. Wo ist die Erinnerung der versklavten Menschen selbst, und wo ist die Erinnerung an sie geblieben? Die meisten Versklavten sind ihr gesamtes Leben in der Sklaverei verblieben und, bildlich gesprochen, in Ketten gestorben (oder durch Selbsttötung, meist durch Erhängen). Das ist keine heroische Perspektive für die *Memoria*, aber eine realistische. Ihre Körper wurden, mit Ausnahme vielleicht des frühen Christentums, in Armen-, Massengräbern oder Sonderbegräbnissen verscharrt und möglicherweise gar nicht begraben; von ihnen ist nichts oder nur sehr wenig geblieben. Erinnerungen gibt es, Geschichte keine.

3. Wo sind die Gewinne geblieben, die Sklavenhalter aus der Sklaverei und sehr oft direkt aus den Körpern Versklavter gezogen haben? Bei (potenziell) nachweisbaren Spuren oder Quellen handelte es sich in neueren Zeiten vor allem um Vermögen sowie religiöse Anlagen, Festungen und Mauern, Kirchen, Paläste, reprä-

sentative Gebäude, Agrarland, Industrieanlagen, Hafenplätze und -städte, ja das Gepräge ganzer Großstädte. In Europa ist diese Frage zwar im Detail schwierig, aber mit dem Verweis auf die Kapitalakkumulation sowie Profite und Reichtum von Institutionen und Personen noch vergleichsweise einfach zu beantworten. Strukturgeschichtlich gesehen legte Sklaverei die Basis für den Industriekapitalismus und die Konsumgesellschaft sowie prozessual für die Dynamik des atlantischen Kapitalismus. Darauf ist noch ausführlich zurückzukommen.

Wenn wir uns von der gängigen Vorstellung lösen, Sklaverei und Sklaven habe es vor allem in der europäischen Antike (Griechenland und Rom) sowie im Süden der USA vor dem Bürgerkrieg gegeben (diese beiden Sklavereien sind auch die welthistorisch Einzigen, in denen Sklaverei die scharfe Antinomie von »Freiheit« war), können wir Sklaverei historisieren. Es gab Sklavereien als extreme Abhängigkeit und extreme Form der Verfügung über Körper von Menschen überall auf unserem Globus, wo Menschen siedelten, und in einem Zeitraum, der Prähistorikern und Geologen kurz erscheinen mag (10 000–20 000 Jahre), nach der Faustformel »je älter, desto lokaler«. Gerade diese ältesten »kleinen« Sklavereiformen existieren heute noch bzw. verbreiten sich sogar wieder.

Unter Historikern und Archäologen ist umstritten, wann das weltgeschichtliche Phänomen der Versklavung (*slaving*) seinen Anfang nahm: Joseph Miller ist der Meinung, dass erste Sklavereien schon vor rund 20 000 Jahren (Jungpaläolithikum, speziell Magdalénien) einsetzten, mit ersten individuellen, segmentären und regionalen Differenzierungen. Ich nehme mit Detlev Gronenborn an, dass nicht-institutionalisierte und mehr oder weniger opportunistische Versklavungen mit der Neolithisierung und erste institutionalisierte Sklavereien mit dem Übergang zur Sesshaftigkeit, Landwirtschaft, Vorratswirtschaft und frühen befestigten Siedlungen sowie der Herausbildung von Viehhaltungswirtschaften einsetzten (in Vorderasien 10.–6. Jahrtausend v. Chr.; in vielen anderen Gebieten später bzw. bis in historische Zeiten reichend).[2]

Das erste Sklavereiplateau in der Globalgeschichte ist das der

Sklavinnen ohne Institutionalisierung. Vor allem Frauen, Mädchen und Kinder (Waisen, ausgesetzte, geraubte oder vertauschte Kinder) sowie Fremde wurden versklavt, ohne dass es erkennbare Regeln oder Institutionen gegeben hätte – mit Ausnahme eines niederen Status und der Tendenz zur Integration in Gemeinschaften. Die soziale Position einer Sklavin in diesem Plateau hing mit der Gewährung von Schutz oder der Aufnahme in eine neue Gruppe (Herdfeuerlager, Siedlungsgemeinschaft, Verwandtengruppe) zusammen. Die Neuankömmlinge mussten, sozusagen als legitime Gegenleistung, meist die unangenehmsten Arbeiten machen bzw. den Gruppenchefs zu Diensten sein – vor allem mit ihren Körpern und möglicherweise auch schon durch eine zeitlich ziemlich unbegrenzte Arbeitsleistung. Einige wurden eventuell auch geopfert, d. h. man nahm ihnen das Leben.

Dies sind in den meisten Fällen logisch extrapolierte Hypothesen, die sich archäologisch-historisch höchstens an bestimmten Formen von Sklaverei in rituellen Ökonomien (Opfer, Totenfolge, Kannibalismus) oder an (Massen-)Gräbern ohne Beigaben nachweisen lassen, das heißt an – im archäologischen Sinne – ›anonymen‹ Gräbern. Die Namen der Begrabenen wissen wir in frühhistorischen Zeiten ohnehin nicht, aber diese Begrabenen können heute nicht einmal mit Rangbezeichnungen à la »Fürst von …« benannt werden.[3] Es kann aber auch sein, dass schon ein Begräbnis an sich ein Zeichen für sozialen Status ist und dass Versklavte dieses Plateaus überhaupt nicht rituell bestattet wurden.

Mit dem Übergang zur Sesshaftigkeit stellten sich für die Siedler, die Landwirtschaft, Gartenbau, Vorratswirtschaft mit Keramik und Textilproduktion sowie Viehhaltung betrieben, neue Grundprobleme: Der Anspruch auf ein Territorium musste definiert und die Gruppe, die ihn erhob, als solche gestärkt werden, was zumeist in Riten geschah.[4] In solchen Riten sind drei Formen von frühem Sklavenstatus denkbar, ohne dass diese schon institutionalisiert gewesen sein müssen: erstens Menschen, die unter Gewalt oder mit Betäubungsmitteln zu Opfern (Opfersklaverei) gemacht wurden, und zweitens der Ausschluss Fremder aus der auch genealogisch bestimmten Gemeinschaft.[5] Drittens nahm man Fremde zur Stärkung von Gemeinschaften auf, die zunächst einen extrem niedrigen Status hatten und gewisse Riten durchmachen mussten (die manchmal auch Torturen bis hin zum Tod beinhalteten). Sowohl der Ausschluss bzw. die Verstoßung (Weggabe, z. B. von Kindern) aus der Gruppe, dem Haus, dem Clan oder der engeren Verwandtschaft als auch die Aufnahme von Fremden in einem niederen Status sind in weiten Teilen der Welt der eigentliche Ursprung von Sklavereien gewesen. Inwieweit die Beschaffung von Opfern, vor allem von Kindern und jungen Frauen, für die Riten zu frühen Konflikten und Razzien führte, bleibt offen. Hierarchien und Konflikte/Kriege in und zwischen frühgeschichtlichen Gemeinschaften wird man aber voraussetzen können.

Ein anderes denkbares Szenario sind Hierarchisierungen innerhalb von und zwischen Häusern oder Haushalten der eigenen Gruppe innerhalb einer Siedlung, die möglicherweise die Traditionen von Menschen, die jagten und sammelten oder Vieh hielten, mit denen von Bodenbauern vereinigten.[6] All das ist nur extrem punktuell nachweisbar und keinesfalls als chronologisch und räumlich klarer Beginn bekannter politischer Formen (wie Staaten) oder evolutiver Sozialgroßformationen (wie ›Sklavereigesellschaften‹) zu verstehen. Sklavereien und unfreie Arbeiten treiben eher die Dynamik von Hierarchisierungen voran. Ein drittes allgemeines Szenario der Entstehung informeller Sklaverei, auch von Kindern oder sogar schon jungen Männern, könnten schwerste Routinearbeiten in Bergwerken oder in der Metallurgie überhaupt sein. Auch als Hirten könnten versklavte Männer in früheren Zeiten eingesetzt worden sein – siehe die *Odyssee* und Herodots Beschreibung der Skythen.[7] Oft arbeitete man damals wohl auch schon mit Verstümmelungen (Blendung; Durchtrennen der Sehnen eines Fußes). Generell waren vermutlich »Sklaven in einer einfachen Subsistenzwirtschaft eine Belastung«.[8] Am einfachsten war es noch, Frauen und Kinder zu versklaven, die dann eine Vielfalt von Arbeiten und Dienstleistungen bei schlechter Ernährung übernehmen mussten.

Erste Nachweise bestimmter Statusunterschiede hängen möglicherweise mit der Entwicklung sesshafter Wirtschafts- und Lebensweisen in »spätneolithischen Dörfern«[9] (Johannes Müller) zusammen. Die Organisation der Arbeit größerer Gruppen von etwa 200 bis 300 Individuen durch Eliten für Jagd, Rituale, Bewässerungen oder Bauarbeiten dürfte innerhalb von nichtstaatlichen Gesellschaften mit relativ geringen oder punktuellen Hierarchien möglich gewesen sein. Das unterscheidet sich deutlich von bestimmten gigantischen Arbeitsleistungen (Pyramidenbau, Bau der Großen Mauer, der kaiserlichen Grabpaläste sowie der Kanäle in China), die auch Formen kollektiver Sklaverei in frühen Staatsgebilden voraussetzen. Diese Formen scheinen sich weniger aus den Dorfgemeinschaften (deren Funktionieren für die landwirtschaftliche Produktion unbedingt notwendig war) als aus dem Rechtssystem und/oder aus kriegerischen Gewalthandlungen herausgebildet zu haben. Sklaven-»Handel«, der zur entwickelten Sklaverei gehört wie ein Zwilling, existierte möglicherweise schon in den opportunistischen ersten Sklavereien (als Tausch), aber als eine Art Elitentausch setzte er nachweisbar zunächst mit Razzien- und Expansionskriegen, der Vergabe von Kriegsgefangenen an Eliten sowie dem Gabenaustausch zwischen Herrschern ein (im 2. Jahrtausend v. Chr.).

Dieses erste Plateau der Sklavinnen ohne Institution dürfte das älteste und am weitesten verbreitete in der Geschichte sein. Vom hypothetisch-opportunistischen Beginn der Sklavereien bis mindestens zur Bildung erster Dominanzformen unter Häuptlingen, Priestern, Eliten und von Territorien bestimmter Siedlungen mit Kontrolle über das Land war es wohl das vorrangige Plateau von Sklaverei. Dieses Plateau war das einzige mindestens bis zum mittleren Neolithikum und der Metall-/Bronzezeit (um 3000–800 v. Chr.); in Mitteleuropa wohl bis zur sogenannten Michelsberger Kultur. Und es ist trotz der scheinbaren Simplizität eine doch recht komplizierte und vor allem sehr lange Geschichte, in der sich entehrende Arbeiten (Unrat, Blut, Dreck, Abfall, schwerste Routinearbeiten), körperliche Dienste, Patriarchalismus, erzwungener Sex (sexualisierte Gewalt), aber auch die Annahme elternloser Kinder, Konkubinat und andere den Fremdenstatus abschwächende Sozialrituale ausbildeten.[10] Wichtig für dieses alle Sklavereien begründende Plateau ist, dass es Sklaven »ohne Sklaverei«, vor allem Sklavinnen und Kindersklaven, bis heute gegeben hat und gibt.

Ein fast schlagendes Beispiel von Sklavenstatus »ohne Sklaverei« am Beginn der Neuzeit ist die Indigene aus dem Volk der Tocobaga im heutigen Florida (bei Tampa), der die Spanier den Namen Madalena gegeben hatten. Sie war 1539 bei einem Razzienüberfall der Expedition Hernando de Sotos durch La Florida (damit bezeichneten die Spanier im 16. Jahrhundert das ganze Nordamerika außerhalb Neu-Spanien-Mexikos) gefangen genommen worden (Razziensklaverei). Sie wurde von De Soto in den Haushalt seiner Ehefrau Inés (Isabel) de Bobadilla nach Havanna verschleppt. De Soto kam gegen 1542 am Mississippi um. Seine Witwe nahm Madalena mit nach Sevilla. Als Inés de Bobadilla dort 1546 gestorben war, kehrte Madalena nach Havanna zurück und half als *lengua* (Übersetzerin) dem Dominikanermönch Luis Cáncer (ein enger Vertrauter von Bartolomé de las Casas) bei der Vorbereitung einer Expedition zur heutigen Tampa Bay. Die Dominikaner versuchten dort eine Missionsstation zu etablieren (*entrada*). Nach schweren Konflikten mit Tocobaga-Kriegern, die Cáncer töteten, verschwand Madalena 1549 aus den schriftlichen Quellen (wie fast alle Sklavinnen »ohne Sklaverei« in der Weltgeschichte). Das Spannende in Bezug auf diesen Sklavenstatus illustriert eine kleine Notiz in einem Artikel zur *life history* von Madalena: »Madalena wird nie formal Sklavin genannt, aber ihre Entführung, ihre Verschleppung und Arbeit erzeugten die Sklaverei, in Taten statt Worten«.[11] Es gab auch in Europa zwischen 1400 und 1900 etwa zwei Millionen Sklaven, obwohl viele europäische Staaten in ihren Rechtsordnungen »Sklaverei« nicht definierten oder, vor allem seit dem 18. Jahrhundert, Sklaven auf ihrem Territorium verboten (*free-soil*-Prinzip). Die meisten dieser Versklavten in West- und Mitteleuropa waren Nichteuropäer und Nichtchristen, oft Gefangene der Türkenkriege, Kinder aus Afrika oder anderen Kolonialgebieten, Opfer der Seeräuber- und Korsarenplünderfahrten im Mittelmeer sowie zunehmend Statussklavinnen und -sklaven aus der Karibik, die ihre Herren oder Herrinnen mit nach Europa genommen hatten. Auch hielt man sich geschenkte Kinder oder junge Frauen oder sogenannte »Hofmohren« – eine Mode unter europäischen Eliten der Aufklärungszeit.[12] Hermann von Pückler-Muskau kaufte 1837 auf dem Sklavenmarkt von Kairo eine Oromo-Sklavin namens Machbuba (etwa 1823–1840) als Mätresse.

Zweites Sklavereiplateau (Beginn etwa 3. Jahrtausend v. Chr.)

Das zweite Sklavereiplateau umfasst zunächst ›kleine‹ Sklavereien im Rahmen von Verwandtschafts- und Siedlungsgruppen, meist in Verbindung mit einem Gebäude oder einer Behausungsart. In den meisten Sprachen wird eine solche Unterkunft als »Haus«[13] bezeichnet, aber auch als Zelt, Jurte, Halle, Palast, Tempel; hinzu kommen die jeweiligen Anlagen wie z. B. Tempel, Palastanlage oder Herrscherhaus, d. h., architektonisch-soziale Grundeinheiten (Behausung). Abgeleitet vom englischen Begriff *kin* (Verwandtschaft) wird diese Hausssklaverei auch Kin-Sklaverei genannt. In ihr ist die lokale oder regionale Geltung eines »Hausrechts« entscheidend, das es einer Verwandtschaftsgruppe erlaubt, Haushaltsmitglieder zu kontrollieren und Statusniedrige als Sklaven zu »halten«. Solche Haushalte konnten bisweilen eine beträchtliche Größe haben und auch eine gewisse Anzahl an Sklaven, vor allem in Tempelgebäuden, in denen noch die symbolisch-ideelle Gewalt eines Gottes oder mehrerer Götter und vor allem die reale Gewalt von Priestern sowie religiösem Personal (Wächter, Aufseher, Verwalter, Schreiber) hinzukam.

Dieses Plateau der Kin-Sklaverei formierte sich wahrscheinlich seit der Metallzeit, speziell seit der Bronzezeit (die in den Amerikas eher eine Kupferzeit war) in festen Siedlungen zur Steigerung der Nahrungsmittelproduktion, in der Landwirtschaft, der Viehhaltung, der Metallgewinnung und in Religion und Wissensvermittlung. Zum letzteren Sektor gehören Ahnenkult sowie Kenntnisse über Wetter, Medizin, Drogen, Ressourcen und Technologien sowie Elitefeste, Reisen/Kriegszüge. Dazu kamen die allgemeine Zunahme kriegerischer Konflikte mit der Herausbildung strukturierterer Territorialkontrolle (meist als *chiefdoms* oder Spanisch *señoríos* bezeichnet) und die Erfindung neuer Waffen. Nun bildeten sich Kriegereliten heraus, die andere Menschen gefangen nahmen, zumal sie an der Steigerung ihres Status durch viele Anhänger und Abhängige interessiert waren. Detlev Gronenborn sagt zu solchen Gemeinschaften: »in dem Maße, wie die Komplexität der Gesellschaft und die Intensität der Sklaverei zunimmt [, nimmt auch] die Bereitschaft der Gesellschaft für Adoption/Integration ab«[14]. Kristian Kristiansen hat diesen Übergang als evolutionären Sprung hin zu fest institutionalisierten sozialen Differenzierungen beschrieben.[15]

Nun verkompliziert sich die Geschichte der Sklaverei, vor allem, weil viele regional unterschiedliche Sklavereiformen dieses zweite Plateau bilden und weil organisierte Razzien sowie der Kriegsgefangenen- und Sklaventausch bzw. -handel einsetzten. Zunächst wurden Menschen oft von *big men* oder aristokratischen Eliten als »Gaben« an andere Eliten, etwa von Herrscher zu Herrscher, weitergereicht.

Die Grundstrukturen dieses Plateaus wurden gebildet durch Formen »innerer« Sklaverei von (weiterhin überwiegend) Frauen, Mädchen und Kindern mit vielfältigen niederen Aufgaben. Es kommen nun aber auch zum Teil massiv verschuldete Männer hinzu. Neu ist eine zunehmend ›äußere‹ Sklaverei von kriegsgefangenen Männern, die zunächst meist als Hirten oder zu schweren Routinearbeiten eingesetzt wurden oder in Kriegertrupps in niederen Rängen sowie als Träger arbeiteten. Die Versklavung von Männern, die vorher Krieger oder Soldaten waren, ist gefährlich – auch deshalb genossen Männersklaven anfangs oft die relative Autonomie von Hirtensklaven oder waren Teil einer speziellen Festökonomie reicher Eliten.[16] Normalerweise verbinden wir Versklavte eher weniger mit Festen, aber Daphne Nash Briggs hat eine gute Erklärung:

»Feste zeichneten sich in dieser Zeit [8. Jahrhundert v. Chr. – M. Z.] durch Elitenbeziehungen aus und verdienen hier Aufmerksamkeit sowohl wegen ihres fundamentalen Anteils an der Schaffung und Akkumulation von Reichtum als auch wegen der notwendigen Rolle, die die Sklaven bei ihrer Abhaltung spielen. In bevölkerungsreichen Gesellschaften, die immer noch sehr nah am Rand der Subsistenz standen und immer von unvorhersehbarer Hungersnot bedroht waren, speiste sich das Vermögen der Eigentümer selbstverständlich aus den Produkten ihres eigenen Landes und ihres Viehbestandes, deren Überschuss es ihnen erlaubte, sich die mehr oder weniger freiwilligen Dienstleistungen von weniger begünstigten Menschen im Gegenzug für eine gute Mahlzeit zu sichern«.[17]

Es handelt sich um die Universalie der ›freiwilligen‹ Selbstversklavung aus Angst vor dem Hungertod oder um den Wunsch, zu einem Elitenhaushalt dazuzugehören.

In diesem Plateau kam es aber nicht nur zu Festen, sondern zu deutlich mehr Gewalt in Form bewaffneter Konflikte, Überfälle und regelrechter Kriege – im Grunde setzt unsere Überlieferung von Kriegen und Fernreisen (Netzwerken von Fernbeziehungen[18]) hier ein. Archäologisch nachweisen lässt sich der Status von Menschen möglicherweise in sogenannten »Sonderbestattungen«.[19] Damit entwickelten sich schließlich auch Sonderformen wie die kollektive Sklaverei besiegter Menschen eines bestimmten Territoriums, Opfersklaverei (die eventuell schon ebenso alt oder älter ist als das erste Plateau, aber jetzt öfter zur Machtdemonstration eingesetzt wird), Razziensklaverei professioneller Kriegertrupps, in die die besiegten und versklavten Krieger oft mit ganz niedrigem Status eingegliedert wurden, und verschiedene Arten von Eliteklaverei (Schwurkriegerverbände, die dem Anführer bis in den Tod treu sein sollen; versklavte Amtsexekutoren, Gruppen von jungen Frauen, die den herrschenden Anführern als Konkubinen dienen müssen; Tempelsklaverei).[20]

Die meisten dieser kollektiven Sklavereien haben eines gemeinsam – ihr Ort ist das Privathaus. Der Status der Versklavten wurde meist am Verwandtschaftsrang gemessen. ›Innere‹ Sklavinnen haben eine schwache oder arme Verwandtschaft, die sie nicht mehr schützen kann oder sie aktiv weggegeben, verschenkt oder verkauft hat; ›äußere‹ Sklaven hatten gar keine Verwandtschaft innerhalb der versklavenden Gruppe und wurden symbolisch auch ihrer Ahnen und ihrer Genealogie beraubt.[21] Damit und im Zusammenhang mit Niederlagen, die oft nachträglich für gottgewollt erklärt wurden, entwickelten sich zwei Verfahren, die bis zum formellen Ende der Sklavereien die Geschichte der Sklaverei geprägt haben: die sich nun verfestigende innere und eine äußere Statusdegradierung. Menschen, die meist nach Kriegsniederlagen oder Razzien als Versklavte in eine Gruppe kommen, haben weder Ehre noch Rechte. Orlando Patterson hat diesen Status *social death* genannt, und er hatte damit, trotz der vielen Kritik, die ihm dieser Begriff eingebracht hat, nicht ganz Unrecht. Oft reichte in der Versklaver- und Sklavenhaltergruppe schon die Erwähnung eines eroberten Territoriums oder einer besiegten Gruppe, aus denen öfter Versklavte kamen, um diesen sozialen Tod zu verdeutlichen (der sich häufig auch individuell in den Namen Versklavter ausdrückte, wie Simos/Simon aus der Gruppe der Skythen in Griechenland, Trax usw.).

Unter den Karibenvölkern des nördlichen Südamerika hießen solche Gruppen *macu* bzw. *poito*. Viele indigene Völker, die nicht zu den Kariben gehören, haben dort noch heute *macu* oder *maku* in ihrem Namen. *Poito* bezeichnete zudem eine Art Schwiegersohn, denn die Familien der Sieger hatten das Recht, unter den Besiegten einen Mann auszusuchen als Ersatz für den eigenen gefallenen Krieger. Das bedeutet, sie konnten den Status des Gefangenen (durch Rituale) ändern. Auch das ist Kin-Sklaverei. Das extrem pejorative Wort *awahkân* wiederum bezeichnete bei Sprechern des westlichen Algonquian in Nordamerika wie den Ottawas, Ojibwas und Crees sowohl Kriegsgefangene als auch »Tiere, die gefangen gehalten werden«.

Ich halte Bezeichnungen von bzw. für Sklavereien in ihrer Verwendung von Zeitgenossen für die Zwangsinstitution und die

Menschen in Sklavereien für relativ langlebige historische Phänomene. Auch wenn sich der generelle Name eventuell leicht änderte wie bei *servus-serf*, war er oft langlebiger als Rechtstexte. Ob das Ausgangswort in den mittelalterlichen arabisch-islamischen und christlichen Gesellschaften – *sakaliba* (bzw. *siklab/sklábos*) –, das zu »unserem« Wort für Sklave, aber auch zur ethnischen Bezeichnung Slawe mutierte, eine Gruppe versklavbarer Menschen oder ein Territorium, auf dem Versklavbare lebten, bezeichnete, ist allerdings nicht ganz klar. Jedenfalls wurden Menschen aus dem Raum slawischer Ethnogenese seit dem 6. Jahrhundert durch frühe Albaner (Bessen), Wolgabulgaren, Araber, Chasaren, Rus, Sachsen, Wikinger, Kumanen, Ungarn und andere Razzienkrieger massiv versklavt. Daraus entwickelte sich im Zuge der äußeren Statusdegradierung in den versklavenden Gemeinschaften der Brauch, Versklavte mit dem Wort für Menschen aus der Region der Slawen (ein paar Sachsen, Franken, Germanen oder Krieger anderer Gruppen werden auch unter den Sakaliba gewesen sein) zu bezeichnen: eben als *sakaliba-sklábos-slawe-slave*. Vor dem 9. und 10. Jahrhundert, der Zeit des fränkischen Karolinger-Reiches und der beiden frühmittelalterlichen Supermächte Byzanz und Abbasiden-Kalifat, gab es das Wort »Sklave« schlicht noch nicht. Im lateinischen Europa wurden meist die »römischen Namen« für Sklaven – *famulus, servus* (männlich) oder *ancilla* (weiblich) verwendet;[22] in Byzanz meist griechische allgemeine Worte für Sklaven: *andrapodon* (Sklave im Allgemeinen, versklavter Gefangener), *doulos/doulē* (Sklave im Allgemeinen, Untertan, Beherrschter), *therapaina* (Sklavin, Dienerin), *oiketēs/oiketis* (Sklave des Hauses oder der Familie), *oiketikon prosōpon / oiketikon sōma* (Körper oder Gesichter von Sklaven, oft im Plural gebraucht), *paidiskē/paidiskos* (kleines Mädchen / kleiner Junge), *pais* (Kind, Junge, Sklave, Diener), *psukharion* (Seele, Sklave).[23]

Stark vereinfacht gesagt, gab es in Byzanz und im Kalifat, das seit dem 8. Jahrhundert auch weite Teile der iberischen Halbinseln beherrschte, große Nachfrage nach Versklavten, darunter auch Sklavensoldaten, Haremssklavinnen und Eunuchen, aber auch vielen einfachen Arbeitssklaven. Kleinkönigtümer und entstehende christliche Monarchien in Mittel- und Westeuropa waren, ebenfalls vereinfacht gesagt, die großen ›Sklavenproduzenten‹ und Beherrscher der Transportwege, die die Territorien feindlicher Stämme und Völker als *slaving-zones*[24] und Expansionsziele betrachteten und behandelten. Sie agierten auch als Lieferanten (im Einzelnen brachten sie in christliche Monarchien des frühen Europas oft Menschen jüdischen Glaubens). Die meisten Versklavten für die arabisch-islamischen Käufer kamen aus Gebieten östlich der Elbe und des nördlichen Balkans, aber auch von den Ostseeküsten, von den Küsten des Schwarzen Meeres und aus dem nördlichen Osteuropa (einschließlich der Finnen).[25] Aus diesen Territorien, in denen zugleich die Ethnogenese einer bestimmten menschlichen Gemeinschaft stattfand, deren Mitglieder später Slawen genannt worden sind, kamen Geraubte, Kriegsgefangene und Versklavte, deren Phänotyp sich mit blond und blauäugig verallgemeinern lässt. Sie wurden in den arabisch-islamischen Hauptnachfragegebieten sowohl in Westasien als auch in Spanien und Nordafrika seit dem 9. und 10. Jahrhundert als *sakāliba* oder *saqāliba* bezeichnet. In Byzanz, aber auch in Italien hießen sie *sklábos*, *Σκλάβος* oder eben *sclavus*. Auch Bezeichnungen wie *sclavam a[n]cillam*[26] kamen im 13. Jahrhundert vor, eigentlich eine Dopplung. Beide Worte bedeuten das Gleiche, nur bezeichnet *ancilla* die weibliche Form des römischen Sklaven. Matthias Hardt hingegen argumentiert, »Sklawenen« sei die gentile Eigenbezeichnung der Westslawen. Sie wurde eventuell (füge ich hinzu) an den expansiven Osträndern des Karolinger-/Ottonen-Imperiums übernommen, um verschleppte Kriegsgefangene und Plünderungsopfer aus Gebieten zu benennen, die nicht zum Reich gehörten oder in Grenzgebieten lagen.[27]

Dass aus dem Namen einer Gemeinschaft, die sich in Ethnogenese befindet, ein allgemeiner Name für Versklavte wurde, ist nicht nur aus Europa und Westasien bekannt. Viele Völker der Prärien Nordamerikas, die Kontakte mit europäischen Kolonialherren hatten, nannten ihre Sklaven *panis* – ein Wort, dem die Bezeichnung der *pawnee* zugrunde liegt, die als ein im Innern des Kontinents (vor allem im heutigen Nebraska und Kansas) lebendes Volk oft von Apachen-, Comanchen-, Osage-, Irokesen- oder Sioux-Kriegern versklavt wurden (und umgekehrt). *Panis* gelangten als *pananas* bis nach Mexiko und in die Karibik.[28]

Fest steht, dass der ›neue Name‹ für Versklavte in Mittel- und Westeuropa sowie im Kalifat aus der Konfrontation zwischen arabischen, slawischen und lateinischen Gebieten des späteren Europa stammt. Seit etwa 800 kamen auch Wikinger auf Eroberungszügen und Nordmänner dazu, die wieder eigene Namen für Sklaven mitbrachten. Im Altenglischen zur Zeit der Auseinandersetzungen zwischen Dänen und Norwegern (Normannen/Wikingern) einerseits und Sachsen andererseits hießen Sklaven *theow*, *æht* oder *thræll*.[29] In Nordeuropa, in Schweden, Dänemark und Norwegen, wurden Unfreie als *thralls* oder *trælle* (Knechte/Sklaven) bezeichnet. Im Dänemark der Wikingerzeit bestand sogar die Mehrheit der Bevölkerung aus *thralls* oder *trælle*. Trelleborg (= Sklavenburg) war ein Handelsplatz für Gefangene. Knecht konnte im dänischen Reich jede und jeder werden, schreibt Robert Bohn,

> »durch Schuld oder Kauf oder durch Gefangennahme. Für bestimmte Vergehen war die Strafe die Knechtschaft. Auch die Kinder eines in Knechtschaft lebenden Paares wurden Knechte. Die meisten Menschen, die sich in Knechtschaft befanden, hatten einen Status, den man heute eher als Sklaverei bezeichnen würde«.[30]

In den nordischen Gebieten, vor allem in Dänemark, Schweden, am Nordweg (Norwegen), auf Irland und Island sowie einer Reihe von Inseln des Nordatlantiks, der Nord- und Ostsee sowie an den russischen Flüssen, auf denen die Wikinger bis ins Schwarze Meer und ins Mittelmeer vordrangen, hießen Sklaven *trælle*, die weibliche Form lautete im Norden *ambátt* (isländisch: Sklavin; keltisch: *ambaxtos* – männlicher »Amtmann« / Sklave; lateinisch: *ambactus*). Das heute für seine frühen Formen der ›Demokratie‹ hochgelobte Island war eine Kolonie männlicher Wikingerkrieger und versklavter, meist keltischer Frauen aus Schottland und Irland. In modernem Finnisch heißt Sklave *orja*; der gleiche Name für Sklave wird in anderen baltisch-finnischen Sprachen benutzt.[31]

Wie die ›tausend Namen‹ von Sklavereien zeigen, ist das Plateau der Kin- und Haussklaverei viel breitflächiger als das erste Sklavereiplateau, es blieb aber ein punktuelles oder vielleicht besser fleckengleiches Phänomen. Allerdings hatten sich schon Sklavenhandelsrouten mit Märkten und Häfen etabliert, meist auf das ›Haus‹ konzentriert. Es gab bereits große Wirtschaftssklavereien im Römischen Reich und anderen Reichen, etwa im Südirak um Basra, in Indien oder China. Aber die absolute Mehrheit der Sklavereien waren Haussklavereien, auch wenn sie sich mit Elitesklavereien mischten. Das gilt auch für viele Imperien der Weltgeschichte, etwa die karolingischen, arabisch-islamischen, osmanisch-türkischen oder persischen Imperien, die Mongolenreiche oder das Moghul-Reich.

Asien war eine Sklavereiregion par excellence.[32] Vor allem Südostasien war » eine der am stärksten von Sklaverei geprägten Regionen und am ähnlichsten mit Afrika im allgegenwärtigen Einfluss von Sklaverei und Sklavenhandel«.[33] All diese Sklavereien waren im Kern auch Kin-Sklavereien. Jeder Kaiser (oder Cäsar, Zar, Sultan, Maharadscha, Khagan, Moghul, Mansa, Sohn des Himmels, *tlatoani*) war auch Vorsteher einer Familie und eines Haushalts. Versklavte Elitesoldaten wurden bisweilen sogar Sultan (Mamlukenreich, Sultanat von Delhi). In Yuan-, Ming- und Qing-China sowie in der frühen Republik bis 1949 existierten, getarnt als (formal erlaubter) Frauenkauf sowie als (ebenso geduldete) Weggabe und Kauf von Kindern (meist Mädchen), sehr viele Märkte für Kinder, Nebenfrauen und Konkubinen. Im Grunde handelte es sich um hartnäckige Überreste des ersten Sklavereiplateaus im Rahmen der Kin-Sklaverei. Sklaven werden in Chinesisch *nubi* bzw. *nu* oder *bi* genannt; eines der dafür verwendeten Zeichen gleicht dem für Frau (Frau: *nu* – 奴 und Sklave: *nu* – 奴). Sklavenmädchen sind *binu*. Das ist ein sprachliches Indiz für die Vermischung der beiden Sklavereiplateaus in der Realität.

Im weiten und langlebigen russischen Reich durfte man private

Sklaven bis 1725 (*kholopy* oder *cholopen*), *iasyry* (Kriegsgefangene, verschleppte Nichtchristen) hingegen auch noch danach halten. Hinzu kam die kollektive Sklaverei von Dorfgemeinschaften in organisierte leibeigene Bauern, daneben vielfältige Razzien-, Frauen- und Kindersklavereien in den Grenz- und Expansionszonen (jenseits der Grenzen Russlands auch von Russen und Russinnen).

Die Amerikas vor 1492 (und in Gebieten unter indigener Kontrolle auch danach) kannten alle Formen von Kriegsgefangenensklaverei – oft mit den erwähnten grausamen Formen der Opfersklaverei (wie bei Irokesen, Azteken und Maya). Opfersklavereien gab es auch bei den Kelten, Germanen und vielen Völkern Afrikas sowie als Sonderform der Entstehung von Sklavereiansätzen möglicherweise weltweit. In ganz Afrika existierten lange vor der atlantischen Sklaverei schon Kin-Sklaverei und viele lokale Formen der Schuldsklaverei, zumal nicht die Kontrolle von Land die Hauptkapitalform in Afrika darstellte, sondern die Kontrolle über Menschen.

Dass Verschuldung im Zusammenhang mit Versklavung steht, ist weltweit ein ungelöstes Problem (es ist noch heute Grundlage vieler Sklavereien, vor allem von Kindern)[34]. In Israel in biblischen Zeiten und im klassischen Griechenland, wie überhaupt im Vorderen Orient, kamen ganze Bauernbevölkerungen wegen hoher Zinsen sehr schnell unter die Herrschaft von reichen Wechslern, Kaufleuten und Eliten. Gleiches geschah in Han-China. Die Reformen Solons in Griechenland gingen das Problem wenigstens an; auch in Rom gab es Versuche dazu, etwa mit dem Grundsatz, Schuldner innerhalb der Kerngesellschaft oder religiösen Ökumene nicht zu versklaven. Muslime sollten keine Muslime versklaven und Juden nur Nicht-Juden; versklavte Juden lebten bei Juden nur in zeitlich begrenzten Haussklavereien. Auch im Kongoreich und anderen afrikanischen Staaten galt dieses Prinzip.

Allerdings entsprachen die Sklavereipraktiken kaum jemals den Normen. So versklavten Katholiken in den Kolonien der iberischen Reiche (Spanisch-Amerika, Brasilien) zum Christentum bekehrte Afrikaner (diese galten als »Brüder in Christo« – weswegen der

Papst und die katholische Kirche bis weit ins 19. Jahrhundert Sklaverei für notwendig hielten), Protestanten in amerikanischen und karibischen Kolonien versklavten ebenfalls christliche und andere Afrikaner (und nahmen sie nicht in ihre Gemeinden auf), und zum Islam übergetretene Versklavte blieben Sklaven. In langen Bürgerkriegen, wie etwa im Kongoreich 1570–1670, in dem Portugiesen und ihre Verbündeten N'Dongo als Angola vom Kongo abspalteten, wurden auch zahlreiche Menschen aus dem Kongo versklavt und zumeist als *congo*-Sklaven in die Amerikas verschleppt. In China, einer Kultur ohne Monotheismus, versklavten Chinesen Chinesen bzw. betrieben in großem Umfang Selbstversklavung wegen Verschuldung – vor allem seit der zweiten Hälfte des 16. Jahrhunderts, als amerikanische Pflanzen und amerikanisches Silber nach China einströmten.

Am meisten hat wohl die islamische Kultur dazu beigetragen, die Kin-Sklaverei der mediterranen Antike, vermischt mit eigenen lokalen Formen der Sklaverei, in der Weltgeschichte zu verbreiten. Zugleich ergaben sich immer größere Verflechtungen durch Sklavenhandel, sodass zu Recht schon von frühen Formen der Globalisierung gesprochen wird. Das wirklich Neue der Sklaverei in islamisch-arabischen Territorien war die Konfessionalisierung der Sklaverei (sicherlich auf hellenistischen, römischen Rechtsgrundlagen und jüdisch-christlichen Religionswurzeln). Erstens geschah das durch die großen Kriegs- und Razziensklavereien der Expansionsphase des Kalifats (alle Imperien bis Mitte des 20. Jahrhunderts kennzeichnet die territoriale Expansion, manche auch noch danach). Dasselbe galt aber auch für Kulturen, die aus der Perspektive der Zentren des Kalifats und der islamischen Nachfolgereiche als »Peripherien« konstruiert wurden und oft als räuberische (*predatory*) Gesellschaften (mit und ohne Staat) bezeichnet werden. Schließlich setzten sie der Expansion des selbsternannten imperialen Zentrums (mit der entsprechenden Kulturarroganz) sehr gewaltsame Formen von Widerstand und allgemein Sklavereien sowie intensive Raubzüge entgegen. Bisweilen entwickelten sie Letztere auch weiter (wie Transoxanien, Jurchen/Manchu, bestimmte »ethnische

Minderheiten« im heutigen China, die erst im 20. Jahrhundert unter Kontrolle Chinas kamen, und etwa die Wikingerkulturen in ganz Nordeuropa, in der Rus und auf dem Nordatlantik, Schotten gegen Nordengland oder Slawen- und Pruzzen-Krieger gegen die imperialen Ostexpansionen). Ein zweites Hauptmerkmal islamischer Sklaverei lag im Vergleich zu anderen imperialen Gebilden zwischen 500 und 1000 (Byzanz, Indien, China und Europa) in der perfekten Funktionalisierung der Kin-Sklaverei: Sklaven spielten die unterschiedlichsten gesellschaftlichen Rollen, manche davon waren geradezu unverzichtbar, wie etwa die genealogische und demografische Sicherung von Nachkommenschaft.[35] Aber auch auf Arbeit, Dienstleistung und Ausbeutung menschlicher Körper war man angewiesen.[36]

Es gab innerhalb des Plateaus der Kin-Slavery selbstverständlich auch Nicht-Kin-Institutionen, die Sklaven hielten. In China etwa waren das die Vereinigungen des *chün-t'ien*-Systems: Kooperativen zur Bewachung der Feldkulturen und Ernten, Löwentänzergruppen, Kriegskunstgruppen, Komitees zur Pflege und Erhaltung von Tempeln und Schreinen, schamanistische und daoistische Therapiegruppen von Heilern, Drachenbootteams; sogenannte Geheimgesellschaften zur Überwachung von Transportwegen und Transporten, getragen von Fuhrleuten und Bootsbesitzern (meist gestützt auf Herbergen und Rasthäuser entlang der Handelsrouten).

Wie sind Kin-Sklaverei und ihre spezifischen Ausformungen in einem frühen Stadium der Imperialbildung vorstellbar? Ich will ein Beispiel wählen, das höchstwahrscheinlich frei von eurasischem Einfluss ist, denn es stammt aus den Maya- und Aztekenreichen, die Teile dessen sind, was in der Forschung als »Alt-Amerika« bezeichnet wird. Makroevolutionistisch betrachtet waren das politische Gebilde, die entweder an der Schwelle zum Imperium standen (so die Maya, die aber aus unterschiedlichen Gründen scheiterten) oder sich in einer frühen expansiven Phase der Bildung eines Imperiums unter Kontrolle eines Städtebundes befanden, in dem sich eine Stadt durchgesetzt hatte (wie die Azteken bzw. Mexica).

Die Mayas der klassischen Periode und danach (um 250–900) kannten Sklaven und Opfersklaverei. In Zentralamerika hießen Sklaven bei den Náhuatl sprechenden Völkern *tlacotin* (bei den *Mexica*/Azteken in Zentralmexiko, den *pipil* in El Salvador und den *Nicarao* in Nicaragua); bei den Maya-Sprechern, wie den *K'iche'*-Maya, nannte man sie *munib*. Bei den *Chontales*, die Kriegsgefangenensklaverei, Strafsklaverei und unterschiedliche Schuldsklavereien betrieben, wie alle anderen Völker Zentralamerikas auch, wurden Arbeitssklaven *meya uinicon* (= Arbeitende) genannt. Die direkten Aufgaben in der Landwirtschaft wurden in ganz Zentralamerika zum größten Teil von freien Bauern erledigt (bei den Maya: *masehualo'ob*). Sklaven waren die unterste Gesellschaftsschicht, eine Kaste der Ehrlosen. Neben der relativ kleinen Elite (Kriegeradel und Priester, Kriegerkaufleute) gab es die große Gruppe der Gemeinen (in der englischsprachigen Forschung *commoners*). Sklaven und Sklavinnen wurden meist zu schmutzigen Arbeiten (*menial works*) sowie wenig geachteten Dienstleistungs- und Nebenaufgaben (wie Wasser schleppen, Holz sammeln, Mais mahlen, Fäkalien beseitigen, Kleinvieh hüten, Essen servieren, Reinigungsarbeiten), aber auch und gerade als Träger (Náhuatl: *tamemes*) eingesetzt. Sklaven konnten gekauft und verkauft, sexuell ausgebeutet sowie nach dem Willen ihrer Besitzer getötet oder geopfert werden. Sklave konnte werden, wer von seinen Verwandten verkauft wurde oder wer sich selbst verkaufte wegen einer Schuld; Sklaven wurden auf lokalen Märkten feilgeboten. Manche Menschen wurden auch wegen krimineller Taten (vor allem Mord und Ehebruch) zur Sklaverei verurteilt. Zur Kennzeichnung von Sklaven wurde ein Farbpulver (*tile*) hergestellt, welches in einen Schnitt an einer sichtbaren Körperstelle (oft Gesicht oder Arme) gerieben wurde. Es blieb nach Heilung der Wunde als eine Art Tätowierung erhalten.[37]

Besonders auffällig in der Kultur der Maya und Mexica sind die vielen Opfersklaven. Auf die Bedeutung von Opferungen und Kannibalismus im Zusammenhang mit möglichen neolithischen Sklavereien hat schon Detlev Gronenborn verwiesen (erstes Plateau); bei den Maya sowie Azteken waren sie kombiniert mit Haussklaverei. Menschen wurden für Weihezwecke, besonders bei der Einweihung von Gebäuden und Anlagen sowie bei bestimmten Festtagen geopfert. Menschliches Blut, Tränen und Teile von Körpern, aber auch ganze Körper einer bestimmten Kategorie (Jungfrauen, Kinder, Krieger) verwendete man bei der Befragung von Orakelgottheiten. Menschenopfer brachte man zur Abwendung von Notzeiten, Krankheiten, Hungersnöten, Sonnen- und Mondfinsternissen, Seuchen oder Kriegen bzw. zu bestimmten Anlässen im Leben eines Herrschers. Nach Siegen in Schlachten und militärischen Erfolgen wurden gefangen genommene Menschen als Dank an die Götter in aufwändigen Ritualen geopfert – gleichzeitig sollte damit Schrecken unter den Feinden verbreitet werden. Letztere taten bei Siegen das Gleiche, es existierte eine weitverbreitete Kriegskultur der Gewalt. Viele Sklaven waren Kriegsgefangene. Menschen wurden auch als Sühne- und Reinigungsopfer zu Tode gebracht oder als Begleitopfer bzw. in Totenfolge. Es gab private Zeremonien mit Menschen als Opfer, und Freie konnten sich auch selbst als Opfer anbieten.

Priester suchten zu jedem Anlass Menschen nach den Kriterien körperliche Unversehrtheit, Schönheit und Reinheit heraus (*castings*). Die meisten Opfer (etwa 75 Prozent) waren Männer; nur ein Viertel war weiblichen Geschlechts (meist Mädchen). 45 Prozent aller Opfer waren Kinder. Die meisten Opfer stammten aus der Gruppe der Versklavten.[38] Die Funktion von Körpern als Kapital wurde vor allem im strukturellen Konflikt zwischen Kriegern (die Sklaven für Ruhm und Status beschafften) und Priestern (die Opfersklaven und Opferungen als symbolisches Kapital einsetzten) deutlich. Hochrangige Gefangene und Anführer wurden oft geopfert (und in kannibalistischen Ritualen verspeist; Priester erhielten meist das Herz). Priester bekamen, je nachdem, wie mächtig sie waren, mehr oder weniger Kriegsgefangene aus der Beute zugesprochen; sie konnten auch andere Versklavte zur Opferung bestimmen. Ähnliches gilt für Menschen- und Kinderopfer im Inka-Reich; zum Opfer bestimmte Kinder hatten für eine gewisse Zeit (oft etwa ein Jahr vor Opferung) einen hohen Status.

Eduard Erkes hat darauf verwiesen, dass schon viel früher, im prähistorischen China der Shang-Dynastie (1600–1050 v. Chr.) im Tal des Gelben Flusses (Hwangho), Kriegsgefangene als Menschenopfer Verwendung fanden.[39] Das bestätigt auch die neuere Forschung, in der allerdings mit Fundorten weiter südlich die Frage aufgeworfen wurde, ob die Shang-Kultur entweder extrem weit verbreitet war oder auf dem Gebiet des heutigen China mehrere frühe Zivilisationen existierten (wie die umstrittene Hsia/Xia-»Monarchie«).

In Gesellschaften, die sich im Übergang zum Imperium befanden (wie die Shang in China oder die Mexica/Azteken), sind die neuen Konzepte der Unfreiheit mit Opfersklaverei sowie speziellen lokalen Elementen und Formen der Kin-Sklaverei gemischt worden. Zugleich existierten die nun schon traditionellen lokalen Gebräuche des rituellen Opfers, der Kopfjagd und manchmal des Kannibalismus weiter, oft in räuberischen Gemeinschaften am Rande imperialer Kulturen. Durch Kriege und Austausch kamen sie mit technologisch höher entwickelten und wirtschaftlich-militärisch stärkeren imperialen Sklavereigesellschaften in Berührung. Oft wurden in diesen Übergangsgesellschaften eigene, lokale und performative Opferrituale übernommen oder beibehalten und zugleich Sklaverei und Sklavenhandel als Wirtschaftsform übernommen und ausgebaut – klassisch in Rom mit seiner Massensklaverei in Sizilien, den ritualisierten Tier- und Menschenopfern in den Arenen; aber auch im Reich der Azteken, bei den Maya, den Kelten und Germanen oder an der Goldküste beziehungsweise in Dahomey und Benin. Außerhalb von Europa und der Alten Welt existierten expansive Gesellschaften des Opfers, die das Potenzial zu großen Sklavereigesellschaften hatten. Daran knüpften die europäischen Expansionen seit dem engeren Beginn der aktiven Globalisierung (um 1300) überall an.

Ein Beispiel von umstrittenen Kin- und Kollektivsklavereien sind die Sklavereien im Russischen Reich. Sie erstrecken sich zeitlich (nicht räumlich) weit in das welthistorische Plateau der atlantischen Sklavereien, nämlich bis 1861. Mit der Expansion nach Sibirien um 1580–1860, deren Abschluss die Gründung von Wladiwostok darstellt, und den Versklavungen von Menschen dieser Territorien reichen die Sklavereien auf dem Gebiet des heutigen Russlands sogar bis weit in das fünfte Plateau der großen Lagersklavereien im 20. Jahrhundert hinein. Allerdings gab es nach 1861 keine formalen Versklavungen mehr und insgesamt auch kein drittes Plateau (mit Ausnahme einiger russischer Schiffe im atlantischen Sklavenhandel).

Das *sobornoe uloženie*, das Grundgesetz des russischen Zarentums von 1649 (Alexej I.), auf das sich die Ständeversammlung des Reichs (*sobor*) geeinigt hatte, enthält ein ganzes Kapitel über Bauern. Sie wurden, schreibt Hans-Heinrich Nolte, im Jahre 1649 schließlich »dem Boden zugewiesen«, blieben aber »persönlich frei«.[40] Es war nicht legal, sie als Individuen zu verkaufen, aber der Boden konnte mit »fixierten« Bauern verkauft werden; Bauern wurden Teil der Immobilie. In der Realität waren in Russland keineswegs alle Bauern an die Scholle gebunden. Da orthodoxe Christen nicht unter den Muslimen dienen sollten, kam es zu einem langen Prozess, der dazu führte, dass im Jahre 1713 muslimischen Herren in Russland die formale Kontrolle über ihre orthodoxen Bauern aberkannt wurde.

Im 16. und 17. Jahrhundert gab es in Russland eine soziale Gruppe, deren Mitglieder einzeln verkauft werden konnten – die *kholopy* (Sing.: *kholop*) oder Cholopen. Unter ihnen gab es Statusunterschiede, aber alle sollten im *kholopii prikaz*, einem Register, aufgeführt sein. Richard Hellie nennt die Cholopen »Sklaven«. Auch in benachbarten Territorien wurden Sklaven nach einem Begriff auf gesamtslawischer Wurzel *holop* genannt: Versklavte in den Fürstentümern Moldau und Walachei sowie sicherlich auch andere Verschleppte wurden zunächst, ähnlich dem slawischen Begriff *cholop*, *holop* genannt (15. Jahrhundert); seit dem 17. Jahrhundert *roabă* (*rob*). Cholopen bildeten einen eigenen Stand und kamen über Schuldverschreibung, Kontrakte oder Gefangennahme auch aus Städten in die Sklaverei.[41] In Hellies Worten waren »die meisten Sklaven Moskowiens Einheimische« – d. h. idealtypisch gesehen eine Nahsklaverei meist von Bauern in mehr oder weniger selbstverwalteten Dorfgemeinden, die zunehmend in staatliche Abgaben- und private Besitzstrukturen hineingerieten und dadurch ihrer Mobilität beraubt wurden. Das gelang natürlich wegen naturräumlicher Gegebenheiten vor allem im Norden, Osten und Süden der Territorien Russlands nur unvollkommen, zumal die Bauern an die Grenzen (*u kraina*) flohen – aber die Tendenz verschärfte sich bis in das 19. Jahrhundert.

Bei anderen Gruppen war der Sklavenstatus noch deutlicher. Nicht-orthodoxe Menschen bildeten einen beträchtlichen Teil der Bevölkerung Russlands. Deshalb werden sie nicht nur in den Abschnitten des *Uloženie* zum Gerichtswesen (Urteil) erwähnt sowie in den Abschnitten zur Grundherrschaft, sondern auch im Kapitel über die Cholopen. Cholopen – weil Christen – waren Sklaven mit Ehre und Gerichtsbarkeit. Wie gesagt, es war nicht-orthodoxen Herren verboten, orthodoxe Cholopen zu halten. Als Gründe nennt das *Uloženie*, dass die orthodoxen Cholopen in den nicht-orthodoxen Haushalten ohne geistige Väter (Popen) leben und, noch schlimmer, ohne letzte Beichte sterben mussten; außerdem hatten sie während der Fastenzeiten verbotene Nahrung zu essen.

Es gab zudem im 17. Jahrhundert ›echte‹ Privatsklaven in Russland, ohne Rechtsstatus und religiösen Schutz. In der Umgangssprache (wenn auch nicht im *Uloženie*) wurden sie mit dem Begriff *iasyry* benannt, der aus dem Türkischen stammt; im *Uloženie* heißen sie *polonianiki* (Gefangene). So wurden Nichtchristen genannt, die in den Kämpfen und Raubzügen an den südlichen und östlichen Grenzen gefangen genommen worden waren, in den Steppen, in Persien, im Osmanischen Reich bzw. in Gebieten, die vor der russischen Kontrolle unter osmanischer Oberherrschaft standen, oder in Sibirien. *Iasyry* wurden sie so lange genannt, wie sie nicht getauft waren. Im Moskowien des 17. Jahrhunderts gab es also einen Handel mit nicht-orthodoxen Gefangenen, finnischen Razziensklaven und Menschen, die sich selbst verkauften, der umfangreich und wichtig genug war, um im Reichsgesetz geregelt zu werden.

Kapitel 20, Abschnitt 117 des *Uloženie* lässt zumindest vermuten, woher diese Versklavten kamen. Das Kapitel erinnert an ein Dekret von Zar Michail, dem Vater des regierenden Zaren Alexej, demzufolge es im Reich (*tsarstva*) bzw. in den ehemaligen Khanaten Sibirien und Astrachan »verboten ist, einen Tataren oder Leute ihrer Art zu kaufen oder als Geschenk anzunehmen und zu taufen, seien es Männer oder Frauen, und sie in Rus ›mit niemandem‹ zu senden«[42]. In Sibirien lautete die Regel, dass Gefangene, sowohl männliche als auch weibliche (*iasyrki*), an ihre Leute zurückgeschickt werden mussten. Es war allerdings sehr schwierig für die wenigen Beamten, diese Regel gegen Händler und Kosaken durchzusetzen, die Arbeitskräfte oder Frauen brauchten oder wenigstens jemanden, der das Feuer unterhielt, die Hausarbeit und das Essen machte. Deshalb wurde die Ausnahme von der Regel – dass getaufte Gefangene nicht zurückgeschickt werden konnten – recht häufig als Vorwand benutzt, um die Gefangenen zu taufen. Die Kirche fragte nicht allzu scharf nach, ob die Taufe, wie vorgeschrieben, freiwillig vollzogen worden war. Auch sollte die Taufe sicherstellen, dass sexuellen Beziehungen und Reproduktion eine christliche Form gegeben würde, vor allem was den Nachwuchs betraf. Einmal getauft wurden diese *iasyrki* orthodox-russische Ehefrauen und nahmen den Status ihrer Männer an.[43]

Sehr deutlich wird der Unterschied zwischen den Begriffen institutioneller Rechtssprachen (wie im *Uloženie* u. a.) und realem Sklavendasein bei der Zwangsintegration von Sklaven anderer Territorien, Religions- und Rechtskulturen in imperiale Gesellschaften mit unterschiedlichen Rechtsregeln. Andere Religions- und Rechtskulturen bedeuten auch andere Wertsysteme. Weit überwiegend wurde nicht von »Sklaven« gesprochen, aber die Vererbung des unfreien Status von der Mutter aufs Kind belegt jenseits der Begriffe die reale Sklaverei. Ehud Toledano beschreibt, wie mit der Expansion der christlichen Habsburger und Russen gegen Ende des 18. Jahrhunderts das osteuropäische Reservoir an Kriegsgefangenen für die Versklavung in der osmanischen Landwirtschaft und in Haushalten austrocknete. Die Nachfrage der osmanischen Eliten nach Sklaven wurde mehr und mehr aus dem subsaharischen und östlichen Afrika sowie aus dem Kaukasus gedeckt, wo marodierende Sklavenjäger etwa junge Frauen an die Händler verkauften, die sie ins Reich verschleppten. Besonders aus dem Kaukasus und vom Balkan kamen Elitesklaven für die Harems und das osmanische Heer, in dem jüngere männliche Sklaven sogar Karriere machen konnten. Bestes Beispiel sind die berühmten Mamluken, die von Militärsklaven zu territorialen Herrscherdynastien unter dem Sultanat in Ägypten und Indien (der sogenannten »Sklavendynastie« im Sultanat von Delhi) aufstiegen. Die ländliche Sklaverei stand unter viel härteren Bedingungen; in den Grenzgebieten zum Zarenreich glichen sich die Sklavereiregimes, in deren Zentrum Raubzugssklaverei stand.

In der zweiten Hälfte des 19. Jahrhunderts kam es in zwei Territorien des Osmanischen Reichs zu einem Wiederaufschwung ländlicher und landwirtschaftlicher Sklaverei: In Ägypten, dem (formalen) Vizekönigreich unter Muhammad Ali und seinem Nachfolger, wurden vor allem sudanesische Arbeiter für die während des US-amerikanischen Bürgerkriegs boomenden Baumwollplantagen versklavt. In Anatolien, dem östlichen Balkan und der Levante siedelte das osmanische Reich derweil Sklavenbauern in umkämpften Grenzgebieten an, die in den Kriegen des niedergehenden Reiches einen Großteil der Flüchtlinge und Kriegsopfer ausmachten.[44]

In der speziell west- und mitteleuropäischen Tradition des Feudalismus ist sicherlich ein kurzer Abschnitt zu Sklavereien in West- und Mitteleuropa nach 1000 angebracht. Aus globalhistorischer Sicht und im Hinblick auf Sklavereipraktiken (Gewalt, Statusminderungen und exzessive Arbeit, aber auch Essen und Behausung) ist die Frage »Sklaven oder Leibeigene« bzw. »Leibeigene sind Versklavte – nur in Europa« seit Längerem debattiert worden.[45] Zunächst möchte ich die gängige Darstellung der »Nichtexistenz« von Sklaverei nach etwa 1100 aufgreifen. In Europa sind mit dieser Behauptung die europäischen Formen von Sklaverei durch den im Wesentlichen auf Marc Bloch zurückgehenden Distinktionsanspruch des spezifisch westeuropäischen »Feudalismus« aus der Geschichte seit dem 10./11. Jahrhundert wegdefiniert worden.[46] Vorher habe es alle Formen von Sklavereien des ersten und zweiten Plateaus gegeben. Seit Neuestem wird argumentiert, dass solche Formen auch nach etwa 1000 erhalten blieben. Ich will einige Formen vorstellen, die in den Kreis der Debatten um globale Sklaverei gehören. Militärische Gefolgschaft etwa stellte eine »kultisch gefestigte Unfreiheit« dar, deren waffenfähige Angehörige, meist junge oder sehr kriegserfahrene Männer, auf Kelto-Romanisch als *ambactus* oder *vassus* (Vorformen der Begriffe Amt und Vasall) bezeichnet wurden. Sie praktizierten die kultische Devotion (Weihe) von Kriegsgenossen gegenüber einem Anführer (*dux*, *rex* oder *rich*, auch als »Richter«), einem Gott oder einer Gruppe.[47]

Im Altsächsischen hießen Unfreie *liten*; im Althochdeutschen hieß ein »unfreier Knecht«, der auch Sklave war, *skalk* (Schalk, von Gotisch *skalks*). Man denke an den Aufstieg der Worte *Seneschall* oder *Marschall* (Letzteres wörtlich »Pferdesklave«), die am Beginn der Wortgeschichte oft Trosssklaven bezeichneten. Bei Ministerialen im Reich wird meist auf eine »unfreie Herkunft« verwiesen, obwohl in der Mittelalterforschung (mit Ausnahmen – etwa bei Forschern zum östlichen Mitteleuropa) der Begriff »Sklave« und die Institution »Sklaverei« wegen ihres engen Zusammenhangs zum »römischen« Recht fast immer vermieden werden.[48] Es gab unfreie Edle (Elite- und Militärsklaverei), wie die *adalschalks* im Bayern des 8. Jahrhunderts oder Ministeriale (*marhskalk*) in Altsachsen im 9. bis 11. Jahrhundert; eine Variante findet sich mit berittenen Unfreien im westlichen England der gleichen Zeit (*radcnights, geneats*).

Bezüglich globaler Sklavereien, raumzeitlich im zweiten Plateau, wies das periphere Europa nördlich der Alpen und westlich des Urals zwischen 1000 und 1500 (in Osteuropa bis um 1860) Bauerngesellschaften mit regionalen, rechtlich definierten Sklavenpopulationen (wie die der *tigani* und Roma in Moldau sowie in der Walachei)[49], aber auch informelle Sklaven ›ohne Sklaverei‹, vielfältigste Kriegs- und Raubzugsgrenzen und große Populationen unfreier Bauern (*serfs*, Leibeigene, Hörige) auf. Der Begriff *serf* ist eine französische Weiterentwicklung des lateinischen *servus* (Sklave). Meist heißt es, dass unter dem Einfluss von Christentum und Kirche

Sklaverei in Westeuropa um 1000 durch *serfdom* ersetzt worden sei. Keiner kann allerdings sagen, wie. Das Rechtsbuch *Sachsenspiegel* des Eike von Repkow (um 1220–1235) wird oft als Beweis für »Freiheit« im Sinne von mehr Freiheiten für abhängige Bauern in Mitteleuropa und im Reich als Teil der westelbischen Gebiete herangezogen, oft verweist man auf Teil 2 des *Sachsenspiegels* über das Landrecht.[50]

Was sagt Eike von Repkow? Ich ziehe seine Aussagen als Beweis für meine These heran, dass es sich bei den im *Sachsenspiegel* erwähnten »Unfreiheiten« um mitteleuropäische Versionen globalhistorischer Sklavereien handelt und die Zeitgenossen noch nicht klar zwischen Sklaverei und Leibeigenschaft unterschieden haben. In § 1 betreibt der Autor christliche Sollensphilosophie: Alle Menschen sind vor Gott gleich. Das war als allgemeiner Grundsatz, etwa in allen iberischen Imperien, die bis Ende des 19. Jahrhunderts gleichwohl offene Sklavereien als Plantagen- und Massensklaverei erlaubten, gültig. In § 2 kommt Eike von Repkow gleich zu einer Sklavereiform, der der »Dienstmannen« (»dienstlüde«: Ministeriale; Elitesklaven, Amtsexekutoren), deren es sehr viele mit zahlreichen unterschiedlichen Rechtsstatus gebe. Dann wird es wirklich spannend. Eike von Repkow behandelt in § 3–6 den »Ursprung der Unfreiheit«. Er beginnt mit einer Geschichtskonstruktion, die die Sollensphilosophie mit der historischen Zeit der Sachsen (»unse vorderen«) verbindet, in der Eike von Repkow sich auch selbst verortet (er war möglicherweise ein »Dienstmann«). Früher seien alle Sachsen frei gewesen:

> »ne was nen dienstman unde waren al die lude vri, do unse vorderen her to lande quamen. An minen sinnen ne kan ik is nicht upgenemen na der warheit, dat ieman des anderen sole sin; ok ne hebbe wie's nen orkünde«[51].

Vor allem dieses »dat ieman des anderen sole sin« ist ein regelrechter Bannersatz der »Freiheit«. Eike von Repkow lässt dann die Bibelgeschichten der »Unfreiheit« Revue passieren: »dat sik egenscap irhüve«[52] [»dass Eigenschaft sich beginne«; im Sinne von »wann beginnt Eigenschaft/Sklaverei?« – M. Z.] – und zählt im Folgenden die Möglichkeiten von Kain über Noahs Söhne (mit einer schon recht ausgeprägten Geschichte des Ham) auf.

Eike von Repkow benutzt das Wort *egenscap* (oder *êgenscap* = Eigenschaft). Dieses Wort wird heute fast immer und überall als »Hörigkeit« oder »Leibeigenschaft« übersetzt (eher selten als »Unfreiheit« oder gar »Sklaverei«).[53] Was Eike von Repkow aber wirklich beschreibt, ist das Eigentum an Menschen, d. h., Sklavereiformen des ersten und zweiten Plateaus (u. a. die »Zeitsklaverei« im historischen Israel und Juda). Dann kommt wieder Sollensphilosophie, die aber nicht in Dogmatik mündet, sondern sehr zeit- und geschichtsbezogen im § 6 mit der Darstellung von Eigenschaft (Unfreiheit/Sklaverei)[54] als legalisierter Zwang endet:

> »Na rechter warheit so hevet egenscap begin von gedvange unde von vengnisse unde von unrechter walt, die man von aldere in unrechte wonheit getogen hevet, unde nu vore recht hebben wel«.[55]
>
> [»Nach rechter Wahrheit hat Eigenschaft Beginn vom Zwange und von Gefängnis und von unrechter Gewalt, die man von alters her zu unrechter Gewohnheit gebracht hat und für Recht ausgeben will«[56].]

Alice Rio verweist auf das Paradox, dass es auch nach 1000 oder 1100 noch eine geheimnisvolle »Aufgabe von Freiheit« in Europa gab, und bestätigt damit im Grunde Eike von Repkows *Sachsenspiegel* von 1220–1235:

> »Oberflächlich betrachtet kann das kurios im Widerspruch stehen zu der Sichtweise, dass sich Sklaverei in dieser Zeit im Niedergang befand, aber die Selbstverkäufe in der mittelalterlichen Welt werden seltener mit der Sklaverei verbunden als mit der Leibeigenschaft. Die fortdauernde Verwendung der gleichen la-

> teinischen Worte, die sich auf völlig unfreie Menschen während dieser Periode beziehen, bedeutet, dass die Unterscheidung zwischen diesen beiden Formen der Unfreiheit gänzlich der Interpretation überlassen bleibt und dass viele verschiedene Chronologien für den Übergang von einem [Sklaverei] zum anderen [Leibeigenschaft/*serfdom*] vorgeschlagen worden sind. Marc Bloch, dessen Denken für alle Diskussionen der frühmittelalterlichen Knechtschaft grundlegend bleibt, vermutete diesen Übergang [von der Sklaverei zum *serfdom* – M. Z.] im neunten Jahrhundert; die Denkschule, die als ›feudaler Mutationismus‹ bezeichnet wird, zum Teil von Blochs Werk beeinflusst und [oft] mit Georges Duby assoziiert, setzt die Zäsur um das Jahr 1000. Damit hätten sich im 11. Jahrhundert die Selbstverkäufer in die Leibeigenschaft verkauft und die im früheren Mittelalter eingetretenen Selbstverkäufe hätten mit tatsächlicher Sklaverei zu tun«.[57]

Serfdom mit ihren Varianten gilt einigen Autoren, mich eingeschlossen, in globalhistorischer Perspektive als europäische Form der kollektiven Sklaverei.[58] Der globalhistorische Ansatz hebt eurozentristische Distinktionen auf – ohne reale Unterschiede völlig zu verwischen. Der Vorteil der Leibeigenschaft für Leibeigene und ihre Eigner, meist Großgrundbesitzer, lag darin, dass Leibeigene durch ihre Arbeit für ihren eigenen Unterhalt sowie den ihrer Familien sorgten – bei Hungersnöten aber verhungerten sie. Freiheit im Sinne von mehr Freiheiten vor allem für die Nachkommen von geflohenen Leibeigenen existierte seit etwa dem 12. Jahrhundert in Städten und ansonsten in den Rodefreiheiten vor allem im 11. bis 13. Jahrhundert. Und die Grundherrschaft, die zweifellos mehr Mobilität für einzelne Bauern einschloss als Eigenwirtschaften mächtiger Herren (wie Villawirtschaft, Gutsherrschaft oder Plantage), sollte uns nicht daran hindern, hinsichtlich des zweiten Plateaus nach kollektiven Sklavereiformen sowie nach Haussklaverei, nach Kindersklaverei oder nach Versklavung von Fremden (aus bzw. in den Ostexpansionsgebieten, aus dem Mittelmeergebiet usw.) zu suchen.

Grob dauerten Serfdom/Leibeigenschaft (in England *villainage*) in Frankreich und Spanien bis ins 14. und 15. Jahrhundert, in England bis ins frühe 16. Jahrhundert.[59] In skandinavischen Gebieten gab es kaum Serfdom (aber direkte Sklavereien bis mindestens 1335), außer in Dänemark, wo speziellere Formen der Leibeigenschaft erst im 18. Jahrhundert entstanden, und in Island, wo Letztere vom 11. bis 19. Jahrhundert existierte.[60] In Osteuropa verschlechterte sich die Lage von Bauern in der Neuzeit, rechtlich abgesichert durch die Landtage in Polen und in russischen Gebieten durch das *Uloženie*. Nur in Polen wurde die These des Adels, dass alle Bauern eigentlich *servi* (Sklaven) seien, zur allgemeinen Rechtvermutung.[61] Oftmals zeichneten sich Unfreiheitsverhältnisse, für die einige Kriterien der Sklavereidefinition durchaus zutreffen (mit der klaren Ausnahme, dass sie zeitlich meist begrenzt waren), gerade in der Neuzeit Europas durch schwammige oder völlig fehlende Rechtsgrundlagen aus. Ein Beispiel ist der Fall lediger Bauernkinder im frühneuzeitlichen Bayern, auf deren Arbeitskraft in Gestalt der »Scharwerk« genannten *servitut* (Fronen) drei »Gewalten« (Eltern, Ortsobrigkeit und Landesfürst) Anspruch hatten. Dabei setzten sich der Staat und die regionale Gewalt als Arbeitstributsbeschaffer fast immer durch, zumal sie durch Arbeitsstrafen (Galeeren, Zuchthaus, Festungsbau) realgeschichtlich die Unterschiede zwischen »Freiheit« und »Unfreiheit« verwischten.[62] Leserinnen und Leser mögen mit mir raten, was aus dieser *servitut* in einem nicht durch Aufklärung und Französische Revolution geprägten historischen Umfeld geworden wäre.

Frühe niederländische Rechtstexte nutzten die Worte *slaven* und *lijfeigenen* für Versklavte. Karel Schoeman schreibt dazu: »*Slaven* und *lijfeigenen* [...] waren die [Worte], die am meisten in Gebrauch waren in dieser Zeit [17./18. Jahrhundert – M. Z.]: Sie waren tatsächlich synonym, obschon *lijfeigene* auch als ›bondsman‹ übersetzt werden kann«.[63]

Noch deutlicher wird das Problem, wenn ich erstens darauf hinweise, dass Länder, die Leibeigenschaft im Inneren am schnellsten abschafften, sich auch am frühesten an der mediterranen und dann vor allem an der atlantischen Sklaverei inklusive Sklavenhandel beteiligten. Zweitens sollten wir vom europageschichtlichen Fokus hegemonial-»westlicher« Perspektiven (heutiges Deutschland, England, Niederlande und Frankreich) abgehen und den Blick auf die katholisch-iberischen Monarchien richten, die schon seit dem 15. Jahrhundert die Tropen kennenlernen mussten (siehe drittes Plateau), indem sie Expansion in den globalen Süden betrieben und die atlantische Sklaverei mitbegründeten. Auch in katholischen Gebieten wird bis heute oft von *siervos/servos* (spanisch/portugiesisch: Diener) oder *cautivos/cativos* (Gefangene) statt »Sklaven« gesprochen.

Das ist nicht nur dem schlechten Gewissen von – meist – weißen Intellektuellen in ehemaligen Sklavereigesellschaften geschuldet, die vielleicht vermuten, dass einer ihrer Großväter zum Unterdrückungspersonal ehemaliger Plantagen gehörte, selbst Sklaven besaß oder verkaufte. Noch liegt ein reiner Euphemismus vor, indem man die etwas angestaubten römischen Begriffe für Sklaven (*servus, ancilla, famulus*) statt der eigentlichen modernen Worte »Sklave, Sklavin« (*esclavo, esclava*) oder »Schwarzer« (*negro, preto*) verwendet. Auf der iberischen Halbinsel mit ihren *Serfdom*-Formen war bis ins 15. Jahrhundert in den christlichen Gebieten das Wort *siervo* verbreiteter als *esclavo*.

Die *Real Orden declarando libres los esclavos* von 1836 hält in Spanien die interessengeleitete Verschleierung klar fest: Sie sei erlassen worden, »um die Unannehmlichkeiten, die aus der Anwesenheit von *siervos* [wörtlich: persönliche Diener, gemeint waren im 19. Jahrhundert vor allem schwarze Sklaven aus Kuba oder Puerto Rico – M. Z.] herrühren, zu verschleiern«. Aurelia Martín Casares und Margarita García Barranco erklären dies so:

> »In der spanischen mittelalterlichen Gesetzgebung gibt es eine Begriffsverwirrung zwischen siervo (›serf‹) und esclavo (›Sklave‹), die, zusammen mit dem Mangel an umfangreicheren [rechtlichen] Regelungen in der Moderne, in den eigentlichen Definitionen von Sklaverei und Knechtschaft zur Konfusion ge-

führt hat [...] es sind austauschbare Begriffe, ein Leibeigener wird als Sklave und ein Sklave als Leibeigener oder Gefangener definiert«.[64]

Esclavo oder *negro* setzte sich erst seit dem 16. Jahrhundert vor allem für Sklaven aus Afrika in den »überseeischen Königreichen« Spaniens durch und wurde zum neuen atlantisch-amerikanischen (chromatischen) Generalbegriff für atlantische Sklaven: eben *negro* oder gar *negro esclavo*. Als *siervos* bezeichnete man Sklaven aber weiterhin, auch Versklavte aus Afrika (etwa auf Kuba im 19. Jahrhundert).

Im Osmanischen Reich oder in China gab es keine Leibeigenschaft – eher lässt sich von einer oft sehr prekären Existenz »freier« Bauern von China bis Westeuropa unter Einschluss des Osmanischen Reiches und Ausschluss zentraler Herrschaftsgebiete Osteuropas und Russlands sprechen. Gewohnheitsrechtlich gab es Kasten, formalrechtlich aber Sklaven oder Freie (siehe viertes Plateau). Das führte in Bezug auf unser Problem »Leibeigenschaft/Sklaverei« etwa in Osteuropa und in Westasien dazu, dass Sklaven bei ihrer Flucht vor der russisch-christlichen Expansion im 19. Jahrhundert im Osmanischen Reich als Sklaven angesiedelt wurden und im Russischen Reich eher selten als Leibeigene, sondern meist als freie Bauern im Gouvernement »Neurussland« (auch schon vor 1861).[65]

Vor allem in den ostelbischen Gebieten, Mecklenburg und Osteuropa bildete sich die sogenannte »Zweite Leibeigenschaft« im 16. Jahrhundert aus der Gutsherrschaft heraus und währte bis etwa 1800 (mit regionalen Ablösungen bzw. Aufhebungen bis 1870), im Habsburger Reich bis 1848 und in Russland bis 1861 (Ende der Ablösung zu Beginn des 20. Jahrhunderts).[66] Engländer, wird immer wieder vor allem in der englischen Nationalgeschichtsschreibung erzählt, glaubten insgesamt seit dem 15. Jahrhundert, sie könnten nicht versklavt werden, obwohl es eine massive Politik der Zeitsklaverei und der Verbannung gab, deren konkrete Bedingungen den Praktiken gegenüber Versklavten und des Sklaventransports glichen (*convict labour*).[67]

Europa entwickelte allerdings seit dem 13. Jahrhundert in Norditalien, dem Südwestlichen Reich, dem Rheintal, den Niederlanden und England neue Freiheiten, die sich vor allem auf die Städtegesellschaften und deren Umland bezogen sowie auf dynamischere Abhängigkeitsformen. Gleichwohl existierten lange Menschenjagdtraditionen von Kriegerschwurverbänden sowie an manchen Orten direkte Sklaverei von Kindern und jungen Frauen ebenfalls. Zu diesen »neuen« Abhängigkeitsverhältnissen zählte allerdings auch die »neue« Sklaverei im Mittelmeerraum: Im Wesentlichen Kriegsgefangene, auch und gerade Männer, wurden über weite Entfernungen transportiert – »von den Mongolen zu den Mamluken« (später ins Osmanische Reich). Daran beteiligten sich einerseits die Genuesen und andere okzitanische, italische sowie katalanische Kaufleute und Händler von den Küsten des Balkans sowie des Schwarzen Meeres, andererseits polnische, russische und litauische Plünderer sowie Versklavte (Polen-Litauen und Russland waren sowohl Versklavergesellschaften als auch Opfer der Mongolen, Tataren und Osmanen).

In Zeiten des Mongolischen Reiches sowie der Goldenen Horde im 13. und 14. Jahrhundert wurden Versklavte und Waren wie Seide von China bis Osteuropa transportiert und getauscht bzw. verkauft. Die Routen reichten von China über Zentralasien (u. a. Taschkent, Samarkand, Buchara) mit Seitenlinien nach und von Indien, Iran und Kleinasien (Osmanen) bis zum Schwarzen Meer und von dort zu christlichen oder muslimischen Käufern im Mittelmeerraum.[68] Urbane Sklavereien vor allem von Frauen und Kindern in »römischer« und muslimischer oder lokaler Tradition existierten bis etwa 1900 im Mittelmeergebiet, in ganz Süd- und Südwesteuropa sowie auf dem Balkan.[69]

Eine wichtige Frage besteht darin, ob nicht Sklavereien (vor allem im ›Haus‹), Sklaven- und Menschenhandel, Kriegsgefangenenansiedlung in Monarchien, Imperien, fürstlichen Einflussgebieten (wie im slawischen Raum) oder auf Gütern von Adligen (wie im Wendland Mitte des 12. Jahrhunderts und in Litauen im 14. Jahrhundert[70]) und sklavereiähnliche Verhältnisse eher einen Kontinuitätsstrang in und unterhalb der *servitude*-Abhängigkeitsformen bildeten. Muss Leibeigenschaft als europäische Lokalform unter vielen anderen Sklavereien debattiert werden – vor allem dort, wo verschiedene Formen unter kolonialen Vorzeichen zusammentrafen, wie etwa die livländischen, ostholsteinisch-wagrischen, nordostbrandenburgischen oder russischen Hörigkeiten, oft »extreme« oder »harte Leibeigenschaft«[71] genannt? Deshalb weist Rolf Schneider mit Bezug auf Horst Fuhrmann darauf hin, dass Sklaverei bis in das Hochmittelalter auch im Reich »eine unumschränkte Form der menschlichen Knechtschaft«[72] war. Auch macht er die interessante Bemerkung über »Leibeigene, meinethalben Sklaven«[73]. Neben den bereits erwähnten Kollektivformen von Sklavereien ›ohne den Namen Sklaverei‹ gab es auch Individualformen (vor allem von hohen Herren »freigekaufte«, d. h. im Klartext gekaufte, Versklavte, die als Leibwächter, Leibdiener oder Konkubinen fungierten).

Europäische Sklavereien und oft auch Menschenhandel entstanden vor allem im Laufe der Expansionen und speziell der Ostexpansionen (Karolinger, Waräger/Schweden, Dänemark, Ostfränkisches/Sächsisches Reich u. a., Ritterorden, schließlich auch die litauische und polnisch-litauische Ostexpansion nach Weißrussland, Kiew und an das Schwarze Meer), die von etwa 800 bis 1400, im Osten zum Teil länger, andauerte. In diesen massiven Expansions- und Siedlungsprozessen hat es sächsische, pruzzische oder litauische Kriegsgefangene und vor allem Apostaten als »unfreie Kaufsklaven« gegeben. Angreifer wurden in den aggressiven Gesellschaften der baltischen Gebiete bei Gefangennahme versklavt oder geopfert. Ich denke, dass sowohl die Kaufsklaven als auch die erwähnten lokalen Formen der livländischen, ostholsteinischen, nordostbrandenburgischen oder russischen Hörigkeit[74] durchaus als spezifische ›europäische Sklavereien‹ im polykulturellen Stufen- und Typenkreis globaler Sklavereien gefasst werden können, da tatsächlich ein Gewaltverhältnis über Körper bestand (Sklavereipraktiken). Montesquieu war der Meinung, die Bauern in Russland seien »schollengebundene Sklaven« (*»esclaves attachés aux terres«*).[75]

Auch die berühmte *Encyclopédie* sowie der Wirtschaftsklassiker Adam Smith kannten gar kein anderes Wort als »Sklave« für das, was wir heute »Leibeigene« in ostelbischen und osteuropäischen Gebieten nennen. In seiner Argumentation, dass Sklaven letztlich wegen fehlenden Eigeninteresses unproduktiv seien, schreibt Smith:

> »In der Frühzeit Europas konnte den Besitzern von Grund und Boden ihr Besitz jederzeit aufgekündigt werden. Sie waren alle oder fast alle Sklaven, doch war ihre Sklaverei von milderer Art als die bei den alten Griechen und Römern oder auch nur die in unseren westindischen Kolonien übliche. Sie galten eher als zum Boden gehörig, als zu ihrem Herrn. Daher konnten sie auch mit ihm, aber nicht gesondert von ihm verkauft werden. Heiraten konnten sie unter der Voraussetzung, daß ihr Herr zustimmte; und dieser konnte die Ehe nicht später dadurch auflösen, daß er Mann und Frau an verschiedene Personen verkaufte. […] Diese Art der Sklaverei besteht heute noch in Rußland, Polen, Ungarn, Böhmen, Mähren und anderen Teilen Deutschlands. Nur im westlichen und südwestlichen Europa wurde sie allmählich ganz abgeschafft.«[76]

Und Alexander von Humboldt schreibt 1800 in Cumaná, einem Zentrum der Sklaverei Schwarzer in Südamerika, in sein Tagebuch:

> »und der Deutsche, indem er über den erträglichen Zustand dieser Neger getröstet wird, erinnert sich mit Wehmuth, wie ähnlich der Zustand märkischer, böhmischer, Schlesischer, Liefländischer Leibeigener diesem Zustand [der Sklaven in Cumaná – M. Z.] ist«[77].

Wie sind unter dieser globalhistorischen Vergleichsperspektive die Verhältnisse um die Mitte des 18. Jahrhunderts in Holstein (Wagrien – nicht Dithmarschen oder Fehmarn), Dänemark oder seit dem 16. Jahrhundert in großen Teilen des östlichen Reiches oder Polens einzuschätzen? Die holsteinische Leibeigenschaft wurde, laut einem zeitgenössischen Juristen, durch Geburt oder Einheirat erworben, Kinder folgten der »ärgeren Hand«, das heißt, selbst wenn ein Elternteil nicht leibeigen war, waren sie auch leibeigen. Auch mussten sie unangemessene Dienste leisten, was nichts anderes bedeutete als Mehrarbeiten in der Wirtschaft des Besitzers oder harte Transportdienste. Nichts anderes taten karibische Sklaven. Dazu kamen bei den Leibeigenen Gesindezwang (= »Haussklaverei«) und Abzugsverbot (Fixierung am Ort). Auch Heirat sowie Berufswahl unterlagen dem herrschaftlichen Konsensrecht. *Cimarrones* der europäischen Leibeigenschaft hießen Läuflinge. Das *ist* tatsächlich Sklaverei – eine von vielen in globalhistorischer Breite. Selbst die für »Hörige« in Anschlag gebrachte Tatsache, dass sie offiziell eine Art »Ehre« hatten und die jeweilige religiöse Gemeinde in Ostholstein die schlimmsten Auswüchse verhinderte, auch weil die Gemeinden klein und sehr überschaubar waren, entspricht den der Aneignung des »römischen« Rechts geprägten Gesetzen des *Siete Partidas* und weiteren Sklavengesetzen für afrikanische Sklaven (*bozales*) im spanischen Amerika. Der einzige krasse Unterschied zu Sklaven auf großen Plantagen bestand darin, dass alle davon ausgingen, dass Leibeigene ihr Leben lang »am Ort« blieben sowie sich und ihre Familien selbst versorgten. Aber selbst dieser Unterschied wird durch die Systeme der Sklavengärten in Plantagengesellschaften und die zum Teil extremen Konflikte mit Erben von Plantagen konterkariert, wenn Letztere versuchten, alteingesessene Versklavte aus der Gemeinschaft der jeweiligen Plantage sozusagen »wegzuverkaufen« (oft, um ihre Schulden zu begleichen).

Gegen die territoriale Gemeindegliederung der katholischen Kirche in den iberischen Plantagengebieten protestierten die Eigentümer, indem sie ihre dritten oder vierten Söhne als Kaplane ihrer Plantagen einsetzten – sozusagen als Betriebspfarrer für Versklavte. Und sie ließen Friedhöfe für Sklaven auf ihren Gütern betreiben. Die meisten Versklavten blieben auch in Plantagengesellschaften ihr Leben lang auf einer Plantage bzw. bei einem Halter und wehrten sich verzweifelt gegen neue »Herrschaft« bzw. das Recht, sich einen anderen Herrn zu suchen (*buscar amo*). Freilich waren vor allem Sklavinnen in der Karibik marktwirtschaftlich klüger – sie versuchten Überschüsse bzw. Tiere oder Spezialkulturen zu veräußern, um ihre Kinder oder sich freizukaufen. Sofern das System funktionierte, waren Versklavte in der Karibik meist besser ernährt als Leibeigene in Europa.

Ähnliche Regeln wie bei den harten Leibeigenschaften galten auf Plantagen in Jamaika 1750–1840 und auf den großen brasilianischen *engenhos* oder den Zuckeringenios von Kuba. Trotz unterschiedlicher Orte, dem kulturellen Exotismus der Herkunft aus dem weit entfernten Afrika auf Seiten amerikanischer Plantagensklaven und unterschiedlicher Relationen zwischen Herren- und Eigenwirtschaft sowie natürlich der Scharfzeichnung des »römischen« Eigentumsrechts in der Moderne und der Grade der Zwangsarbeit lässt sich kaum bestreiten: Bei Leibeigenschaft handelte es sich um einen Sklavereityp im globalen Panorama, der auf kollektiver Unterjochung von Bauern gründete.[78]

Zu diesem Plateau können wir festhalten: Kin-Sklavereien mögen zwar aus Sicht entwickelter Massensklavereien (drittes Sklavereiplateau) weniger brutal, ausbeuterisch und rassistisch erscheinen und Sklaven oder Sklavinnen auch Elitepositionen erlauben. Dennoch waren sie sowohl zeitlich als auch räumlich im globalen Maßstab die Basis aller lokalen Sklaverei, sozusagen die Mutter aller Sklavereien als soziale Institution, die Büchse der Pandora. Ihre historische Wurzel liegt möglicherweise im fast überall anzutreffenden Wunsch, Frauen, Witwen und ihre Kinder unterzubringen, die keine Verwandten mehr hatten, sowie Fremde in eine Gruppe von Verwandten zu integrieren (was in Bezug auf Männer immer schwieriger war). Letzteres wird besonders deutlich an den Elitesklavereien vom Typ der Mamluken-Sklaverei. Der Vater aller härteren Sklavereien wäre dann der Krieg, mit Unterstützung von Raub, Handel und Verschuldung sowie der Tradition des Menschenopfers.

In dieser ersten Phase spielte zwar die Angst vor dem Verhungern und vor dem Ausgestoßensein eine wichtige Rolle, aber noch nicht die Tötungsgewalt zwischen Verfügern und Verfügten – es sei denn, Kinder oder Frauen oder männliche Fremde wurden geopfert oder Folterritualen unterworfen. Diese ältesten Formen interner Sklavereien wirkten noch lange nach, vor allem in unterschiedlichsten Kinder-, Konkubinen- und Haremssklavereien sowie Militärsklaverei. In der Perspektive ostasiatischer Kin-Ideologie gelten *mui tsai* (grob: zeitweilig versklavte Mädchen in reicheren Familien in Südchina) noch heute keinesfalls als Sklaverei, sondern man spricht von der Aufnahme armer Mädchen in die Familie. In Indien wiederum hatten sich im Laufe des zweiten Plateaus so viele unterschiedliche Sklavereien herausgebildet und waren alltägliche Bestandteile des Lebens geworden, dass Briten und indische Intellektuelle (oft Brahmanen) sie seit dem 19. Jahrhundert zu »alten Traditionen« konstruierten und mit dem unausrottbaren Ariermythos und der Kastenideologie verbrämten.[79]

Interne Kin-Sklavereien implizieren, je länger sie andauern und je weiter sie um sich greifen, zweifellos auch eine Statusdegradierung, die auf soziale und räumliche Herkunft bzw. Nichtmitgliedschaft in einer Genealogie und einer Verwandtschaft abhob. Aber das konnte relativ leicht wieder aufgehoben werden. Erst wenn äußere Statusdegradierung einer ethnischen Gruppe, einer oft chromatisch definierten Gruppe (»Neger«) aus einem Territorium des Menschenfangs hinzukam, verhärteten sich Sklavereien und wurden oft in lokalen Gesetzen und Sklavereiideologien institutionalisiert. Direkte Tötungsgewalt gelangte, von Opferung abgesehen, erst durch organisierte Raubzüge und Kriege in die Geschichte der Sklavereien, verbunden mit der Versklavung Fremder »mit schlechter Herkunft« (ein Teufelskreis: weil die versklavt hatten werden können, waren sie »geborene« oder »von Gott gewollte« Sklaven, weil sie versklavt waren, hatten sie eine schlechte Herkunft). All das waren soziale, kulturelle und politische Funktionen von Sklavenstatusdefinitionen. Ein wirtschaftlich-legales Element kam erst mit der Verschuldung ins Spiel. Hier setzte die in unterschiedlichen Wertformen gemessene systematische Kapitalisierung der Körper ein.

Seit Sklavereien mit Formen des Menschentausches sowie Sklavenhandel zusammenkamen, waren Haussklavereien über den gesamten Globus verteilt. Sie waren zunächst klein sowie sehr lokal und in dieser Bedeutung legitimiert. Im Laufe der Weltgeschichte wurden aus den ›kleinen‹ und lokalen Sklavereien, vor allem in Expansionsgebieten und ganz speziell an deren Grenzen, auch ›große‹ Kin-Sklavereien, die ganze Kulturen und Gesellschaften sowie Imperien prägten, aber auch räuberische Staatsgebilde. Über die großen imperialen Expansionen – und den Widerstand dagegen – sowie über Handelsnetzwerke wirkten Kin-Sklavereien auch globalisierend, d. h. sie verbanden Territorien und Kontinente sowie Meere und Ozeane miteinander. Urbane Haussklavereien waren dabei so verbreitet und wichtig, dass ihr Anteil an der Welt- und Globalgeschichte möglicherweise nicht nur zahlenmäßig umfassender und lang anhaltender war als der von Plantagensklavereien vom Typus *Atlantic slavery* und *Second Slavery* (siehe das folgende Kapitel). Nicht von ungefähr halten einige Historikerinnen Haussklavereien für bedeutender als die atlantische Sklaverei der Moderne (drittes Plateau).[80]

Speziell in Randzonen von Imperien oder in umkämpften Grenzzonen (*frontiers*), aber auch im Laufe von Expansionen räuberisch-kriegerischer Gruppen aus Randgebieten, entwickelten sich die bereits erwähnten Formen kollektiver Sklavereien bzw. von Massenan- und -umsiedlung verschleppter und versklavter Menschen. Diese Menschen waren dann nicht im legalen Status einer irgendwie gearteten individuellen Habe eines Familienvorstandes, sondern galten oft als Eigentum des jeweiligen Machthabers oder Staates. Das ist ein roter Faden der Geschichte der Sklaverei, der in Quellen eher selten erwähnt wird, aber eigentlich immer seit dem zweiten Plateau präsent ist, etwa in den Kolonisationsgebieten der europäischen Ostexpansion, bei den »Bauernsklaven« der Pruzzen und vieler anderer slawischer, baltischer und finnischer Völker, in Grenzregionen des Osmanischen Reichs auf dem Balkan, oder im Umfeld der spanischen Conquista und Kolonisierung Amerikas, wie Andrés Reséndez in seinem Buch *The Other Slavery* eindrucksvoll gezeigt hat. Oft werden diese kollektiven Abhängigkeits- und

Statusformen bzw. die Arbeit, die solche Menschen erbringen, gar nicht als Sklaverei interpretiert, obwohl sie zum dritten Sklavereiplateau gehört sowie als Vorläufer der Staatssklavereien des vierten und vor allem des fünften Plateaus gelten kann – und expandierender Imperien, die Arbeit als Tribut eintreiben.

Drittes Sklavereiplateau (Beginn etwa 1400 n. Chr.)

Die bekannteste und rechtlich am schärfsten definierten Eigentumssklavereien der Welt- und Globalgeschichte sind im atlantischen Raum, den Westküsten Afrikas (im späten 18. und 19. Jahrhundert auch Ostafrika sowie Inseln des westlichen Indischen Ozeans) und in den Amerikas zu verorten. Massen von Sklavinnen und Sklaven lebten in fast allen Metropolen und Hafenstädten Amerikas wie auch im Hinterland. Das dritte Sklavereiplateau in der Weltgeschichte war allerdings im Zuge der europäischen maritimen Expansion Portugals und Spaniens eher zufällig und zunächst sehr punktuell entstanden. China entwickelte zwar ebenfalls einen sehr dynamischen Meereshandel, aber die Ming-Dynastie (1368–1644) blieb dem Land verhaftet. Entsprechend entwickelten sich in China keine kompakten Meeressklavereien wie in der *Atlantic slavery* (es gibt allerdings eine revisionistische Debatte zur Rolle der Meere in der Geschichte Chinas).

Das dritte Sklavereiplateau entwickelte sich an den Rändern Chinas sowie anderer großer Territorien nur hier und da, im Zusammenhang mit der portugiesischen Expansion beispielsweise früh in Goa, Cochin, Malakka und Macau, auf den Philippinen (Manila-Cavite, mit der Insel Guam als Off-Shore-Zwischenstation)[81], zeitweilig in Ryukyu, Taiwan (Formosa) und Nagasaki sowie später Batavia, Amoy und Hongkong. Dort trieb man informellen Fernhandel mit Kindern, die oft vorher zu Christen getauft worden waren, Sklaven und Kulis. Die Portugiesen sowie später Niederländer, Franzosen, Briten und Dänen konnten zwar nie ein so kompaktes Menschenhandelssystem wie das der *Atlantic slavery* auf dem Indik oder irgendwo in der östlichen Hemisphäre etablieren. Aber sie wurden schnell mit den verschiedenen Netzwerken vertraut und verteilten einheimische Versklavte in allen Regionen Asiens. Als Basen nutzten sie einerseits weit verbreitete Sklavereien und Sklavenhandelssysteme der ersten beiden Plateaus (sowohl zur See als auch über Land, etwa Tonkin im heutigen Vietnam nach Südchina) in Asien[82] und andererseits die bereits genannten Knotenpunkte – unterschiedliche Handelsstützpunkte und Städte, die den expandierenden *Estado da Índia* bildeten. Andere Europäer und die Omanis sowie indische Kaufleute lernten von den Portugiesen.[83]

Viele Sklaven aus Indien, China, Bengalen, Macau, aber auch aus Ostafrika, kamen über den portugiesischen Sklavenhandel mittlerer oder langer Distanz auf die verschiedenen Märkte von Goa, Cochin oder sogar weiter nach Osten, nach Macau, Manila und Aceh auf Sumatra. Vor allem über Macau und Manila gelangten Massen von Versklavten aus unterschiedlichsten Regionen und Reichen Asiens als *chinos* nach Neu-Spanien (Mexiko). Damit war die globalhistorische Verbindung zwischen Asien und den Amerikas auch in Bezug auf *slaving* und Sklavereien vollzogen.[84] Einige der Versklavten aus Asien erreichten auf portugiesischen Schiffen der *Carreira da Índia* auch Europa, zuerst meist Lissabon und Portugal und dann die verschiedenen Regionen Spaniens. Die meisten kamen nach Sevilla, Cádiz, Valencia und Barcelona, aber es waren auch asiatische Sklaven in Galicien (vor allem Vigo und A Coruña) zu finden.[85]

Mehr und mehr werden Menschenhandel, Piraterie, Schmuggel und informeller Handel auch mit versklavten Menschen im südchinesischen Meer erforscht. Die frühesten Ansätze findet man auf der malayischen Halbinsel sowie in Südindien an der Malabar- und der Coromandelküste, außerdem im Golf von Bengalen. Hinzu kam maritimer Raub, um die Stadtstaaten mit versklavten Menschen zu versorgen. Portugal verbreitete diese Phänomene mit einem Christianisierungsimpuls bis nach Japan. Mit Ausnahme Niederländisch-Indiens gab es europäische Flächenkolonien erst seit den britischen Kriegen und den Monopolen der *East India Company* in der Zeit nach der formalen britischen Abschaffung von Sklavenhandel und Sklaverei 1808–1843. Die britischen Antisklavereikampagnen mit ihren »unbeabsichtigten Konsequenzen«, etwa der imperialen Kolonisierung weiter Teile Afrikas, dauerten von 1807 bis 1920. Erst im späten 18. und frühen 19. Jahrhundert kam es zum Export des Karibiksklavereimodells (das zum dritten Sklavereiplateau zählt) in den Indischen Ozean (auf die Maskaren, Malediven, Komoren, Madagaskar und die Seychellen) und zur Bildung von relativ späten Symbiosen dieser atlantischen Sklavereiform mit traditionellen Sklavereien in europäischen Kolonialgebilden (Niederländisch-Indien, Bengalen/Assam, Cochinchina/Indochina-Siam/Thailand).

Hauptschauplatz des dritten Sklavereiplateaus war der atlantische Raum. Die wichtigsten materiellen Instrumente des dritten Sklavereiplateaus waren Sklavenschiffe, Sklavenbaracken (*barracoons/barracones*) und Sklavenplantagen, doch städtische Haussklavereien und Sklavereien in anderen Wirtschaftszweigen (Bergbau, Infrastrukturbau, Handwerk) waren ebenfalls wichtig.

Um die Entstehung des dritten Sklavereiplateaus zu skizzieren, muss ich zunächst einen weitverbreiteten Irrtum in Bezug auf »Plantagen« ausräumen. Obwohl es an manchen Orten große Landgüter im römischen Reich, im arabisch-islamischen Nordafrika, im südlichen Irak und in China gab, existierten vor dem 16. Jahrhundert kaum Sklavenplantagen (mit Ausnahme vielleicht von Zypern unter dem Protektorat Genuas im 14. bis 16. Jahrhundert, das ist aber umstritten). In ganz strengem Sinne gibt es Plantagen erst, seit die Engländer im 17. Jahrhundert Organisationsformen von Sträflingsarbeit auf große koloniale Landgüter anwandten und das Wort *plantation* (etwa: Kolonie) aus ihren irischen Kolonialgebieten in die Karibik übertrugen – Vorreiter war die kleine Insel Barbados. Riesige Landflächen guten Bodens ohne Bauern sind für Gesellschaften, die auf Subsistenzproduktion sowie Garten- und Landwirtschaft angewiesen sind, kaum auf die Dauer auszubeuten – es drohen große Hungersnöte und Bauernrebellionen. Wenn überhaupt geht das nur nach großen militärischen Eroberungen, Genoziden und Massakern oder nach Epidemien.

Die berühmte »Westwanderung des Zuckers« von Indien bis zum Atlantik und die Produktion von Zuckerrohr fanden bis ins 15. Jahrhundert im Wesentlichen auch nicht auf Latifundien statt, zumindest nicht auf so großen Landstücken, wie wir sie aus der Geschichte der Amerikas kennen. *Atlantic slavery* und Plantagen, zunächst in den iberischen Formen *engenho* (*roça*) und *ingenio*, entstanden nach ersten Versuchen auf Madeira und den Kanaren im Grunde aus einer z. T. hochspekulativen Verlegenheitslösung portugiesischer, im weiteren Sinne iberisch-mediterraner Hofeliten, Kaufleute, Kolonisten und Kapitäne am Beginn der europäischen Atlantikexpansion auf einem tropischen Inselchen im Golf von Biafra: auf São Tomé.

Die Insel ist auf einer Weltkarte kaum zu sehen, und uns geht es nur um ihre flache, extrem grüne und gut beregnete Nordebene. Auf den Kanaren wurde die einheimische Bevölkerung der Guanchen ausgerottet und verschleppt; auf São Tomé gab es keine einheimischen Bauern. Deshalb konnten große Flächen dieser Nordebene an portugiesische Aristokraten, große Kaufleute und Siedler vergeben werden. Portugiesen und Iberer konnten in der Frühzeit der Expansion keine Gebiete im subsaharischen Afrika erobern, sie erlitten sogar eine Niederlage nach der anderen gegen die gut trainierte afrikanische Marineinfanterie in schnellen Kriegskanus. Zudem kamen sie mit den komplizierten Küsten Westafrikas nicht zurande und starben massenhaft an Tropenkrankheiten. Die Europäer mussten erst »die Tropen lernen« (*aprender os trópicos* – Arlindo Caldeira).[86]

Wenn die Europäer Festungen anlegten, wie Arguim oder São Jorge da Mina (Elmina), um an den Goldhandel heranzukommen, ging das nur mit dem Einverständnis lokaler Eliten. Die Mauern waren meist gegen europäische Konkurrenten gerichtet. Die Iberer hatten auch kaum Waren, die ihnen die luxusverwöhnten afrikanischen Eliten gegen Gold oder Gewürze abgenommen hätten. Sie konnten ihnen nur Transport auf ihren Hochseeschiffen (meist fuhren sie Sklaven afrikanischer Sklavenhalter von einem Ort in Westafrika zum anderen), Handel mit indischen Textilien, Luxus-

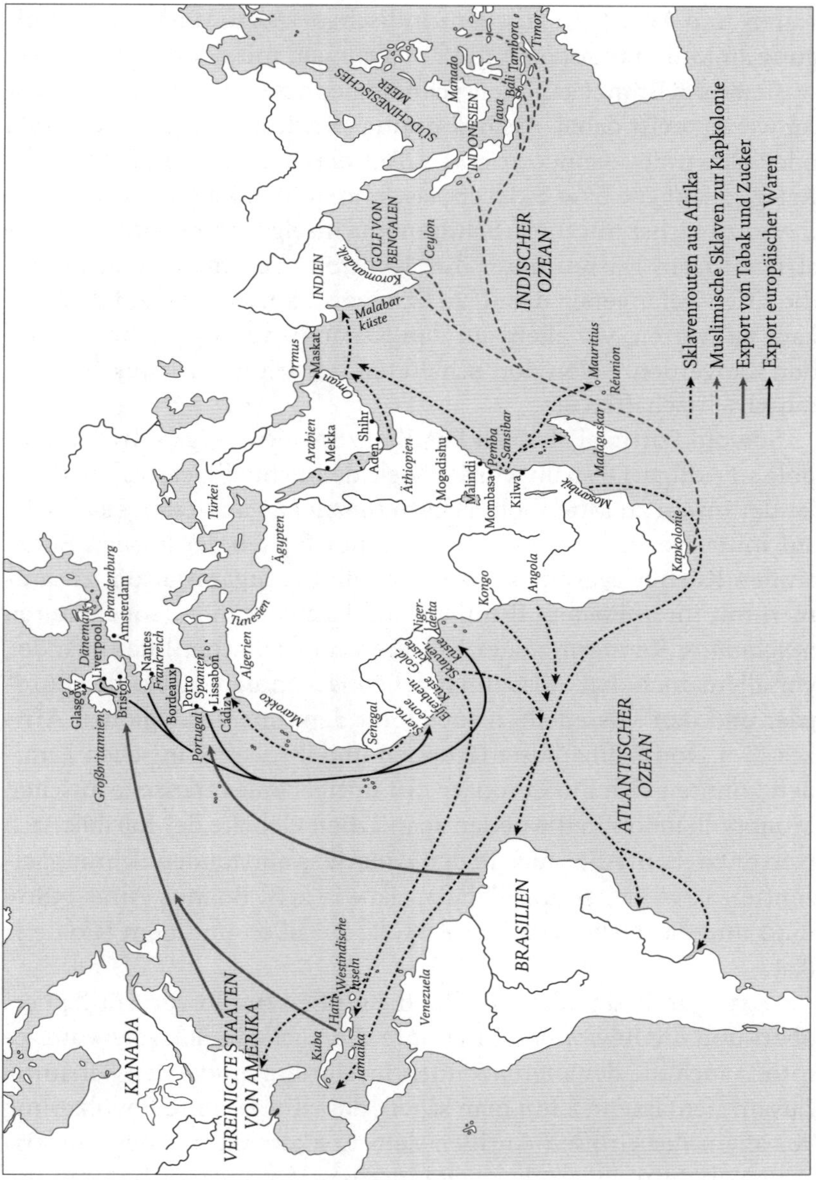

Weltsklavenhandel um 1800

waren und Muscheln aus dem Indischen Ozean oder die Beteiligung an Militäraktionen und Plünderungen mit der neuen Schusswaffen- und Bronzekanonentechnologie anbieten; christliche Priester waren meist dabei. Als Belohnung erhielten sie nicht etwa Gold oder Gewürze – sondern einen Teil der Beute, also afrikanische Kriegsgefangene bzw. Sklaven, fast immer Männer (*cativos*). Da die Iberer zunächst mit ihren Schiffen nur Inselgruppen vor den westafrikanischen Küsten unter ihre Kontrolle bekamen, siedelten sie die Kriegsgefangenen darauf an bzw. zwangen sie, dort auf den Verkauf zu warten, vor allem auf den Kanaren, auf São Tomé und auf den Kapverden.[87] Von dort schalteten sie sich in afrikanische Austauschwirtschaften ein.

Sowohl Portugal als auch Kastilien/Spanien vergab Kronmonopole an Adlige. Deshalb wurden viele der nichtadligen frühen Siedler der Inseln zu Monopolbrechern (*lançados*) und taten sich meist auf Initiative afrikanischer Familien mit Frauen der lokalen Eliten an den Küsten Westafrikas zusammen. Sie organisierten, zusammen mit ihren Frauen, Familien und Nachkommen (sogenannten *tangomãos*, Kennern beider Kulturen und Sprachen) den Handel, vor allem auch den Sklavenhandel zwischen den Inseln der Europäer und den Küsteneliten sowie mit den inneren Regionen Afrikas. Der Dominanz dieser Gruppen und ihrer afrikanischen Familien konnten sich die Europäer nur mittels eines transozeanischen Monopolhandels in die neuen spanischen Gebiete der Karibik nach 1520 entziehen. Aber auch in den Amerikas entstanden Schmuggelzentren bzw. -netze im Südatlantik wie z. B. Buenos Aires 1580–1640 und das Netz zwischen Angola, Brasilien und dem Río de la Plata.

1493–1520 hatten die Kastilier die großen Inseln der Antillen erobert und die Bewohner durch ihre »Versuche in Sklaverei« ausgerottet; auch die der angrenzenden Inselgruppen wie den Bahamas. Zusammenfassend kann man sagen, dass die gesamte Bevölkerung vor allem der Großen Antillen dem Erstkontakt mit den europäischen Iberern sowie den genannten Sklavereiversuchen bis um 1550 zum Opfer fiel.

Schon Kolumbus, der Westafrika und die portugiesische Expansion kannte (aber die in Bezug auf ansteckende Krankheiten verheerende Wirkung der Kontakte zwischen Iberern und Indigenen der Neuen Welt nicht ahnte), versuchte seit seinem zweiten Aufenthalt in der Karibik, Sklavereien und Verschleppungen von Indigenen (*yndios* – »Indier« genannt) zu organisieren, wie es die Portugiesen von den westafrikanischen Inseln und El Mina aus taten. Die Spanier versklavten die Ureinwohner wie auf den Kanaren und konzentrierten Gefangene auf den von ihnen kontrollierten Großen Antillen (vor allem La Española / Santo Domingo). Gegen Nachschub aus Europa organisierten sie einen transatlantischen Sklavenhandel mit Indios – nach Spanien und Europa. Isabella von Kastilien und Fernando von Aragón, die katholischen Könige, verboten 1495 die Indiosklaverei und den transatlantischen Handel mit Indios (letzteres Verbot wurde mehrfach, auch von Karl V. und seinen Nachfolgern, wiederholt). Mehr als die Verbote wirkte aber die Zerstörung der Lebensbedingungen durch europäisches Großvieh sowie durch Viren und Bakterien. Die Taínos der Großen Antillen starben aus, mit ihnen einige andere karibische Völker; andere zogen sich zurück und leisteten Widerstand (wie die Krieger der Kariben, die auch nach dem Verbot der Indiosklaverei versklavt werden durften).

Um 1520 waren in Küstenzonen und auf den Inseln Amerikas die Voraussetzungen für die atlantische Wirtschafts- und Plantagensklaverei vorhanden: riesige Flächen menschenleeren Landes, verschiedene Formen indigener Sklavereien, die die Spanier auf den Antillen übernahmen (wie Opfersklavereien und *naboría*), Razzien- und Trägersklavereien (*repartimiento*), transkaribischer Indiosklavenhandel sowie das neue Konzept einer rekonstruierten Sklaverei nach »römischem« Recht, d. h. volles privates Eigentum an Menschen mit entsprechenden notariellen Dokumentationen der Käufe und Verkäufe.

Europäer beherrschten allerdings bis zur Conquista des ersten außereuropäischen Großreiches (Azteken/Mexica-Imperium, 1521) im Atlantik nur Inselgruppen (die Großen Antillen, Kanaren, Madeira, Azoren und Kapverden, São Tomé und Príncipe, Fernando Po). Auf ihnen organisierten vor allem Portugiesen erste Formen der Latifundiensklaverei, während in der Karibik und auf den Antillen die Sklaven zunächst vornehmlich zum Goldwaschen, zum Perlenfischen und zu Trägerarbeiten eingesetzt wurden. Jeder Conquistador hatte mehrere Sklaven: »denn beim Aufbruch zu neuen Eroberungen oder Siedlungen gibt es keinen Soldaten [Conquistador – M. Z.], so niedriggestellt er auch sei, der nicht drei oder vier Indio-Sklaven und -Sklavinnen mitführt, die ihm dienen«[88].

Um 1520 war das alles noch nicht sehr vielversprechend, weil auf den Inseln und an den Küsten der Karibik die Arbeitskräfte starben, während die Portugiesen in Westafrika kein großes Potenzial sahen und aus dem Atlantik nach Ostafrika und in den Indischen Ozean drängten, weil sie dort bis Mitte des 17. Jahrhunderts erfolgreicher waren. Dann fiel 1521 Tenochtitlán (Mexiko-Stadt) und alles wurde anders. Die bislang randständigen Europäer hatten mit ihrer extrem gewaltsamen Kriegsführung, geschickten Allianzen und ihren Schiffen einen Sieg errungen, den sie zunächst selbst für unglaublich hielten. Die Gewalt zeitigte neue Erfolge, vor allem gegen die schon durch Krankheiten geschwächten anderen amerikanischen Großreiche (wie Inka und Chibcha). Um 1540/1550 waren die »überseeischen Königreiche« mehr oder weniger erobert, und man begann die Silberquellen Amerikas im Minenabbau zu erschließen, betrieben meist mit indianischen Zwangsarbeitern, die von eigenen Eliten organisiert wurden (in Neu-Spanien bzw. Mexiko am Anfang auch mit Sklaven).

Hinzu kam, dass Kaiser Karl V., als König von Kastilien Carlos I., 1526 die schöne und im Gegensatz zu ihm reinstes Kastilisch sprechende Isabella von Portugal geheiratet hatte. Die Vereinigung der beiden iberischen Kronen erlaubte den direkten atlantischen Sklavenhandel von den westafrikanischen zu den karibischen Inseln (ohne Umweg über iberische Häfen). Durch ihre Dominanz in der Hochseeschifffahrt etablierten sie ein Atlantikmonopol. Zwar wurde es sofort durch die eigenen Siedler mittels Schmuggel (die ursprüngliche Bezeichnung war *corso*) sowie durch Franzosen, später auch Niederländer, Italiener und Engländer mittels Piraterie und Korsarentum sowie Razzienkriegszügen durchlöchert, es half aber doch, die räumlich über den Atlantik verstreuten Elemente des neuen globalhistorischen Sklavereiplateaus sozusagen auf eine Linie von transkontinentalen Infrastrukturen der Gewalt zu bringen. Dabei spielte eine wichtige Rolle, dass Fachkommissionen von Mönchen, unter ihnen Bartolomé de las Casas, 1518 und 1520 Gutachten geschrieben hatten, die dem Universalmonarchen anrieten, »Neger aus Guiné« als Arbeitskräfte nach *Las Indias* (Amerika) bringen zu lassen. Edelmetalle, zunächst aus der Beute der Conquistadoren, waren genug da. In Umrissen existierte damit das Sklavereiplateau der *Atlantic slavery*; Elemente davon – vor allem schwarze Sklaven, massiven Sklavenhandel und den entsprechenden Wissenstransfer – brachten die Portugiesen über die *Carreira da Índia* auch in ihre Emporien in der östlichen Welthälfte.

Die Infrastrukturen der Gewalt des dritten Sklavereiplateaus reichten vom Innern Afrikas, wo lokale Sklavenmärkte, Razzienkrieger, Sklavenjäger sowie Karawanenchefs sich mehr und mehr auf den Handel zu den Küsten und die Belieferung von Europäern und später Amerikanern spezialisierten, in die Küstenorte Afrikas, wo die Verschleppten auf die Schiffe verfrachtet wurden, um den Atlantik (oft mit Zwischenlandungen auf den Kapverden oder São Tomé) hin zu den Hafenstädten der Amerikas und der Karibik zu überqueren. Dort wurden die Menschen aus Afrika verkauft und in Märschen zu ihren Arbeitsorten getrieben. Die beiden iberischen Kolonialreiche in den Amerikas, Brasilien und das Spanische Amerika, waren Imperien der Sklaverei.[89]

In ihnen entwickelte sich Sklaverei zum Teil auf Basis der bereits vorhandenen Sklaverei und dem Menschenhandel mit Indios und Razzienopfern. Die kleinen karibischen/westindischen Kolonien Englands, Frankreichs und der Niederlande sowie Dänemarks (Saint Tomas) wurden zu unsinkbaren Sklavenhandelsplattformen, die vor allem Spanisch-Amerika belieferten. Nach dem Muster der westafrikanischen Inseln, vor allem São Tomés und der Kapverden, gingen die frühen Siedler dieser Kolonien dazu über, wenn es die

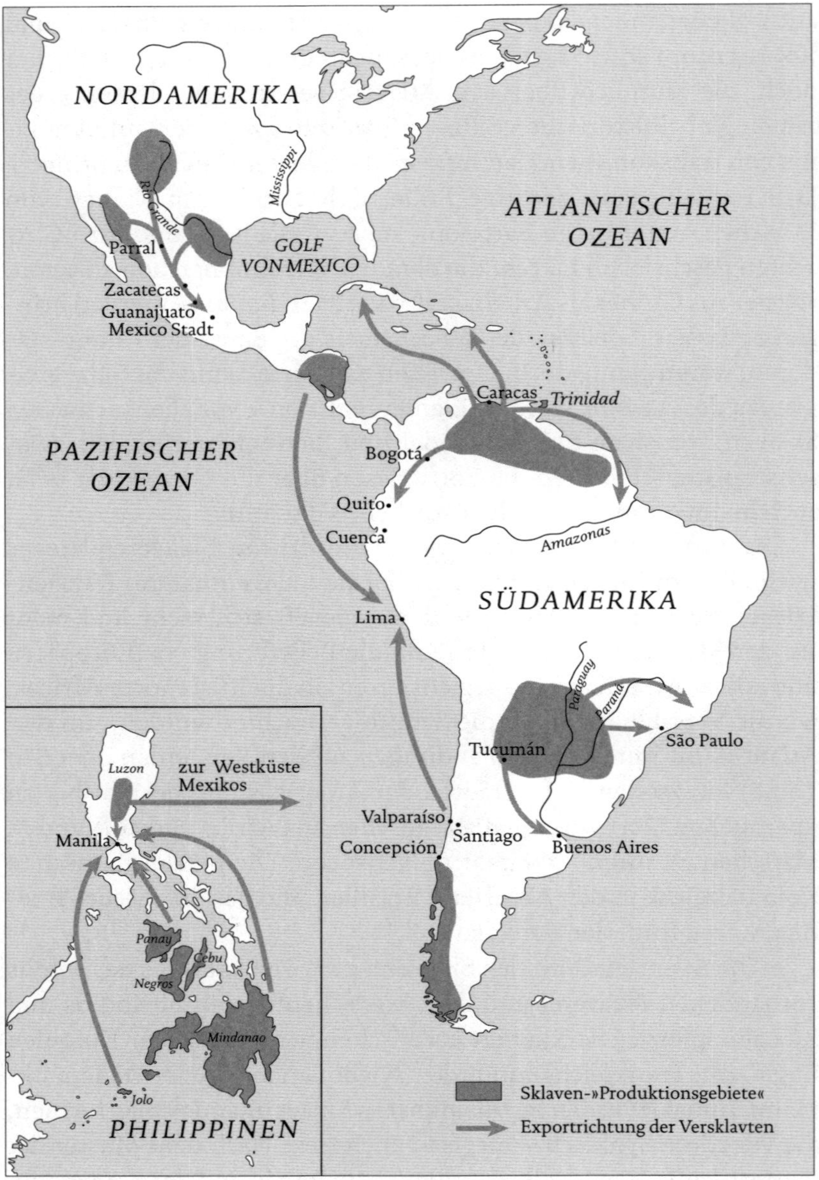

Spanisch-Amerika: Imperium der Sklaven

klimatischen Bedingungen erlaubten, Versklavte auf eigenen Plantagen auszubeuten. In gewissem Sinne waren auch die USA bis 1865 ein Imperium der Sklaverei; »Indian Slaves« wurden wahrscheinlich sogar bis um 1900 durch Mormonen versklavt (vor allem die Navajos, Ute und weitere Stämme).[90] Im Grunde kann man die *Atlantic slavery* in den Amerikas als eine Kombination von ruralen Sklavereien auf Plantagen und in Minen sowie urbaner Sklavereien (*urban Black Atlantic*), vor allem in Hafenstädten und auf Handelsplätzen, auf Basis diffuser indigener Sklavereien und Razziensklavereien beschreiben.[91]

Auch die Staaten nahmen starken Einfluss auf die Sklaverei (*negros del Rey*; *nègres du roi*, *public slavery*). In den überseeischen Kolonien europäischer Imperien mit ihren Kernterritorien in Europa nahmen Staatssklavereien jedoch nicht die Form der Palastsklaverei an (wie etwa bei den Mamluken aus dem zweiten Plateau). Die Sklaven waren Teil der Versklavtenbevölkerung der jeweiligen Kolonien. Für die europäischen Territorien galt theoretisch das Prinzip des *free soil*, der Boden (*soil*) der jeweiligen Metropole sollte »sklavenfrei« sein, denn die »weißen« Christenmenschen der Metropolen sollten nicht versklavt werden (siehe dazu aber das oben Gesagte zum Überleben von Sklavereiformen des ersten Plateaus in der Welt- und Globalgeschichte).

Wie funktionierte der Sklavenhandel entlang der Infrastrukturen der Gewalt zwischen Afrika und Amerika über den Atlantik? *Lançados*, also die nichtadligen Siedler mit ihren Familien und Nachkommen, ich nenne sie zusammenfassend Atlantikkreolen, organisierten den Austausch mit europäischen und amerikanischen Faktoreien an den Küsten Westafrikas. Festungen unter europäischen Flaggen und mit einigem europäischen Personal existierten im Wesentlichen an der Goldküste (heutiges Ghana). Europäer, d. h. Kapitäne, Offiziere, Mannschaften, Schiffsärzte und Faktoren waren bis um 1880 mit wenigen Ausnahmen (seit 1570: Luanda, danach Benguela, Kapstadt und Saint-Louis in der Senegalmündung sowie seit 1786 Freetown) immer Juniorpartner islamischer und afrikanischer Sklavenhandelseliten.[92] Mit dem Eintausch nach Gesundheits- und Körperprüfung sowie der Einschreibung in die Cargolisten und der Verladung der menschlichen »Ware« (*commodity*) begann die Herrschaft der europäischen und amerikanischen Kapitäne über die Versklavten; mit der Einschreibung in Listen auch die private Eigentumskonstruktion nach »römischem« Recht.

Die Kontrolle über den Sklavenhandel zur See haben europäische und amerikanische Eliten im atlantischen Raum nie aufgegeben, auch wenn sie einander bekriegten. Der Atlantik wurde zum Ressourcen- und Akkumulationsraum für den Aufstieg des Kapitalismus in Westeuropa.[93] Das Kernstück der *Atlantic slavery* befand sich 1520–1650 zunächst unter iberischer Kontrolle. Von 1650 bis etwa 1808/1820 gab es einen geteilten Sklavenhandelsatlantik: Im Mittelteil mit der bekannten Figur des Dreieckshandels zwischen Afrika und Inseln der Karibik sowie in Nordamerika dominierten die Nordwesteuropäer (Niederländer, Engländer, Briten, Franzosen, Dänen, Schweden und auch ein paar Deutsche), im Südatlantik herrschten Portugiesen, Spanier und Brasilianer. Die nordwesteuropäische Phase der Kolonialexpansion Europas begann in Hinblick auf Sklavenhandel und ›große‹ Sklavereien in der Neuen Welt um 1630. Zwischen 1680 und 1790 wurde der Sklavenhandel privatisiert; staatlich kontrollierte Handelskompanien verloren ihre Dominanz über den atlantischen Sklavenhandel (in Indien und um den Indischen Ozean herum verlor die *East Indian Company* das Monopol erst 1857). Das 18. Jahrhundert, bekanntlich das Jahrhundert der Aufklärung, war mit etwa sechs Millionen auch das schreckliche Jahrhundert der Verschleppungen. Etwa 11 bis 12 Millionen Menschen schaffte man insgesamt lebend in die Amerikas (1520–1867/1873). Der Atlantik wurde auch zum großen transkulturellen Arbeitssystem, in dem Atlantikkreolen als Übersetzer, Wachen, Matrosen, Köche und Heiler fungierten, darunter auch viele Sklaven bzw. ehemalige Sklaven. Das machte ihn zum Profit- und Akkumulationsmotor des entstehenden Kapitalismus – ein dynamischer Prozess, den ich auch Atlantisierung nenne.

An dieser Stelle ist ein weiterer verbreiteter Irrtum auszuräumen. Obwohl die *Atlantic slavery* im Gegensatz zu Sklavereien und

Sklavenhandel in der östlichen Hemisphäre ziemlich monolithisch erscheint, ist sie nie der einheitliche Block gewesen, als den viele Historikerinnen und Historiker ihn sich vorstellen. Robert Harms, der das Bordbuch eines französischen Sklavenschiffes herausgegeben hat, sagt, dass der atlantische Sklavenhandel sich ständig wandelte.[94] Deshalb sind die mikrogeschichtlichen Zugänge zu einzelnen Akteursgruppen (Versklavte, Sklavenhändler, Schiffe, Atlantikkreolen, Sklavenhalter) so wichtig. Wir sollten nicht den vielen Tausenden von Sklavenschiffsfahrten eine Gleichförmigkeit unterstellen, nur weil sie möglicherweise den gleichen Routen folgten.[95]

Aber selbstverständlich gab es auch Muster. Beispielsweise hatte in der atlantischen Welt außerhalb Afrikas der Sklavenhandel (fast) völlig den Charakter des Gabentausches zwischen aristokratischen Eliten verloren, den er in den ersten beiden Sklavereiplateaus hatte. Zudem hatten sich vergleichbare Preise für Versklavte aus Afrika in den einzelnen amerikanischen Hafenstädten und Kolonien herausgebildet (siehe das Kapitel »Was kosten menschliche Körper?«). Es mag in persönlichen Beziehungen noch üblich gewesen sein, Versklavte zum Einkaufswert weiterzugeben, und innerhalb von Verwandten- und Klientelnetzen kannte man sicherlich auch die Übergabe von Versklavten (oft Kindern) in Form des Gabentausches, aber über all dem standen gewaltförmige kapitalistische Beziehungen avant la lettre: Angebot und Nachfrage, Märkte und relativ fixe Preise in bestimmten Konjunkturen.

Auch die Versklavten unterlagen zwar struktureller Vereinheitlichung, wie etwa einer systematischen christlichen Namensgebung, Herkunfts- und Körpermarkierungen, d. h. in den Notariatsprotokollen wurde für sie jeweils die Herkunftsregion (*congo, angola, lucumí, mina, carabalí, mandinga,* oder westafrikanische Inseln usw.) sowie das oder die Brandzeichen (*carimba/o*) verzeichnet. Dennoch waren sie zweifelsfrei Individuen mit eigener *agency*. Selbst in so trockenem Wirtschaftsschriftgut wie Notariatsprotokollen wird das deutlich. Hier ein Beispiel: 1658 verkauft Gonzalo de Vega, Einwohner von Cuzco, an den Señor Gobernador Alonso de Páez (königlicher Beamter in Cuzco)

»einen Neger, meinen Sklaven, genannt Nicolás, herkünftig aus Kapverden, von mehr oder weniger achtzehn Jahren Alter, für den Preis und die Summe von vierhundert Pesos zu acht Reales in Silber und Geld zu gutem Münzfuß [d. h. alle Steuern sind schon bezahlt – M. Z.]«[96].

»[Der Versklavte] ist Ladino in portugiesischer Sprache [ein bereits auf den Kapverden als Sklave geborener Mensch, der Portugiesisch sprach – M. Z.] und hat ein Zeichen [Brandzeichen] auf der rechten Wange und andere [Körperzeichen], die von Wunden herzustammen scheinen [Hautritzungen] in der Nähe des rechten Ohres, welche es ermöglichen, dass er durch sie in jedem Gebiet und Ort erkannt werden kann, und ich verwahre ihn gegen jeden [Vorwurf eines] Makel[s], weil er weder Dieb, Säufer, *cimarrón* noch *cambalachero* [wahrsch. Unruhestifter – M. Z.] ist, und ich gebe und übertrage ihn in diesem Moment gut und gesund, ohne dass er eine sichtbare oder geheime Krankheit hat«[97].

Zwischen 1500 und 1888 war die dynamische atlantische Eigentumssklaverei die Basis für den Aufstieg des »Westens«, d. h., Südwest- und Westeuropas, bis hinein in die Schweiz und Teile des deutschen Reiches. Südeuropa war bereits länger dabei: »Slavery was the means by which the West emerged to a position of unrivalled economic and political dominance«.[98] Vor allem seit 1815 kamen die unabhängigen Staaten USA, Brasilien (seit 1822/1825) und die spanische Kolonie Kuba hinzu, die vor allem in den Sklavereigebieten viel weiter entwickelt war als das Mutterland. Mit der Industrialisierung und ihren neuen Technologien und Produkten (Motoren, Eisenbahnen, Dampfern, Mühlen, Kommunikation, Zeitungen) sowie dem Menschenschmuggel des *Hidden Atlantic* und dem internen Sklavenhandel in den USA bzw. Brasilien entwickelten sich moderne Formen industrieller Sklavereien, die in der historischen Forschung zumeist als *Second Slavery* (bzw. in den USA als »Sklaverei-Kapitalismus« oder »Kriegs-Kapitalismus«)[99] verstanden werden.

Der Begriff *Hidden Atlantic* (»verborgener Atlantik« – siehe das Kapitel »Kein Ende nach dem Ende«) bezeichnet die bislang kaum reflektierte Tatsache, dass trotz der Abolition des atlantischen Sklavenhandels durch die europäischen See- und Kolonialmächte, der um 1840 alle christlichen Staaten des »Westens« auf dem Papier zugestimmt hatten, zwischen 1820 und um 1870 nochmals zwei bis drei Millionen Menschen aus Afrika, meist Kinder, in die Amerikas verschleppt wurden.

Diese Sklavereimoderne prägte sich am deutlichsten im Süden der USA, Westkuba (*Cuba grande*) und Südbrasilien aus sowie in geringerem Maße in Puerto Rico, Surinam und Martinique/Guadeloupe. *Second Slaveries* existierten auch auf Inseln des Indiks und Niederländisch-Indiens (heute fast alles »paradiesische Inseln« der Tourismusindustrie). In Ostafrika, im Sokoto-Kalifat, Ägypten-Äthiopien-Somalia, Marokko und Oman/Sansibar-Ostafrika entstanden ebenfalls große Sklavereien mit zum Teil massivem Handel, oft auf lokalen Grundlagen und manchmal ohne Direktbindung zum kapitalistischen Weltmarkt. Die im atlantischen Schmuggel in diese Sklavereimodernen verschleppten Menschen wurden tendenziell immer jünger, d. h., der Menschenschmuggel erfasste unter der Drohung der Abolition der Sklaverei (siehe das Kapitel »Kein Ende nach dem Ende«) immer mehr Kinder und Jugendliche. Einerseits gab es versklavte Menschen aus Resten älterer, nicht institutionalisierter Sklaverei und Haussklavereien, andererseits Übergänge zu heutigen Formen der ›modernen‹ Sklaverei (Kinderhandel, sexualisierte Gewalt gegenüber Kindern sowie Frauen, Staatssklavereien ohne die zugegebenermaßen sehr relative Absicherung, teures Eigentum eines Privatbesitzers zu sein). Diese Übergangsformen werden noch auffälliger im folgenden Plateau der globalen Sklaverei.

Ich könnte noch vieles über durch Versklavte vermittelte neue Lebensweisen, Krankheiten, Religionen, Kampftänze und Musik sowie Essgewohnheiten sagen. Die meisten Europäer bekamen erst im 19. Jahrhundert Zucker, Kaffee, Kakao und Tabak, Alkohol und Baumwolle; auf dem Atlantik zirkulierten vor allem Tabak und Rum sowie Trockenfisch und Rindfleisch und später auch Kaffee

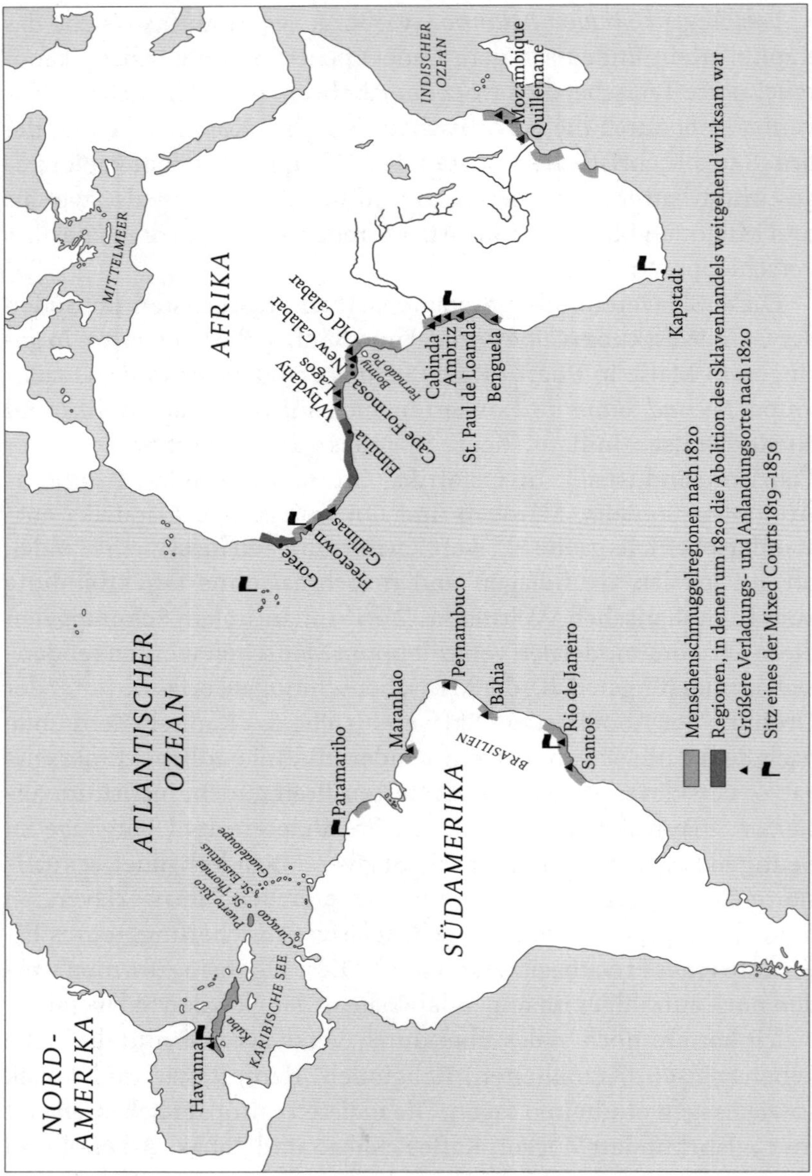

Regionen des Hidden Atlantic nach 1820

für Unterschichten (selbst für Versklavte, die auch schon zeitig Bananen bekamen). Wer weiß schon, dass sowohl unser Kaffeekonsum als auch unsere zuckerlastige Ernährung sowie das gesamte europäische Konditorenhandwerk vor allem auf Sklavereien des dritten Plateaus und die Vorherrschaft der »Sklavenleitressource« Zucker sowie anderer Exportprodukte zurückgehen, die von Sklavinnen und Sklaven hergestellt wurden.

Die Trommelrhythmen heutiger Weltmusik stammen aus den Widerstandsreligionen der Versklavten zwischen Afrika und Amerika. Oft entstanden Tänze aus der Tradition des *slave ship dance*, und die Musik sowie die Körperlichkeit der Transkulturationen (vorwiegend) mit dem Katholizimus brachten in den Amerikas neue Religionen hervor, die heute meist als »Afro« bezeichnet werden, wie Santería/Candomblé, Palo Monte, Voodoo, Espiritismo (mit starken protestantischen Elementen), Abakuá, Obeah, María Lionza, Xangó und einen stark synkretistischen Islam in den Amerikas.[100]

Im Europa des Biedermeier-Kapitalismus (*romantic capitalism* oder *capitalismo romántico*) wurden all diese Produkte und ihre Mythen in kleinen Palästen, den Kaffeehäusern, zusammengeführt und galten als Konsum- und Lebensideal. Die Zuckerraffinerien als Weiterverarbeiter lagen erstaunlicherweise oft weit entfernt von den Häfen Europas, in der Schweiz (wo es auch die Milch in Massen gab), in binnenländischen Handelsmetropolen (wie Carl Joest in Köln) und in Zentren der Hofkultur wie Versailles oder Dresden. Der Kaffee wurde zum bürgerlichen, das tätige Leben unterstützenden Getränk schlechthin. Die Geistes- und Kunstelite Europas der Romantik saß in Kaffeehäusern oder Konditoreien und träumte sich zurück in ein provinzielles Mittelalter (»gothic«). Dabei trank sie Kaffee mit Zucker und rauchte Tabak – beides und viele andere sehr gesuchte Drogen waren im globalen Maßstab von Sklaven und Sklavinnen produziert worden. Der Rohstoff für ihre längst den Moden unterworfene Kleidung, die Baumwolle, wurde ebenfalls von Versklavten produziert. Der gesamte deutsche Idealismus, die Romantik und wahrscheinlich auch das Werk von Hegel, Schelling,

Schopenhauer, Marx und Engels sind ohne Sklavenprodukte nicht vorstellbar.

Die ›alten‹ Plateaus der Frauen- und Kindersklavereien sowie der Haussklavereien finden sich auch im neuzeitlichen Plateau der ›zusammengesetzten‹ atlantischen Sklaverei wieder: Haussklaverei gab es auf jeder Plantage; Sklavinnen hatten oft Kinder mit Verwaltern oder Plantagenbesitzern – US-Präsident Thomas Jefferson lässt grüßen, der nach dem Tode seiner Frau mit deren Sklavin (und Halbschwester) Sally Hemings liiert war. Im größten Sklavereiterritorium Amerikas, Brasilien, hat Gilberto Freyre mit *Casa-Grande & Senzala* (*Herrenhaus und Sklavenhütte*, erste Auflage 1933, heute in der 51. Auflage)[101] sogar eine kultursoziologische Theorie aus der Kin-Sklaverei innerhalb des dritten Sklavereiplateaus entwickelt. In den Städten und auf den Straßen erledigten Haussklavinnen und -sklaven alle Arten von Arbeiten und Dienstleistungen.

Sklavinnen und Sklaven »ohne Institution«, die ich hier nur nochmals erwähne, weil sie im weiteren Sinne Bestandteil der atlantischen Sklaverei waren, gab es in Gestalt der genannten »Hof-Neger« sowie geschenkter Frauen oder Kinder in der gesamten Neuzeit auch in Europa. Um das Übergreifen der direkten Sklavereien aus den Kolonien nach Europa zu verhindern, hatten sich die Metropolen allerdings seit dem 16. Jahrhundert nach und nach für »sklavereifrei« (*free soil*) erklärt. Wenn die Institution Sklaverei gesetzlich verboten ist, wie wir noch heute sehen, bedeutet das noch lange nicht, dass es keine Sklavinnen, Sklaven und versklavten Kinder gibt.[102]

Viertes Sklavereiplateau – Abolitionsdiskurse, *Bond*-Sklaverei und *Second Slaveries* (Beginn um 1800)

Die folgenden beiden Sklavereiplateaus (das vierte und das fünfte) fehlen in traditionellen Darstellungen von Sklavereigeschichte. Für gewöhnlich enden europäische Sklavereidarstellungen spätestens mit dem Ende des Bürgerkriegs in den USA und werden abgelöst von Darstellungen, die »Abolition« im Titel tragen.

Es ist immer ein Problem, Kontinuitäten von Sklavereien zu beschreiben unter dem Druck von abertausenden Texten und Bildern zur Abolition einerseits sowie Millionen gelebter Leben von Versklavten mit und ohne Rechtsform andererseits. Verglichen mit der relativen Kompaktheit sowie legalen Eingrenzung der »privaten« Eigentumssklaverei im dritten Sklavereiplateau der *Atlantic slavery* ist das vierte Sklavereiplateau ein recht kompliziertes Feld von Kombinationen und *entanglements*, die im Wesentlichen mit der Entstehung globaler *commodity chains* (Warenketten), neuer Ressourcen und dem Zwang zu tun haben, Massen von Arbeitskräften, ebenfalls in *commodity chains*, an den Ort (meist) kolonialer Produktion zu bringen.[103] Dabei spielt »der Staat«, meist als Institution imperialen Zuschnitts, eine höchst wichtige Rolle.[104]

Zudem blicken eher auf die Geschichtswissenschaft fixierte Sklavereiforscher selten über 1888, das Jahr der Aufhebung der Sklaverei in Brasilien als letztes Land des »Westens« ohne Afrika, hinaus. Eher auf die Gegenwart fixierte Sklavereisoziologen wiederum gehen nicht in die Geschichte zurück; sie halten heutige Formen »moderner« Sklaverei für beispiellos. Entsprechend ist noch nicht ganz klar, ob ein solches viertes Plateau überhaupt einigermaßen sinnvoll als *ein* Plateau zu konstituieren ist. Wie wir gleich sehen werden, ist es besonders schwierig, das Konzept der *Second Slavery*, im Grunde den Sklavereikapitalismus, zwischen drittem und viertem Plateau einzuhegen. Im vierten Plateau zeigen sich aber, trotz dieser Schwierigkeiten, zugleich die Vorzüge der globalen Herangehensweise, die damit zu einer ernstzunehmenden Methode erhoben wird – vor allem durch die Integration der östlichen Hemisphäre, aber auch von Erkenntnissen der Historiker und Anthropologen sowie Soziologen, die sich mit diesen globalen Makroregionen beschäftigen, in die Untersuchungsperspektive.

Was am meisten auffällt, ist das in reformerischen Abolitionsgesetzen dekretierte Verschwinden des Ozeansklavenhandels auf dem Atlantik. Er wurde, was Kapitäne, Matrosen (Personal) und Profiteure des Sklavenhandels betraf, meist in den Dampfertransport europäischer ›freiwilliger‹ Migranten umgewandelt. Zudem wurden Sklavenschiffe vor allem durch die britische Marine verfolgt bzw. Piraterie und Menschenschmuggel bekämpft, während aber der Meeressklavenschmuggel in Gestalt des »verborgenen Atlantiks« (*Hidden Atlantic*) real weiterexistierte. Auf dem *Hidden Atlantic* werden nochmals etwa zwei bis drei Millionen illegal Verschleppte aus Afrika vor allem nach Brasilien (bis etwa 1851) und Puerto Rico (bis um 1860) sowie Kuba (bis etwa 1878) verbracht – weiterhin verbunden mit dem sogenannten inneren Sklavenhandel in den jeweiligen Gebieten.

Noch wichtiger in diesem vierten Plateau war die wahrhaft welthistorische Verschiebung der Sklaverei- und Sklavenhandelsaktivitäten, meist unter anderem Namen, in die östliche Hemisphäre um den Indischen Ozean sowie die Randmeere des Pazifiks und den pazifischen Raum selbst. Dort waren Sklavereien keineswegs nach Kriterien des »römischen« Rechts definiert, mit Ausnahme der europäischen Enklaven. Sklavereien hießen nicht »Sklaverei«, sondern waren unter einer Vielzahl lokaler Namen bekannt (siehe das zweite Plateau zu »tausend Namen der Sklaverei«). Unter den Akteuren des Weltmarktes setzte sich für die Menschen, die unter Sklavereibedingungen transportiert wurden und Sklavenarbeiten machen mussten, nach und nach vor allem die Bezeichnung »Kulis« (*coolies*) oder einfach Kontraktarbeiter durch – wie Melanesier/*Kanaka* in Australien oder Inder auf Fidschi. Unter dem Einfluss der Debatten um Sklaverei und Zwangsarbeit vor allem im 20. Jahrhundert entstanden dann die Großbezeichnungen *bondage*, *servitude* oder Schuldknechtschaft und Zwangsarbeit, um das tabuisierte Wort »Sklaverei« zu ersetzen. Und Marc Bloch stieß in den 1930er Jahren seinen europäischen Sklavereifluch aus, den Stefan Hanß sehr schön beschreibt: Vielen Historikern müsse, nachdem sie Marc Bloch gelesen hatten, »die Verwendung des Wortes Sklave in mediävistischen Studien lange als eine Art Häresie« erschienen sein – weil sie *servus* als »Knecht« und nicht mehr als Sklave übersetzten. Sklaven und Sklaverei wurden aus der Geschichte Europas wegdefiniert.[105]

Wenn dieses *eine* vierte Plateau existiert hat, besteht es aus im dritten Plateau entwickelten ›modernen‹ Sklavereien (seit um 1750 punktuell, seit etwa 1820 massiv), die zur Grundlage der westlich-kapitalistischen Gesellschaften wurden (*Second Slaveries* in den Amerikas), und aus Sklavereien in der östlichen Hemisphäre. Aber diese Sklavereien sind nicht nur europäisch dominiert – im vierten Plateau entstehen auch weltweit endogene Ansätze von Sklaverei und Kapitalismus. Die USA waren seit 1783 unabhängig; Brasilien seit 1822 – damit wurden auch ihre Sklavereien endogen. Am bekanntesten in der östlichen Hemisphäre sind die Sklavenproduktion von Nelken auf Sansibar und Pemba sowie der massive Sklavenhandel der Omanis zwischen Ostafrika, Arabien, Persien und Indien.[106] In Ostafrika, Südostasien, Borneo, Indonesien, den Philippinen, in China und Ozeanien gingen diese globalen *Second Slaveries* oft auf durch europäische Kolonialmächte und neo-europäische Mächte (USA, Australien), Siedler, Kaufleute, Kapitäne sowie lokale und translokale Eliten vermittelte Weiterentwicklungen lokaler Sklavereiformen zurück, häufig in Allianz mit lokalen oder regionalen Eliten. Meist zeichneten sie sich – sowohl unter europäischer Oberkontrolle als auch ohne – dadurch aus, dass es nie zur wirklichen Abolition kam.[107] Sie wurden vor allem (aber nicht nur) unter dem Einfluss der Expansion der kapitalistischen Weltwirtschaft zu ›modernen‹ zusammengesetzten Sklavereien und können folglich unter ein globales Konzept der *Second Slavery* gefasst werden. Unter dem Einfluss der Abolitionsdiskurse im »Westen« und auf globaler Ebene werden diese letzteren Formen aber meist auch nicht mehr Sklaverei genannt.

In diesem vierten Plateau werden große Wirtschaftssklavereien im imperialen Modus durch neue Formen des Transports sowie der Kommunikation wirklich global, d. h. sie umfassen neben Amerika und Asien sowie Ozeanien mehr und mehr auch das Zentrum zwischen beiden Hemisphären – Afrika. Es sind moderne Sklavereien, aber nur manche, vorwiegend diejenigen der Amerikas und der Karibik, werden bisher als *Second Slaveries* auch als »modern« konzeptualisiert. Die anderen firmierten, oft unter dem fortwährenden Eindruck von Abolitionsdiskursen, als »alte Tradition« der jeweiligen Gegend und Kultur oder als *bonded labor*.[108] Mit diesem Neuansatz können auch *bonded labor*, *servitude*, *forced labor* und Kuli- bzw. *indenture*-Systeme, *blackbirding* (Transport und Handel mit Menschen aus Polynesien nach Australien und in europäische Kolonien im Pazifik, nach Mittelamerika und Peru u. a. durch Kapitäne aus den USA) sowie *trafficking* unter den Oberbegriff der Sklavereien gefasst werden, speziell im eigentlichen Globalisierungszeitraum der westlichen Moderne 1840–1975. Dass sie in einer Genealogie des Zwanges, der Abhängigkeit, der Gewalt, der Statusminderungen und der schieren Ausbeutung mit neuen Arbeitszeitregimes stehen (meist durch Staaten legitimiert, die deshalb Wert auf Kontrakte legen), ist zu betonen.

Das vierte Plateau bestand also aus im Wesentlichen zwei revolutionären Abschaffungen der Sklaverei (Haiti und USA), reformerischen Abolitionsanstrengungen und -diskursen, aus *Second Slaveries* mit geduldetem illegalem Menschenhandel im Modus der *Atlantic slavery* und speziell des *Hidden Atlantic* (bis 1888) sowie aus globalen *Second Slaveries*, die in Afrika und in Asien sowie Ozeanien als *bonded labor* in die Geschichte eingegangen sind. Man kann sagen, dass dieses Plateau erstens aus dem Kampf (manchmal direkt, meist als Diskurs) um die Abolition und aus der Weiterentwicklung von modernen Sklavereigesellschaften des dritten Plateaus hervorging, zweitens aus der Weiterexistenz und Entwicklung von lokalen sowie neuen Sklavereiformen im Innern Afrikas, im und am Indischen Ozean, im und am Pazifik sowie in ganz Asien (speziell Indien, China, Philippinen, Südostasien und Indonesien). Drittens ist die Transkulturation vor allem von lokalen Sklaverei- und Sklavenhandelsformen Sibiriens, der Kaukasusgebiete, Mittelasiens, Südostasiens, Indiens, Ostafrikas und der Ozeangebiete der östlichen Hemisphäre zu »new slaveries« zu nennen.[109] Dazu kommen viertens die Probleme der Weiterexistenz von Sklavenarbeit und Sklavenstatus ›ohne Sklaverei‹ (als Rechtsform) im Westen.

Das vierte Plateau ist erst nach 1888 klar vom dritten Plateau zu trennen; vorher wurden viele Erfahrungen und Kenntnisse aus der amerikanischen *Second Slavery* in die neuen globalen Sklavereien übernommen. Die frühesten Manifestationen von Sklavenarbeit

›ohne (direkte) Sklaverei‹ allerdings finden sich beschämenderweise wohl im *code rural* (*règlement de culture*) von Toussaint Louverture (Oktober 1800) und danach im fortgesetzten Bemühen haitianischer Eliten (und davor der französischen revolutionären Kommissare Sonthonax und Polverel), rurale »Sklavenarbeitsordnungen« durchzusetzen. Der Versuch, ehemalige Sklaven wieder zu Sklavenarbeiten zu zwingen, kostete den Revolutionsführer Toussaint Stellung und Leben. In Großbritannien und seinen Kolonien, ganz besonders auf Jamaika und Barbados, sind diese Vorstöße einer »Sklaverei ohne Institution Sklaverei« genau beobachtet worden.

Die Zusammenfassung aller Dimensionen von Sklaverei und Zwangsarbeit (*forced labor*) ist möglich, weil sich die Herausbildung des Kapitalismus als globales Phänomen beschleunigte – manchmal auch schlicht als Weltmarkt oder Weltwirtschaft bezeichnet. Die globalhistorische Zäsur wird markiert durch den Sieg Großbritanniens im ersten Opiumkrieg um 1840. Kapitalismus wird seit dieser Zeit – entgegen seiner normativen Selbstdarstellung – durch Gewalt und ein Kontinuum sowie sehr flexible Kombinationen unterschiedlichster Formen freier und unfreier Arbeit geprägt. Darüber wölbt sich – global, aber nicht in jedem einzelnen Territorium – ein ganzer Kosmos normativer Zivilisations-, Abolitions- und Freiheitsdiskurse. Die ehemaligen Halter und neuen »Arbeitgeber« befreiten sich vom (theoretischen) Zwang der Vollversorgung der direkt Versklavten (Kleidung, Nahrung, Unterkunft, eventuell medizinische Versorgung). Freie, halbfreie und unfreie Arbeitsformen (im dritten Plateau noch räumlich und zeitlich begrenzt – wie in den USA und in der Karibik)[110] wurden seit 1830/1840 mehr und mehr kombiniert. Die Hauptform der Sklaverei im vierten Plateau wird ab etwa 1880 die durch Kontrakte legal abgesicherte Zwangsarbeitssklaverei (*bond-slavery* – ich wähle bewusst diese Dopplung) in Kolonien. Die beste Beschreibung des Kontinuums zwischen Eigentumssklavereien mit ihrer vollen Verfügung über einen menschlichen Körper und besagten Schuldknechtschaften gibt James Warren anhand südostasiatischer Beispiele.[111]

Im vierten Plateau setzten auch die großen Migrationen der Weltgeschichte (nach der atlantischen Zwangsmigration 1520–1878) ein – deren Ausmaß selbst die genannten und bis dahin größten Zwangsmigrationen durch Sklavenhandel auf dem Atlantik (*Atlantic slavery*) übertraf. Versklavte, vor allem Zwangsarbeiter und Kulis, zählen in relativ kurzen Zeiträumen in Bezug auf die Welt- und Globalgeschichte viele Millionen – was nicht zuletzt auf die *agency* der Unterprivilegierten verweist, die sich eine Verbesserung ihrer Situation erhofften. Die Epoche der engeren Globalisierung mit ihren technologischen und infrastrukturellen Beschleunigungen und transkulturellen Mobilitäten setzte voll ein.[112] Für Kaufleute, Reisende, Missionare und Abenteurer wird dieses Zeitalter meist mit dem Kulturbegriff des »Kosmopolitismus« erfasst – aber auch Sklavenhändler, Kapitäne, Matrosen, Atlantikkreolen und Versklavte wurden zu Kosmopoliten, die meisten gezwungenermaßen.

Zwischen 1794 und 1888 kam es in Großbritannien mit Auswirkungen auch auf die Amerikas und Teile Westafrikas zur reformerischen Abolition der ›großen‹ und bisher legalen atlantischen Sklaverei. Das ist bis heute tief in der öffentlichen Wahrnehmung als *das* Ende der Sklaverei verankert – stillschweigend wird es in Europa auf die ganze Welt hochgerechnet. Dass dahinter meist ein strikt auf die jeweilige Nation fokussiertes Geschichtsbild steht, verstärkt die Illusion der endgültigen Abschaffung noch. Nicht zuletzt auf den Abolitionsdiskursen Großbritanniens beruht die normative Setzung der Freiheit des »Westens«. Im Grunde sollten wir in Bezug auf das vierte Plateau weniger von Abolition als vielmehr von einer Entformalisierung der Sklaverei im globalen Maßstab sprechen.

Die Abolition der Sklaverei und des atlantischen Sklavenhandels beginnt in der atlantischen Hemisphäre, nachdem per *free-soil*-Politik Territorien im Zentrum von (Kolonial-)Imperien formal »sklavenfrei« erklärt wurden, 1794 mit der durch die Revolution der Sklaven und freien Farbigen auf Saint-Domingue bzw. Haiti (1791–1803) und anderen Inseln des französischen Kolonialreiches der Karibik erzwungenen Abolition der Sklaverei; Sklavenhandel wird noch nicht erwähnt. Das 1794er-Abolitionsdekret Frankreichs wurde durch Napoleon 1802 widerrufen; die formale Sklaverei wurde theoretisch für alle französischen Kolonialgebiete, tatsächlich aber nur in der Karibik auf Guadeloupe, Martinique und in Cayenne wiedereingeführt. Dänemark schaffte den Sklavenhandel 1792/1802 ab, Großbritannien und die USA folgten 1807/1808 mit der Abolition des atlantischen Sklavenhandels. Bis 1840 hatten alle ehemaligen europäischen Sklavenhandelsmächte den atlantischen Sklavenhandel formal verboten – der interne Sklavenhandel, etwa in den USA, Kuba oder Brasilien, blieb vorerst bestehen. Die Abolition der Sklaverei selbst, meist verkündet in Europa, erfolgte formal in der atlantischen Welthälfte, konzentriert auf die Amerikas sowie partiell auf Westafrika zwischen 1838 (Großbritannien) und 1886/1888 (Kuba und Brasilien).

Die Abolition setzte sich (zu den Details siehe das Kapitel »Kein Ende nach dem Ende«) in Texten, Bildern, Erklärungen, Diplomatie, in einem ideologischen Entwurf von »Zivilisation« durch; gemeint war damals vor allem das viktorianische England. Sie griff jedoch weder in Bezug auf die Statusminderungen – Letztere gehen mit den Abolitionsdiskursen in die nunmehr ganz expliziten Diskurse der »überlegenen« Zivilisation sowie Rassismustheorien ein – noch in allen Regionen. Außen vor blieben das Innere Afrika, ganz Asien, der Indische Ozean und Teile des Pazifiks. Sie betraf auch nicht die marginalisierten Sklavereien in den neugegründeten amerikanischen Nationalstaaten, über die kaum jemand außerhalb Amerikas berichtete. Dort gab es zwischen 1851 und 1900 noch 40 000–90 000 *Indian slaves* in Nordamerika (ohne Mexiko), 70 000–1 500 000 in Mexiko und Zentralamerika, 20 000–70 000 im karibischen Raum, 100 000–180 000 in Südamerika (ohne Brasilien) sowie 70 000–150 000 in Brasilien; insgesamt geschätzte 300 000–640 000 Versklavte, oft Frauen und Kinder. Zwischen 1493 und 1900 waren das geschätzte 2,5 bis 5 Millionen.[113]

In Afrika und in der östlichen Hemisphäre blieben lokal institutionalisierte Sklavereien noch lange nach 1888 erhalten; in vielen

Gebieten mindestens bis zum Zweiten Weltkrieg. Aus der Kombination von Diskursen zur »Ausrottung des Sklavenhandels« mit dem Glauben an die europäische »überlegene« Zivilisation, geprägt durch das Christentum, und einer kolonialen Kontraktideologie erwuchsen ein neuer Kolonialismus und neue kollektive Sklavereien. Es gab sogar einen Aufschwung dieser ›neuen‹ Sklavereien und massivster Gewalt unter dem Deckmantel von Abolitionsreden und kolonialistischen Ideologien. Ganz deutlich wird das im Kongo der zweiten Hälfte des 19. Jahrhunderts, d. h. dem belgischen »Freistaat«, Französisch-Kongo und Portugiesisch-Kongo (Cabinda).

Der riesige Kongo, im Grunde ganz Westzentralafrika, war seit der Schlacht von Ambuila/Mbwila (1665) zerfallen. Seit Mitte des 19. Jahrhunderts ermöglichten Dampfschiffe, Chinin und moderne Waffen sowie Kartografie und Expeditionen, die nach Art von Sklavenkarawanen organisiert waren und immer sklavereierfahrene Führer hatten, seine Erforschung sowie Erschließung durch Europäer. Seit der Berliner Kongo-Konferenz beanspruchte der belgische König Leopold II. den Kongo als »Privatimperium« und Privatkolonie (von 1908 bis 1960 wurde er dann eine Kolonie Belgiens). Jenseits seines Machtraumes, der diskursiv von Abolition und »Frei«-Staatlichkeit geprägt war, hatten halbstaatlich organisierte private Gesellschaften Anrechte auf Ressourcenausbeutung (vor allem Kautschuk, Elfenbein, Holz, Kakao). Die Antisklavereirhetorik richtete sich vor allem gegen arabisch-afrikanische Sklavenhändler, ganz besonders im Osten des Landes, deren Karawanen über Ujiji und das Tanganjikaseegebiet nach Kilwa und Sansibar gingen.

Ein notorischer Menschenhändler und Sklavenhalter Ostafrikas war Hamed bin Muhammed el Mujerbi (um 1835–1905), besser bekannt als Tippu Tip, der Menschenjagden und Karawanen von den Küstenorten Bagamoyo oder Kilwa über den Zentralort des Elfenbein- und Sklavenhandels Ujiji im heutigen westlichen Tansania bis in den Ostkongo organisierte. Tippu Tip beherrschte im Ostkongo ein Gebiet, das halb so groß wie Europa war. Südlich davon kontrollierte Msiri, ebenfalls ein Sklavenhändler von der Ostküste, das alte Königreich Lunda (südöstlich von Katanga). Nicht nur Henry Morton Stanley auf seiner Zentralafrikaexpedition 1874–1877 zwischen Ostküste (Bagamoyo) und Kongomündung (Boma) im Westen, auch der Missionar Alfred J. Swann traf westlich des Tanganjikasees auf Tippu Tips Sklavenkarawanen, die sich Richtung Bagamoyo und Sansibar bewegten.

Die Verschleppten hatten schon einen Marsch von tausend Meilen aus dem oberen Kongo hinter sich, und vor ihnen lagen noch 250 Meilen härtester Fußmärsche. Die Männer waren entweder mit Nackenringen und Ketten in langen Reihen gefesselt oder jeweils zu zweit in 1,80 Meter langen, schweren Holzgabeljochen. Frauen trugen Neugeborene oder Kleinkinder. Die Mannschaften Tippu Tips trieben die Versklavten mit Nilpferdlederpeitschen voran. Hermann von Wissmann, kaiserlich-deutscher Major, traf 1886/1887 eine Razzientruppe Tippu Tips bei seiner zweiten Reise vom Kongo zum Sambesi. Der Autobiografie Disasi Makulos aus dem Urwalddorf Bandio am Unterlauf des Kongo verdanken wir das Zeugnis eines der Versklavten (Makulo gehörte zu den Kindern, die von Stanley freigekauft wurden).[114] Tippu Tip soll auch auf zahlreichen Plantagen etwa 10 000 Sklaven ausgebeutet haben.

Gegen diese »alte« Sklaverei und gegen diesen »alten« und »unzivilisierten« Sklavenhandel richteten sich die Diskurse und Aktivitäten der neuen Kolonialherren. Aber auch sie betrieben Sklaverei – Menschenhandel, informelle und kollektive Sklaverei unter massivster Gewaltanwendung oder ganz profane Haussklaverei, oft mit Kindern.[115] Diese ›neue‹ Sklaverei im belgischen Kongo und anderen Gebieten entspricht ebenfalls sehr gut der Sklavereidefinition. Ähnliches gilt für die *prestation* genannte kollektive Zwangsarbeit (oft im Eisenbahnbau) in Französisch-Westafrika. Gewalt in Form von Razzien und massivem Arbeitszwang stand an erster Stelle. Die ›Befugnisdimension‹ des Eigentumsrechts war mit dem »Recht auf Sklaven« weggefallen, aber die Statusminderung fiel durch die extreme Ausbreitung staatlicher und privatwirtschaftlicher Gewalt sowie des europäischen Zivilisations-, Wissenschafts- und Rassendiskurses eher noch drastischer aus als zu Zeiten der Sklavereien des dritten Plateaus. Sie diente der legalen und kulturellen Begründung der Gewalt. Die Arbeitszeit und die Bandbreite der Arbeit – im Kongo kam etwa das Sammeln von Kautschuksaft hinzu – wurden sogar noch ausgedehnt, und die Nichterfüllung von Ablieferungsnormen wurde weit massiver bestraft als bei Sklaven, die Privateigentum waren. Eigentum (*legal ownership*) hätte für die Gesellschaften nur höhere Kosten und mehr Kontrolle bedeutet. Insofern glichen die »neuen« Massensklavereien des Kongo zugleich Razziensklavereien am Beginn des dritten Plateaus in der Karibik und modernen »Wegwerfsklavereien«: Funktioniert der dieser Sklaverei unterworfene Mensch nicht mehr oder erfüllt er die Vorgaben an Arbeitsleistung und -zeit nicht, wird er (oder sie) zerstört, entweder ganz oder partiell, etwa durch massenhaftes Abhacken von Händen. Im Kongo, sagt Jürgen Osterhammel, »führte ein außergewöhnlich brutales Kolonialregiment, das jegliche Fürsorge für die Einheimischen unterließ und sie als reine Ausbeutungsobjekte behandelte, zwischen 1876 und 1920 möglicherweise zur Halbierung der Bevölkerungszahl«.[116] Afrika wurde nicht nur ein Kontinent der »leeren« Gräber (wegen der vielen Verschleppten); seit etwa 1880 war es auch ein Kontinent der Massengräber.[117]

Inwieweit war Abolition wirklich »Freiheit« oder besser: Was bewirkten die Diskurse und Proklamationen in Bezug auf die Hauptpunkte der Definition von Sklaverei (siehe dazu das Kapitel »Kein Ende nach dem Ende«)? Zunächst sollten wir uns ins Gedächtnis rufen, dass jenseits aller Diskurse Sklavereien des dritten Sklavereiplateaus bis 1888 in der atlantisch-westlichen Welt als *Second Slaveries* und eigenständige Sklavereigesellschaften faktisch weiterbestanden und Massen von Gütern produzierten, die die Welt am Laufen hielten (speziell Zucker, Kaffee und Tabak in Brasilien und auf Kuba sowie Baumwolle weltweit). Die Nachfrage nach schwerer ländlicher Routinearbeit und Dienstleistungen – eben schwerer Sklavenarbeit – stieg eher noch an, und das weltweit.

Die Welt wandelte sich grundlegend zwischen 1800 und 1914. Während der Napoleonischen Kriege war Großbritannien in der Lage, durch Militärexpansion große Teile Indiens zu erobern – noch im Kielwasser der *East India Company*. Außerhalb der Amerikas und Sibiriens unterhielten europäische Mächte, Handelsgesellschaften und Kaufleute am Beginn dieser Periode, um 1800, zwar 500–600 Handels-, Verwaltungs- und Militärstützpunkte (die meisten auf Inseln oder Halbinseln), doch der einzige europäische Stützpunkt in China, Macau, lag auf Inseln im Perlflussdelta und hatte selbst zur besten Zeit um 1600 nur einige Hundert europäische Einwohner. Um 1800 gab es nur vier größere Städte mit jeweils mehr als 2000 Europäern (wie gesagt, außerhalb der Amerikas und Sibiriens): das portugiesische Goa, das spanische Manila auf Luzón, das niederländische Batavia (heute Jakarta) sowie das um 1800 (noch) niederländische Kapstadt.

Zu den Napoleonischen Kriegen gehörte auch eine ferne, aber globalisierte Revolution gegen die Sklaverei (Haiti). Die Kolonialimperien europäischer Mächte in den Amerikas waren zusammengebrochen (Frankreich, Großbritannien – mit Ausnahme der Karibik) oder kurz davor zusammenzubrechen (Spanien, Portugal); die Niederlande und Dänemark hielten noch bis um 1870 durch, mit Resten bis heute. Das »zweite Imperium« Portugals (Brasilien und Angola) brach auch zusammen, woraufhin Portugal sein »drittes Imperium« in Afrika und einigen Emporienkolonien in der östlichen Hemisphäre (1825–1999) errichtete. Frankreich suchte, nachdem es die Unabhängigkeit Haitis um 1825 anerkannt hatte (mit einer »Entschädigung« von 150 Millionen Goldfranc), ebenfalls ein neues Imperium mit der Eroberung Algeriens (ab 1830). Hinzu kamen die »lateinische« Expansion in Westafrika seit etwa 1850, zeitweilig zusammen mit Spanien und Österreich in Mexiko (1862–1867), sowie die ebenfalls zeitweilige Kooperation mit Spanien in Südostasien. 1858–1883 wurden die Protektorate Annam, Cochinchina und Tonkin sowie die Khmer-Gebiete zu Französisch-Indochina, offiziell die *Union Indochinoise*, der seit 1893 auch Laos angehörte.

Französisch-Indochina umfasste das heutige Vietnam, Laos und Kambodscha (damals, ebenso wie Burma, verschiedene Königreiche). Thailand (bis 1939 Siam) blieb semi-unabhängig. Französische und vietnamesische Eliten expandierten Richtung Süden und Westen. Der Mekong wurde 1893 Grenze, die laotische Siedlungsgebiete durchschnitt. Die Mehrheit fand sich auf der Thai-Seite. Bangkoks Umsiedlungs- und Deportationspolitik in den Dekaden zuvor hatte die Form von Kriegsdeportationen bzw. *slave raids* angenommen. Allgemein gingen Kriege zwischen den burmanischen, siamesischen, laotischen Königreichen in der Regel mit Massendeportationen einher anstatt mit territorialer Ausweitung. Viele der als »Sklaven« bezeichneten Zwangsumgesiedelten (z. B. Laoten in Bangkok nach 1829) lebten entweder als Privatsklaven des Königs oder des Adels (durchaus auch als privilegierte Sklaven, z. B. als Goldschmiede) sowie als Leibeigene oder abhängige Bauern (mit wenigen Unterschieden zur einheimischen Bauernschaft und der Tendenz zur Assimilation).[118]

Französische lokale Kuliarbeit, die als *corvée* bezeichnet wurde, findet man mit Beginn der Kolonisierung der Küstenregionen ab den 1860er Jahren. Vertragskulis in Plantagen und Minen wurden dann von den 1890ern bis in die 1950er Jahre eingesetzt, wobei lokale Sklaverei- und Abhängigkeitsformen immer eine wichtige Rolle spielten. Im Grunde handelte es sich um eine Zunahme der Schuld- und Kin-Sklaverei; bisweilen nutzten Bauern sie sogar freiwillig, um Steuern oder kollektive Zwangsarbeiten (*corvée*) zu umgehen.[119] Das war eine Option für gemeine Freie. Eine Rückkehr war zwar theoretisch möglich; letztlich aber wurden Bauern dadurch zum Besitz des Herrn, der auch Gewalt über ihr Leben hatte. Besitz von Sklaven war ein Zeichen von höherem Rang. Keine Arbeitsform war exklusiv, aber Unfreiheit (ein Kontinuum von Sklavereiformen) bildete die Basis; parallel gab es diverse Formen (temporärer) Lohnarbeit – solche Arbeiter wurden dann von Briten und Franzosen auch als Kulis bezeichnet.[120]

Was aber passierte in West- und Südwesteuropa, das so sehr an »Kolonialwaren« und Versklavte, die diese irgendwo in der Ferne produzierten, gewöhnt war? Nach den Napoleonischen Kriegen und dem endgültigen Verlust der großen Kolonialgebiete in den Amerikas (USA 1783; Spanisch-Amerika 1825; Brasilien 1825) stieg in Europa die Nachfrage nach kolonialen Luxusgütern und Ressourcen (an erster Stelle Zucker, Kaffee, Tabak, Tee, Kakao, Baumwolle, Seidenstoffe sowie ab 1870 Kautschuk, Öle, Farbstoffe, Drogen/Medizinalpflanzen und Gewürze; dazu noch Porzellan und Lackwaren sowie Trockenfrüchte wie Datteln und Feigen, ab Beginn des 20. Jahrhunderts auch Bananen). Brüssel etwa wurde zur Welthauptstadt der Schokolade. Von 1815 bis in die 1860er Jahre, ehe die Industrialisierung wirklich bis nach Mitteleuropa hineinwirkte, lebte Europa im Biedermeierkapitalismus weit über seine Verhältnisse; selbst die arbeitsintensive Heimmanufaktur, die wegen der niedrigen Preise lange weltmarktfähig war, konsumierte von Sklaven hergestellte Kolonialwaren (wie Kaffee oder Tee mit Zucker und Tabak, oft auch Surrogate).

China wiederum war nur mit Krieg und Kriegskapitalismus (Sven Beckert) zum Import von Waren zu zwingen, die Europäer kontrollierten – nachdem sie in Indien oft die regionale Textilproduktion zerstört und durch Opium- oder Teeanbau ersetzt hatten. Unter dem Druck der Zivilisationsdebatte nahmen viele Sklavenhalter auch im Westen weiterhin an, die Wirtschaftssklaverei und Herrschaftsbasis ihrer Moderne auch ohne atlantischen Sklavenhandel (USA) oder sogar mit aktiver Politik gegen den atlantischen Sklavenhandel aufrechterhalten zu können. Die Zeitgenossen unter den Sklavenhaltern, die oft auch die ersten Ideologen des entstehenden Nationalismus waren, setzten ebenfalls voraus, dass der Sklavenhandel aus Afrika über den Atlantik beendet werden könnte, ohne dass die Sklaverei wegfallen müsste.

José Antonio Saco, Autor einer der ersten Weltgeschichten der Sklaverei und selbst Herr von Haussklaven, schrieb dazu:

> »Jeder weiß, dass es in Bezug auf Sklaven zwei Arten von Abschaffung [Abolition] gibt: Eine des Sklavenhandels mit der Küste von Afrika und eine andere eben der Sklaverei selbst. Obwohl beide miteinander verbunden sind, sollten sie nie verwechselt werden, und auch kann man über die erste verhandeln, und, was noch mehr ist, sie kann realisiert werden, und zwar völlig unabhängig von der zweiten«.[121]

Und dann ruft Saco noch aus – man hört ihn gewissermaßen beim Lesen des Textes:

> »*no se trata de* EMANCIPAR LOS ESCLAVOS, SINO SÓLO DE ABOLIR EL CONTRABANDO AFRICANO« [»es handelt sich nicht um die Emanzipation der Sklaven, sondern nur darum, den afrikanischen Schmuggel aufzuheben«].[122]

Auch dort, wo die formale Abolition umgesetzt und die Diskurse wenigstens eine relativ lange Zeit formal ernst genommen wurden (vor allem in britischen Gebieten und in Gebieten unter britischem Einfluss sowie den USA), wurde schnell Ersatz gesucht, der dem sich durchsetzenden Vertragsdenken entsprach. Oft waren die Übergänge fließend, aber das konnte die Öffentlichkeit schlecht erkennen, da es sich um einzelne formal freigelassene Sklaven oder verurteilte ehemalige Sklaven nach der formalen Abolition in fernen Weltgegenden handelte, die weiter Sklavenarbeiten machten – das ist das Phänomen der sogenannten *emancipated slaves / emancipados*, im Grunde formell befreiter Staatssklaven, die fast immer an expandierende Kolonialgrenzen zur Urbarmachung von Territorien geschickt wurden oder Kolonialsoldaten werden durften. Manchmal, so im Innern Angolas, wurde nur der bisherige Kaufakt von Versklavten in »Freikauf« umbenannt, woraufhin die gleichen Sklavenhändler sowie Schreiber den Weitertransport nach São Tomé oder in andere Gebiete organisierten, in denen Kolonialressourcen produziert wurden (im Falle São Tomés vor allem Kakao).[123] Aus Nigeria brachte man nach dem gleichen Prinzip Menschen nach Fernando Pó.[124]

Aber auch in den USA verfuhr man seit 1877 ähnlich, wo im legalen *Convict Leasing*, d. h. beim »Verleihen« von Strafgefangenen, meist schwarze Männer und Jugendliche gegen Zahlung einer Gebühr an Privatpersonen oder Unternehmen verliehen wurden, um unter Zwang Sklavenarbeit zu leisten. In Gebieten, in denen es keine formalen Abolitionen gab, weil die lokalen Sklavereien zu etwas »Anderem« und zu »alten Traditionen« konstruiert oder gar nicht thematisiert wurden und Sklaverei vom Typus *Atlantic slavery* nicht existierte, geschah eigentlich das Gleiche – nur die Menschen, die Sklavenarbeit machten und wie Sklaven behandelt wurden, hießen anders und hatten am Beginn ihrer Zwangsarbeitsbiografie eine der Ursachen für Versklavung durchlebt (Verurteilung, Raub, Schulden, falsche Versprechen, Selbstverkauf) und Verträge abgeschlossen.

All das verkompliziert das vierte Plateau. Deshalb entstanden komplexe neue Sklavereisysteme, bei denen bis heute umstritten ist, ob es ›richtige‹ Sklavereien waren, auch weil sie mit anderen Formen der Arbeit kombiniert wurden (deren Status zugleich gedrückt wurde). Sven Beckert legt es mit einfachen und eleganten Worten dar:

> »Damit das Bündnis zwischen Sklaverei und Industrie Erfolg haben konnte, galt es zunächst, den Rhythmus der maschinellen Produktion und des Industriekapitalismus auf die globale Landwirtschaft zu übertragen«.[125]

Besonders in der Zuckerproduktion und auf den Inseln und an den Küsten der Karibik war das, ausgehend von Experimenten auf Barbados und Teilen wie Saint-Domingue sowie vor allem auf Kuba im 19. Jahrhundert, im Grunde hervorragend gelungen. Dieses karibische Modell wurde in den Indischen Ozean und nach Indonesien exportiert, um sich mit bereits existierenden Formen der Unfreiheit zu verbinden.

Beckert hält aber noch etwas Wichtiges fest (speziell in Bezug auf Baumwolle, die im Zentrum seines Interesses steht). Er sagt, dass global vernetzte Kaufleute aus Europa und den USA, oft durch zum Teil lokal agierende Mittelsmänner, »die Logik des Industriekapitalismus« an die ländlichen Produzenten weitergaben, von denen viele noch unter Sklavereiverhältnissen arbeiteten. Dabei nutzten sie »zum ersten Mal in der Weltgeschichte das ganze Spektrum von Arbeitsformen«[126], auch und gerade um näher an die extrem profitablen landwirtschaftlichen Ressourcenproduktionszonen in

»Übersee« heranzukommen und die lokalen Vermittlereliten einzubinden bzw. auszuschließen. Letzteres scheint mir fundamental für das vierte Sklavereiplateau, in dem sich auch weltweit neue Antriebsmaschinen und neue Kommunikationsformen etablierten. Nicht von ungefähr publizierte Jules Verne aus der Sklavenhandelsmetropole Nantes 1873 den Roman *In 80 Tagen um die Erde*.

Kaufleute und ihre Faktoren brachten Arbeitskräfte, egal ob Sklaven, Kulis oder Verschuldete, an Orte, an denen Arbeitskräfte für die Produktion bestimmter Erzeugnisse gebraucht wurden. Oder sie ließen sie bringen – oft von Sklavenhändlern, Kapitänen und ihren Seeleuten und Hilfskräften, oder von lokalen Agenten und Arbeitskräftebeschaffern, die sich ihre Sporen noch im offiziellen Sklavenhandel verdient hatten. Es war ein Kennzeichen des sich globalisierenden Kapitalismus nach der Krise 1844–1848:

> »Sklaven bauten Baumwolle [und weitere Ressourcen – M. Z.] an, Lohnarbeiter stellten Garn her, Sklaven und Lohnarbeiter entkörnten die Baumwolle, pressten sie zu Ballen und verluden diese [der Transport fand oft mit Hilfe von Kulis in Form gigantischer Karawanen statt – M. Z.]. So halfen sie Europa, seine Ressourcenknappheit zu überwinden«.[127]

Und so konnte Europa seinen einzigartigen Lebensstandard aufrechterhalten. Europäische Kaufleute konnten bei der Industrialisierung der Landwirtschaft und der Technisierung des Transports sowie der Kombination von Arbeitsformen vor allem an das System von lokalen sowie informellen Sklavereien in der östlichen Hemisphäre anknüpfen oder Massenmigrationen organisieren lassen (oft in Kombination). Das galt auch für die Transportsysteme selbst und für die meisten Fahrten regionaler Schiffstypen. Alessandro Stanziani sagt über die Welt des Indischen Ozeans, dort könne im 19. Jahrhundert keine klare Grenze gezogen werden zwischen Sklaverei und Lohnarbeit. Vielmehr müsse man von einem Kontinuum und einer Koexistenz verschiedener Formen von Abhängigkeit und Unterwerfung sprechen; der Kapitalismus erweise sich als vollständig vereinbar mit unfreier Arbeit.[128] Unter dem Einfluss des Aufschwungs von Wissen und Wissenschaften sowie vor allem der sogenannten Völkerkunde, Rechts-, Sprach-, Rassen- und Kolonialwissenschaften (oft in Museen popularisiert) wurde daraus, kräftig gemischt mit globalen Abolitions- und Zivilisationsdiskursen, eine neue Form der Sklaverei – *Bondage.*

Bondage ist die globale Hauptform von Sklaverei und Zwangsarbeit des vierten Sklavereiplateaus.[129] Der Begriff spielte für Zeitgenossen freilich kaum eine Rolle; er gewann erst Gestalt durch die Zwangsarbeits- und Sklavereidebatten in den 1920er Jahren (siehe fünftes Plateau). Forschungsrelevant wurde er durch die richtige Beobachtung von Anthony Reid, dass in Südostasien extrem viele Abhängigkeitsformen außerhalb des Herr/Sklave-Eigentumskonzeptes der »römischen« Sklaverei existierten.[130] Deren Gesamtheit nannte er *bondage.* Das Buch von Anthony Reid erschien 1983 als eines der ersten über die – eigentlich schon immer sehr massive – Sklaverei in Südostasien. Allerdings schrieb Reid damals, das Wort »Sklave« stamme aus Europa, und fand es daher »eurozentristisch«. Wie wir dank der Debatte um den Begriff *sakaliba* als Ausgangswort für Sklave wissen, gab es im 9. Jahrhundert noch gar kein Europa, und der Begriff diente als transkulturelles Wort zwischen christlichen und islamischen Expansionszonen sowie Völkern, die andere Religionen hatten.

Bondage oder noch besser *bond-slavery* deckt im vierten Sklavereiplateau ein ganzes Spektrum lokaler Sklaverei- und Abhängigkeitsformen in Zeiten dynamischer Globalisierung und neuer technischer Möglichkeiten der Mobilität ab – direkter innerhalb der Expansion imperialer Kolonialmächte und des kapitalistischen Weltmarktes, indirekter in Territorien, Imperien und Herrschaften, die als »nichtwestlich« qualifiziert wurden. In Bezug auf sogenannte »nichtwestliche« Sklavereien ist noch zu ergründen, inwieweit es auch regionale *Second Slaveries* gab. Durch Vertragsarbeitertransport und Massenmigration wird *bond-slavery* zu einer globalen Sklavereiform, an deren Beginn meist lokale Verschuldung/Versklavung steht. *Bond*-Sklaven wurden deshalb oft nicht mit dem gleichen Wort wie Eigentumssklaven benannt, sondern haben ebenso viele lokale Namen, wie es lokale Formen von Schuldsklaverei gab. Sie sind in lokale kulturell-legale Rituale und Statusformen eingebunden, in denen die durchaus kulturell und legal codierte Besitzrelation zum Ausdruck kommt. Manchmal ist *bond-slavery* mit der Beweglichkeit von Eigentum verbunden, wie im Fall der Verschleppung von Menschen in weit entfernte Gebiete; oft, wie in China, existieren die lokalen Formen, vor allem *debt-bondage*, als »arguably the most long-lived form of slavery«[131], auch innerhalb einer expandierenden imperialen Eigentums- und Rechtskultur. Die lokalen Bondageformen waren in ihrer lokalen Geschichte fast immer Sklavereien, die zunächst zum ersten und vor allem zum zweiten Sklavereiplateau gehörten, aber unter den neuen Handels-, Transport-, Arbeits- und Informationsbedingungen im vierten Sklavereiplateau zusammenkamen.[132]

Meist stammen die Versklavten dieses Plateaus aus Gebieten alter Sklavereien bzw. aus Gebieten, in denen unter dem Einfluss der globalen Handelsnetzwerke der Status der unmittelbaren Produzenten auf das Niveau von Sklaven sank – das gilt etwa für arabische Einflussgebiete in Nord- und Ostafrika oder Gebiete in Nordindien. Sehr deutlich lässt sich die Verbindung zwischen lokalen Handelskapitalismus- und Sklavereiformen sowie unterschiedlichen Expansionen auch am Beispiel indischer Kaufleute und ihres Baumwolltuch- und Elfenbeinhandels sowie dem des Sklavenhandels in Ostafrika und in den nordwestlichen Regionen des Indischen Ozeans ausmachen. Gebiete, Völker und Gruppen im Hinterland der zentralen und nördlichen Küsten Ostafrikas wurden davon erfasst. Grundkapital und Tauschwaren in Afrika waren Sklaven, Baumwolltextilien und Elfenbein. Die Menschen wurden in Gebiete des nordwestlichen Indischen Ozeans verschleppt, von der Swahili-Küste bis Kathiawar (Gujarat), um in sich schnell kommerzialisierenden regionalen Wirtschaften zu arbeiten (u. a. Baumwollanbau).

Dieser neue Sklavenhandel brach mit den eher bescheidenen Quantitäten des traditionellen Sklavenhandels im nordwestlichen Indischen Ozean. Er intensivierte Razziensklavereien und Sklavenhandel (und verschärfte sicherlich auch Formen der Schuldsklaverei) auf dem ostafrikanischen Festland. Das Ausgangskapital für diesen Sklavenhandel lag oft in Indien. Baumwollstoffe, zuerst aus Indien, dann von Europäern übernommen oder in ihre Warenpaletten eingefügt (*Indiennes*), bildeten ein von afrikanischen Eliten sehr geschätztes Luxusgut. Ebenso war afrikanisches Elfenbein begehrt, zuerst in Indien, dann anderswo. Vom Sambesital zu den Oberläufen des Weißen und des Blauen Nils wurden Menschen aus Ostafrika in ähnlichen Prozessen versklavt und auf dem Indischen Ozean zu Arbeitsorten transportiert (ein Zentrum war Kilwa), etwa als Perlentaucher im Persischen Golf, als Zuckersklaven auf den Maskarenen, in der indischen Baumwollproduktion oder auf kubanischen Zuckerplantagen.[133]

Im portugiesischen »dritten Imperium« (1825–1974), dessen Kern in Afrika lag, bestanden reale Sklavereien einfach weiter, denn in der östlichen Hemisphäre und in Afrika waren »westliche« Abolitionsdiskurse kaum bekannt. Die »Portugiesen« (*moradores* – Siedler) sorgten für Kontinuität. Traditionelle Frauen-, Kinder- und Schuldsklavereien, Hauptelemente früherer Sklavereiplateaus, wurden noch stärker als in britischen Gebieten zu »lokalen Traditionen« oder zu *contract labor* erklärt. Zum Teil sind sie bis heute in informellen indigenen Sklaverei- und Sklavenhandelssystemen (etwa in Afrika) erhalten geblieben. Millionen von Kulis aus Indien, Indonesien und China bekamen zwischen 1840 und 1940 offizielle Arbeitsverträge, wurden aber auf Inseln oder in Gebiete verschleppt, auf die sie gar nicht wollten. In China waren Kulis oft ›nicht einmal‹ informelle Sklaven (in China: *gugongren*), zu Kulis wurden sie erst nach dem Transport in Kolonialgebiete oder Territorien ehemaliger europäischer Kolonien (wie Peru). Dort wurden sie oft schlimmer als Privatsklaven behandelt. Sie machten die gleiche Arbeit wie Sklaven und wurden lange Zeit auch wie Sklaven aus Razziengebieten oder aus lokalen indigenen Sklavereisystemen rekrutiert und behandelt.[134] Ein britischer Versuch mit Leuten, die zunächst einen Kontrakt eingingen, unter welchen Umständen auch immer, und die Folgen in der Ferne nicht mehr kontrollieren konnten, begann schon 1806 mit 192 chinesischen Kulis auf der Insel Trinidad in der Karibik. Die Ankunft von 75 privat in Indien rekrutierten Vertragsarbeitern auf den Zuckerplantagen im britischen Mauritius, das sogenannte »Mauritius-Experiment«[135], galt als entscheidender Testfall[136] für Kolonialbeamte, Kaufleute, Vermittler, Kapitäne und Plantagenbesitzer am Indischen Ozean nach dem formellen Verbot der Sklaverei im britischen Bereich 1834.

Weltweit sollten im vierten Plateau globalhistorischer Sklavereien zwei Millionen Afrikaner, Chinesen, Japaner, Javanesen, Melanesier sowie weitere nichteuropäische Menschen verschleppt werden. Sie wurden auf Plantagen und in andere Betriebe (Bergbau, Infrastrukturbau) oder Häuser in der Karibik, im Indischen Ozean, auf westafrikanischen Inseln, in Ost- und Südafrika, Süd- und Südost-Asien, Südindien, Australien, im zentralen und südlichen Pazifik (Ozeanien) sowie in Zentral- und Südamerika gebracht. Der Transport glich dem des Sklavenhandels auf dem Atlantik, dauerte aber oft länger und wurde weniger kontrolliert. Auch die Status-, Arbeits- und Lebensbedingungen waren die der Sklaverei. Um nur eine Aussage eines der chinesischen Kulis auf Kuba zu zitieren:

> »Wir waren alle nackt, als wir von Käufern inspiziert wurden. Wir haben niemals Menschen gesehen, die so schrecklich gedemütigt wurden. Wir wurden auf Zuckerplantagen verkauft und schlimmer behandelt als Hunde und Ochsen. Ausländische Aufseher ritten auf Pferden, mit Peitschen aus Rindsleder und Pistolen in den Händen. Unabhängig von unserer Geschwindigkeit oder Qualität peitschten sie uns aus relativer Distanz; sie schlugen uns [auch] mit Knüppeln, wenn wir in Reichweite waren. Einige von uns hatten die Knochen gebrochen und einige spuckten sofort Blut. Leute mit aufgeschlagenem Kopf und gebrochenen Beinen mussten noch arbeiten, anstatt in ein Krankenhaus geschickt zu werden. Unzählige Menschen starben an Verletzungen innerhalb von acht Jahren«.[137]

Einen besonders krassen Fall für diejenigen, die die Geschichte der Sklavereien 1888 enden lassen, stellen die Philippinen dar. Dort gab es indigene Sklavereien des ersten und zweiten Plateaus, vor allem Schuld- und Kindersklaverei, die im Grunde bis heute existieren. Am Beginn des dritten Plateaus kolonisierte Spanien seit 1565 einige der Inseln. Es kam nicht zur demografischen Katastrophe wie in den Amerikas. Im Zuge der Debatte um die Sklaverei der *yndios*, eine 1500 durch Isabella von Kastilien proklamierte Verwaltungskategorie von Kolonialuntertanen, die auch für die Filipinos galt, wurde »Indiosklaverei« 1574 von Philipp II. verboten (die Durchsetzung dieser ersten großen Abolition formaler Sklaverei dauerte noch bis um 1680 an).[138] All das war mit Christianisierung verbunden, die im spirituellen Sinn als »Befreiung« galt.

Damit gab es formaljuristisch im Kolonialbereich der Spanier auf den Philippinen keine Versklavung der Bevölkerung mehr; aber sehr wohl organisierte man andere Formen der kollektiven Zwangsarbeiten und traditionellen Klientelabhängigkeiten. Auf den Philippinen war kaum europäische Zuwanderung zu verzeichnen und, von katholischen Orden abgesehen, auch kein größerer europäischer Grundbesitz; Plantagenwirtschaft mit formaler Sklavenarbeit war wenig bekannt. Unter strukturellem und rechtlichem Blickwinkel gab es Sklavereien nur unter *moros*. »Mauren« (*moros*) waren islamisierte Ethnien der südlichen Inseln sowie der südöstlich angrenzenden Suluzone, die ihrerseits auch massive Razziensklavereien betrieben. Die Inseln der zentralen Philippinen waren häufig Ziel von Moroattacken, meist wurden Bewohner der Küstenregionen verschleppt und versklavt. Mächtige Kirchen mit wuchtigen Wehrtürmen zeugen von dieser Zeit.

Unter der Hand existierten auf den Philippinen die indigenen Kin- und Kindersklavereien einfach weiter, deren Opfer den Eliten, auch in spanischen Haushalten, in Kirchen und Klöstern dienen mussten. Fast alle Kolonialeliten sowie Kleriker und Missionare kamen bereits mit Versklavten, oft aus anderen Weltteilen (z. B. schwarzen Sklaven aus den spanischen Bereichen Amerikas oder Asiaten aus iberischem Sklavenhandel) auf die Philippinen. Die vielleicht massivste Sklaverei hatte ihren Ursprung in informell geduldeten, oft sogar unter dem Deckmantel der Christianisierung geförderten, Verschleppungen von Kindern, meist Jungen, von den islamischen Ethnien der Südinseln, Celebes und des Zulu-Archipels, aus Ostafrika (*cafres*) sowie Frauen und Kindern aus allen asiatischen Gebieten und Küsten. Sie wurden von den iberischen, meist portugiesischen Kapitänen, Faktoren, Kaufleuten und Missionaren zwischen Ostafrika und Manila versklavt. Aus diesen portugiesisch-spanischen Razzien- und Menschenhandelsnetzwerken speiste sich auch der Sklaven-, Waren- und Silberaustausch über die Manila-Galeone zwischen Manila und Acapulco (Neu-Spanien/Mexiko). Chinesisch-philippinische *mestizos* (Nachkommen von – meist – chinesischen Männern und Filipinas) erwarben seit der Mitte des 18. Jahrhunderts bedeutendere Ländereien. Dort lebten die aus vorkolonialer Zeit tradierten Patron-Klient-Abhängigkeitsverhältnisse ebenfalls weiter. Ähnliches kannten wohl auch die Ordensgüter um Manila.[139]

Trotz dieser vielfältigen Sklaverei- und Sklavenhandelsaktivitäten verbot Spanien die Sklaverei auf den Philippinen nicht; die legalistische Fiktion der bereits erfolgten Aufhebung der Sklaverei 1574 innerhalb der spanischen Kolonie ist im Grunde bis heute wirksam. Manila, vor allem die »erste Chinatown der Welt«, Binondo, wurde auch ein Zentrum des vierten und des fünften Plateaus der Sklaverei. Heute bilden die Philippinen ein globales Arbeitskräftereservoir.[140] Meist werden Filipinos in der globalisierten Wirtschaftswelt in kleinen oder großen Küchen bzw. auf Schiffen beschäftigt – natürlich im Unterdeck. Was meist nicht erwähnt wird, ist die Tatsache, dass Filipinos und Filipinas in alle Formen ›moderner‹ Sklavereien sowie Migrationen involviert waren und sind.

Um zusammenzufassen: Im vierten Plateau kommt es in Bezug auf die amerikanisch-karibischen *Second Slaveries* zu einer Verhärtung und Entwicklung der privaten Sklaverei, die der Definition von Sklaverei in allen Aspekten entspricht (Gewalt, legale Befugnis zur Gewalt im Eigentumsrecht, Statusminderungen sowie Kontrolle des Körpers und der Arbeitskraft auf ›ewig‹ mittels des Mutterrechts sind gegeben). Diese *Second Slaveries* der Amerikas wurden schon mit anderen Formen der Arbeit kombiniert, weshalb der Status freier Arbeiter und Handwerker sinkt. Von England ausgehend und verbunden mit der Expansion des Weltmarktes wird die ›private‹ Eigentumssklaverei allmählich entformalisiert – in Bezug auf die Definition und ihre Dimensionen fällt die legale Scharfzeichnung als privates Eigentum weg, und der Eigentümer verliert die Kontrolle über das gesamte Leben und die Nachkommen von Versklavten (was es Arbeitgebern erleichtert, Leute wieder loszuwerden). Alles andere bleibt – der Transport unter Sklavereibedingungen, die Anwendung von Gewalt bei der Rekrutierung und bei der Arbeit, die Länge und Schwere des Arbeitstages, die Statusminderungen und die Art der Arbeit (»Sklavenarbeit«), oft auch Unterbringung und Essen. Kontrakte und Ideologie der freien Arbeit sowie Zivilisationsdiskurse überwölben diese Sklavereipraktiken.

Diese flexible, entformalisierte Sklaverei, oft auch kollektive Sklaverei, erlaubt es vor allem den Briten, aber auch anderen Kolonialmächten, derartige Arbeit mit anderen Formen sowie lokalen Sklavereien und Schuldsklavereien weltweit und speziell in der östlichen Hemisphäre sowie in Afrika zu kombinieren. Die Entwicklung der harten Formen mittels Gesetzen verankerter Eigentumssklaverei in den Amerikas innerhalb einer kapitalistischen Sklavereimoderne wurde durch Kriege, imperiale Krisen und Revolutionen abgebrochen. Erst nach 1865–1880 schwenken die amerikanischen Eliten in das vierte Plateau und die neue globale Moderne ein – am erfolgreichsten die USA, allerdings erst nach dem ersten Massenkrieg der Weltgeschichte.

Ein fünftes Sklavereiplateau (Beginn etwa 1900)?

Noch unsicherer ist, ob von *einem* fünften Plateau der Sklaverei im 20. Jahrhundert gesprochen werden kann und sollte, obwohl es mittlerweile eine Reihe von Studien gibt, die die Massivität von staatlichen Sklavereien und Zwangsarbeitssystemen sowie Mischformen ohne legale Institutionalisierung belegen bzw. von »Sklavenarbeit« trotz fortschreitender Illegalisierung privater Sklavereien (*legal ownership*) berichten.[141] Marc Buggeln hebt zu Recht hervor, dass fast alle bisherigen Arbeiten zur Frage, ob Konzentrationslager- oder Gulaghäftlinge bzw. Zwangsarbeiter in den von der Wehrmacht besetzten Gebieten Sklaven waren, die historischen Dimensionen von Sklaverei zugunsten einer gewissen Exotisierung der alten hegemonischen Plantagensklavereien verkennen. Die vielleicht beste Beschreibung dieses fünften Plateaus der Sklaverei in der Weltgeschichte findet sich in der Formulierung »von der privaten Sklaverei zur Staats-Sklaverei und zurück« (Marc Buggeln)[142].

Ich habe im vorliegenden Buch zwar einen anthropologisch-strukturellen Ansatz gewählt, bin aber in der Schichtung der Plateaus zugleich chronologisch vorgegangen. Deshalb scheint es mir legitim, ein fünftes Plateau zu skizzieren. Es hat zwei Bezugspunkte: erstens die Statusminderungen, im späten 19. und 20. Jahrhundert vor allem die ideologische Dehumanisierung des »Anderen«[143] nicht mehr nur in fernen Kolonien, und zweitens den Kontext von Gesellschaften, die direkte Gewalt in den Arbeitsbeziehungen in staatlichen Straf- und Erziehungssystemen für legitim hielten, was besonders für die »alten« Kolonial- und Sklavenhandelsmächte Großbritannien, Frankreich, Spanien und Portugal galt. Nazi-Deutschland, aber in gewissem Sinne auch die Sowjetunion, in der es kolonial dominierte Gebiete gab, waren besonders vom ersteren Phänomen geprägt. Dazu kommen lange Traditionen staatlicher Kollektivsklavereien, die besonders mit Zwangsumsiedlungen und der Kontrolle über Gebiete mit kollektiv versklavten Menschen zu tun hatten, wie wir sie schon im ersten Sklavereiplateau kennengelernt haben, im Gegensatz zur Rechtskonstruktion eines ›privaten‹ Herr-Sklave-Verhältnisses.

Außerhalb der Neuen Welt gab es jedenfalls zwischen den 1880er Jahren und 1940 mit konkurrierenden imperialistischen Kolonialexpansionen verbundene Prozesse gewaltsamer Unterdrückung von ›großem‹ Sklavenhandel sowie Sklavereien bzw. diskursiver Emanzipation ›ohne Abolition‹, die aber durch neue Formen von Hegemonialmacht (Imperialismus/Kolonien) sowie staatliche Kombinationen von Sklaverei mit kollektiven Zwangsarbeiten konterkariert wurden. Dabei kam es zu mehreren miteinander verzahnten Aktivitäten: Erstens wurden die Worte »Sklaven« und »Sklaverei« aus allen offiziellen Texten gestrichen und durch lokale Begriffe (mit Verweis auf »traditionelle Kultur«, »Bräuche« oder »Rituale«) oder Benennungen staatlicher Arbeitsprogramme ersetzt. Zweitens überließ man nach den Beschlüssen der Sklavereikonferenz in Brüssel 1889–1890 das Vorgehen gegen die »Institution der Sklaverei« in den Kolonien dem Belieben der jeweiligen imperialen Macht.[144] Haussklavereien als traditionelle Formen von Kinder- und Frauenarbeit wurden ebenso diskret ausgespart und bestenfalls zu »alten Traditionen« erklärt, das betraf oft auch Formen des Konkubinats. Und schließlich nutzten die imperialistischen Mächte indigene Sklavereien und einflussreiche Sklavenhändler für ihre massiven Arbeiterrekrutierungen; auch Schulcamps und der Militärdienst wurden in Form von Staatssklaverei organisiert. All das geschah in staatlichen Programmen.

In Europa nahm man nach dem Ersten Weltkrieg an, der globale Kapitalismus gehe mit Demokratisierung und dem Zurückdrängen unfreier Arbeit einher, denn Letztere galt als ineffektiv. Gleichwohl hielt sich in allen europäischen Kolonialreichen die Zwangsarbeit, die aus lokalen Sklavereien entstanden war – im globalen Rahmen ergänzt durch die extrem mobilen ›neuen‹ Sklavereien des Kontrakts und der *bondage*.[145] Die Kampagne europäischer Länder für die Verurteilung der weltweiten (legalen) Sklaverei im Rahmen der damals bereits mehr als hundertjährigen Abolitionsbemühungen feierte 1926 mit der Ratifikation des Sklavereiabkommens im Völkerbund einen großen Erfolg. Der Völkerbund wurde dominiert von den Siegermächten des Ersten Weltkrieges, vor allem Großbritannien und Frankreich (ehemalige Sklavenhandelsmächte und zu dieser Zeit Kolonialmächte mit Überseegebieten, die auf Sklaverei/Zwangsarbeit beruhten); die USA gehörten nie dazu, Deutschland nur spät und zeitweilig, ebenso wie die UDSSR.

Sklaverei wurde dort definiert als »the status or condition of a person over whom any or all of the powers attaching to the right of ownership are exercised«[146]. Marc Buggeln schreibt dazu:

> »Sklaverei wurde dabei jedoch vor allem als privates Besitzverhältnis definiert, während Formen der Staatssklaverei ausgeklammert blieben, auch weil viele Großmächte in ihren Kolonien noch umfassende staatliche Zwangsarbeitssysteme unterhielten und diese vorerst für notwendig erachteten«.[147]

Am besten gelang und gelingt Verschleierung immer noch durch offizielle Differenzkonstruktion, Diskurse und Sprachregelungen, die durch Massenmedien verbreitet werden: deshalb die weite Verbreitung des Begriffs Zwangsarbeit, der immer noch den Beiklang staatlich-legaler Erziehungsarbeit hat. Buggeln verweist mit Robert Steinfeld darauf, dass in der nationalen Rechtsprechung, u. a. in den USA und Großbritannien, ökonomischer Zwang nicht als Aufhebung der Freiwilligkeit von Arbeit gewertet wird, sondern nur außerökonomischer Zwang.[148] Diese ›Freiwilligkeit‹ ist jedoch ein Mythos in Gegenden dieser Welt, in denen es keine geregelte Arbeits- und Arbeitslosenpolitik und kein funktionierendes Arbeitsrecht gibt.

Die wichtigsten Bestimmungen des »Sklavereiabkommens« des Völkerbunds lauteten:

> »1. Sklaverei ist der Zustand oder die Stellung einer Person, an der die mit dem Eigentumsrechte verbundenen Befugnisse oder einzelne davon ausgeübt werden.

2. Sklavenhandel umfasst jeden Akt der Festnahme, des Erwerbes und der Abtretung einer Person, in der Absicht, sie in den Zustand der Sklaverei zu versetzen; jede Handlung zum Erwerb eines Sklaven, in der Absicht, ihn zu verkaufen oder zu vertauschen; jede Handlung zur Abtretung eines zum Verkauf oder Tausch erworbenen Sklaven durch Verkauf oder Tausch und überhaupt jeden Akt des Handels mit Sklaven oder der Beförderung von Sklaven.«[149]

Nimmt man vor allem den ersten Teil der Definition (vermutlich die kürzeste und adäquateste Definition von »Privatsklaverei« im Geltungsbereich des »römischen« Rechts), dann beschreibt sie einen sozialen Zustand bzw. ein Verhältnis zwischen einem Versklavten und einem Herrn, nicht aber ein Rechtsverhältnis. Die Definition sagt primär etwas über Gewalt (im Englischen wird der Zusammenhang deutlicher, da ist »Befugnis« *power* oder *empowerment*), nämlich darüber, dass Versklavte eben nicht durch Rechtsakte zu solchen werden oder wieder werden (und es bleiben), sondern dadurch, dass Gewalt »befugt« ausgeübt wird und dass diese Gewaltereignisse (auch) vor oder außerhalb des Geschriebenen legalisiert werden durch »die mit dem Eigentumsrechte verbundenen Befugnisse oder einzelne davon«.

Kurz gesagt, um die Ausmaße an Arbeit unter Gewalt und Zwang, die seit dem vierten Plateau miteinander kombiniert wurden, nicht mehr mit dem Begriff »Sklaverei« bezeichnen zu müssen und dem Abolitionismus Genüge zu tun, kam in der ersten Hälfte des 20. Jahrhunderts der Begriff »Zwangsarbeit« auf. Der Begriff diffundierte auch immer mehr in die internationale Rechtsdebatte hinein. Seit den späten 1920er Jahren wurde unter diesem Etikett in der *International Labour Organization* (ILO) die Ächtung der Zwangsarbeit zunehmend stärker propagiert. 1930 verabschiedete die ILO die *Forced Labour Convention*. In der deutschen Übersetzung hat das Abkommen den Titel »Übereinkommen über Zwangs- und Pflichtarbeit«[150]. Suzanne Miers sagt dazu völlig unironisch: »Von nun an war Zwangsarbeit theoretisch von Sklaverei unterschieden, und klare Standards zu ihrer Nutzung waren gesetzt. Zwang war eine andere Sache«[151].

Die Schwierigkeiten, staatliche Rechtssysteme und legitimierte Zwangsarbeit von der Sklaverei bzw. von ihren fundamentalen Dimensionen (wie Statusminderungen) zu trennen, zeigten sich nicht nur in Brasilien oder in Kolonialgebieten, sondern auch zeitig schon in den USA. Am Ende der sogenannten *Reconstruction Era* (1863–1877) war klar, dass es im ehemaligen Sklavereisüden der USA nicht zu neuen Landeigentumsverhältnissen kommen würde. 1876 wurden auf dieser Basis die ersten Gesetze zur Rassentrennung erlassen, die, vor allem seit ihrer Bestätigung durch den Supreme Court 1896, zu einem staatlichen System der Segregation, legaler sowie kulturell ritualisierter Statusdegradierung (u. a. die sogenannten Jim-Crow-Gesetze) mit extremer Gewalt (u. a. Tausende von Lynchmorden) gegenüber ehemaligen Sklavinnen und Sklaven sowie Schwarzen allgemein führten. Sie waren formal bis 1964 gültig. Die der Definition entsprechende Sklaverei schaffte man zwar formal ab, aber die Statusdegradierungen wurden sogar im Vergleich zur offenen, legalen Sklaverei exzessiv verschärft. Ehemalige Sklavinnen und Sklaven wurden durch Gewalt, Terror und Rassismus sowie ökonomischen Zwang in De-facto-Sklavereisituationen und Sklavereiarbeit gehalten; Ähnliches gilt für die Apartheid in Südafrika.

Seit dem Ersten Weltkrieg und der Russischen Revolution 1917 entwickelten sich, ausgehend von Staaten des Westens, die ihre Kolonialreiche erhalten wollten, neue kollektive Sklavereien, die in unserem Zusammenhang wohl am besten mit dem Begriff der kollektiven Staatssklavereien erfasst werden können (siehe die Debatten zu kollektiven Sklavereien als Kontinuität aller Sklavereiplateaus). Dazu kamen staatliche Eugenik sowie in einigen Ländern Euthanasieprogramme, die durchaus als neue Opfersklavereien interpretiert werden können. Strafeinrichtungen, die Sträflinge durch Arbeit und Erziehung wieder zu ›normalen‹ Mitgliedern der jeweils gegebenen nationalen Gesellschaften machen sollten, galten nicht als Sklaverei, sondern als staatliche Institutionen, die eine allgemein anerkannte, legale Art der Zwangsarbeit[152] betrieben. Marc Buggeln verweist darauf, dass diese Strafsysteme und kollektiven Sklavereiformen von faschistischen Regimen maximal ausgebaut wurden, allen voran dem Franco-Regime[153], Italien und ganz speziell dem deutschen NS-Regime sowie von kommunistischen Systemen, besonders der UDSSR unter Stalin. Beide Systeme entwickelten Lager (Konzentrationslager bzw. Gulags) zunächst zur Internierung politischer Gegner, die dann ausgeweitet wurden zur Ausbeutung der Arbeitskraft der Internierten.[154]

Deutlich wird, dass in diesem Plateau »der Staat« eine noch wichtigere Rolle spielte. Zwangsarbeit war der Intention nach immer Strafe, die vom Staat kontrolliert und damit auch von vielen Menschen als legitim betrachtet wurde.[155] Bereits Anfang 1931 wurde im britischen Oberhaus das Wiedererscheinen von *slave labor* in den sibirischen Holzgebieten der UDSSR debattiert.[156] Die große Zeit der staatlichen Lagersklavereien im Norden und in Europa stand erst bevor. Die »Kolonien« des »Archipels Gulag«, schreibt Seymour Drescher, boten der sowjetischen Staatsbürokratie die Vorzüge fast geschlossener Kerkerinseln, eben Gulags. Sie funktionierten theoretisch ebenso abgeschlossen wie die kleinen karibischen Inseln konzentrierter Wirtschaftssklavereien der *Atlantic slavery* im 17. bis 19. Jahrhundert. Die abgeschiedenen Lager sicherten die Isolation der Gefangenen in menschenleeren Gebieten, in denen Flucht mit höchsten Risiken verbunden war. Die Kosten waren relativ gering und die Raten der »ursprünglichen« Akkumulation vor allem in Bezug auf große Infrastrukturprojekte und Ressourcenproduktion (wie Holz, Kohle oder Erze) relativ hoch.

Im Grunde war die Sträflingssklaverei ein Beiprodukt eines ohnehin laufenden Staatsprogramms. Es gab weitere Unterschiede zur Rechtsfiktion der privaten Sklaverei, die in der Konstruktion »ein Herr, ein Sklave« in der Tradition des »römischen« Rechts zum Ausdruck kommt. Kein Individuum der UDSSR durfte je Sträflinge als private Sklaven halten. Ebenso wenig waren Kin-Dimensionen der Sklaverei wie das Konkubinat oder Bigamie möglich. Auch gab es formal weder Sträflingssklaven von Geburt an (sicherlich ebenfalls mit einigen Ausnahmen) noch die Vererbung des Status (wohl aber Sippenhaftung).

Beide Systeme, Gulag und Konzentrationslager, begannen als Ausbeutung von staatlich organisierter Zwangsarbeit, »forced labour or convict labour«, und dienten dem Ausschluss von Individuen aus der Gesellschaft sowie deren Umerziehung bis zu einem gewissen Grad. Beide hatten zunächst konzeptionell nichts mit Versklavung zu tun, entwickelten sich aber in diese Richtung.[157] Die Zahlen der Zwangsarbeiter/Versklavten unter Kontrolle des nationalsozialistischen Deutschlands (besonders 1938–1945) sind schier gigantisch.[158] Ich kann hier die Debatte über die Dimensionen nicht aufgreifen, vielmehr nur einige Zahlen anführen, um die quantitativen Umrisse zu verdeutlichen. Außerhalb des Deutschen Reiches in den deutsch besetzten Gebieten Europas sollen nach Schätzungen etwa 36 Millionen Menschen unfreie Arbeit geleistet haben, davon allein 22 Millionen Sowjetbürger in besetzten Gebieten und im Grunde alle Juden von vierzehn bis sechzig Jahren.[159] Zu den Orten sagt Marc Buggeln:

> »Neben den auch im Reich bekannten Konzentrations- und Arbeitserziehungslagern gab es auch Sklavenarbeit in den Ghettos und in den Lagern mit zivilen jüdischen Zwangsarbeitern, z. B. der sog. Organisation Schmelt. Zudem existierte eine Vielzahl von Lagern für sowjetische Kriegsgefangene, in denen die Situation oft noch schlechter als im Reichsgebiet war. Die Situation in diesen Lagern und Ghettos dürfte in den meisten Fällen mit Sklavenarbeit bei hoher Sterblichkeit treffend charakterisiert sein«.[160]

Mark Spoerer und Jochen Fleischhacker geben folgende Zahlen für das nationalsozialistische Deutschland an:

> »Die Gesamtzahl der im Laufe des Zweiten Weltkriegs nach Deutschland verbrachten ausländischen Zivilarbeiter/innen, Kriegsgefangenen und Häftlinge liegt bei etwa 13,5 Millionen

Menschen, von denen nur 10 bis höchstens 20 % als Freiwillige anzusehen sind«.

Auch Seymour Drescher verweist auf diese Zahl: »Between 1939 and 1944, approximately 13,5 million foreigners worked in Germany, 12 millions of them involuntarily«[161]. Dabei sind viele inländische Häftlinge noch nicht erfasst. Es handelt sich also um knapp 50 Millionen Menschen.

Marc Buggeln macht den Vorschlag, Sklaverei der Zwangsarbeit unterzuordnen. Er empfiehlt unter Einbeziehung der Gesamtzahlen »in Bezug auf das 20. Jahrhundert, Sklaverei als eine Unterform der Zwangsarbeit zu fassen«[162]. Die von Spoerer/Fleischhacker aus der angloamerikanischen Literatur eingeführte Kategorie *less-than-slaves* (schlechter als Sklaven)[163] versteht Buggeln, sehr ähnlich der Debatte in Brasilien (für die Zeit nach der formalen Abolition 1888), als »Sklavenarbeit mit hoher Sterblichkeitsrate«[164]. Das betraf in der Kategorie der Kriegsgefangenen vor allem Polen sowie Sowjetbürger; in der Kategorie der Häftlinge vor allem Insassen aller Lager und die sogenannten »Arbeitsjuden«[165].

Bei der zentralen Auswahl von durch die SS entliehenen KZ-Häftlingen ging es nach Spoerer »wie auf antiken oder mittelalterlichen Sklavenmärkten zu: Die Häftlinge, Männer wie Frauen, standen nackt vor den Industrievertretern, die sich das Gebiss zeigen ließen«[166]. Individuelle Körper hatten Sklaven- und Sklavinnenstatus. Wirkliche Sklavereibedingungen wie Auswahl, Transport, Ernährungssituation oder auch Statusdegradierung lassen sich jenseits der theoretischen Frage, ob der Begriff anzuwenden ist oder nicht, oft in konkreten Situationen, wie eben dem *casting*, erkennen. Mark Spoerer sagt zum Vergleich zwischen der SS[167] und dem prototypischen Sklavenhalter, dass der Letztere ein ökonomisches Interesse am Überleben des Sklaven[168] gehabt habe. Auch höhere SS-Chargen hätten den wirtschaftlichen Wert der Lagerinsassen[169] gepriesen. Aber diejenigen, die den Häftlingen von Angesicht zu Angesicht gegenübergestanden hatten, hatten die Häftlingssklaven so schlecht behandelt, nämlich als Nicht-Menschen oder »Tiere«, dass der Begriff Sklaverei euphemistisch sei. Die Häftlingssklaven seien von den Männern und Frauen der Lagerwachen in Erschöpfung und Tod getrieben worden.[170]

Damit wären wir bei der Vergleichbarkeit und beim Begriff Sklaverei für das fünfte Plateau. Für Drescher ähnelt sie der Sklaverei im alten Rom mit seinen immer ausgreifenderen militärischen Expansionen (bis um 200 n. Chr.): Diese imperiale Erweiterung ermöglicht die massive Sklaverei eigentlich erst.[171] Obwohl die Römer auch territoriale und ethnische Statusdegradierungen kannten, sollte klar sein, dass der Vergleich zwar in Bezug auf Versklavung und Profitabilität greift, nicht aber in Bezug auf die ideologischen Grundlagen der Expansion bzw. Besatzungspolitik. Marc Buggeln drückt das folgendermaßen aus:

> »Die Besatzungspolitik war maßgeblich durch die Rangstufe bestimmt, die der jeweiligen einheimischen Bevölkerung im rassistischen Weltbild der Nationalsozialisten zugeordnet wurde. Folgt man der ganz groben geographischen Einteilung, so konnten sich die Nordeuropäer die Hoffnung auf die beste Behandlung machen, gefolgt von den Westeuropäern. Deutlich schlechter stellte sich schon der Ausblick für Südosteuropäer dar, während die Osteuropäer weit unten in der rassistischen Hierarchie der Nationalsozialisten rangierten«.[172]

Seymour Drescher hält diese Sklavereiformen für vergleichbar mit den »complexities of Old World rather than New World slavery«[173]. Razzien der Nazis zur Aushebung von Zwangsarbeitern hätten sich aller Tricks bedient, die man von arabischen Sklavenjägern in Afrika kenne.[174]

Seymour Drescher sieht aber auch fundamentale Unterschiede, die mit den allgemeinen Entstehungstheorien von Sklaverei zu tun haben: Während die atlantische Sklaverei amerikanisches Land als überreich und unbesiedelt angesehen habe, folgte der Nationalsozialismus der Vorstellung von einem überbesiedelten und vor allem falsch besiedelten Raum im Osten.[175] Der Plan der deutschen Ostexpansion war »unumwunden völkermörderisch«[176]. Der Mord an den europäischen Juden sowie Millionen slawische Kriegstote – das war eine genozidale Sklaverei.

Drescher verweist auch auf weitere Formen von Sklaverei und Zwangsarbeit weltweit im Umfeld des Zweiten Weltkrieges: In Asien und auf Inseln des Pazifischen Ozeans zwang das expansive Japan Millionen von Koreanern, Chinesen, Vietnamesen und anderen »Ausländern« (aus japanischer Sicht) zum Arbeitsdienst.[177] Vor allem mussten sich Frauen als sogenannte *comfort women* prostituieren; die Zahlen für zur Sexsklaverei gezwungenen Frauen (zu rund 80 Prozent Koreanerinnen) liegen zwischen 80 000 und 200 000.[178] Japan nutzte zudem rund 21 Millionen Zwangsarbeiter, zu zwei Dritteln aus China, aber auch aus Korea, Burma, Thailand und Indonesien, im eigenen Land und in besetzten Gebieten, etwa zum Eisenbahnbau in Burma und Java.[179]

Die USA hatten um 1940 wegen der Großen Depression vor dem Krieg einen Arbeitskräfteüberschuss, als in den kriegführenden Staaten Deutschland, Japan und UDSSR schon hohe Nachfrage nach Arbeitskräften herrschte. Das betraf auch das britische Imperium. Dabei spielte eine wichtige Rolle, dass *forced labour* in den Kolonien, durch das jeweilige lokale Gewohnheitsrecht und Kolonialdekrete gedeckt, weithin praktiziert wurde (siehe viertes Plateau). Die sich vom britischen Ostafrika ausbreitenden neuen Praktiken der Verpflichtung ziviler Arbeiter für die Kriegsproduktion privater Unternehmen (oft auch im Mutterland) war etwas Neues. In den Kolonialterritorien anderer Mächte, wie Italien, Frankreich, Portugal, Belgien und Spanien, war koloniale Zwangsarbeit noch verbreiteter als im britischen Bereich.

Es gibt auch heute noch Lager – in China heißt das Lagersystem *laogao* (auch: *láo gǎi*, »Reform durch Arbeit«, für durch ordentliche Gerichte Verurteilte) und *laojiao* (»Umerziehung durch Arbeit«, Lagerhaft als administrative Strafe ohne Gerichtsurteil bis zu drei Jahren). Die Abschaffung von *laojiao* wurde erst vor kurzem angekündigt, sie ist wohl aber noch nicht umgesetzt worden.[180] China hat eine sehr lange Tradition systematischer Statusminderungen, man muss fast von präexistierenden Kasten sprechen, ähnlich wie Japan. Auch die Tradition staatlicher Verurteilung zu Sklavenarbeiten und der »Sklavenstrafen« ist sehr alt.[181] Noch direkter ist die Verbindung zwischen expliziter Sklavereitradition und heutigen Sklavereien in Nordkorea. Im alten Korea, einem traditionell aggressiven Staat (bzw. Staatenbund) am Rande der chinesischen Imperien mit kriegerischen Eliten, die, wie die japanischen, unter dem Einfluss Chinas standen, war die Masse der Bevölkerung versklavt. Im historischen Korea (bzw. in den Staaten auf seinem Territorium) hießen Sklaven *nobi*. Sie machten insgesamt etwa 30 Prozent der Bevölkerung aus; im Süden sogar etwa 50 Prozent.[182] Sie konnten gekauft sowie verkauft werden und durften normalerweise keine eigenen Familien gründen. Nordkorea hat noch heute viele Lager für lebenslang Versklavte.

Das Gefängnissystem mit den weltweit meisten Gefangenen ist heute das der USA. Die meisten Einsitzenden sind junge schwarze Männer (etwa die Hälfte wegen Gewaltverbrechen, etwa ein Drittel wegen Drogendelikten verurteilt). Es gibt eine ziemlich harte Debatte, ob seit den 1990er Jahren eine Fortschreibung des Jim-Crow-Systems zu beobachten sei, das die »Sklavenexistenz ohne Sklaverei« in den USA nach der Abolition gewissermaßen verschärfte. In dieser Debatte werden u. a. die Klassendifferenzierung der farbigen und schwarzen Bevölkerung der USA und die Definition von *violence* (Gewalt) als Begründung genannt.[183] Orlando Patterson, Soziologe und Autor eines berühmten Werks zur Sklaverei, diagnostiziert eindeutige *rituals of blood* in der Tradition der Sklaverei.[184]

In unerreichter Prägnanz hat Frank Tannenbaum die Wirkungen der Sklaverei auf die Gesamtkultur von Gesellschaften beschrieben, die er als *slave societies* klassifizierte. Sklaverei habe

> »die Form des Staates verändert, die Natur des Eigentums, das Rechtssystem, die Organisation der Arbeit, die Rolle der Kirche ebenso wie ihren Charakter, den Begriff der Gerechtigkeit, der Ethik, der Wahrnehmung von Recht und Unrecht. Sklaverei be-

einflusste die Architektur, die Kleidung, die Zubereitung von Essen, die Politik, die Literatur, die Moral der gesamten Gruppe – Weiße und Schwarze, Männer und Frauen, Alte und Junge. Nichts entflieht«, so endet Tannenbaum, dem Einfluss von Sklaven und Sklaverei, »nichts und niemand«.[185]

Und heute?

Von 1960 bis etwa 2000 war Sklaverei, überdeckt von Utopien, Fortschritts- und Befreiungsdiskursen sowie Politiken und Diskursen zum Ende der Kolonialreiche (Dekolonisation), zum Kalten Krieg bzw. dem »Ende der Geschichte«, kein allgemeines Thema; wohl aber blieb sie, im »Westen« vor allem mit der Emanzipation der Afroamerikaner verbunden, ein Hauptproblem in der Geschichte der USA und Großbritanniens. Formale Sklaverei im Sinne des »römischen« Rechts (als privates Eigentumsrecht Bestandteil aller sogenannten »Bürgerlichen Gesetzbücher«) gibt es heute weltweit nicht mehr. Wie wir gesehen haben, ist es in Bezug auf Staatssklavereien und andere Sklavereiformen nicht so einfach. Forscher wie Kevin Bales oder Suzanne Miers sind ganz sicher, dass es in den letzten dreißig Jahren Sklavinnen und Sklaven gegeben hat und gibt.[186]

Dabei schien Sklaverei in den 1970er Jahren aus der Welt zu verschwinden. Um 1975 galten Eigentumssklaverei und offener Handel mit Menschen als abgeschafft.[187] Die Welt unterteilte sich seit der Entkolonialisierung der 1950er Jahre politisch-wirtschaftlich in drei große Räume: »Erste Welt« (kapitalistisch) und »Zweite Welt« (sozialistisch) sowie die große Gruppe der Nichtpaktgebundenen, die sogenannte »Dritte Welt«, meist ehemalige Kolonien oder sogenannte »Halb-Kolonien« (wie China und Persien). Vor allem dort entflammten nach den Höhenflügen des Antikolonialismus und ersten Versuchen, eigene Wirtschaften aufzubauen, in den 1960er Jahren massive politische Konflikte vor allem in Bezug auf Ressourcen (auf die ich hier nicht näher eingehen kann) und Entwicklungswege. Kriege, Bürgerkriege, Revolutionen, Interventionen, Staatszusammenbrüche und informelle Sklavereien waren die Folge, ebenso wie Migrationen, zum Teil als Flucht, zum anderen durch die Mobilisierung billiger Arbeitskräfte für Wirtschaften in der Krise, aber auch boomende Wirtschaften (meist im sogenannten »Norden«).[188] All diese Prozesse, vor allem die mit Migrationen verbundenen, haben sich 1990 (beim Zusammenbruch der »Zweiten Welt«), 2003 (Irakkrieg), 2008 (Finanzkrise), 2010 (»Arabischer Frühling«) und seit 2011 (Syrienkrieg) sowie 2015 (Flüchtlingskrise), beschleunigt. Der sogenannte »Islamische Staat« und seine Ableger in Afrika betrieben massive Razziensklaverei sowie Formen der Opfersklaverei, eine Versklavung von Frauen und Mädchen, die an das historisch erste Plateau der Sklavereigeschichte gemahnt.

Auch im heutigen Europa gibt es Sklavinnen, Sklaven und versklavte Kinder – und all das »ohne (legale) Sklaverei«. Für Europa wird ihre Zahl (2012) auf 1 138 849 geschätzt. Die höchsten Zahlen der Schätzung finden sich in Russland (512 566), Polen (138 161) und in der Ukraine (111 064); Deutschland ist mit einer Zahl von 10 570 ausgewiesen.[189]

In Europa handelt es sich vor allem um Zwangsprostitution, illegale Ausbeutung und Kindersklaverei. In außereuropäischen Gebieten ist alles dabei – von traditionellen Sklavereien (wie in Mauretanien oder im Sudan) bis hin zu illegaler schwerer Ausbeutung wie in Brasilien, in China, auf Plantagen oder in den illegalen *sweat shops* der Modeindustrie, in denen oft noch die Regel gilt: »Sklaven sterben nie« – für jeden Toten wird ein neuer Versklavter gleichen Namens mit denselben gefälschten Papieren eingesetzt. Hinzu kommen illegaler Menschenhandel, Sexsklaverei, profane Kindersklaverei (entweder zur Abarbeitung von Schulden oder als Beitrag zum Familienbudget – alles schwer abgrenzbar von Kinderarbeit), sehr oft mit Prostitution, und neue Formen der Kontraktsklaverei (vor allem in den Golfstaaten).[190] Sogar neue Formen der Opfersklaverei für Organhandel, Blutentnahme und Schlimmeres gibt es (auch in Europa).[191] Die Liste ist selbst ohne die sehr umstrittenen Themen der neuen Elitesklaverei (vor allem im Sport und in der

Modebranche) lang, in der junge Körper zu Riesensummen gecastet, vermarktet und verkauft werden – und alle schauen zu. Elitesklaven haben in der Geschichte oft viel Macht gehabt, und es gab auch in der »alten« Geschichte solche mit hohem und sehr hohem Einkommen.

Auch die Statusminderung aus dem Plateau der Kin-Sklavereien ist uns als Rassismus erhalten geblieben. Sie hat wie eine sich oft häutende Schlange eine lange Phase theoretischer Begründungen und Widerlegungen durchlebt, deren Höhepunkt ebenfalls in der Mitte des 20. Jahrhunderts lag, spielt aber heute noch, etwa in bestimmten Dimensionen der Genforschung, eine Rolle. In den modernen Sklavereien jedoch ist weder Rassismus noch schriftliche Eigentumsfixierung von zentraler Bedeutung. Die *Working Group on Contemporary Forms of Slavery* der UNO (1975 gegründet) hat sieben Formen der »modernen« Sklaverei[192] herausgearbeitet:

1) Mit *Chattel*-Sklaverei (so wird Eigentumssklaverei vor allem in den USA genannt) und ihren ›Spuren‹ ist klassische Privat- oder Eigentumssklaverei im Modus des »römischen« Rechts gemeint, aber vor allem niemals wirklich beendete Statusminderungen oder Selbstversklavungen (aus Hunger oder auf der Suche nach Schutz) in unterschiedlichsten kulturell-legalen Kontexten.[193]

Nur einige wenige Beispiele: Formen von Eigentumssklaverei gibt es vor allem in islamischen Ländern; alle ethnischen Gruppen im Niger etwa versklaven vor allem Mädchen und Frauen. Unter den Fulbe des Senegal ist auf dem Land die Heirat zwischen den Nachkommen von Versklavten und Freien (sowie früheren Versklavern) heute noch undenkbar. Wenn Männer aus beiden Gruppen emigrieren, müssen die aus der Gruppe der ehemals Versklavten den anderen den Weg bereiten und nach der Rückkehr Geschenke an Chefs der Gruppe der ehemaligen Versklaver liefern. Unter den hoch hierarchisierten Soninke, ebenfalls in Westafrika, ist die Trennung zwischen beiden Gruppen noch schärfer – wenn etwa die in Frankreich geborenen Nachkommen zwischen beiden Gruppen heiraten wollen, werden sie extrem ausgegrenzt, bisweilen wird ihnen der Zugang zur Moschee verweigert. Auf der indonesischen Insel Sumba gibt es immer noch Sklavenmädchen, die etwa Elitefrauen als Zugabe für die Ehe begleiten oder für königliche Familien Kinder gebären müssen.[194]

2) Die Schuldsklaverei (*bondage* oder *bond-slavery*) ist eine der global am weitesten verbreiteten Formen ›moderner‹ Sklaverei, die ich mit James Warren als *bond-slavery* bezeichne.[195]

Viele wollen heutige Formen der Verschuldung als eigenständiges Problem, sozusagen »ohne Sklaverei«, sehen. Aber Verschuldung hat alle Plateaus von Sklaverei begleitet und ist sogar älter als der Austausch von versklavten Menschen. Die Aussage Martin Kriegers lässt sich für globale Sklavereien verallgemeinern und kann durch unzählige Beispiele illustriert werden: »Üblicherweise bildete das freiwillige Eintreten armer, verschuldeter Landbewohner in die Schuldknechtschaft den Beginn des Daseins als Sklave«[196]. Für das umstrittene Feld »Sklaverei in China« hat Pamela Crossley wohl die beste Formulierung zum Problem »Verschuldung-Sklavenstatus« und zur Dynamik von Verschuldung gefunden:

> »Über [...] Konkubinat, Sexsklaverei, häusliche Knechtschaft und Sklaverei hinaus [...] gibt es [in China – M. Z.] viele Formen der Knechtschaft, in die Einzelpersonen vorsätzlich eingetreten sind [wie in Indien, Russland – M. Z.], oft durch Unterzeichnung eines Vertrags zu diesem Zweck als ihre letzte gesellschaftlich sichtbare Handlung«.[197]

Danach erscheinen die *Bond*-Sklaven in juristischen Texten nur noch sehr selten – sie waren, wie gesagt, »invisible as legal persons« (und wurden in China auch als Steuerpflichtige nicht erfasst).[198] Oft verschwanden sie nach dem vorgeblich freiwilligen Vertragsabschluss (siehe Kontraktsklaverei im vierten Plateau)[199] in einen sich real verschlechternden Status, d. h., in Sklavereipraktiken. Alain

Testart hat eine ganze Reihe von Texten verfasst, die sich schon im Titel (Grobübersetzung: »Sklaven, die keine Sklaven sind, aber in Wirklichkeit doch«), aber natürlich vor allem im Inhalt, mit dem realhistorischen Zusammenhang zwischen Verschuldung und Versklavung beschäftigen.[200]

3) Die Ausbeutung von Kindern (Kinderarbeit) ist eine ebenso extrem weitverbreitete Form der ›modernen‹ Sklaverei, die zu den ältesten Sklavereitypen überhaupt zählt und in allen Sklavereiplateaus praktiziert wurde.[201]

In diesem immer noch existierenden »alten« Sklavereiplateau unter heutigen Bedingungen sind alle Schrecken vereinigt: Kinder in Thailand, die sich selbst Arbeit suchen, werden beispielsweise von Vermittlern ausgebeutet oder in die Kinderprostitution getrieben. Kinder werden als Arbeitskräfte beschäftigt, vor allem in Indien (etwa als Hauspersonal), aber auch weltweit, z. B., um Müllberge zu durchsuchen. Zudem gibt es einen florierenden Kinderhandel, vor allem zur Vermittlung von Haussklaven und Plantagensklaven in Haiti, Benin, Mali, Guinea, Senegal, Togo, Kamerun und Gabun.[202] Kinder werden nicht nur als de-facto-Haussklaven misshandelt und ausgebeutet, sondern auch zu schweren Arbeiten eingesetzt, in Fabriken und illegalen Plantagen oder Camps, wie in China und Brasilien. Kinder, vor allem Jungen, wurden und werden zum Teil noch heute in Afghanistan, Angola, Kambodscha, El Salvador, Äthiopien, Guatemala, Mosambik, Nicaragua, Peru, Philippinen, Sudan, Uganda und Vietnam als Kindersoldaten missbraucht – sie sind Opfer und Täter, die zu ihren Taten gezwungen werden. Kinder beider Geschlechter, aber vor allem Mädchen, werden gezwungen, in Bordellen zu arbeiten, meist in etwas reicheren Ländern, aber auch in Europa und in den USA. Die Sextourismusindustrie floriert bis heute in Vietnam und Thailand, auf den Philippinen, in Sri Lanka und Taiwan, aber auch in Deutschland, in Brasilien und anderen Ländern Iberoamerikas sowie in Osteuropa, in Marokko und ganz Nordafrika.[203] »Armut ist das Hauptproblem«, heißt es oft in Analysen über Ursachen der Kindersklaverei, auch für den weltweit ziemlich schwunghaften Handel mit Kindern, die zur Adoption bestimmt sind.[204] Zwischen Kindersklaverei und ›normaler‹ Kinderarbeit, schätzungsweise bis zu 168 Millionen Kinder zwischen fünf und siebzehn Jahren weltweit (ILO: 2013[205]), existiert eine Grauzone. Arbeit oder Mitarbeit von Kindern zwischen sieben und vierzehn Jahren gilt in bäuerlichen Gesellschaften oder Familienwirtschaften oft als normal. Ohne Arbeit könnten Kinder und ihre Familien auch in Megastädten und Favelas nicht überleben.[206]

4) Zwangsprostitution ist ein extrem umstrittenes und großes Feld, an dem deutlich wird, wie ambivalent es ist, bestimmte Bereiche unter »moderne« Sklaverei zu subsumieren. Klar dürfte sein, dass sexuelle Dienstleistungen, in welcher kulturell codierten Erscheinungsform auch immer, zur Menschheitsgeschichte der Sklavereien gehören (meist als Konkubinat in irgendeiner institutionalisierten Form, oft verbunden mit Sklaverei und Ausbeutung von Kindern).

Das heutige Feld der (Zwangs-) Prostitution ist geprägt durch die beiden konträren Meinungen, dass einerseits alle Prostitution immer eine Art von Sklaverei war (und ist) sowie andererseits vor allem Prostituierte, die sich als Sexarbeiterinnen (und -arbeiter) bezeichnen, darauf hinweisen, dass sie diese Dienstleistung freiwillig betreiben und ihren Lebensunterhalt damit verdienen.[207] Menschenhandel (mit Erwachsenen und Kindern, sehr oft Mädchen und jungen Frauen) hat besonders seit den Zusammenbrüchen der Staaten des Realsozialismus seit 1990 und mit den Folgen des Irakkrieges, des sogenannten »Arabischen Frühlings« (mit den Folgen in Syrien und Europa) sowie seit dem Staatszusammenbruch in Libyen extrem zugenommen. Damit steigt auch die Zwangsprostitution von Migrantinnen und Migranten extrem an. Hinzu kommt, dass in Staaten, die sich für eine Gesetzgebung entscheiden, die »Sexarbeit« toleriert, meist Menschenhändler, Besitzer von Bordellen und ähnlichen Häusern das große Geschäft machen. Viele Staaten setzen deshalb auf verschärfte Kontrolle oder Verbote von Prostitution oder bestrafen den Kauf sexueller Leistungen.

5) Vorzeitige Verheiratung und Zwangsehe gelten als Sklavereiformen.

In vielen Gesellschaften der Welt haben Frauen (und Mädchen) nicht dieselben Rechte wie Männer, auch und gerade in Bezug auf Heirat, Ehe, Scheidung, Kinder und Witwenstatus. In einigen Gesellschaften dürfen Mädchen schon mit zwölf Jahren (oder eher) verheiratet werden und sie haben weder Recht auf die Kinder noch auf einen Witwenanteil, können nach dem Willen des Mannes geschieden werden und bekommen keine Ausbildung – im Grunde fristen sie ein Leben als Gebärerinnen und Hausarbeiterinnen (oft einschließlich harter landwirtschaftlicher Arbeit). In der Geschichte hat das wahrscheinlich seit dem zweiten Plateau generell und in der Tendenz für alle Gesellschaften gegolten (mit einigen beachtenswerten Ausnahmen). Kolonialmächte des vierten Plateaus haben sich nicht oder nur sehr selten in lokale Heirats- und Ehesitten eingemischt. Seit den 1990er Jahren konzentrieren sich NGOs und Anti-Slavery-Organisationen auf das Alter von weiblichen Heiratenden, auf die durch die Familien erzwungenen Ehen und auf die Ausbildung von Frauen, dazu kommen das Recht der Frauen auf ihre Kinder und das Recht auf den Witwenanteil. Erschwert wird diese Sklavereiform dadurch, dass keine Zivilregister oder überhaupt Register über Geburten und Eheschließungen existieren und es das Recht von Staaten und lokalen Gesellschaften ist, das Heiratsalter festzulegen. Aus China wird immer wieder, vor allem seit dem Erfolg der Ein-Kind-Politik (deren Kehrseite der Mangel an weiblichen Kindern ist), von geraubten Frauen berichtet, die dann zwangsweise verheiratet werden.[208]

6) Kult- und Ritualsklaverei

Kult- und Ritualsklaverei gibt es vor allem im Devadasi-System in Indien, wo Mädchen rituell von meist armen Familien an Tempel gegeben und mit einem lokalen Gott »verheiratet« werden. Sie werden im Grunde als Tempelhuren ausgebeutet; ihre weiblichen Kinder werden auch Devadasis. Im Südosten Ghanas, beim Volk der Ewe, werden jungfräuliche Mädchen als Ausgleich für eine Verfehlung an Schreinpriester gegeben. *Trokosi*, so der lokale Name dieser weiblichen Sklaven, arbeiten auf dem Feld oder im Haus und müssen manchen Priestern auch körperlich zu Diensten sein; ihre Kinder sind auch Sklaven.[209]

7) Dazu kommt der gigantische Bereich der Zwangsarbeit in Sweatshops.[210]

All diese Formen bilden heutige Sklavereikomplexe. Jan-Christoph Marschelke verweist mit Kevin Bales und Becky Cornell auf mehrere allgemeine Ursachen moderner Sklavereien: enormes Bevölkerungswachstum, die Entwicklung der Weltwirtschaft und Korruption sowie traditionelle »Handlungszusammenhänge« oder »alte Traditionen«. Gemeint sind lokale Sklavereien, etwa, wie gerade gesagt, Schuldsklaverei, Kinderausbeutung in traditionellen Formen und religiöse Sklavereien.[211] Vier konkrete Formen des *slaving* bzw. der Verfügbarmachung von Menschen listet Marschelke auf; drei sind, wie wir gesehen haben, »alt« und kommen in allen Plateaus vor: erstens Kriegsgefangenschaft und Entführung, was alle Formen von Kinderraub und Razziensklaverei einschließt; zweitens Kinderverkauf sowie drittens Verschuldung. Die vierte, »genuin ›moderne‹« Methode der Versklavung umfasst Techniken und Technologien des Transports und der Täuschung, auch und gerade unter Nutzung heutiger Medien und Informationstechnologien.[212]

Der Kampf gegen Sklaverei scheint heute für viele ein Thema für Wohltätigkeitsveranstaltungen zu sein. Er hat viel von seiner Exotik verloren, die einst die Abolitionsbewegung des späten 18. und des 19. Jahrhunderts attraktiv machte. Dennoch gibt es Sklavinnen und Sklaven weiterhin. Was ist das heute für ein Sklavereiplateau? Ist es expandierender globaler Kapitalismus menschlicher Körper unter den technologischen Bedingungen des 20. und 21. Jahrhunderts, mit informellem Rassismus bzw. identitärer Sprachregelungsfarbenblindheit und aufgehübscht mit moralischen Diskursen über Diversität, um Antisklavereigefühle für Propaganda und Werbung zu nutzen? Welche Rolle spielt der Aufstieg neuer Kapitalismen (Golfstaaten, Tigerstaaten, BRIC-Staaten, Osteuropa) nach Mustern der Organisation der Arbeit wie in Westeuropa und seinen Kolonien 1500–1960? Sind das Gesellschaften, die global einen Zivilisationsstatus à la Samuel Huntington beanspruchen? Wir sitzen in Europa bekanntlich im zivilisationshistorischen Glashaus – wollen wir diese Staaten also ernst nehmen mit ihren Ansprüchen und Dynamiken wie auch mit ihrem vom unseren abweichenden Menschenbild? Oder sind die Akteure heutiger Sklavereien marginalisierte Eliten in *failed states*, die in der Kapitalisierung menschlicher Körper ihre einzige Chance auf Profite sehen und nutzen – auch dies eine historisch weitverbreitete Form traditionellen Menschenhandels?[213]

Seit 1990 hat sich neben gigantischen Möglichkeiten zur Täuschung (auch und gerade im Sog der Informationsflut) nur eines fundamental geändert, und wir sollten auch hier die ambivalente Akteurschaft (*agency*) der Menschen nicht übersehen: In früheren Jahrhunderten haben sich Menschen mit Händen und Füßen gegen Verschleppung gewehrt. Heute, aber eigentlich schon seit den Kontraktsklavereien des vierten Plateaus, sind immer mehr Menschen bereit, u. a. als Flüchtlinge, entweder zeitweise (bezüglich ihrer jeweiligen Biografie) oder in bestimmten Räumen und auf bestimmten Routen, Bedingungen aktiv zu nutzen, sogar dafür zu zahlen und sich zu verschulden, die denen im atlantischen Sklavenhandel oder im Kulitransport in nichts nachstehen. Auf vielen Routen, u. a. im Mittelmeer, kommen Zuwanderer auch ums Leben. Andere Migrationen enden oft, wenn es sich um einzelne Kinder oder Frauen handelt, in realer Sklaverei, aber eben »ohne Institution«. In absoluten Zahlen gibt es heute mehr Sklavinnen und Sklaven als jemals zuvor (mit Ausnahme vielleicht der Zeit 1938–1945). Die Frage, ob wir es heute mit einem oder mehreren kumulierten »alten« Sklavereiplateaus der Globalgeschichte unter heutigen Bedingungen zu tun haben, bleibt offen.

Was kosten menschliche Körper?

In globalhistorischer Perspektive ist das eine sehr komplizierte Frage; nur im dritten Plateau der atlantischen Wirtschaftssklaverei liegen uns Daten über Verschleppte, Preise, Löhne und anderes vor.[1] Kompliziert ist die Frage vor allem wegen der unterschiedlichen Wertsysteme in globaler Breite. Schon auf gleicher Zeitebene wurde ein ›Wert‹ in Afrika, Europa, der Karibik oder zum Beispiel in Indien und China sehr unterschiedlich gemessen und verglichen. Ich will trotzdem einige sehr interessante historische Daten präsentieren.[2]

Eine Grundaussage gilt für die ›lange‹ Perspektive im vorliegenden Buch: Kaum jemals in der Geschichte sind menschliche Körper in direkterem Sinne Kapital gewesen als in der Prähistorie und in Gesellschaften, die mit prähistorischen Phänomenen verglichen werden. Versklavte waren Statuskapital im sozialen Sinne (Prestige, Macht, Schutz, Arbeit) und im symbolischen Sinne (Opfersklaverei, Reichtumspräsentation, Rituale). Das hat sich auf alle nachfolgenden Sklavereiplateaus ausgewirkt.

Griechische Autoren schreiben den Beginn der antiken »Kaufsklaverei« im Mittelmeerraum den Bewohnern der Insel Chios zu. Nicht umsonst hat Thukydides die Chier als die »Reichsten unter den Griechen« bezeichnet. Menschenhandel brachte immense Profite – auch der Ruhm der reichen Kaufleute Phöniziens basierte darauf.[3] Etrusker, Römer und Gallier sowie andere Küstenbewohner hielten bald mit den Phöniziern und Griechen mit. Hermann Parzinger spricht von schwunghaftem Sklavenhandel zwischen Skythen und Festlandsgriechen sowie Ioniern über die griechischen Kolonien an der Nordschwarzmeer-Küste. David Lewis hat die Bedeutung der Donaumündungsgebiete und Persiens als Herkunftsgebiete von Sklaven im klassischen Attika herausgearbeitet. Es scheint für Tausende von Jahren auch relativ stabile Werte für Sklaven gegeben zu haben (von kurzen Schwankungen abgesehen, etwa beim Überangebot von Versklavten). Besonders in der ›modernen‹ Sklaverei sind die Preise einerseits allgemein extrem gefallen, andererseits für Elitesklaven extrem gestiegen.

Ich drücke es hier mit Leonhard Schumacher in griechischen Wertrelationen des 5. Jahrhunderts v. Chr. aus: Ein durchschnittlicher Sklave kostete 200 Drachmen, ausgebildete Sklavinnen und Sklaven konnten auch einen Wert von 300–600 Drachmen repräsentieren. Ein Rind kostete 50–70 Drachmen.[4] Die Sklaven waren also zwischen drei und rund zehn Rinder wert. Diese Relation stimmt in etwa noch für Südportugal 1538–1700, eine der ersten Regionen Europas, die von der Expansion im atlantischen Raum profitierte: Versklavte Männer zwischen zwölf und fünfzig Jahren hatten 1538–1600 einen Durchschnittspreis von knapp 29 000 Reis, ein Ochse kostete zur selben Zeit durchschnittlich 6300 Reis (also ein Verhältnis von 1 zu 5).[5] Zwischen 1601 und 1650 stieg der Durchschnittspreis eines versklavten Mannes auf rund 39 000 Reis (eine versklavte Frau kostete rund 40 000), der eines Ochsen auf rund 6700 Reis.[6] 1651–1700 schließlich war der Preis eines versklavten Mannes auf rund 43 500 Reis gestiegen (einer versklavten Frau auf rund 52 500 Reis) und der Preis eines Ochsen auf rund 8500 Reis.[7] Ein qualifizierter Handwerker (Schreiner) erhielt 1672 einen Tageslohn von 150 Reis.[8]

Youval Rotman sagt über Sklavenpreise im Mittelmeerraum des 7. bis 15. Jahrhunderts, dass diese seit der späten Antike vor allem zwischen Byzanz und Ägypten relativ stabil (und hoch) geblieben seien und vor allem je nach Beschaffungswegen und Beschaffungsschwierigkeit variiert hätten. In Byzanz entsprach der Preis für einen Sklaven in etwa dem eines Hauses in der Provinz oder von drei Ladenlokalen in Konstantinopel selbst, dem Jahreslohn eines Beamten oder dem sechsfachen Jahreslohn eines Tagelöhners. Im fatimidischen Ägypten lagen die Preise etwa um die Hälfte höher, während man das Angebot an Sklaven auf dem Markt sogar verdoppeln konnte.[9]

Das mittelalterliche West- und Mitteleuropa 700 bis 1100 lieferte als unterentwickelte Region seine wertvollsten Waren, menschliche Körper (sowie Pelze/Felle und Waffenrohlinge), an die entwickelteren Gebiete des islamischen Afrika, an Spanien sowie asiatische Gebiete. Britannien und Irland, die unter andauernden

Kriegen von Kleinkönigreichen sowie angelsächsischer und wikingischer Expansion litten, wurden »Produktionszonen« von Kriegsgefangenen und Razziensklaven. Die Wikinger versklavten mitgebrachte Geiseln und keltische Frauen auf Island und in anderen Kolonisationsgebieten.

Im dritten Plateau der *Atlantic slavery* änderte sich die Wertrelation versklavter Menschenkörper zu Großvieh wie Ochsen, Rindern oder Pferden – der Wert der versklavten Körper und ihre Preise stiegen stark an. Der Transport von Menschen im Gefangenen- oder Sklavenstatus von einem Gebiet mit Überschuss an gefangenen Körpern an Orte mit Nachfrage nach Arbeitskräften und Ressourcen hat schon immer relativ stetige Gewinne (manchmal auch Überangebote) ermöglicht. Nach 1530 aber explodierten die Gewinne. Ich spreche von Werten zwischen 200 und 400 Silberpesos (*pesos de a ocho reales*) sowie von nachfolgenden Gewinnen aus Tausch- und Verkaufsoperationen zwischen 5 und 15 Prozent, oft auch mehr. Neuerdings ist für erfolgreiche Operationen auf der Mittelpassage des atlantischen Sklavenhandels von einer Wertverdopplung die Rede, allerdings meist nicht in Geld.

Noch im 18. Jahrhundert wurde die Steuer für europäische Sklavenschiffe in Afrika, etwa in Cape Coast Castle, »in Sklaven« und Masten berechnet: Ein dreimastiges Schiff hatte »21 Sklaven« zu bezahlen, eine Brigg oder ein Schoner (mit zwei Masten) bezahlten »14 Sklaven«, und Kutter oder Sloops (einmastig) bezahlten »7 Sklaven« – kurz gesagt, sieben Sklaven pro Mast.[10] In einer Korrespondenz zweier Gouverneure des portugiesischen Afrika über den Kauf einer Insel in Guiné (heute Guinea-Bissau) schreibt 1839 der Gouverneur von Bissau:

> »Ich habe die Freude, Eurer Exzellenz den auf ihren Befehl gemachten Kauf des Inselchens des Königs mitzuteilen, das den Wert von acht Sklaven gekostet hat, dazu zwei von meinem Konto; zur Zeit der Wert von acht Sklaven (die einzige Weise, die die Eingeborenen dort haben, um zu zählen), macht vierhundert und vierzigtausend Reis aus«.[11]

Sklaven dienten als Wertmesser und Zahlungsmittel.[12] Auch die immer wieder als »Währung« im afrikanischen Sklavenhandel dargestellten lokalen Güter[13] wie *panos* (Baumwolltuche) von den Kapverden (vor allem von Santiago und Fogo), *manillas* (ring- oder kreuzförmige Kupferstücke oder Bronzeringe), einfacher Schnaps, Reis, Salz, Perlen, Goldstaub, Glasperlen, Goldmünzen oder unterschiedliche Arten von Muscheln in anderen Gebieten (Kauri und Nzimbu) stellen sich aus atlantischer Gesamtperspektive sozusagen umgekehrt dar. Denn die eigentliche allgemeine ›Währungseinheit‹ waren menschliche Körper, dafür bekam man den Gegenwert in lokaler ›Münze‹ – manchmal, wenn sich eine zentralere Instanz durchgesetzt hatte, gemünztes Silber; im Nordatlantik oder im Skandinavien der Wikingerzeit auch Ringsilber (Armreifen). Auch tauschte man Tücher einer bestimmten normierten Größe. Gegen Ende des 17. Jahrhunderts galt das Verhältnis von einem Sklaven zu sechzig *panos* in Guinea.[14] *Panos* sind handgewebte blaubunte Baumwollstreifen, deren sechs zusammengenäht ein *pano* (Tuch) ergaben. Baumwollstoffe galten in dieser Zeit als Luxus, den sich etwa in Europa nur ganz wenige leisten konnten. In Indien, Afrika und in Teilen Amerikas hingegen waren die gerade bei Hitze so angenehmen Baumwollstoffe Standard für Eliten (und nicht nur für diese).

Einer der wenigen Historiker, der diese Währungsfunktion menschlicher Körper (für Spanisch-Amerika) erkannt und historisch konkret dargestellt hat, ist Jean-Pierre Tardieu. Tardieu legt zunächst die mit generellen Statusdegradierungen zusammenhängenden Bewertungen von Sklaven unterschiedlicher Kategorien (Herkunftsregionen) und verschiedener Zuschreibungen in Bezug auf kulturelle Faktoren (*bozales/boçales*, *ladinos*, *rellolos*, *criollos*) dar. Dann beschreibt er die normalen Kaufs- und Verkaufsoperationen von Sklaven vor allem für Handelsplätze mit hoher (in diesem Falle spanischer) Monetarisierung in Form des *peso de a ocho reales* (Piaster) oder von Edelmetall unterschiedlichen Formats wie Silberbarren, Goldketten oder anderen Tauschgütern (verschriftlicht in Notariatsprotokollen).[15] Der Sklave gewinnt nun seinen

Wert aus seiner Kapazität zur Produktion und Reproduktion.[16] Wo kein liquides Geld ist, sagt Tardieu, und das war in fast allen inneren Regionen Amerikas oder Afrikas der Fall, transformiert sich der Sklave in Handelswährung, Hypothekensicherung und produktives Kapital.

Verschiedenste Produkte und Dienstleistungen (sehr oft: Schiffsreparaturen und Aufenthaltskosten von Kapitänen, Mannschaften und Sklavenhändlern) wurden mit Sklaven bezahlt; so z. B. im Falle eines gewissen Diego de Vera aus Alto Perú (heute Bolivien), der seinem Schwiegersohn Antonio Joseph de Correa eine geliehene Summe von 600 Pesos nicht zurückzahlen konnte und ihm dafür 1792 die Sklavin María, *esclava conga* (aus dem Kongo oder Angola) im Alter von achtzehn Jahren übertrug.[17] Der Wert von Sklaven wurde, wie gesagt, auch für die Garantie von Hypotheken eingesetzt, oder Sklaven wurden bei Schulden sequestriert.[18] In der *Audiencia de Charcas*, dem kolonialen Territorium des heutigen Bolivien, gab es im 16. und 17. Jahrhundert viele schwarze Haussklavinnen und Sklaven.

Als Kapitalsicherung wurden Sklaven während der gesamten Zeit der Sklaverei eingesetzt. Allen Sklavenhaltern gefiel es, ihren Erben (oder ihren Töchtern bei der Verheiratung) ein Kapital von stabilem oder höherem Wert zu hinterlassen. Edelmetallgeld konnte im Wert schwanken oder war nicht vorhanden, und Fonds waren wegen der Spekulation sehr riskant. Viele Erbschaften und Mitgiften bestanden deshalb, neben Land und Häusern, aus Sklaven, die ein sicheres Kapital darstellten und selbst in ihrer Primärfunktion als Arbeitsinstrument Mehrwert erwirtschafteten oder auch in der Reproduktion ›Mehrwert‹ schaffen konnten. Deshalb kam es oft zu schweren Auseinandersetzungen zwischen Erblassern und Erben, wenn Sklavinnen und Sklaven sich freikaufen wollten (*coartación, ahorro*), weil den Sklavenhaltern – oft Witwen mit zwei bis drei Sklaven, die sich damit Kapital und Rente sicherten – Arbeitskraft, Profitquelle, Kapital und Kapitalsicherung verloren gingen.[19] Die spanische Krone musste wegen dieser Konflikte das Amt des Armenanwalts (*síndico procurador*) einführen, u. a. um dem Kronschatz Steuern und Mehrwertsteuern (*alcabala*, *alcabalita*) aus Sklavenverkäufen zu sichern. Tardieu beschreibt diese Kapitalfunktion von menschlichen Körpern für das Innere Spanisch-Amerikas, das zwar formal monetarisiert war, aber oft auf andere Werte zurückgreifen musste. Die Kapitalfunktion von Menschen trat noch deutlicher zwischen Wirtschaftskulturen mit unterschiedlichen Wertsystemen hervor.

Im Zuge der Atlantisierung Afrikas und der Herausbildung eines zusammengesetzten atlantischen Sklavereityps wurde das Kapital menschlicher Körper zur wichtigsten Währung und zu einer Art Atlantikgeld. So kann Linda Heywood anhand der vielen Briefe, die Dom Afonso I., »König« des Kongoreiches (1509–1543), an König Manuel I. von Portugal schrieb, belegen, dass Afonso Sklaven nach Lissabon exportierte, die dort gegen Zucker gehandelt wurden.[20] Als Jean Barbot Ende des 17. Jahrhunderts zu den Efik nach Old Calabar im heutigen Nigeria kam, war er der Meinung, dass Sklaven »in erster Linie ein Zahlungsmittel unter diesen Afrikanern«[21] seien – in Wahrheit waren sie natürlich auch landwirtschaftliche Arbeitskräfte, Schuldner, Konkubinen, Menschen, die sich selbst verkauft hatten, verkaufte oder abgegebene Kinder sowie Verurteilte und Kriegsgefangene. Die Städte der Efik waren im Grunde Kommunen und Häfen unter Kontrolle von Sklavenhandelshäusern.[22]

Und Fernão de Sousa schreibt über Angola:

> »Das Geld, das in der Stadt Luanda zirkuliert, ist von unterschiedlichen Qualitäten und Preisen, weil das beste *peças de Índias* ist [wörtlich: »Stücke von Indien« – in dem Sinne, dass es sich um Versklavte handelte, die wegen ihres hohen Wertes als menschliche Körper in das edelmetallreiche Spanisch-Amerika verschleppt wurden – M. Z.], das sind Sklaven, die man nach Indien [*Las Índias* – eben das spanische Amerika; M. Z.] verschifft für den Wert von zweiundzwanzigtausend Reis [portugiesischer Real – M. Z.]«.[23]

Roquinaldo Ferreira zitiert eine Quelle, die die Sklavengeldwirtschaft und den Sklavenhandel im Innern Angolas vor dem 18. Jahrhundert beschreibt: Dort galten wie im Mitteleuropa des 9./10. Jahrhunderts oder bei den Wikingern (siehe zweites Plateau) speziell Frauen und von versklavten Frauen geborene Kinder als »Geld« (Austauschwert).[24] Ebenfalls für Afrika, konkret am Río Pongo, hat der Sklavenhändler Theodore Canot die Rolle von Menschen als »Währung« und Wert (Kapital) beschrieben:

> »Überdies hat der finanzielle Instinkt von Afrika, anstatt Banknoten oder die edlen Metalle als Tauschmittel zu verwenden, festgesetzt, dass ein menschliches Wesen, die persönliche Verkörperung von Arbeit, das Kostbarste auf dieser Erde ist. Der Mensch wird also zur eigentlichen Währung. Ein Sklave ist eine Promesse, welche diskontiert oder verpfändet werden kann; er ist ein Wechsel, welcher sich selbst an seinen Bestimmungsort bringt und körperlich eine Schuld bezahlt; er ist eine Steuer, die in eigener Person in die Schatzkammer des Häuptlings eingeht«.[25]

Als Ökonom des 19. Jahrhunderts, der die Beziehungen des Kapitals menschlicher Körper zu anderen Formen des Kapitals kannte, hielt Canot fest:

> »England [sendet] bis heute unter dem St. Georgskreuz seine Musketen aus Birmingham, seine Kattunstoffe aus Manchester und sein Blei aus Liverpool nach bequem an der Küste [Afrikas] gelegenen Niederlassungen des ›gesetzlichen‹ Handels [Menschenhandel galt als ›ungesetzlicher‹, illegitimer, Handel – M. Z.], Waren, die dann in Sierra Leona, Acra und an der Goldküste in aller Ehre und Tugend gegen spanische [und kubanische – M. Z.] oder brasilianische Wechsel auf London eingetauscht werden. Aber welcher englische Kaufmann weiß nicht, auf welchem Handel diese Wechsel beruhen und für wen diese [Waren] gekauft worden waren. Frankreich mit seiner ›roten Mütze‹ und

> seiner Brüderlichkeit sendet Kattunstoffe aus Rouen [und der Schweiz – M. Z.], seinen Kognak aus Marseille, seine dünnen Seidenläppchen und anderen wertlosen blinkenden Kram [quelque-chose] [...] Ich wiederhole, daß die Versuchung, welche in diesen Dingen verborgen ist, der Grund ist, warum die afrikanischen Kriege, um Schwarze zu erbeuten, geführt werden und die schwarzen Menschen den wunderschönen Wechsel bilden«.[26]

In ähnlicher, schon stark national-imperialistischer Diktion schreibt Heinrich von Maltzan 1873 in der *Gartenlaube* über Sklavenproduktion und Sklaven als Geld östlich des Tschadsees:

> »Man berechnet nämlich daselbst alle Waaren nach ihrem Werthe in Sclaven, das heißt in sogenannten mittelguten Sclaven; denn es giebt auch geschätztere, welche so viel werth sind, als zwei mittelgute, und geringer geachtete, die man nur einem ›halben‹ gleichschätzt. Der übliche Ausdruck lautet ›Köpfe‹. Alles wird nach ›Köpfen‹ berechnet. Natürlich ist dabei nur von Menschenköpfen die Rede; denn die Thierköpfe sind [...] oft viel mehr werth«.[27]

Die Fixierung des »Wertes« menschlicher Körper und seines Preises in anderen »Werten« hat auch eine lange Geschichte. »Wert« wurde auf Märkten ausgehandelt und nicht zuletzt von Staaten und Rechtssystemen fixiert. Werte wurden zwischen Eliten als »Gabe« verschenkt. Historische Hauptbedingung für die Entfaltung von mehr und differenzierteren lokalen Kin-Sklavereien im zweiten Plateau der globalhistorischen Sklaverei zu scharf gezeichneten Typen von Eigentums- und Wert-Sklavereien dürfte im Falle Roms, der Araber oder Osmanen die Verbindung von imperialer Expansion mit dem Ziel der Bekehrung von »Ungläubigen« (zum Islam), der überregionalen Mobilität, der Formierung von Staaten sowie der Belohnung siegreicher Generäle sein. Im Falle der afrikanisch-atlantischen Sklaverei und ihrer Expansion nach den Amerikas im dritten Sklavereiplateau haben wir es eher mit einer dynamischen

Konkurrenzsituation von Krieger- und Priestereliten, Staaten, Ökumenen, Kaufleutegruppen, Kapitänen, Monopolansprüchen und Netzwerken in der atlantischen Welt inklusive Afrikas zu tun.

Zur entwickelten Form der Sklaverei Besiegter und Fremder, vor allem im neuzeitlichen Sklavereiplateau in römisch-atlantischer Tradition, gehörten *slaving* und Sklaventransport (mit zirkulierenden materiellen Gütern, Schulden, Transportmitteln, Häfen und Personal) sowie Sklavenhandel über weite Entfernungen, Mobilität der Sklavenhändler, Zwangsmobilität sowie totale Kommodifizierung von Menschen unter kolonialen Bedingungen und Akkumulation von Kapital aus dem Handel mit menschlichen Körpern. Dort, wo Eliten und Staaten die akkumulierten Kapitale sowie ihre Weiter- und Wiederverwendung sicherten, entstanden Emporien und Metropolen, oft zunächst an Häfen: Lissabon, Sevilla, Cartagena; Antwerpen, Amsterdam; London, Bristol, Liverpool; Nantes, Bordeaux; New York, New Orleans, Havanna, Rio de Janeiro. Dies sind die wichtigsten Punkte des dritten Plateaus, in denen sich seit dem 18. Jahrhundert der atlantische Sklavenhandel konzentrierte; hinzu kommen natürlich die afrikanischen Verladehäfen und -plätze.

Voraussetzung war die Existenz von Wirtschaftsakteuren, die Kredit hatten, die die Mobilität (z. B. Schiffe, Kapitäne oder Karawanen) kontrollierten und an Kommodifizierung sowie am Kauf und Verkauf anderer Menschen interessiert waren. Vor allem in den Gebieten der demografischen Katastrophe in den Amerikas (mit dem Zentrum der Karibik) wurden »angelegte«, d. h. lokal versklavte Körper die Grundlage für die weitere Etablierung und Festigung europäischer Kolonialherrschaft. Ohne sie war die Verwandlung von Land in Kolonialterritorien (Städtebau, Häfen, Urbarmachung von Land) und Landbesitz (Eigentum) nicht möglich. Ohne versklavte Menschen als Siedler, Arbeiter und Eltern von Kindern ließ sich das reichlich vorhandene und fruchtbare Land an den tropischen Küsten und auf den Inseln der amerikanischen Kolonien für adlig geprägte Conquistadoren nicht verwerten. Zunächst profitierten Menschenjäger, Anführer von Söldnern, Reeder, marginalisierte Sepharden, Faktoren, Kapitäne, Kaufleute und Sklavenhändler sowie Kolonialbeamte, aber auch viele Schmuggler, *lançados* und Korsaren – außer den Beamten sehr mobile Leute. Vor allem Korsaren und Schmuggler, informell natürlich auch Kaufleute, kannten sowohl das Angebot, oft sogar Überangebot, kriegsgefangener Menschen in Afrika als auch die hohe Nachfrage nach Arbeitern und Siedlern in den tropischen Zonen Amerikas. Nicht zuletzt deshalb wurden versklavte Menschen, vor allem die aus Afrika, in den Amerikas mehr und mehr als zwangsangesiedelte Menschen angesehen, insbesondere in den Frühzeiten der Kolonien.

Hinzu kamen Kreditgeber mit Zugang zu zentralen Informationsnetzen. Kredit umfasst neben dem Geldkredit in monetären Wirtschaften auch schuldenfinanzierten Bau und Ausrüstung von Schiffen, Lebensmittel, Besoldung von Männern und Mannschaften, Handelswaren und Waffen. Wichtig ist, dass diese Kredite wiederum meist auf Schulden basierten, die mit dem realen Wert sowie der Arbeit menschlicher Körper gedeckt wurden. Oft wurden eben vor allem menschliche Körper mit ihrer Multifunktionalität als Kapital und als Bezahlung eingesetzt. Von 1440 bis 1880 betrieben das die zentralen Eliten der Sklavenhandelsmächte nach dem Muster der Monopolisierung »zur See« (und in Häfen), während Korsaren, Atlantikkreolen, Schmuggler, Kaufleute und Sklavenjäger deren Monopol brechen und ebenfalls Profite machen wollten. Kapitäne, die immer auch Schmuggel trieben, bewegten sich zwischen beiden Welten, waren aber tendenziell Agenten des ›freien‹ Unternehmertums.

Zunächst gaben die europäischen Sklavenhandels- und Seemächte die Kontrolle über die Hochseeschifffahrt nicht auf bzw. stellten sie nach mehr oder weniger langen Korsaren- und Piratenphasen immer wieder neu her (das verhinderte auch die Kontrolle afrikanischer Eliten und von ihnen abhängiger Atlantikkreolen über die Atlantisierung). Doch nach der Glorious Revolution in England 1688 setzte sich, nach niederländischen Vorläufern (1663–1688), im britischen Imperium mehr und mehr die Erkenntnis durch, dass Staatsmonopole im Handel hinderlich seien. Vielmehr habe der Staat die Aufgabe, Rahmenbedingungen für Privatinitiativen auch im transatlantischen Sklavenhandel zu schaffen. Frankreich zog nach bis 1730; Portugal und Spanien bis etwa 1790. Die wichtigsten Akteure des ›freien‹ Kapitalismus waren Kaufleute, Reeder sowie Bankiers und Versicherer, Kapitäne und *lançados/tangomãos* (auch »Atlantikkreolen« – siehe drittes Plateau: oft Kinder iberischer Väter und afrikanischer Frauen). In dieser Hochphase englischen Korsaren- und Piratentums wurde Afrika zusehends marginalisiert. Afrikaner galten mehr und mehr als Wilde und unzivilisierte Barbaren.

Der historische Kapitalismus im Westen zwischen 1450 und 1880 ist also eine, vielleicht *die* Hauptepoche der Akkumulation von Kapital durch Menschenhandel und Sklavereien gewesen. Diese Akkumulation war nicht »ursprünglich«, wie Karl Marx in Bezug auf die gewaltsame und massive Ansammlung von Kapital vor der Herausbildung des Kapitalismus (vor allem in England 1500–1650 und im atlantischen Raum)[28] annahm, sondern sie hatte schon um 1650 eine sehr lange Geschichte und Vorläufer. Aus globalhistorischer Sicht dürfte Afrika als wichtigster Großakteur von *slaving*, der Akkumulation von Menschenkapital, und als Lehrmeister der Europäer in Bezug auf die Kapitalisierung der Körper von Kriegsgefangenen und Geraubten gelten. Afrikanischer Handel mit menschlichen Körpern, vermittelt vor allem von Portugiesen (deren Sprache auch jeder andalusische Seemann sprach), d. h. Kreolisierung (hier im allgemeinen Sinne die Transkulturation von Sprachen, Lebensweisen und Kulturen), wurde so zu einer Dimension des globalhistorischen Phänomens Kapitalismus. Die Mobilität der Sklavenhändler und ihrer Hilfskräfte sowie die Kontrolle der Mobilität der Versklavten bildeten die andere grundlegende Dimension. Afrikanische Eliten und ihre atlantikkreolischen Nachkommen, die sich in manchen Regionen Westafrikas und Ostafrikas sowie des Atlantiks »Portugiesen« nannten, bewahrten das *slaving*-Monopol der Anlieferung menschlicher Körper auf europäische Schiffe etwa 400 Jahre lang.

Machen wir einen Sprung ins 19. Jahrhundert: Dale Graden gibt an, dass 200 000 Dollar von 1839 etwa einen Geldwert von acht Millionen Dollar (2013) hätten.[29] Er rechnet weiter, dass ein Dollar von 1860 einem Wert zwischen »$ 30 and $ 60 in 2013« entspräche.[30] Kevin Bales und Becky Cornell geben den durchschnittlichen Geldwert eines Sklaven in Euro für 1856 mit 26 000 Euro an.[31] Bis um 1888 hatten Sklaven in Plantagengesellschaften also einen Wert, der heute zwischen dem eines guten Kleinwagens (etwa 15 000 Euro) und eines guten Mittelklassewagens (etwa 40 000 Euro) läge. Da auch die Kaufpreise in den Eigentumssklavereien Amerikas relativ hoch waren, mussten Sklaven etwa zwanzig Jahre arbeiten, um ihren Käufern formal etwa den gleichen Geldwert ›zurückzuerstatten‹. Der Wert, vor allem der Wert des Sklavenkapitals für den Status des Käufers und die Wertfunktion des Sklaven für Sklavenhalter, waren aber höher.[32]

Die Grundinformationen bei Verkäufen und zur Ermittlung des Werts versklavter menschlicher Körper auf dem Markt blieben über Jahrtausende ähnlich: Herkunft (Region sowie Gruppe/Ethnie), ungefähres Alter (sehr wichtig für die Leistungsfähigkeit des Körpers, bei Frauen für Produktions- und Reproduktionsfähigkeit), Merkmale und Verletzungen des Körpers, Krankheiten, (Sklaven-) Name sowie gelegentlich psycho- und soziokulturelle Zuschreibungen. Diese frühen ›biometrischen‹ Angaben wurden visualisiert in Körper- und Gebissmutilationen, Tätowierungen, Stammesnarben und anderen Skarifizierungen; für Afrika zusammengefasst in Nationsbezeichnungen (*congo*, *angola*, *lucumí*, *carabalí*, *arará*, *coromantees*, *mandinga/o*, *gangá*, *mina*, *macúa* usw. – in Notariatsprotokollen nach dem »christlichen« Namen meist kleingeschrieben: »María mandinga«; »Jesús angola« usw.), um den Wert der ›Ware‹ prognostizieren und anpreisen zu können.

In kollektiven Sklavereien und Schuldsklavereien vor allem des Ostens, speziell Russlands, Indiens und Chinas, dürften die Preise (wenn überhaupt fixiert) niedriger gewesen sein.[33] Für Cholopen, d. h. Privatsklaven in Russland, die ähnlich wie Sklaven in China (als verschuldete oder gescheiterte Bauern) über ihren Eintritt in die Sklaverei Verträge schließen konnten, liegen Schätzungen über

Preise vor, die sich wie in der griechischen Antike oder im Portugal des 16. und 17. Jahrhunderts an den Preisen für Vieh orientieren. Letzteres dürfte in seinem Wert für die jeweilige Gesellschaft etwa dem eines Autos heute entsprechen; junge Ackerpferde kosteten etwa vier Rubel, alte Pferde etwa zwei, Araber über 35 Rubel.[34]

Heutige Sklaven sind schon für ein Hundertstel dieser Summen oder noch viel weniger zu beschaffen. Benjamin Skinner hat dargelegt, dass er in Port-au-Prince ein zehnjähriges Mädchen (aus der Gruppe der *restavec*) für fünfzig Dollar hätte erwerben können und in Bukarest eine junge Frau gegen den Wert eines Gebrauchtwagens; ein gesundes und hübsches Kind wiederum für 20 000 Dollar (im Grunde das Geschäftsmodell der illegalen Adoption).[35] Michael Jürgs belegt ähnliche Zahlen.[36]

Andere globale Räume – andere Sklavereien. Fallbeispiel China

»Sklaven von Gemeinfreien wurden vor dem Gesetz wie Tagelöhner behandelt«.[1]

Für Indien, den anderen globalen Akteur aus der Gruppe der BRIC-Staaten, dürfte mittlerweile klar sein, das viele »alte Traditionen« im Grunde Sklavereien waren.[2] Deshalb will ich als Exempel nochmals China bringen – zumal Sklavereien in China weniger bekannt sind, weil es nie ein vereinheitlichendes Oberkonzept wie in der Tradition des »römischen« Rechts gegeben hat. In der östlichen Hemisphäre, vor allem um den Indischen Ozean herum, in Mittel- und Ostasien und speziell in China sind all die genannten Plateaus und viele spezielle Sklavereiformen (Militärsklaverei, Staatssklaverei, Razziensklaverei, Frauen- und Kindersklaverei, kollektive Sklavereien in bestimmten Territorien, Schuldsklaverei, Konkubinen) ebenfalls vertreten. Auffällig ist allerdings das weitgehende Fehlen eines dritten Plateaus der Eigentumssklaverei wie in der *Atlantic slavery* (obwohl es Ansätze gab). Eigentums- und Plantagensklaverei kam punktuell als exportierte Modernität in die östliche Hemisphäre. Aus der Karibik gelangte Zuckersklaverei in den Indischen Ozean und, auf Basis lokaler Sklavereien sowie zum Teil anderer Produkte, in südostasiatische Handelsstützpunkte, in die indonesische Inselwelt und in malaiische Gebiete, nach Malakka, Borneo sowie die Zulu-See. Oft dominierten lokale Eliten transkulturierte Sklavereiformen. Nach dem »Ende« im Westen, der formalen Abolition des atlantischen Sklavenhandels (bis 1840) und der Sklavereien (bis 1888), kamen »neue« Sklavereien zwischen 1850 und 1950 auch nach Südostasien (Indochina, Burma, Annam, Siam/Thailand). Aber es gab nicht nur »Export aus der Karibik«, sondern auch »Import in die Karibik«. Konkret gelangten mehr als 900 Schiffe voller Versklavter von Ostafrika und Inseln des Indischen Ozeans in die Karibik und in andere Gebiete der Amerikas und des Atlantiks – vor allem aus Mosambik.

Die Sklavereiplateaus und die unterschiedlichen Sklavereiformen auf dem Gebiet des heutigen China dürften ebenso alt sein wie die in der atlantischen Welthälfte. Kern der Sklavereigeschichte Chinas und, *cum grano salis*, Ostasiens sind die beiden ersten Plateaus, speziell im Innern dessen, was jeweils als Chinesisches Reich gefasst wurde. Im Laufe der langen Geschichte hat es eine intensive Mischung der beiden Plateaus mit einem deutlichen Schwerpunkt auf dem Kin-Plateau der Sklavereigeschichte gegeben, wobei Frauen- und Mädchensklaverei immer sehr verbreitet und mit formell legitimierten Formen der Staatssklaverei, der Prostitution, dem Konkubinat sowie der Elitesklavereien verknüpft war. Dazu kamen seit 1830 erkennbare Formen des vierten Sklavereiplateaus – im Übergang zu anderen Typen von Zwangsarbeit oder Bond-Sklaverei.

Im Grunde waren alle Sklavereien im Inneren Chinas Nahsklavereien; im Gegensatz zum atlantischen dritten Plateau und zum Trend im vierten Plateau globaler Sklavereien. An den Rändern allerdings und in den Expansionsräumen, die etwa mit den Tang im 7.–9. Jahrhundert, den Mongolen/Yuan (13./14. Jahrhundert) und den Jurchen/Manchu (1644–1911) auch tief ins Innere Chinas vorstoßen konnten, gab es durchaus Fernsklavereien, die seit dem 16. Jahrhundert mit den Portugiesen in Macau oder den Spaniern in Manila auch bis Europa oder Amerika reichten. Daraus ergab sich um 1840 eine wichtige Neuerung globaler Sklavereien. Von nun an markierten lokale Sklavereien des ersten und zweiten Plateaus, vor allem aber die in China lange Tradition des vertraglichen Eintritts in eine Abhängigkeit tendenzieller Sklaverei, den zeitlichen und strukturellen Beginn neuer Formen transnationaler sowie globaler Migrationen (Kulis u. a.) – im Westen unter Bedingungen der *Second Slavery*.[3]

Wir halten fest, dass es sich bei den Sklavereien in China um drei globalhistorische Sklavereiplateaus handelte: zunächst das erste Plateau des Sklavinnenstatus ›ohne Institution‹ bzw. in diesem Falle verborgen unter anderen Institutionen mit ihren jeweiligen legalen Regeln und ›Namen‹ sowie das zweite Plateau der Kin-Sklaverei in ihrer vollen Spannbreite. Im vierten Plateau der globalen Bond-

Sklaverei und der *Second Slaveries* war China ein wichtiges Herkunftsgebiet von Kulis – die vor allem in die USA sowie nach Panama, Kuba und Peru, ab 1880 auch in großem Umfang in andere Territorien transportiert wurden. Aber wie die Menschen hießen, die nach der Passage durch Macau oder Hongkong Kulis genannt wurden, welcher Gruppe diese Männer angehörten und welchen legalen Status sie in China hatten, ist nicht bekannt – wie fast immer in der Geschichte machen westliche Kategorien an den Toren Chinas Halt, in diesem Fall an den südlichen Häfen (Kanton, Macau, Amoy, Shanghai usw.). Die wichtigste soziale und legale Gruppe, die später außerhalb Chinas als Kulis bezeichnet wurde, hieß in China wohl *gugong / gugong ren*.

Ein kurzer Blick auf die Vielzahl von Namen der Sklaverei und das in einzelne Status gegliederte Kontinuum von *bond-slaves* in China ist sinnvoll. Besonders niedrig war der Status eines *nupu*. Wörtlich bedeutet *nu* Sklave und *pu* Diener, d. h. es handelt sich um eine Doppelformel. Auch *dianpu* ist offensichtlich eine vergleichbare Reduplikation.[4] Sucheta Mazumdar sagt zur Kategorie des *nupu*: »Der *nupu* [奴仆] bezeichnet ein Besitzrecht über Menschen, und sowohl die Rechte als auch der soziale Status waren erblich.«[5] Der Status der *nupu* war so tief unterhalb der Gemeinen (*liangmin*), dass sie bei Strafen das doppelte Strafmaß bekamen. Nach den politischen Reformen der Qing im 18. Jahrhundert wurden andere Worte benutzt, wie *gugong ren* (engl. »hired labourers«[6]) für Mietarbeiter in der Landwirtschaft, die Kontrakte für länger als ein Jahr eingingen. *Gugong* (Arbeitsmänner) oder *guyong* (einfach: Arbeiter, auch Frauen) waren Menschen aus gemeinen Familien in ländlichen Gebieten, deren Schulden so hoch waren, dass sie sich *nicht* in die Sklaverei verkaufen konnten. Sie gingen also Kontrakte mit offener Laufzeit ein: »In practice these families were slaves«[7], sagt Pamela Crossley. Zwar hatten sie theoretisch die Möglichkeit, aus dem Kontraktverhältnis zurückzutreten, doch sank ihr Status mit der »freiwilligen« Versklavung so tief, dass sie praktisch niemals mehr das Stigma des Sklaven verloren (innere Statusdegradierung). Dass sie nach Ende des Vertrages formal wieder als Gemeine (*liang-*

min) gelten sollten,[8] blieb wirkungslos, denn meist gab es kein Ende der Verträge.

In der historischen Realität gibt es keine reinen Plateaus, sondern Mischformen. Folgt man einer linguistisch-kulturgeschichtlichen Interpretation, dann war das erste Plateau in China wie überall geprägt von Kindern, meist Mädchen, als Sklaven ›ohne Sklavereiinstitution‹. Offizielle Sklaven waren in China Verurteilte oder Kriegsgefangene, die in herrschaftlichen Institutionen eingesetzt waren oder vom Kaiser an adlige Beamte gegeben wurden, im Wesentlichen Haussklaven oder ›Unterhaltungssklaven‹ in Palästen, auf großen Gütern und in Klöstern. Eine große Gruppe von Verschleppten und Versklavten bildete den riesigen Bereich informeller *Bond*-Sklaven, die ebenfalls im oder am Haus unter Kontrolle ihrer Besitzer lebten und in der Landwirtschaft und im Transport oft »niedere Arbeiten« erledigten. In Randgebieten des Reichs entstanden auch klientelistisch-militärische Sklavereiformen (Milizen) und andere Sklavereien. Es existierte ein großes Übergangsfeld zur Mietarbeit, zumal Städte sehr intensiv mit ihrem Umland verflochten waren und Arbeit in China sehr zeitig zur Ware geworden war.

Zwangsarbeiten und Statusminderung beruhten in China bis ins 19./20. Jahrhundert auf sehr alten, traditionellen Hierarchieebenen der sozialen Organisation. Schon im 3. und 2. Jahrtausend v. Chr. gab es dienende Gruppen in der Landwirtschaft und bei öffentlichen Arbeiten (Mauer- und Festungsbau, Kanal- und Erdarbeiten, Bütteldienste); allerdings haben wir wenig Evidenz für eine rigide, formalisierte, erbliche Stratifikation in Sklaven und Freie (wie später im republikanischen und kaiserlichen Rom). Zwangsarbeiter scheint es allerdings in der Landwirtschaft, im Militär und in Herrscherhäusern von den Anfängen an gegeben zu haben. Inwieweit das als kollektive informelle Sklaverei definiert werden könnte, muss offen bleiben. Die Gliederung in eine große Gruppe von erblichen »guten« Gemein-Freien (*liang*) und ebenfalls erblichen »Verdorbenen« (niedrig/*jiang* – wie z. B. Sänger, Tänzer, Schauspieler) ist ebenfalls sehr alt. Darüber legten sich die patriarchalisch-legalistischen Diskurse des Konfuzianismus. Nach dieser Ideologie der harmonischen Ordnung im Interesse des Staates waren Sklaven entweder Gegner der Ordnung (und damit Verbrecher) oder für immer in einer Art Kindstatus gegenüber dem Oberhaupt der Familie gefangen. All das mag in seinen Performanzen, Ritualen und Benennungen typisch chinesisch gewesen sein, in seinen Ursachen, Strukturen, Formen, Zeiten und Abfolgen lässt es sich in die Gemeinsamkeiten globalhistorischer Sklavereiplateaus einfügen.

Zudem hatte China nach den Mongolen (Yuan-Dynastie), d. h. seit Beginn der Ming-Zeit um 1380, ein stetiges Bevölkerungswachstum zu verzeichnen, abgeschwächt, aber nie wirklich unterbrochen, durch Krisen, vor allem Hungersnöte. Eine der Hauptfolgen war, dass Arbeit sehr früh zur Ware wurde.[9]

Bei der Definition von Sklaverei in China spielen selbstverständlich auch die legale Konstruktion von Eigentum und die soziale Konstruktion von Familie eine wichtige Rolle. In China waren die Rechte in Bezug auf Nutzung oder Besitz von Land, Dingen und Menschen relativ und konditional. Die Worte des Tang-Kodex aus dem 7. Jahrhundert, der Modell für alle anderen Gesetzesbücher wurde, unterscheiden nicht zwischen »Besitz« und »Kontrolle«. Dieses und die darauf basierenden weiteren Gesetze zum Eigentum machten die Veräußerung eines Besitzes, dessen Gebrauch und Einkommen von einer Person erworben worden waren, an eine andere Person zu einer kriminellen Handlung. Der Erwerb dieser Rechte war im rechtlichen wie im praktischen Sinne kompliziert, denn sie waren immer klar auf eine Person bezogen sowie auf einen Clan und dessen Oberhaupt, also im Grunde nicht übertragbar.[10] Obwohl im chinesischen Recht und chinesischen sozialen Institutionen die vollständige Kontrolle von Menschen über andere, mit denen sie nicht verwandt waren,[11] durchaus vorgesehen war, gab es in den Gesetzestexten keine Entsprechung der *res* (einer Sache mit reinem Objektstatus, zu der im römischen Recht auch Sklaven zählten). Wir haben es also im weiteren Sinne mit Besitz an Menschen durch eine konkrete Person zu tun, nicht aber mit ›sachlichem‹ Eigentum, mit dem der Eigentümer *usus et abusus* per Gesetz treiben durfte.

Einen großen Unterschied zu Gesellschaften, die in Bezug auf Sklaven von der Tradition des »römischen« Rechts geprägt sind, finden wir auch im chinesischen Konzept der Familie. Theorie und Praxis von Familieninstitutionen sind in China zunächst so diffus, dass es schwierig ist, zwischen »familiär« und »nicht-familiär« zu unterscheiden. Ein ganz großes Problem in Bezug auf den Kauf von Kindern und die Adoption von männlichen Kindern lag darin, dass es männlichen adoptierten Kindern, die den gleichen Namen wie ihr Adoptivvater trugen, strikt verboten war, von einer der unteren Klassen der Gesellschaft (Sklaven oder *jiang* – Niedere) in die Klasse der freien »Guten« (und höher) aufzusteigen. Generell war es zwar erlaubt, Jungen zu adoptieren und ihnen den eigenen Namen zu geben, um die entscheidende Vaterlinie fortzusetzen, aber diese Kinder sollten keine *jiang*- oder Sklavenherkunft haben. Genau das scheint sich aber vermehrt abgespielt und zu Verschleierungsformen geführt zu haben.[12]

In China spielte neben dem Kauf und Verkauf von Jungen zwecks Adoption vor allem der Kauf und Erwerb von Frauen oder Mädchen eine wichtige Rolle. Selbst legitime Ehefrauen gehörten zum Verfügungsbereich des Hausherrn.[13] Spannungen existierten also nicht nur zwischen einem Nichtsklaverei- und einem Sklavereiraum, sondern auch zwischen einem legalen Kinder-, Frauen- und Heiratsmarkt einerseits und einem illegalen, aber sehr realen Raum der Sklavereipraxis und des Menschenhandels andererseits. Anders ausgedrückt: Gekaufte und gehandelte Familienmitglieder konnten vollständig in die Familie integriert sein und zugleich Besitz einer Person bleiben. Dienerinnen hatten auch sexuell zur Verfügung zu stehen, Konkubinen wurden unter Männern gehandelt, verliehen und getauscht.[14]

Trotz der legalen Nichtexistenz von Eigentum im Sinne des römischen Rechts wurden Frauen de facto als Eigentum behandelt, und das wurde auch in schriftlicher Form fixiert. Frauen und Kinder wurden bisweilen als Schuldpfand (*dian*) vergeben, was in den

Kontrakten meist mit Armut begründet wurde. Es konnte auch sein, dass ein Gläubiger zur Schuldsicherung die Ehefrau eines Schuldners für eine gewisse Zeit übernahm (normalerweise drei Jahre). Die in dieser Zeit geborenen Kinder gehörten dem Gläubiger, so Johanna Ransmeier, und sie erhielten seinen Namen.[15] Die Pfandfrauen hatten im Zweithaushalt einen niedrigeren Status als Ehefrauen und Konkubinen.

Sklavereien in China unterschieden sich also von denjenigen der westlichen Hemisphäre sowohl real als auch rechtlich-diskursiv. Real waren es meist landbasierte Sklavereien auf Nahdistanz, da Versklavte im Zentrum des Chinesischen Reichs seit Han-Zeiten im Wesentlichen aus dem engeren lokalen Umfeld der Versklaver und Sklavenhalter kamen. Der legalistisch-diskursive und kulturelle Hauptunterschied zwischen Sklaverei im atlantischen Raum und China lässt sich am besten in den Worten von Pamela Crossley ausdrücken: »In China gab es nie einen rechtlich oder mit Bezug auf Rasse oder Kultur definierten Sklavenstatus und demzufolge weder eine Parallele zur römisch-rechtlichen Sklaverei noch deren Gegenstück, ein ausformuliertes Ideal persönlicher Freiheit.«[16] Das ist auch der Grund, warum chinesische Sklavereiformen für westliche Augen weitgehend ›unsichtbar‹ blieben.

Seit den 1920er Jahren gingen chinesische linke Intellektuelle und Parteikader auf die Suche nach der im marxistischen Geschichtsbild notwendigen Gesellschaftsformation des Feudalismus (*fēngjiàn*) sowie nach den entsprechenden Feudalherren, gegen die sich eine »bürgerliche Revolution« richtete (gemeint ist die Bildung der Republik 1911), damit danach die kommunistische Revolution siegen könne. Die resultierende Debatte um die Sklaverei war im Grunde ein Beiprodukt dieses historischen Narrativs und richtete sich zunächst am »römischen« Modell der antiken Privatsklaverei aus, womit sie insgesamt der Theorie der von Stalin kanonisierten »marxistischen« Gesellschaftsformationen (»Urgemeinschaft – Sklaverei – Feudalismus – Kapitalismus – Sozialismus / Kommunismus«) folgte. Die Gesellschaftsformation der Sklaverei wurde innerhalb dieser Interpretation der Weltgeschichte vor allem in der

Han-Periode der Geschichte Chinas verortet (Hàn cháo, 206–220 v. Chr.), d. h. zu Zeiten der Begründung der imperialen Tradition Chinas (die allerdings erst in Song-Zeiten, 960–1279, kodifiziert worden ist). Im Verlauf der frühen Han-Zeit (westliche Han-Dynastie) ist es wohl tatsächlich, wie in vielen antiken Kulturen und Imperien, zu Verschuldungskrisen und Versklavung lokaler Bauernbevölkerungen durch reiche Kaufleute, *gentry* und Geld-Verleiher gekommen – ein Versklavungskomplex, der in der europäisch-westlichen Geschichte mit dem klassischen Griechenland oder der Sklavereigeschichte Israels vergleichbar ist.

Die Grabbauten der ersten Kaiser Chinas wurden von unvorstellbaren Mengen verschuldeter und zur Arbeit gezwungener Menschen, meist Bauern, errichtet, die massenweise wegen Überarbeitung, Hunger oder Unfällen zu Tode kamen. Das gilt auch für andere Großbauten wie Mauern und Kanäle. Es gab verbreitet auch Opfersklaverei; allerdings wurden männliche abhängige Krieger durch symbolische Stellvertreter aus Ton ersetzt, Jungfrauen (Mädchen) und weibliche Sklaven (»Konkubinen«) aber durchaus geopfert.[17]

Der Leipziger Sinologe Eduard Erkes betonte in seiner Auseinandersetzung mit Vertretern der Theorie von der notwendigen Sklavenhaltergesellschaftsformation, die Sklaverei in China habe sich im Kern nicht aus Kriegsgefangenschaft entwickelt.[18] Das entspricht der Theorie der Plateaus, denn die Sklaverei in China entwickelte sich aus dem Sklavinnenstatus ohne Institution und eventuell aus Opfersklavereien. Erkes verwies dennoch auf verschiedene Formen von Kriegsgefangenschaft, die im Laufe der Geschichte zur Sklaverei tendiert hätten, wie den Einsatz von kriegsgefangenen *man-li* (»Südbarbaren«) in militärischen Funktionen. Ähnlich wie in Japan neigte man dazu, »Barbaren« wie etwa Mongolen im Bereich der als unrein betrachteten Tier- und Vogelhaltung sowie Tierbändigung und im Umgang mit toten Körpern als eine Art ›ewige‹ und religiös verfestigte Sklavenkaste einzusetzen. Man nahm sogar an, dass Barbaren mit Tieren (und Toten) reden konnten.

Direkte Sklaverei im »römischen« Verständnis war in China eher eine juristisch-soziale Einrichtung des Staates. Kriminelle wurden als Sklaven angesehen und behandelt. Diese Übergangsform zu staatlicher Zwangsarbeit sollte die »Verbrecher« selbst entmündigen und kontrollieren, richtete sich aber auch gegen deren »verdorbene« Familienangehörige. Da die Staatssklaven aus Abgaben und Steuern erhalten werden mussten, beklagte man immer wieder das »Nichtstun« der Sklaven, bis die formale Staatssklaverei in der Song-Zeit weitgehend eingeschränkt wurde (die Tradition der fünf entehrenden »Sklavenstrafen« blieb aber bis ins 18. Jahrhundert intakt).[19] Basierend auf früher Gesetzgebung waren schon in der Han-Dynastie Regeln aufgestellt worden, nach denen Kriminelle (meist) getötet wurden und ihr Eigentum eingezogen wurde. Ihre Familien wurden zu drei Jahren harter Arbeit oder zur Kastration (im Fall der Männer) verurteilt; sie wurden sozusagen beschlagnahmt und als Eigentum der Regierung gehalten.

Im Grunde waren Sklaven in der stark patriarchalischen Bauerngesellschaft Chinas nach den Lehren des Konfuzius immer und vor allem fiktive Verwandte des Halters, meist symbolische ›Kinder‹ oder Sexualpartnerinnen, für die ein Preis (*shenjia*) bezahlt werden musste, ehe sie in eine patriarchalische Familie integriert werden konnten. Das war in vielen Gesellschaften der Kin-Sklaverei der Fall. Die engen patriliniaren Bindungen in vertikaler Abhängigkeit, die in Familiensklaverei überging, blieben auch erhalten, wenn in Expansionsphasen große Güter entstanden. Dort lohnte es sich, größere Gruppen von versklavten Kriegsgefangenen außerhalb der bäuerlichen Wirtschaften und Gemeinschaften beziehungsweise Verbrecher aus internen bäuerlichen Gruppen einzusetzen. Dazu waren auch ›ideologische Freiräume‹ nötig, etwa die Asymmetrien zwischen Eroberern und Unterworfenen oder zwischen kaiserlicher Zentrale und Provinzen – z. B. zwischen Tang oder Mongolen und Han-Chinesen (mit ihren Eliten) bzw. Manchu und Han-Chinesen.

Zu den erstaunlichsten Konstanten der Sklaverei in der Geschichte Chinas gehörte der massive Verkauf von Kindern, in der Mehrzahl weiblichen Geschlechts. Dieser Sklavenhandel bildete die

Grundlage chinesischer Sklavenmärkte, der Praxis des Frauenkaufs (oder -raubs), des konfuzianischen Patriarchalismus und des Konkubinats. Kinder von Sklavinnen erbten den Status der Mutter, es sei denn, der Familienvorstand bestimmte etwas anderes.[20] In Qin- und Han-Zeiten scheinen sich erste Ideen der »imperialen Regel« (dieses Denken gab es in vielen Imperien) gebildet zu haben, der zufolge das »gute Volk« des Imperiums nicht versklavt werden sollte, sondern nur die »schlechten Elemente« (*jiang*).

Insgesamt kam Eduard Erkes zu folgendem Schluss: »Die chinesische [legale – M. Z.] Privatsklaverei war immer reine Haus- und Luxussklaverei. Die Sklaven waren, wie bis in die Gegenwart hinein, Mitglieder der Familie, die kaum tiefer standen als Kinder«.[21] Solche Familiensklaven und Konkubinen oder Nebenfrauen waren immerhin gegen allzu harte und sichtbare Misshandlungen durch das Ideal der Familie geschützt; die Tötung eines Sklaven wurde genauso bestraft wie die Tötung eines Freien. Allerdings wurden Konkubinen, gekaufte Kinder und Frauen hinter Mauern im Innern der Häuser verborgen. Grausame Misshandlungen durch die Herren und Herrinnen sind in den Quellen nachweisbar.[22] Bei den imperialen Eliten und im Palast des Herrschers stand die Luxussklaverei in der Tradition der Harems.[23] Es bildete sich ein explizit polygames System von Rängen heraus.

Auf Wunsch mussten Sklaven verheiratet werden. Sie und ihre Kinder wurden innerhalb der Besitzerfamilie vererbt. Sie wurden nie mündig, es sei denn, sie wurden formell freigelassen, was auch als eine Art Verstoßung interpretiert werden konnte. Sie blieben aber selbst dann Teil des Familien- und Klientelverbandes, was als Zeichen von Prestige eines reichen und vornehmen Hauses immer geschätzt wurde. Hierin gleichen sich chinesische Privatsklaverei und die sogenannte Haussklaverei der reichen Plantagenbesitzer in Brasilien und Kuba, deren Klientelstrukturen zum Teil bis heute fortleben.

In den achtziger Jahren des 20. Jahrhunderts wurde die Debatte um die Massensklaverei in China durch James E. Watson neu belebt.[24] Es gibt offenbar vom 3. Jahrhundert an klare Beweise für die

Existenz einer Gruppe von Menschen in China, die sich von Freien (*liang*) unterschieden und *nuli*, *nubi* oder *nupu* sowie *shipu* genannt wurden, als Besitz anderer galten sowie frei gekauft bzw. verkauft werden konnten. Das spricht dafür, dass die Gesellschaft stark hierarchisiert war und die Zeitgenossen die Ärmsten und Schwächsten als Gruppe definierten. Allerdings war die Eigentumsdimension der vollen Verfügbarkeit (*usus et abusus*) formal-rechtlich eingeschränkt.

Im Han-Imperium soll rund ein Prozent der Bevölkerung versklavt gewesen sein.[25] Gesellschaften, die wirklich auf ländlicher Wirtschaftssklaverei nach den Regeln des dritten Plateaus beruhen, weisen mindestens 20–30 Prozent Sklaven auf. Der springende Punkt ist allerdings die Verteilung, denn Quellen aus der Han-Zeit und Song-Zeit (960–1279) belegen, dass große Landbesitzer und Kaufleute bisweilen mehrere tausend Sklaven besaßen. Die Familie Zhuo von Chengdu (Sichuan) soll in Eisenmanufakturen 800 Sklaven beschäftigt haben;[26] Handwerksbetriebe hatten oft mehrere 100 Sklaven. In den ersten Jahrhunderten entstand durch den Rückzug von den bedrängten Grenzen Chinas im Norden und Nordwesten ins Kernland der zentralen Ebenen, aber auch ins Rote Becken von Sichuan, eine neue Klasse von Abhängigen und Versklavten, die man *ke*, abhängige Bauern, *buqu* [*buqi*], Leibgarden, und *nubi*, Hausdiener bzw. Haussklaven nannte.[27]

Im 9. Jahrhundert sollen buddhistische Institutionen bis zu 150 000 Sklaven beschäftigt haben. Prominente Beamte der Song-Dynastie und Teile der *gentry* sowie der Kaufmannschaft haben ebenfalls Tausende von Sklaven besessen.[28] Dabei handelt es sich aber sozusagen um ›Leerstellen‹ im normalen bäuerlichen Wirtschaftssystem (vor allem, was formale Sklaven betraf, auf staatlich verteiltem wie auf privatem Land)[29], die nach militärischen Invasionen, Bürgerkriegen, Dynastiewechseln oder großen imperialen Bestrafungsaktionen klafften; sie wurden aus einem Überschuss an Kriegsgefangenen, Kriminellen und eben Sklaven bewirtschaftet.

In Tang- und Song-Zeiten nannte man die Staatssklaven *kuan-hu* und *tsa-hu*. Ihnen war es bei Strafe nicht erlaubt, eine freie Person zu heiraten. Die Endogamitätsregeln stellen, wie in vielen Imperien, den Versuch dar, eine ›geborene‹ Sklavenkaste zu züchten. Es gab auch weibliche und männliche Privatsklaven (*pu-ch'ü*). Um neues Land zu erschließen und vor allem buddhistischen Klöstern Arbeitskräfte zur Verfügung zu stellen, siedelte man Versklavte kollektiv um.[30] An die 460 000 Kriminelle und Staatssklaven mussten sich als »Familien der Gemeinschaft« (*sengqihu*) in Grenzregionen niederlassen.[31]

China breitete sich insbesondere durch bäuerliche Kolonisation in Tang- und Song-Zeiten nach Süden aus (die mongolische Yuan-Dynastie vollendete das Ganze militärisch), entlang dem Unterlauf des Jangtse. Agrikulturelle Revolution und Expansion gingen eine Symbiose ein – vor allem seit Champa-Reis in den neuen Gebieten *Kiang-nan* (oder *Jiangnan*: südlich des Stroms Jangtse) angebaut wurde. Die Expansion erfasste auch das Sichuan-Becken am Mittellauf des Jangtse. Punktuell drang man bis Kanton (Panyu/Guangdong) und in die südlichen Küstenzonen vor und begann die Kultur von Nassreis, Tee und Seide, die Holzwirtschaft sowie die Produktion von Lack, Tinte und Baumwolle.[32]

Interessanterweise brachte der Buddhismus den Zucker mit, der allerdings aussah wie Haufen feuchten braunen Sandes oder wie »Stein-Honig« – seine Raffinierung wurde erst im 17. Jahrhundert entwickelt. Zucker kam zunächst über das Perlflussdelta und eben über die Wege des Buddhismus nach China: speziell über den Tan-huanh-Landweg und den Yang-chou-Seeweg. Zentren der Zuckerproduktion entstanden in Sui-ning am Fu-Fluss östlich von Chengdu und in Kuang-tung in der Kanton-Region. Im Zuge der bäuerlichen Expansion verzehnfachte sich in Südost-Anhui die Bevölkerung zwischen den Jahren 600 und 750 (von 25 000 auf 250 000 Menschen); die lokalen Adelsfamilien kontrollierten die spezialisierte Holz- und Lackproduktion sowie die Tintenherstellung, auf die die schriftliche Kultur ganz Chinas angewiesen war. Im Norden expandierte China zu Tang-Zeiten gen Zentralasien, insgesamt verlagerte sich das wirtschaftliche Zentrum Chinas allerdings nach Süden. Dieser gewaltige, aber langsame Prozess, genannt »conquest of China by the Chinese«[33], brachte nicht nur eine ungeheure wirtschaftliche und technologische Dynamik mit sich, sondern auch mehr Land und größere Unfreiheit für bestimmte Gruppen.

Auf dem Höhepunkt der Tang-Zeit, Mitte des 8. Jahrhunderts, war die chinesische Kultur kosmopolitisch: Massen von Ausländern siedelten sich in Handelsstädten in Gansu, in Shaanxi oder Henan und entlang des großen Kanals an, auch in Kanton (alter Name Panyu – zeitweilig 200 000 Einwohner, mit Ausländervierteln); indische und zentralasiatische Musik drang, ebenso wie Zucker, über die Oasenstadt Kuchâ und über die Seidenstraßen nach China ein; Türken, Uiguren, Tibeter, Koreaner, Menschen aus Khotan und aus Kuchâ, Sogden aus Transoxanien, Leute aus Kaschmir, Perser, Araber, Inder und Singhalesen trafen sich in Chang'an, der Hauptstadt der Tang. Sie hatten als Geschenke, Tributzahlungen und Handelswaren Sklaven, Tiere, Pflanzen, Nahrungsmittel, Zucker, Parfüms, Medizinen, Gewürze, Farbstoffe, Textilien, Schmuck und Metallgegenstände dabei. Und sie brachten, zusammen mit dem Buddhismus Nordwestindiens und Zentralasiens – und später dem Islam der arabisch-persisch-baktrischen Handelswege – über die Landwege des Nordwestens die Netzwerke aus Kamelkarawanen und das Kamel selbst nach China.

Der Süden verdankte ihnen eine noch bedeutendere Technologie, nämlich die Navigation.[34] Seehauptstadt des Indischen Ozeans in China wurde Panyu/Kanton; von dort aus lief man zentrale Hafenplätze wie Srivijaya auf Sumatra und Ceylon an. Nach der Gründung von Bagdad (762) und der strategischen Trennung der islamischen und der chinesischen Landsphären an den Grenzen Transoxaniens und Kashgars (751) nahm der Luxushandel über die Seeseidenstraße zwischen Basra (Bassora) und Kanton sowie den Küsten dazwischen (Malacca) zu: Elfenbein, Nashornhörner, Gewürze, schwarze Sklaven gegen Seide, Lackwaren, Gewürze, Porzellan. Die Rebellen und starken Männer in den Zeiten des Zusammenbruchs der Tang waren oft Menschen aus der Unterschicht, in einem Fall sogar ein ehemaliger Sklave, die zunächst Banden oder

Buqi-Milizen anführten und als Kriegsherren militärische Erfolge erzielten: »Die Tang-Kaiser waren zu Marionetten ihrer Diener geworden.«[35]

Sklaverei in China hinterließ weitere Spuren, die umso deutlicher sind, je klarer die Sklaven als Fremde erkennbar waren. In Tang-China waren Sklaven ein häufiger Tribut aus fremden Ländern, die sich das chinesische Kaisertum nur als abhängig und tributpflichtig vorstellte, und aus bestimmten Gebieten vor allem im Süden und Südwesten Chinas. Um 880 finden sich in der Prosaliteratur Tang-Chinas auch schwarze Sklaven (*kunlun nu*), die möglicherweise aus Ostafrika stammten und über Indien oder Persien nach China geraten waren. Sklaven aus Ostafrika wurden in China generisch als *kunlun* bezeichnet, was einfach »Schwarze« bedeutet. P'ei Hsing, Autor einer Sammlung von Romanen, deren einflussreichster den Titel *Kunlun Nu* (»Der schwarze Sklave«) trug, benutzte einen in China wohl wegen der Hautfarbe, der Physiognomie und der geringen Größe als exotisch angesehenen schwarzen Menschen als literarische Figur, um die Liebeskomplikationen seines Herren zu lösen. Die Geschicklichkeit des Sklaven *Moleh* in Zeichensprache, was zugleich bedeutete, dass er nur schlecht Chinesisch sprach, rettet seinem Herrn das Leben. Roderich Ptak allerdings assoziiert *Kunlun ren* (schwarze Menschen) und Kunlun-Schiffe eher mit dunkelhäutigen Seefahrenden, die auch Versklavte gewesen sein mögen, aus der malaiischen Welt, oder vermutet einen generellen Oberbegriff für Menschen und Schiffe aus dem Süden. Er erwähnt *kunlun nu* aber auch im Zusammenhang mit äthiopischem sowie arabischem Sklavenhandel aus Afrika.[36] Im 10. Jahrhundert kamen »Perser und andere Anhänger des Islam« sowie Kaufleute aus dem Hadramaut nach China, die Versklavte mitgebracht haben mögen.[37]

Weitere Spuren in der Literaturgeschichte zeigen die Bedeutung der Haus- und Kin-Sklaverei. So soll ein Literat und Politiker der Tang-Zeit, Liu Tsung-yüan (773–819) während seiner Magistratszeit in der Stadt Liuchou eine »korrupte Praxis« im südlichen Teil des Tang-Imperiums ausgerottet haben, die darin bestand, Kinder zu kaufen und zu verkaufen (*young slaves*). Er ließ fast tausend dieser Kindersklaven befreien.

Im gleichen Zeitraum wurden auch in Japan verkaufbare Sklaven nachgewiesen (*nuhi*; die Ähnlichkeiten zu China sind nicht zu übersehen). *Nu* (oder *yakko*) bezeichnete einen männlichen Sklaven; *hi* (oder *menoyakko*) eine Sklavin; in Korea hießen Sklaven *nobi*.[38] Sklaven machten insgesamt etwa 30 Prozent der Bevölkerung Koreas aus; im Süden sogar etwa die Hälfte.[39] Sie konnten gekauft sowie verkauft werden und durften normalerweise keine eigenen Familien gründen.

Die Expansion der Mongolen verschärfte die Sklaverei. Sie stellte sich zunächst als Massakerkriegsführung dar, vor allem bis in die 1270er Jahre. Fast alle, die nicht getötet wurden, wurden als Beutesklaven unter die mongolische Militäraristokratie verteilt.[40] Sklaven und Sklavinnen waren oft ›aristokratische Gaben‹.

Auch in Ming-China mit seinem Anstieg der Militarisierung und der Intensivierung von Zwangsabhängigkeiten war systematische und formelle Massensklaverei kein sichtbarer Teil der Organisation des wichtigsten Produktionssektors, der Landwirtschaft – mit den erwähnten Ausnahmen von Klöstern und großen Landgütern vor allem im Norden. Dennoch war der Kauf und Verkauf von Menschen ubiquitär, wie immer wieder Beispiele versklavter Kinder zeigen (erstes Plateau).[41]

Die Ming haben die Probleme der Globalisierung im 16. Jahrhundert, die bestimmte Kaufleute und Eliten reich machte, letztendlich nicht bewältigt. Vor allem den Silberfluten aus Amerika und Burma, die die Portugiesen und Spanier mitbrachten, sowie den neuen Nutzpflanzen Mais, Süßkartoffel, Tabak, Chili, Sonnenblume, Kartoffel und Tomate waren sie nicht gewachsen. Timothy Brook schreibt in seinem Kapitel zur Weltökonomie des Südchinesischen Meeres über die Silberströme aus Manila und über andere Zwischenstationen:

»Die Ming gingen buchstäblich in einer Geldflut unter. Als der Handel alle anderen Einkommensquellen übertraf, konnten

Kaufleute im Luxuskonsum die Gentry überflügeln und die soziale Ordnung umkehren, die sie einst ans untere Ende der gesellschaftlichen Ränge gestellt hatte«.[42]

David Robinson schreibt zum Reichtum der Ming: »[Kaiser] Hongwu and his descendants enjoyed greater wealth than perhaps any previous imperial family«.[43] Der von Palast-Eunuchen verwaltete Hof hatte etwa 15 000 Dienstboten, Arbeiter und Handwerker; im 15. Jahrhundert verfügte die Kaiserfamilie über etwa eine Million Unzen Silber, im 16. Jahrhundert bereits über sechs Millionen Unzen Silber.[44]

Als Maßeinheit für ungemünztes Silber setzte sich im Laufe der Neuzeit, speziell in der Qing-Zeit, das *tael* (ein malaiisches Wort, *tahil*, das mit dem realen Silber über das Portugiesische nach China kam) durch.[45] China hatte nie Silbermünzen, aber eben sehr viel ungemünztes Silber. Silber war die wichtigste Ware im globalen Handel der frühneuzeitlichen Welt. China war nicht nur Partner in diesem Handel, sondern bis um 1820 eine Art Becken, in dem vor allem das Silber aus Spanisch-Amerika und anderen Regionen ›versank‹, sodass es nicht in andere Gebiete außerhalb Chinas getauscht oder gegeben wurde. Erst als die Briten begannen, Opium aus Bengalen nach China einzuführen, setzte ein Abzug von Silber aus China ein. Das Steuersystem, trotz eindrucksvoller Reformen zu Beginn des 18. Jahrhunderts, begünstigte urbane Gruppen, die an Silber herankamen, und benachteiligte die Mehrheit der ärmeren Bauern.[46]

Die Ming setzten in vielem die Traditionen der Yuan-Zeit unter mongolischer Herrschaft fort. Formale Sklaverei diente auch unter den Ming – trotz Reformbemühungen – eher dazu, einen Teil der Machtlosen, Normbrecher und Schwachen legal zu definieren und in soziale Hierarchien und Beziehungsnetze einzugliedern.[47] Sklaverei und Arbeit oder Dienstleistungen von Menschen in Sklavereisituationen waren mitnichten unbedeutend. Bei näherer Analyse zeigt sich sogar, dass Sklaverei und Unfreiheit oft durchaus im Zentrum von Handels- und Arbeitssystemen standen, etwa von urbanen Haus-, Handels- und Dienstleistungswirtschaften, Bau und Transport, wie überall in Südamerika auch in der Landwirtschaft außerhalb der großen Plantagensklavereien. Gruppen mit niedrigem Status konnten in unterschiedlichsten Wirtschaftskonstellationen zu Arbeit und Dienstleistung genötigt werden, oft auch unter institutioneller Kontrolle etwa eines Clanchefs, eines Haushaltsvorstandes, der Armee oder religiöser Institutionen wie etwa Klöstern. Dazu kam, dass die Ming Steuern nur auf Landwirtschaft, auf Land und auf persönliche Arbeitsleistungen erhoben (nicht auf Konsum, wie die meisten westlichen Staaten). Sklavenarbeit prägte nur selten Wirtschaftssysteme außerhalb der Hauswirtschaften; selbst bei sehr großen Gütern dürften Versklavte ans Haus der Besitzer angebunden gewesen sein bzw. an Niederlassungen größerer Klosterkomplexe. *Innerhalb* der Häuser- und Hofwirtschaften spielten Sklavinnen eine sehr wichtige Rolle. Mit dem Eindringen von Silber und neuen Ressourcen als materieller Ausdruck der Globalisierung verschärften sich die wirtschaftlichen und sozialen Widersprüche vor allem für Arbeitende ohne Land oder mit wenig Land.

In dieses nicht mehr reformierbare System der Ming schlugen Rebellionen und gewaltsame Qing-Eroberung wie Bomben ein, nicht nur wegen der Massaker und Razzien, sondern vor allem wegen des langen Krieges (1630–1683). Die Manchu/Qing etablierten sich über China zunächst, ähnlich wie die Mongolen, als eine Art Herrenschicht, die über eine gewissermaßen als Ganzes versklavte Bevölkerung in einem imperialen Tributsystem herrschte.[48] Am Beginn der Eroberung töteten die Manchu die chinesischen Bauern und verteilten das Land neu (vor allem als Weide); auch die großen Ming-Landbesitzer und Sklavenhalter, die Widerstand leisteten, wurden vernichtet. Aus den großen Ländereien im zentralen China wurden Domänen (*quan*); dies gab den freien Bauern endlich die lang entbehrten Expansionsmöglichkeiten. Eine stärkere Hierarchisierung der neuen ländlichen Eliten zwang aber wiederum Landarbeiter in einen echten Sklavenstatus.[49]

Insgesamt scheint einigermaßen erkennbare legale Sklaverei in

China nie viel mehr als fünf Prozent, meist nicht mehr als ein Prozent der Gesamtbevölkerung betroffen zu haben. Weibliche Sklaverei als Konkubinat ist wohl vor allem ein urbanes Phänomen der Luxus- und Palastsklaverei der oberen Eliten gewesen. Verbreitet waren demnach hybride Formen der Kin-Sklaverei mit verschiedenen Arten der Adoption vor allem von Mädchen und jungen Frauen. An der Versklavung vor allem von Chinesinnen änderte auch das Verbot der chinesischen Behörden im Jahr 1624 nichts, das den Kauf und die Ausfuhr von Chinesinnen und Chinesen etwa in die portugiesische Enklave Macau untersagte.

Kin-Sklavereiformen und verschiedene Typen des Sklavenhandels blieben China zwar bis ins 20. Jahrhundert erhalten, vor allem als Konkubinat und Kinderhandel; als scharf konturierte Rechtsinstitution blieb Sklaverei allerdings immer ein peripheres Phänomen. Sklaverei lag unter Verwandtschaftsbeziehungen und Familienideologie verborgen und war keine offizielle Massensklaverei – weit verbreitet, aber wenig sichtbar, zumal die chinesischen Bauern immer formell frei waren. Herrschende Eliten mussten das begreifen und dabei auch gigantische Hungersnöte in Kauf nehmen; komplizierte Kanalbauten und Nassreiskulturen sind trotz der Bevölkerungsdichte nur mit Sklaven nicht zu leisten gewesen. Sehr große Sklavenpopulationen hatten einfach keine Nische zwischen so vielen Bauern und einem zentralisierenden Kaisertum. Obwohl die chinesischen Bauern immer auch Abgaben leisten mussten, gab es nie eine durchgängige Sklaverei oder kollektive Formen wie Schollengebundenheit, Hörigkeit oder Leibeigenschaft wie in Europa oder Russland. Ganz im Gegenteil, Triebkräfte der chinesischen Sozial- und Politikgeschichte waren bäuerliche Migrationen und Expansionen sowie Agrarrevolutionen und Hausproduktion. Nur als Beiprodukt in den Dimensionen des ersten Plateaus oder in der Kin-Dimension sollte man die Versklavungsbasis dieser Agrargesellschaften verstehen.

Versklavte weltweit in Zahlen

»Da man in China nie die Sklaven in den Bevölkerungszensus eingeschrieben hat, da dieser nur die freien Steuerzahler enthält, konnte man auch nie die Totalzahlen dieser [Sklaven] ermitteln«.[1]

Die östliche Hemisphäre: Indischer Ozean, Ostafrika und Pazifik

Was wissen wir über Zahlen? Ehe ich nochmals auf die bislang im Rahmen von Sklavereigeschichten, die sich auf die Antike und die Amerikas konzentrieren, nur am Rande erwähnten Sklavereien in der östlichen Welthälfte komme, ist ein Rückblick in die ältere Weltgeschichte vonnöten. In einer globalen Sklavereigeschichte wird schnell deutlich, dass die absoluten Zahlen der Versklavten der atlantischen Welthälfte von denen in der östlichen Hemisphäre übertroffen werden. Die östlichen Sklavereien sind allerdings weniger gut dokumentiert. Grundsätzlich scheint die moderne Forschung Sklavenzahlen tendenziell nach unten zu »korrigieren«.[2]

Im Römischen Reich soll es auf dem Höhepunkt seiner Macht in der frühen Kaiserzeit zwischen einer Million und zehn Millionen Sklaven gegeben haben. Für das klassische Athen schwanken die Schätzungen zwischen 40 000 und 400 000 Versklavten, bei 21 000 »freien« Athenern und 10 000 Metöken (309/308 v. Chr.).[3]

Andere Komplexe des Sklavenhandels und der Sklavereien in der Weltgeschichte sind weniger gut untersucht. Die Welt der Wikinger und Normannen vom 9. bis 12. Jahrhundert kannte Frauenraub, Razziensklavereien, Sklavenhandel und lokale Sklavereien zwischen Grönland, Island, Irland, den Britischen Inseln, der Atlantikküste Europas und seiner Nebenmeere im Norden sowie der russischen Flüsse bis zum Schwarzen Meer und der Kaspisee.

Der frühe ›weiße‹ Sklavenhandel der Angelsachsen, Wikinger/Waräger/Normannen, Sachsen, Franken und Slawen im Frühmittelalter sowie die Vorgänge während der deutschen Ostexpansion und -siedlung können wahrscheinlich nicht einmal annähernd beziffert werden. Im Grunde werden nur klare Unterschiede in den

Annahmen über verschleppte Menschen pro Jahr deutlich: 7000 pro Jahr in Höhepunkten des Wikinger-Sklavenhandels gegen 250 000 in der frühen Kaiserzeit in Rom. Im England des 11. Jahrhunderts, nach der Eroberung durch die Normannen, arbeiteten etwa 25 000 Sklaven, vor allem in der Landwirtschaft.

Für das 10. Jahrhundert werden rund 24 000 Saqaliba-Sklaven (siehe »Namen der Sklaverei« im zweiten Plateau) allein in Córdoba in Al-Andalus (Spanien) vermutet.[4] Auf Sizilien gab es vor 1500 wahrscheinlich 50 000 Sklaven, in der zweiten Hälfte des 16. Jahrhunderts waren es noch 12 000 Sklaven. In Neapel existierten um die Mitte des 16. Jahrhunderts (geschätzt) 20 000 Sklaven; hundert Jahre später sollen es noch rund 10 000 gewesen sein. Das wären vier bis fünf Prozent der Bevölkerung. Viele waren Afrikaner aus dem Saharahandel. Sie kamen vor allem aus der Gegend des Tschadsees (Bornu, Waday, Darfur) und waren oft über die Oasen Kufra und Jalo verschleppt worden, nach Tunis oder Tripolis, das zwischen 1510 und 1551 unter christlicher Herrschaft gestanden hatte.

Für Genua gibt die *gabella slavorum* (eine Haussklavensteuer) darüber Auskunft, dass um 1380 3000–5000 Sklaven, vor allem Haussklavinnen, gehalten wurden.[5] Das ist auch ein Anteil von drei bis vier Prozent der Bevölkerung. Schätzungen sind immer sehr unsicher; zudem wurden Sklavinnen und Haussklaven in Italien (vor allem in den Städten Norditaliens) regelrecht vereinzelt. Muslimische Sklaven arbeiteten vor allem in ländlichen Gegenden wie Kalabrien, Apulien, Kampanien oder Sardinien. Insgesamt soll es im 16. Jahrhundert rund 60 000 Sklaven in Italien gegeben haben.

Byzantiner und dann Genuesen (1204) gründeten mit Maurocastro (Moncastro) an der Dnistermündung und Licostomo an der Donaumündung Handelsniederlassungen, in denen Menschenhandel für die ›neue‹ Mittelmeersklaverei betrieben wurde. Die Genuesen unterhielten auch Konsuln in den Sklavenhandelsstädten des Schwarzmeergebietes. Wie alle Handelsenklaven am Schwarzen Meer wurden Sudak (Soldaia), Kaffa (das antike Theodosia, heute Feodossija), Maurocastro und Licostomo, Jalta, Varna, Sevastopol,

Tana, Kabardi (und viele andere Plätze) vom *Offizium Gazariae* in Genua verwaltet.

Zwischen 1280 und den 1470er Jahren sollen die Genuesen rund 250 000 Versklavte durch Schwarzmeerhäfen geschleust haben – ein für diese Zeit in der Geschichte Europas unvorstellbarer Wert (obwohl die Zahlen schon nach unten korrigiert worden sind).[6] Kein Wunder, dass die ersten Banken in Norditalien entstanden. Für das 13. und frühe 14. Jahrhundert hält Johannes Preisler-Kappeller in einem Artikel über die Handelsempore Täbriz fest, dass es auch um die 200 000 »griechische« Sklaven im Reiche der Il-Khane (1256–1353) gegeben haben soll (gemeint sind im Wesentlichen christlich-europäische Versklavte).[7]

Aus Kaffa, der genuesischen Kolonial- und Handelsenklave (1266–1475), bereits Menschenhandelszentrum der Skythen und Griechen, des Bosporanischen Reiches, der Chasaren und der Waräger (Wikinger), sollen als größter Handelsposten etwa 1500 Sklaven pro Jahr ins mamelukische Ägypten sowie nach Italien und Spanien exportiert worden sein. Frauen und Mädchen brachte man meist nach Italien, Jungen nach Ägypten, junge Männer auch ans westliche Mittelmeer. Seit der Eroberung von Byzanz, vor allem nach 1475, wurde der bis dahin von italienischen Kaufleuten dominierte Schwarzmeersklavenhandel von muslimischen Razzienkriegern und Kaufleuten übernommen.

In der nächsten, von Tataren, Kosaken und Osmanen geprägten Phase der Sklavenjagd und des Menschenhandels an den nördlichen Küsten des Schwarzen Meeres wurden zwischen Ende des 15. Jahrhunderts und 1760 laut Alexandre Skirda etwa 2 bis 2,5 Millionen Russen, Ukrainer, Moldawier, Galizier und Polen verschleppt.[8] Um 1551, zwei Jahre vor der Eroberung Kasans durch Zar Iwan IV., soll es rund 100 000 versklavte Menschen aus russischen Gebieten im Khanat von Kasan gegeben haben.[9] 1619 verwüstete eine tatarische Razzia Galizien bis Lublin; weitere 100 000 Menschen wurden verschleppt. Razzienkriege bildeten die Grundlage von Wirtschaft, Gesellschaft und Kultur der Krimtataren und Nogaier; es gab 1516, 1537, 1559, 1575, 1576, 1579, 1589, 1593, 1616, 1619, 1640, 1666, 1667,

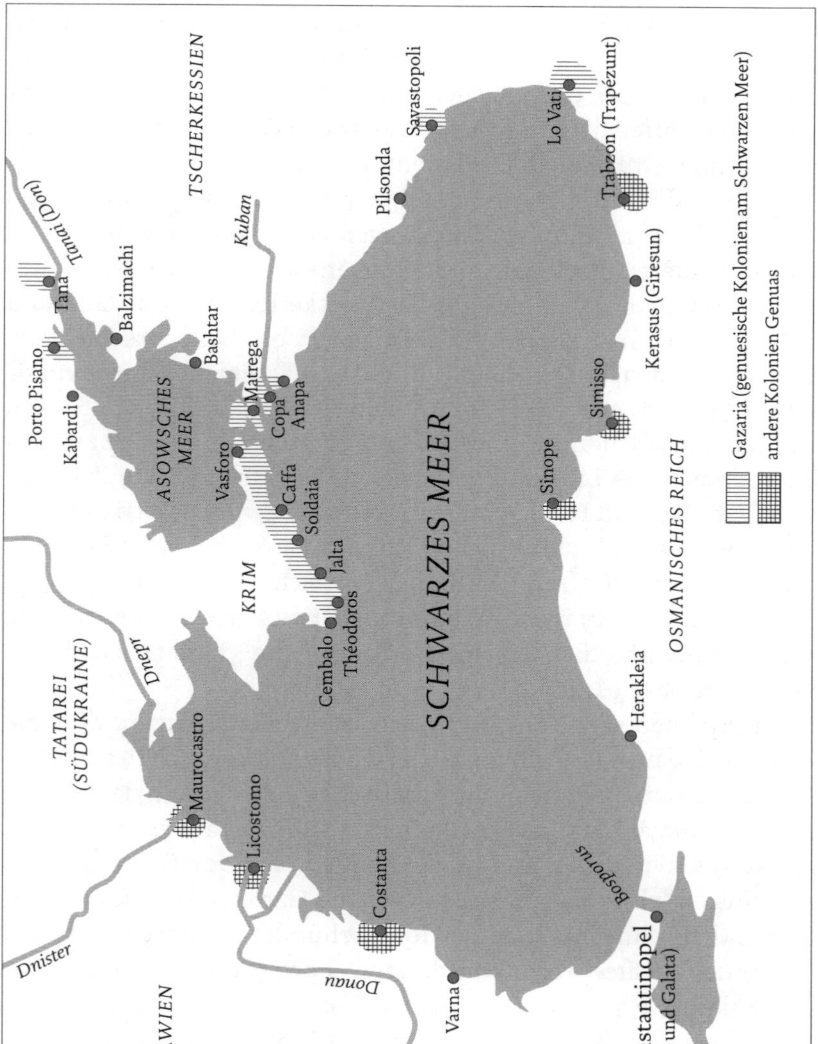

Die genuesischen Sklavenhandelskolonien am Schwarzen Meer, 13.–15. Jahrhundert

1681 und 1688 große Menschenjagd- und Plünderungszüge durch die Ukraine bis weit nach Polen, Wolhynien und Podolien hinein. Da die Krimtataren und Nogaier sich der Oberherrschaft der Osmanen unterworfen hatten, war der Absatz der Verschleppten, »die ihnen als eine Art Handels-Geld dienten«, garantiert.[10]

Das Russische Reich sicherte seine Südgrenzen mit Verhaulinien (*cherta* oder *zaseka*), mit Ansiedlungen von Musketiertruppen sowie Freibauern (Strelitzen und Kosaken) ab. Dazu kam die zwischen 1635 und 1653 angelegte Festungskette zwischen Oka und Wolga.[11] Trotzdem blieben Sklavenrazzien ein beträchtliches Problem (nicht nur) für Russland,[12] zumal es massenhaft interne russische Versklavte gab. 1680–1800 sollen an die 1,8 Millionen Bauern aus dem Russischen Reich verschleppt worden sein (siehe zweites Plateau sowie die Tabelle über Versklavte aus Europa S. 179).[13] Insgesamt geht Richard Hellie von rund zehn Prozent direkten Sklaven, Cholopen, im frühneuzeitlichen Russland aus – bei einer Bevölkerung von etwa fünfzehn Millionen Menschen insgesamt (1719)[14]. Das war die zweitgrößte Gruppe in der russischen Bevölkerung nach den mehrheitlich leibeigenen Bauern, die ich hier als kollektiv Versklavte bezeichne.[15]

Für Spanien sagt Youval Rotman: »Forscher schätzen, dass die Zahl von Sklaven im frühneuzeitlichen Spanien zwischen fünf Prozent und zwanzig Prozent der städtischen Bevölkerung lag, das ist eine Gesamtzahl von zwei Millionen«.[16] Konservativere Schätzungen kommen in dieser Zeit auf die Zahl von 100 000 Sklaven nur in Andalusien, einer traditionellen urbanen Gartensklavenkultur mit Latifundien. Für das Ende des 16. Jahrhunderts vermutet Manuel Fernández Álvarez – sehr konservativ – noch etwa 50 000 afrikanische Sklaven in ganz Spanien; ebenso konservativ wie Cortés López (57 582 = 0,73 Prozent der Bevölkerung).[17] Sklavinnen und Sklaven gab es auf der ganzen Iberischen Halbinsel im 16. Jahrhundert; ganz besonders viele immer noch in Andalusien (Sevilla, Málaga, Granada und Almería), auf den Balearen (Mallorca), den Kanarischen Inseln, in Katalonien (Barcelona), im Königreich Murcia und in Valencia. Aber auch in der Extremadura, in Galicien und in Kastilien sowie im Baskenland sind Sklaven nachweisbar. In einigen Fällen sind sogar Versklavte aus Asien, wahrscheinlich Indien, über Portugal nach Spanien gelangt (siehe drittes Plateau). Mitte der 1560er Jahre beherbergte die Diözese Sevilla etwa 14 500 Sklaven – etwa sieben Prozent der Stadtbevölkerung.[18] Im Süden Spaniens trafen sich Sklaven aus dem atlantischen Handel, Sklaven aus den Amerikas, Sklaven aus dem Maghreb und von der atlantischen Küste Marokkos, Sklaven aus dem Mittelmeergebiet und aus dem Schwarzen Meer und vom Balkan sowie aus europäischen Kriegen.[19] Die Zufuhr Versklavter stieg insbesondere durch imperiale Konflikte (vor allem der mit dem Osmanischen Imperium sowie den nordafrikanischen »Barbaresken«). Nach Cádiz etwa verschleppte man im Umfeld des Konfliktes zwischen Habsburgern und Osmanen nach der türkischen Belagerung von Wien (1683) und dem Frieden von Karlowitz (1699) zwischen 1670 und 1710 etwas mehr als 500 Balkanbewohner, meist Frauen. In Cádiz wurden diese Verschleppten als *esclavos turcos* (türkische Sklaven) bezeichnet.[20]

Als die Sadier von Marokko im Zuge des Sieges von Alcácer-Quibir (Ksar al-Kabir, 1578) gegen Portugal in den Süden expandierten und das Songhay-Reich besiegten (1598), sollen 10 000 männliche und 10 000 weibliche Versklavte aus dem heutigen Mali nach Marokko gelangt sein. Um 1705 gab es in Marokko zwischen 230 000 und 240 000 schwarze Versklavte, Männer, Frauen und Kinder – oft aus Gebieten des Senegal. Andere Versklavte sind nicht erfasst.[21] Sultan Al-Mansur gab die eine Hälfte der 1598 erbeuteten Sklaven der Flotte (die er nach christlichem Vorbild ausbauen lassen wollte) und die andere der Armee. Die Armee, seit dem späten 17. Jahrhundert eine überwiegend »schwarze Armee«, spielte (wie in Ägypten) eine wichtige Rolle, vor allem bis zum Ende des 18. Jahrhunderts.[22] Marokko, vor allem die Seefahrer- und Korsarenstadt Salé, führte auch atlantikweit Razzien und Plünderungsfahrten durch.

Die meisten Sklaven im Mittelmeer sind Ruder- und Galeerensklaven aus den Bagnos (Strafanstalten) der Mittelmeerstädte gewesen.[23] Auch für den deutschsprachigen Raum liegen geschätzte

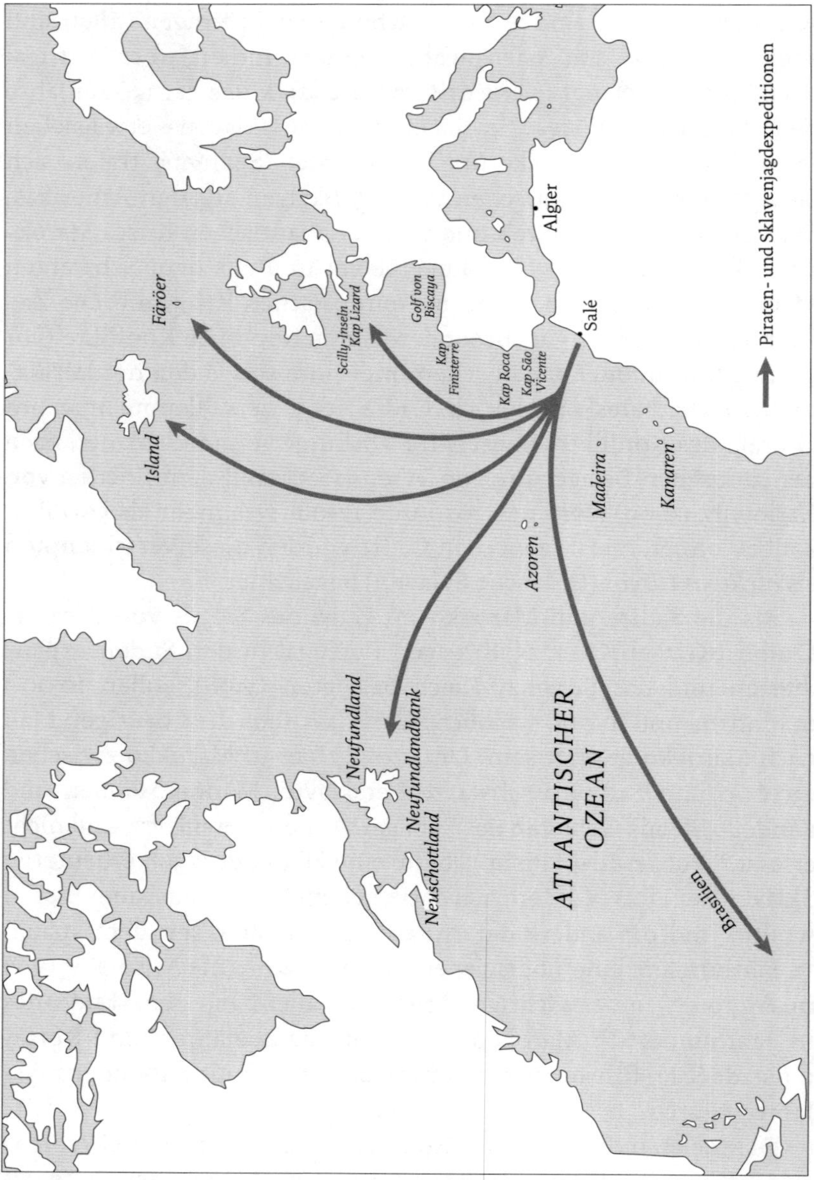

See- und Sklavenrazzienfahrten Marokkos, 17. Jahrhundert

Zahlen über Sklaven ohne die Institution Sklaverei vor, meist kriegsgefangene Türken oder »Geschenke« aus Afrika, die vor allem in Wien, aber auch München, Leipzig und Graz lebten. Die Mode der »Türkensklaven« und »Hofmohren« verbreitete sich vor allem im 17. Jahrhundert in Berlin, Köln, Braunschweig oder Hannover. Der Jenenser Philosoph Anton Wilhelm Amo, der seinen ersten Vornamen von seinem Taufpaten Herzog Anton Ulrich von Braunschweig bekam, war zunächst ein Sklavenjunge und ein Geschenk an den Fürsten.

In England soll es Ende des 18. Jahrhunderts etwa 10 000 Schwarze gegeben haben. Viele von ihnen waren Seeleute oder Haussklaven (»Diener«), die oft mit ihren Herren aus Kolonialgebieten gekommen waren. In Frankreich gab es im 18. Jahrhundert zwar formell »keine Sklaven«, aber die hohe Zahl an farbigen Menschen lässt eher das Gegenteil vermuten.

Neuere Studien für die Frühe Neuzeit (1500–1800)[24] ergeben folgende Schätzungen über Versklavte aus bzw. in Europa:

Versklavte	1500–1580	1580–1680	1680–1800
Geraubte und versklavte Europäer an der »Barbarenküste«	270 000	850 000	175 000
Über die Krim und das Schwarze Meer Verschleppte (10 000 pro Jahr)	800 000	1 000 000	600 000
Zwangsmigrationen versklavter Bauern im Moskauer Reich	–	–	1 800 000
Summen	1 070 000	1 850 000	2 575 000 (Gesamt: 5 495 000)

Sklaven aus bzw. in Europa

Nicht nur wurden mehr als fünf Millionen Europäerinnen und Europäer (diese grobe Vereinfachung ist natürlich historisch ebenso ungenau wie »Afrikaner«) verschleppt und versklavt, sondern es gab zwischen 1400 und 1800 in Europa auch etwa zwei Millionen nicht institutionalisierte Sklaven, da viele europäische Staaten in ihren Rechtsordnungen »Sklaverei« für Europa nicht definierten und vor allem seit dem 18. Jahrhundert ihre Territorien für »sklavenfrei« erklärten (*free-soil*-Prinzip). Die meisten Betroffenen waren Nichteuropäer und Nichtchristen, oft Gefangene der Türkenkriege, Kinder aus Afrika oder Opfer der Seeräuberrazzien im Mittelmeer. Auch wurden mehr und mehr Statussklavinnen und -sklaven aus der Karibik von ihren Herren oder Herrinnen mit nach Europa genommen.

In christlichen Gebieten Europas fanden sich die meisten Sklavinnen und Sklaven in Italien, Südfrankreich und Spanien. Bis zum Ende des 17. Jahrhunderts mag es mehr »weiße« Sklaven im islamischen Nordafrika und Mittelasien, mehr versklavte Indios in den Amerikas sowie mehr leibeigene Bauern im christlichen Russland gegeben haben als Menschen aus Afrika in der Neuen Welt. Im subsaharischen Afrika dagegen, u. a. mit der Ausnahme von Menschen, die auch europäische Vorfahren (wie »Portugiesen«, *lançados* bzw. Atlantikkreolen, Luso-Afrikaner) hatten, gab es kaum »weiße« Sklaven (von dem berühmt-berüchtigten Briten Bulfinch Lambe abgesehen, einem Sklaven König Agajas von Dahomey). 1785 wurde auf einer der Bissau-Inseln ein ehemaliger französischer Matrose angetroffen, der seit 28 Jahren Sklave war, nachdem die Mannschaft seines Schiffes getötet und das Schiff verbrannt worden war.[25]

Der osmanische und ägyptische Sklavenhandel ist nur in Umrissen bekannt, die aber, wie bereits im Kapitel über Sklavenhändler dargelegt, Schreckliches erahnen lassen. Ehud R. Toledano beziffert die Menschenverschleppungen aus Afrika zwischen dem 15. und frühen 20. Jahrhundert wie folgt: von der Suaheli-Küste (Ostafrika) ins Osmanische Reich, den Mittleren Osten und Indien entführte man 313 000 Menschen; über das Rote Meer und den Golf von Aden 492 000, davon nach Ägypten 362 000, und über die Sahararouten nach Nordafrika 350 000. Eine grobe Schätzung (abzüglich der Menschen, die nach Indien verschleppt wurden) ergäbe für den Menschenhandel in das Osmanische Imperium und seine Randgebiete mehr als 1,3 Millionen Menschen. Das bedeutet im 19. Jahrhundert etwa 16 000–18 000 Menschen pro Jahr; im 18. Jahrhundert mögen die Zahlen etwas niedriger gewesen sein, die Strukturen waren die gleichen.[26]

Wenn wir uns auf das dritte Viertel des 19. Jahrhunderts konzentrieren und annehmen, dass der Sklavenhandel ins Osmanische Reich sowie dessen Protektorate in dieser Zeit seinen Höhepunkt hatte, dann ergeben sich folgende »very tentative conclusions« (Toledano): Die Exporte von Saharasklaven aus Tripolis umfassten rund 2000 Sklaven pro Jahr; Importe in die osmanischen Häfen des Roten Meeres und den Persischen Golf betrugen etwa 7000 Sklaven pro Jahr, 4000–5000 davon gingen in den Hijaz am Ufer des Roten Meeres (auch: Hedschas – heutiges westliches Saudi-Arabien mit Mekka und Medina) sowie nach Jemen und der Rest in Häfen des Persischen Golfes. Exporte aus Ägypten und seinen *Slaving*-Einzugsgebieten könnten rund 1000–2000 Sklaven pro Jahr ausgemacht haben. Der tscherkessisch-kaukasische (auch »circassische«, »weiße«) Sklavenhandel hat wohl von der Flucht und Migration von Muslimen und Jesiden aufgrund der Expansion Russlands in den 1850er und 1860er Jahren profitiert und nochmals rund 1000–2000 Sklaven (vor allem Frauen und Mädchen) umgesetzt. Insgesamt macht das Volumen des osmanischen Sklavenhandels in der Zeit um 1850 bis 1875, exklusive des internen ägyptischen Sklavenhandels, zwischen 11 000 und 13 000 Sklavinnen und Sklaven per annum aus.

Der Sklavenhandel nach Ägypten betrug in den 1850er Jahren weniger als 5000 Sklaven pro Jahr, stieg aber in den 1860er Jahren zeitweilig auf 25 000 Verschleppte pro Jahr an. Kaukasische und georgische Sklaven und Sklavinnen wurden via Trapezunt, Istanbul und Izmir (oder Trapezunt-Sivas-Antiochia) auch nach Ägypten gebracht.[27] In Kairo gab es um 1850 etwa 10 000–15 000 Sklavinnen und Sklaven in Haus- und Dienstsklaverei bei einer Gesamteinwohnerzahl von etwa 275 000 – die meisten Haussklavinnen waren schwarze Frauen oder Mädchen.[28] Für ganz Ägypten gibt es zu keinem Zeitpunkt des 19. Jahrhunderts exakte Zahlen (und vorher auch nicht), nur relativ gute Schätzungen. Wie wir gesehen haben, hielt der Sklavenhandel aus dem Südwesten, dem Süden und über das Rote Meer über die ersten drei Viertel des 19. Jahrhunderts an. Über Sklaven im heutigen Sudan, wo Sklaverei immer noch existiert, sind Zahlen schwer zu bekommen.

In den Geschichten Chinas werden Versklavte selten beziffert; vor allem weil Sklaverei zwar eine Rechtskategorie war, aber formale Sklaverei in der Landwirtschaft, dem Hauptproduktionssektor, keine Institution bildete und weil die versklavten Menschen keine Steuern zahlten. Wenn man aber die lange vor der christlichen Zeitrechnung etablierte Kastengliederung der chinesischen Gesellschaften in »verdorbenes« und »gutes Volk« zugrunde legt, in der Ehrlose etwa ein Prozent der Bevölkerung ausmachten,[29] und man weiterhin für Ming-China um 1600 eine Gesamtbevölkerung zwischen 66 und 230 Millionen Menschen annimmt,[30] dann müssen wir mit rund 700 000 bis zwei Millionen Menschen vom »verdorbenen Volk« rechnen, zu dem auch formelle und informelle Sklaven gehörten. Doch obwohl Sklaverei keine systematische Struktur war und als legale Institution in ihrer wirklichen Breite relativ diffus ist, wirken sich viele Versklavte und Verkaufte auf eine Gesellschaft aus. James Watson sagt in seinem Artikel über Sklavenmärkte in China bis 1949, dass so gut wie jeder Bauernhaushalt direkt oder indirekt vom Verkauf von Menschen betroffen gewesen sei.[31] Vor allem mussten viele aus der Riesenmasse von armen Bauernfamilien eines oder mehrere Kinder verkaufen. Das relativiert den auf den ersten Blick geringen Anteil von einem Prozent erheblich. Sklaven in expansiven Gesellschaften an den Grenzen Chinas, etwa in Korea, machten insgesamt zwischen dreißig und fünfzig Prozent der Bevölkerung aus.[32]

Gwyn Campbell schätzt, dass der Meerestransport von Sklaven in der Welt des Indischen Ozeans größere Ausmaße hatte als der in der atlantischen Welt. Er schätzt auch, dass der umfangreichste Sklavenhandel in Asien über Land stattfand.[33] Die rund 550 000 Menschen aus Ostafrika (vor allem über Moçambique-Stadt auf der Mosambikinsel und Quelimane), die zwischen 1624 und etwa 1860 in die Amerikas verschleppt wurden, werden mit zur atlantischen Sklaverei gerechnet. Schätzungen besagen, dass es 1841 in Indien acht bis neun Millionen Sklaven gab. Sklaven stellten 20–30 Prozent der Bevölkerung vieler Länder und Territorien rund um den Indischen Ozean dar; in einigen Gebieten wie Ostafrika und Indonesien sogar um die Hälfte – es waren Sklavereigesellschaften. Möglicherweise ist die übergroße Masse Versklavter in der Welt des Indischen Ozeans unter einem zentralisierenden Begriff wie Sklavenhandel gar nicht zu erfassen. Die Mehrheit der versklavten Bevölkerung in Südasien kam aus der Heimat oder den benachbarten Regionen der Menschenhändler und Sklavenhalter, weil so weniger Transportkosten und -schwierigkeiten anfielen (Nahsklaverei wie in China). Fernhandel übers Meer mit größeren Mengen von Sklaven pro Schiff betrieben eher die Europäer, aber auch Kaufleute und Kapitäne aus indischen Gebieten – allerdings nicht so konzentriert wie in den Welten des Atlantiks. Im östlichen Indischen Ozean, in China und anderen zentralisierten Staaten kamen Verschleppte und Versklavte meist aus Bergstämmen oder lokalen Küstengesellschaften.

Für einzelne südasiatische und südostasiatische Sklavereien gibt es selten Zahlen. Michael Mann schätzt die Elitesoldaten der versklavten Siddi und Habshi im Deccan im 17. Jahrhundert auf 10 000 bis 60 000 Mann. Für Sri Lanka (Ceylon) in portugiesischen Zeiten (16./17. Jahrhundert) spricht er von rund 19 000 Soldaten, meist afrikanischen Sklaven, die sich selbst als *kavisika* (*cafres*) und *abisi* (Abessinier) definierten. Die Niederländer sollen im 17. Jahrhundert 4000 *caffers* (eine Übernahme des arabischen Wortes *kafr* für Ungläubiger) nach Ceylon verschleppt haben, und die Briten kauften (seit 1796) 800 *Cafre*-Soldaten von den Portugiesen in Goa. Sie bildeten das 3rd Ceylon Regiment. Noch heute bezeichnen die Worte *kaffrinha* oder *cafferina* eine kreolische, transkulturierte Musikform auf Sri Lanka – eine Spur Karibik im Indik![34]

Die Cherumar-Sklaven in der Landwirtschaft Malabars (Südwestindien) machten zu Beginn des 19. Jahrhunderts 15 Prozent der lokalen Bevölkerung aus (etwa 100 000 Menschen); Mitte des

19. Jahrhunderts waren sie bereits etwa 190 000. 1836 gab es unter Einschluss anderer Sklavereiformen 16 »Sklavenkasten« (*jati*); 1843 noch 13.[35] In Assam, schätzt man, hat es um 1830 bis zu 27 000 Sklaven gegeben,[36] in Nepal Mitte des 18. Jahrhunderts 20 000–30 000, etwa ein Prozent der Bevölkerung, die vorwiegend in Haushalten arbeiteten. Die meisten Sklaven waren von ihren Eltern verpfändete oder wegen Hungers weggegebene Kinder, fast immer Mädchen. Bengalen als Provinz des Mogulimperiums hatte den Ruf eines Zentrums der Eunuchenproduktion für ganz Indien. Es handelte sich vor allem um aus Abessinien (Äthiopien) verschleppte Jungen (*habshi*). Die meisten anderen Sklaven stammten aus dem bergigen Arakan, einem Küsten- und Grenzgebiet von Pegu (Burma), in dem sich portugiesische *lançados* mit oder ohne Erlaubnis des Königs ansiedelten und Menschenhandel betrieben. Der erste bengalische Sultan hielt schon im 15. Jahrhundert eine Garde von 8000 Sklavensoldaten.[37]

In Oberburma, östlich von Assam, einer gebirgigen, schwer zugänglichen Gegend, erhoben die Briten 1920 einen Zensus, der drei bis fünf Prozent der Bevölkerung als Sklaven ausmachte, in einem Tal (Hukawang) sogar bis zu dreißig Prozent der Bevölkerung.[38] In Batavia war 1673 etwa die Hälfte der Stadtbevölkerung Sklaven. In Batavia (1699: 57 Prozent), Malakka (1681: 40 Prozent), Makassar (1676: 66,5 Prozent) und Ambon (1694: 52 Prozent) herrschten damit quasi karibische Verhältnisse. Aber es waren nicht die karibischen Verhältnisse von Barbados, Saint-Domingue oder Jamaika im 18. Jahrhundert, wo das Verhältnis von Sklaven zu Freien 9:1 betrug. Vielmehr sind die südasiatischen Zahlen mit kubanisch-karibischen Verhältnissen des 19. Jahrhunderts vergleichbar, zumal auch zahlreiche chinesische Händler und Arbeiter in Batavia und anderen Städten lebten. 1812 gab es in Batavia noch immer 14 239 Sklaven bei einer Gesamtbevölkerung von 47 083 Personen, ein Anteil von etwa 30 Prozent. Über 40 Prozent der Sklaven waren Bugi aus Sulawesi, 20 Prozent aus Bali und rund 15 Prozent von den Kleinen Sunda-Inseln, acht Prozent kamen aus Indien oder Madagaskar; der Rest war in Batavia geboren.[39]

Ausgehend vom 1652 von den Niederländern gegründeten Kapstadt, zunächst eine Ansammlung von Tavernen und Hafenkneipen, entwickelte sich in Südafrika eine der härtesten lokalen Sklavereigesellschaften der Weltgeschichte.[40] Im Umland des Kaps ließen sich schnell Niederländer als Bauern, Viehhalter und Winzer nieder. Die Nomaden-, Viehzüchter- und Jägervölker der Khoikhoi, San und Xhosa, die nicht nur sehr mobil, sondern auch sehr kriegerisch waren, ließen sich allerdings nicht versklaven, weshalb die ersten Sklaven 1654 aus Guinea, Mina und Angola nach Kapstadt verschleppt wurden. Nach Konflikten mit der Niederländischen Westindien-Kompanie (WIC) kamen vor allem Sklaven der Niederländischen Ostindien-Kompanie (VOC) aus Bengalen und von der indischen Koromandelküste, viele von ihnen »Portugiesen« (katholisch getauft und mit portugiesischen Namen). Im späten 17. Jahrhundert folgten ihnen Verschleppte von den Sklavenmärkten Makassars und Batavias. Im Grunde handelte es sich um korporative Staatssklaven für schwere Schanzarbeiten, Hausbau und Infrastrukturbau, die in speziellen *logies* oder *loods* (eine Art gemauerter Baracke) untergebracht wurden. Um 1690 gab es 350 private Sklaven. Im Zensus von 1795 wurden 16 839 Sklaven gezählt.

Fast alle Arbeiten, vor allem die schwersten und dreckigsten, wurden von Sklaven ausgeführt; sie übernahmen auch die ungeliebten Tätigkeiten von Bütteln, Wachen und Schutztruppen, waren also Sklavensoldaten (*caffers*). Unter den Sklaven bildete sich eine Hierarchie heraus, wobei den Sklaven aus Makassar und Ostafrika die untersten Ränge und die unehrenhaftesten Arbeiten zugewiesen wurden. Die niederländisch-norddeutschen Bauern (Buren) hielten sich Haussklaven und -sklavinnen auf ihren Gutshöfen. Zwischen 1697 und 1834 lebten immer um die 25 000 Sklaven in Südafrika; in den letzten Jahren vor der Abolition stieg ihre Zahl auf 37 000, davon waren nur etwa 30 Prozent Frauen. Michael Mann zufolge wurden bis 1813 etwa 65 000 Sklaven nach Südafrika verschleppt. In den letzten Jahren stieg die Zahl kreolischer, in Südafrika geborener Sklaven rapide an, die oft Kinder von Freien bzw. Sklavenvorarbeitern (*onderbaasen*, *mandoors*) und Sklavinnen waren.[41]

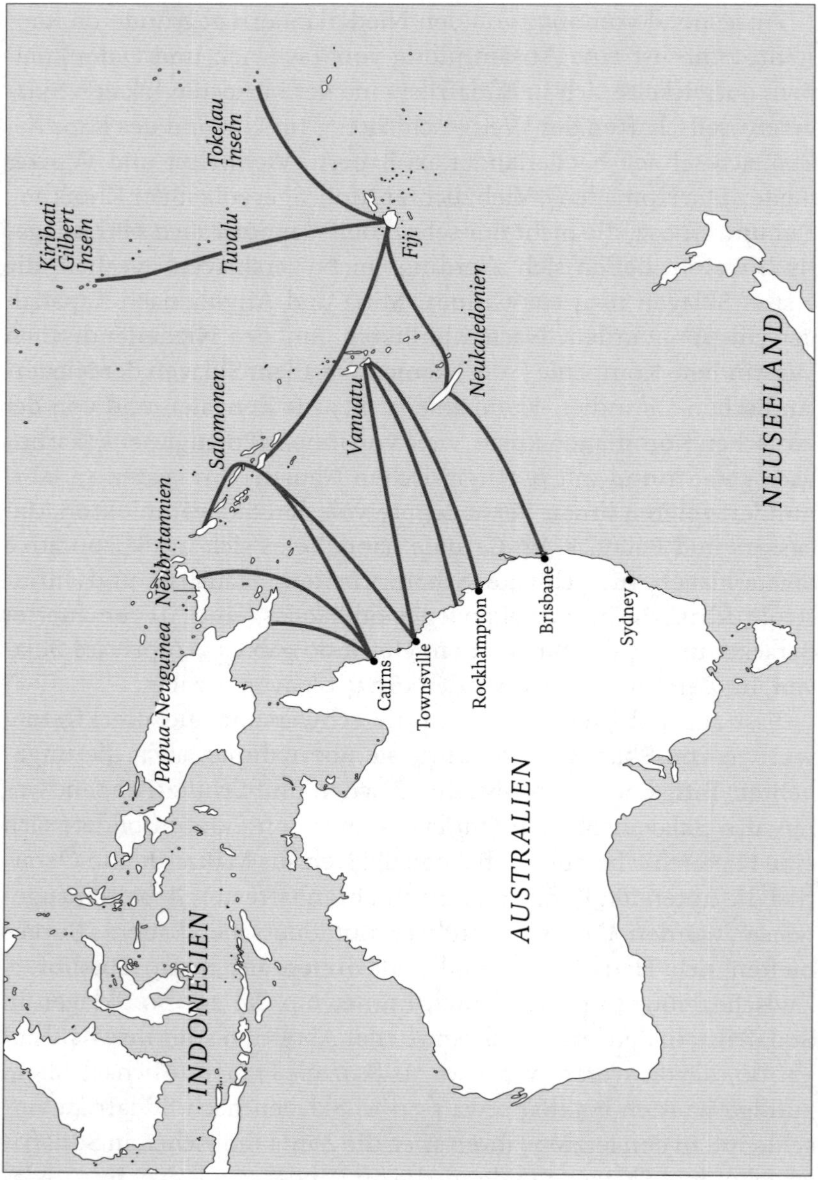

Der Pazifische Ozean mit den Routen der Kanaka-Arbeiter

Andere Formen der Unfreiheit, wie Sträflings-, Galeeren- und Zwangsarbeit, haben die Sklaverei immer wie ein Schatten begleitet. Seit dem Ende der ›großen‹ Sklaverei in »römischer« Tradition im Westen zwischen 1834 und 1888 entstanden aus traditioneller Straf- und Kontraktarbeit sowie der Suche nach billiger und mobiler Arbeitskraft neue Formen von Sklaverei. Versklavt und an andere Orte verschleppt wurden nun weltweit in der sogenannten Kontraktarbeit oder Kulisklaverei neue Gruppen von Menschen aus Kolonien und Halbkolonien (siehe viertes Plateau). Dazu gehört etwa auch die Versklavung von Melanesiern auf Kokos-, Baumwoll- und Zuckerplantagen im westlichen Pazifikraum sowie im peruanischen Guanoabbau und in der guatemaltekischen Kaffeewirtschaft. Über die Versklavung von Melanesiern liegen ziemlich genaue Zahlen vor: Insgesamt wurden mehr als 100 000 Menschen verschleppt, nach British Queensland in Australien 62 500, nach Französisch Neu-Kaledonien 15 000, nach Tahiti 2500. Im Verhältnis zur Größe der Inselgruppe gelangten sehr viele in das deutsche Samoa (12 500), nach Hawaii 2500 sowie nach Peru (darunter Rapanui von der Osterinsel) 3600 und Guatemala (1100).[42]

Die westliche Hemisphäre der *Atlantic Slavery*: Afrika – Atlantik – Amerika und zurück

Zunächst lohnt sich ein Blick auf lokale Sklavereien von *yndios* in den Amerikas seit der Ankunft der Europäer. Über den aztekischen Handel mit Luxus- und Opfersklaven wissen wir nur sehr wenig; ebenso wenig wie über die Sklavenzahlen der Maya-Territorien oder anderer indigener Imperien. ›Nach Kolumbus‹ war ein gewisser Nuño Beltrán de Guzmán, studierter Jurist, einer der schlimmsten Sklavenjäger im Pánuco, im Norden des Aztekenreiches, der mehr als 4000 Indios – trotz Verbotes – verschleppte. Insgesamt schätzt Bischof Juan de Zumárraga, dass in den ersten Jahren Neu-Spaniens (bis 1529) rund 9000–10 000 gebrandmarkte Indios als Sklaven auf die großen karibischen Inseln (wie Kuba und Hispaniola) im Austausch gegen Vieh, vor allem Pferde, verschleppt worden sind.[43] Allein aus dem frühen Nicaragua (vor der Ankunft der Spanier das am dichtesten besiedelte Gebiet Altamerikas) sollen Conquistadoren und Sklavenfänger rund 450 000 Indios, fast eine halbe Million Menschen (wie viele Zahlen in der amerikanischen Geschichte sicherlich übertrieben), nur in der kurzen Zeit zwischen 1527 und 1536 nach Panamá und dann oft weiter nach Peru verschleppt haben; selbst ein Zehntel dieser Zahl wäre sehr viel.

Was für das frühe Guatemala und Nicaragua (sowie Honduras und Costa Rica) gilt, galt *cum grano salis* auch für andere Gebiete Mittelamerikas, wie Yucatan. Nach der Eroberung Guatemalas durch Pedro de Alvarado (1523/24) fielen dort gealterte und enttäuschte, aber sehr abgehärtete Conquistadoren ein, denen um 1540 klar wurde, dass alle großen indianischen Königreiche mit erheblichen Edelmetallbeuten bereits erobert waren. Die 400–500 Mann bildeten also eine Razzienkriegstruppe zwecks Versklavung und Export von Indigenen.[44] Wie überall in der atlantischen Welt, wenn die gesuchten Edelmetalle nicht zu bekommen waren, wurden menschliche Körper zu Kapital. Als die Indios wegen des Sklavenfangs und der eingeschleppten Epidemien ausstarben, kam es zur »Konversion der Produktion«. Sklavenschiffe und -boote der pazifischen Küste Guatemalas transportierten nun hochwertigen Kakao von Izalco nach Mexiko. Etwas Ähnliches geschah mit der Kakaoflotille, die den hochwertigen *criollo*-Kakao aus den Tälern der venezolanischen Küsten nach Veracruz brachte. Die benachbarten Regionen Essequibo, Surinam, Berbice und Demerara (das historische Guyana) wurden beizeiten in das niederländische Sklavenhandelssystem integriert, aber immer – außer Surinam – recht stiefmütterlich behandelt.

Der neue Blick auf andere als die ›hegemonischen‹ Sklavereien von Afrikanern in der westlichen Welt (im dritten Plateau) fördert erstaunliche Zahlen zutage: Bis um 1900 gab es in den Gebieten des spanischen Amerika und in Territorien, die später von England und/oder Frankreich sowie den USA (und Kanada) kontrolliert wurden, insgesamt zwischen rund 2,5 und knapp fünf Millionen indigene Sklaven (siehe auch viertes Plateau).[45]

Die atlantisch-karibische Mosquitoküste (Costa Rica, Nicaragua, Honduras), d. h. die östlichen Gebiete des südlicheren Mittelamerikas, können als klassischer Fall von Sklavereien in Territorien gelten, die sich mit und nach der Conquista durch die Spanier und unter dem Einfluss anderer Kolonialmächte (vor allem England über Jamaika) sowie von Piraten und Korsaren entwickelten. Neben einigen Dutzend Sklaven der indigenen Mosquitoküstenvölker im 16. Jahrhundert sind bis zu 2000 schwarze Sklaven sowie 4000–6000 indigene Sklaven im 18./19. Jahrhundert dokumentiert. Hinzu kamen verschleppte Frauen und Indigene, die die Mosquitía-Völker aus dem spanisch kolonisierten Raum raubten. Im 17. Jahrhundert soll es in Zentralamerika zwischen 20 000 und 30 000 Sklavinnen und Sklaven gegeben haben.[46]

Wie in anderen Gebieten Amerikas unter unterschiedlichen Einflüssen konnten sich Plantagenwirtschaften in diesen Gebieten kaum entwickeln, weil sie gute Ziele für Angriffe der jeweiligen kolonialen Konkurrenten boten. Direkte, aber ambulante Extraktionswirtschaften, wie das Fällen von Mahagoni- und Ceibabäumen sowie von Farbhölzern, waren erfolgreicher.[47] Zahlen liegen für die britischen Siedlungen an der Bay of Honduras (heute Belize) vor, deren Bewohner *baymen* genannt wurden und neben Piraterie das Fällen sowie Exportieren von Holz betrieben.[48] Bei der Suche nach Edelholzbäumen und beim Baumfällen – extrem schweren und gefährlichen Arbeiten – setzten sie Sklaven ein. Bei den Baymen-Sklaven handelte es sich um eine ziemlich kleine Gruppe, die faktisch ›frei‹ und mit Äxten und Macheten bewaffnet im Dschungel lebte. Das Bay-Territorium ähnelte dem Surinams, allerdings ohne Plantagen. Spezialisierte Anführer, Jäger (*huntsmen*) genannt, suchten das Territorium weiträumig nach den wertvollen Mahagonibäumen ab. Sie konnten ihre Schätze ihrem Herrn melden, aber auch die Information an Konkurrenten verkaufen. Das gab den Sklaven ziemlich große Verhandlungsmacht, ähnlich wie den Viehhaciendasklaven an der Rindergrenze im heutigen Kolumbien und Venezuela (die wiederum den Cowboys des US-Westens glichen, der ebenfalls eine Rindergrenze war). Gleiches galt für Goldgräbertrupps im kolumbianischen Chocó oder Tauchersklaven an der Nordküste Südamerikas. Um 1740 gab es an der Hondurasbucht 3000 Sklaven und 500 Siedler (unter ihnen viele *free men of colour*).[49] Plantagen mit Massen von schwarzen Versklavten entstanden auf Inseln, zunächst meist auf sehr kleinen. Neben São Tomé 1500–1560 und vielleicht noch Saint-Domingue 1770–1790 kann Barbados 1660–1720 als *die* frühe Plantagen- und Sklaveninsel der neuzeitlichen Weltgeschichte gelten. Bereits um 1670 lebten auf der kleinen Karibikinsel unter englischer Kontrolle 50 000 Einwohner, davon etwa 30 000 Sklaven aus Afrika (die die indianischen Sklaven und *indentured servants* aus Europa schnell ersetzt hatten). 1680 kontrollierten die reichsten 175 weißen Pflanzer (etwa 0,3 Prozent der Bevölkerung!), zugleich die reichsten Männer des englischen Amerika, 53 Prozent des Grundbesitzes und 54 Prozent aller Sklaven.[50]

Mit Blick auf die gesamte quantitative Dimension der Sklaverei ist die wichtigste neuere Erkenntnis in Bezug auf den Menschen- und Sklavenhandel aller Plateaus, dass die übergroße Mehrzahl aller Versklavten in der langen Welt- und Globalgeschichte der Sklavereien seit 10 000 v. Chr. junge Frauen und Mädchen gewesen sind, die in private Haushalte, aber auch herrschaftliche Paläste und Tempel integriert wurden. Versuche, nur Männer in Sklavereien zu halten, endeten fast immer in Revolten oder Fluchten. Insofern entsprechen heutige Formen von Sklaven- und Menschenhandel der langfristigen Tendenz der Weltgeschichte.

Ebenfalls neu ist die Erkenntnis, dass zwar lange Zeit Europa und Amerika im Mittelpunkt der Sklavereigeschichte gestanden haben, aber auch und gerade Afrika und Asien wichtige Schauplätze waren. Zunächst war das, was wir heute Europa nennen, Sklavenproduktions- und -handelsgebiet für Kelten, Römer, germanische Stämme und Araber. Europäer haben sich mit der Atlantikexpansion von Vermittlern und Transporteuren zu Herren der hohen See aufgeschwungen und im Laufe der Frühen Neuzeit die *Atlantic slavery* begründet. Wahrscheinlich wegen des Vorganges, den Karl Marx »ursprüngliche Akkumulation« nannte, hat Europa von den Profiten und Gewinnen der *Atlantic slavery* am meisten eingestrichen und auf dieser Basis die zeitweilig effizientesten Institutionen, Wissensformen und Wirtschaften entwickelt.

Eine relativ neue Einsicht für Nichtafrikanisten ist zudem, dass Afrika schon seit etwa 500 ein Zentrum von Sklavereien, Sklavenhandel und landgestützten sowie ozeanischen Menschenexporten war. Eine neue Qualität erreichten Razziensklavereien und Menschenhandel mit der Expansion arabisch-berberischer Gruppen und des Islams seit dem 7. Jahrhundert. Hauptgebiete waren in Bezug auf das Mittelmeer und arabisch-nordafrikanische Territorien das Umfeld des Tschad-Sees sowie Kanem-Bornu und der historische Sudan (mit Karawanenverbindungen zur Mittelmeerküste), die Territorien der Reiche Ghana, Mali und Songhay im Norden und Westen sowie das arabisch beeinflusste Zandj bis hinunter nach Kilwa. All das basierte auf internen Sklavereien und internem Sklavenhandel – deren Umfang wir nicht kennen. Pilgerrouten nach Mekka waren auch Routen des Sklavenhandels.

Um die Größenordnungen der Sklavereien in Afrika einschätzen zu können, müssen wir uns kurz Joseph Millers speziell für Afrika entwickelte Periodisierung vor Augen führen. Miller setzt erstens eine Phase ab 20 000 v. Chr. an, in der Gemeinschaften mit einem gemeinsamen Ethos auf tiefgreifende Änderungen ihrer Umwelt zu reagieren hatten und sich durch ritualisierte Integration von Gefangenen, sicherlich im Wesentlichen Frauen und Kindern, weiterentwickelten.[51] In einer zweiten historischen Phase von etwa 2000 v. Chr. bis um 500 habe die Versklavung gerade von Frauen und Kindern dazu beigetragen, die Ethnizität größerer Gruppen mit gemeinsamer Geschichte, Sprache und gemeinsamen Regeln herauszubilden.[52] Eine dritte Phase von etwa 500 bis 1600 sah zum Teil massive Versklavungen in wachsenden Konflikten um Ressourcen, Gebiete und Menschen, die zwischen größeren Komposit-Gemeinschaften (»Staaten«) entbrannten. Letztere waren eher konföderativ strukturiert und wurden durch Älteste regiert, kannten aber in Krisenzeiten auch schon die Figur eines einzelnen Machthabers (*war leader*, Prophet, *king*) bzw. einer Elite oder von Elitenfamilien. Im »afrikanischen Mittelalter« entstanden Handelsnetzwerke im Sudan und in der Saharazone, in den großen Flussgebieten und in den Grasländern des Kontinents. Eliten nutzten loyales Personal, oft Männer oder Jungen, die als Sklaven militärisch erzogen wurden und auf Bewachung, Verteidigung und Transport spezialisiert waren, um sich gegen Konkurrenten durchzusetzen. Und sie bedienten sich der Kontakte zum spezialisierten, gut kapitalisierten und voll ausgebildeten islamischen Handel.[53] Die beiden letztgenannten Phasen in Afrika bilden in der Taxonomie des vorliegenden Buches makroregionale Teile des zweiten Sklavereiplateaus. Die vierte Phase in Afrika ist schließlich die des *Atlantic slaving* (= drittes globales Sklavereiplateau).[54] In all diesen Phasen galten, das hält Miller insistierend fest,[55] Menschen als wichtigstes Kapital.

In globalhistorischer Perspektive war Afrika neben Europa, dem Schwarzmeergebiet, dem Balkan sowie Indien und den Amerikas sicherlich ein wichtiges Zentrum der Kapitalisierung menschlicher Körper, zwischen 1700 und 1850 sogar das wichtigste – in Bezug auf den Atlantik sowieso, aber auch und gerade in Bezug auf Exporte nach Asien.[56] Es wissen jedoch nur die Wenigsten, schreiben die Autoren einer neuen Studie über die *Bitter Legacy* der Sklaverei in der Geschichte Afrikas, dass wahrscheinlich mehr Sklaven im Inneren Afrikas gehalten als exportiert wurden.[57] Hinzu kommt: »Most slaves in Africa were, in fact, women [und Kinder – M. Z.]; a testament to women's importance as labourers«[58]. Völlig unklar ist, wann die Zentralstellung Afrikas begann. Man könnte dies das »Aida-Problem« (nach Giuseppe Verdis Oper) nennen: Ist die Geschichte Ägyptens afrikanische Geschichte oder gehört sie zu den mythischen Ursprüngen der »westlichen Zivilisation« – oder beides?

Am Beginn der atlantischen Phase, zwischen 1450 und 1521, wurden insgesamt rund 156 000 Menschen von den Portugiesen verschleppt – meist innerhalb von afrikanischen Wirtschaftskreisläufen. Nur relativ wenige davon gelangten nach Europa oder gar in das frühe Amerika,[59] die meisten sicherlich auf von Iberern kontrollierte westafrikanische Inseln (wie Santiago oder São Tomé). Dazu gehörten auch z. B. die etwa 3000 *Cativos*, die 1552 für das kleine Madeira dokumentiert sind und immerhin 15 Prozent der damaligen Bevölkerung der Insel entsprechen. Rund 11 400 Versklavte machten auf den Kapverden Mitte des 16. Jahrhunderts sogar 90 Prozent der Bevölkerung aus. 1598 gab es auf Madeira nur noch sechs Prozent Versklavte (1150 Menschen), weil die Zuckerwirtschaft durch Weinbau abgelöst worden war, während die Plantagenwirtschaft auf São Tomé und an den Küsten Brasiliens boomte; dieser Konkurrenz war auch schon die Zuckerwirtschaft Santo Domingos in der Karibik zum Opfer gefallen.

Außerhalb Afrikas wurden Menschen aus Afrika zwischen 1650 und 1750 zur größten Fraktion der weltweiten Sklavenpopulation. Seitdem begann der generische Name *negro* (»Schwarzer«) dem Begriff »Sklave« (*siervo* bzw. *cativo*) Konkurrenz zu machen. Schon ältere Statistiken weisen aus, dass britische Kapitäne, Kaufleute, Schiffsausrüster und Investoren sowie Kapitalanleger in der Neuzeit, besonders von 1650 bis 1807, Menschen meist in Afrika gekauft oder eingetauscht haben, um sie über den Atlantik in die relativ kleinen englischen Kolonialterritorien der Amerikas zu bringen, mit einem absoluten Höhepunkt in den Jahren 1781 bis 1800. In dieser Zeit nahm das britische Parlament, das heute vorwiegend für den *Slave Trade Act* (Verbot des Sklavenhandels auf britischen Schiffen) von 1807 erinnert wird, noch Pro-Sklaverei- und Pro-Sklavenhandels-Gesetze an.

Lehrmeister aller europäisch-atlantischen Sklavenhändler, auch der Briten (und der Niederländer sowie der Omanis im Indik), waren freilich die Portugiesen sowie die (meist) in Afrika lebenden Atlantikkreolen. Portugal bzw. Brasilien hat rund 5,8 Millionen nach Amerika Verschleppte zu verantworten. Selbst wenn man Brasilien (seit 1822 unabhängig) mit (konservativ) geschätzten zwei Millionen aus dieser Zahl herausrechnet, bleiben immer noch mehr durch Portugiesen aus Afrika verschleppte Menschen als die rund

3,2 Millionen der Briten. Ein zeitgenössischer Beobachter, Père Labat, beschreibt beide Sklavenhändler-Großgruppen, indem er sagt: »die Mühelosigkeit [durch den umfangreichen atlantischen Menschenhandel – M. Z.], mit der sie [die Briten] die Neger halten, sie wenig schonen und ebenso rüde behandeln, wie es die Portugiesen tun«[60]. Brandenburg-Preußens Sklavenhandel von Afrika in die Karibik ist, nur zum Vergleich, mit zunächst rund 10 000, dann mit etwa 30 000 Verschleppten beziffert worden. Mittlerweile haben neue Forschungen eine ziemlich konkrete Zahl von 23 583 eingekauften Versklavten und in der Karibik verkauften Menschen ergeben; davon soll niemand nach Europa gekommen sein (was angesichts von Schiffsjungen und potenziellen »Hofmohren« nicht stimmen kann).[61]

Bevor ich zur großen atlantischen Sklaverei komme, will ich bezüglich der heutigen Bedeutung der Quantitäten von Sklaverei und Menschenhandel auf die Debatte in den Niederlanden verweisen. Sie hängt mit der Debatte um die »ursprüngliche Akkumulation« des westlichen Kapitalismus, um die These von Eric Williams, die Sklaverei der britischen West-Indies habe die Industrialisierung Englands finanziert,[62] und um Profite aus Sklaverei und Sklavenhandel zusammen. Renommierte niederländische Historiker haben seit den 1970er Jahren immer wieder darauf hingewiesen, dass der niederländische Anteil am Sklavenhandel relativ klein und dessen Profite relativ niedrig gewesen seien. Nur etwa 4,5 Prozent der rund elf Millionen Verschleppten (zwischen 1600 und 1800 etwa 433 000)[63] gingen auf das Konto von Sklavenhändlern aus den Niederlanden. Der massive Schmuggel ist dabei aber nicht erfasst worden. In den Augen der Nachkommen niederländischer Sklavinnen und Sklaven, vor allem aus Surinam, von denen etwa 500 000 in den heutigen Niederlanden leben, waren das aber genau 4,5 Prozent zu viel. Und die Türöffnerrolle der Niederländer für nordwesteuropäische Sklavenhandelsmächte wie England ist nicht zu übersehen.

Die Krux ist, dass Historiker bei solch existenziellen historischen Fragen, wie immer in ihrer Arbeit, auf möglichst harte Zahlen in offiziellen Quellen angewiesen sind, durchaus auch, um qualitative Aussagen zu treffen. Solche Zahlen gibt es aber, u. a. wegen der zeitgenössischen Verschleierung, wegen des Schmuggels und der Illegalität, nur sehr sporadisch – auch die Scham der Nachkommen spielt eine Rolle. Außerdem erfassen Arbeiten zur Sklaverei- und Sklavenhandelsgeschichte, die nur mit statistischen und Archivquellen arbeiten, die Konzeptualisierung von menschlichen Körpern als Kapital in unterschiedlichen Kulturkontexten gerade nicht, die jedoch ein Schlüssel zum Verständnis von Sklaverei als globalgeschichtliches Phänomen ist: Ohne ›Produktion‹ und ›Anlage‹ des Kapitals menschlicher Körper, ohne Schmuggel und ohne die Multivalenz dieses menschlichen Kapitals gibt es keine großflächig-imperialen Expansionen, keinen Kolonialismus, keinen Kosmopolitismus und keinen Kapitalismus. Das lässt sich durch in Geld ausgedrückten Gewinnen nicht darstellen.[64]

Die Zahlen der über den Atlantischen Ozean transportierten Menschen und die Rhythmen des Sklavenhandels stimmen ziemlich genau mit den Zyklen der Entwicklung des atlantischen Kapitalismus vor dem globalen Hintergrund überwiegend noch agrarischer Wirtschaften überein. Die Mobilität des *Slaving* dynamisierte die eher statischen Gesellschaften, oder anders ausgedrückt: Die den Sklavenhandelsakteuren bekannte, aber bewusst verschleierte Grundlage aller Warenflüsse waren der *flow* menschlicher Körper und derjenige der Transportmittel, der Schiffe, die ihn gewährleisteten. Dieser Handelskapitalismus realer Waren, Schiffe (und Informationen) mit menschlichen Körpern in seinem innersten Kern gab einer ganzen Epoche der Wirtschaftsgeschichte ihren Namen – dem Merkantilismus. Den geläufigen Darstellungen des Merkantilismus, die Sklaverei und vor allem Menschenhandel sowie das Kapital menschlicher Körper kaum erwähnen, füge ich die bereits globalisierten Dimensionen eines Kapitalismus der menschlichen Körper (*corporeal capitalism*) und einer gewaltsam erzwungenen Mobilität hinzu.[65]

Bis 1600 waren die meisten Sklaven (mit Ausnahme Afrikas und eventuell Indiens, Persiens und Zentralasiens) »Indios«, versklavte Indigene der Amerikas. Das änderte sich zwischen 1600 und 1650 mit der Expansion der Niederländer. Um 1700 stellten Afrikaner die Mehrheit der Sklaven möglicherweise weltweit[66] – wie gesagt, *außerhalb* Afrikas (siehe aber die Schätzungen zu den Zahlen der östlichen Hemisphäre, deren Nachweis aus schriftlichen Quellen schwierig ist). Um 1700, mit der Herausbildung des engeren Privatunternehmertums in Westeuropa, überstieg die Menge der Sklaven in den Exporten Westafrikas auch andere Waren (Gold, Gewürze und Elfenbein).

Der Sklavenhandel von Afrika über den Atlantik in die Amerikas im Westen (A-A-A), der sogenannte Westhandel aus afrikanischer Perspektive, ist am besten dokumentiert (während es für die östliche Hemisphäre solche Quellen nicht gibt). Er bestand zu 75 Prozent aus Männern und zu etwa 25 Prozent aus Frauen. Zwischen 1741 und 1810, als der Kapitalismus in England Fuß fasste, wurden jährlich rund 61 000 Sklaven von afrikanischen Häfen an die verschiedenen Küsten Amerikas transportiert, meist auf britischen Schiffen. Nach Schätzungen kostete die Reise pro Sklave rund 20 Pfund. Jährlich musste folglich die gigantische Summe von rund 1 220 000 Pfund an Krediten zusammenkommen, damit Sklaventransporte zwischen Afrika und Amerika überhaupt stattfinden konnten. Da lohnte es, Banknoten als staatliche Schuldverschreibung einzuführen.

Das ungefähre Gesamtvolumen des atlantischen Sklavenhandels zwischen Gebieten Westafrikas und amerikanischen Häfen ist nach etwa 50 Jahren intensiver Forschungen bekannt. 1969 hat Philipp Curtin für alle Phasen des Atlantiksklavenhandels von Afrika nach Amerika grobe Zahlen vorgelegt, die mit einigen Präzisierungen noch heute gelten: Rund 11–12 Millionen Afrikaner, mehrheitlich Männer und Jungen (im Gegensatz zur allgemeinen Tendenz der Sklaverei in der Weltgeschichte), wurden zwischen 1501 und 1868 (ich meine dagegen, dass der Menschenschmuggel bis um 1880 andauerte) nach Amerika verschleppt. Als Höhepunkte nennt er einerseits das »Jahrhundert der Aufklärung«, das 18. Jahrhundert, und andererseits das »Jahrhundert der europäischen Zivilisation« mit dem formal verbotenen Menschenhandel – das 19. Jahrhundert. Zwischen 9,4 und 12 Millionen kamen lebend in Amerika an.

›Sklaven zählen‹ hat in der neueren Geschichtsschreibung eine fast endlose Debatte ausgelöst. Ich will nur einige Grundzüge nennen. Nach neueren Berechnungen von David Eltis und auf Grundlage der Trans-Atlantic Slave Trade Database waren es 12,5 Millionen aus Afrika verschleppte und 10,7 Millionen überlebende, in die Amerikas importierte Sklavinnen und Sklaven.[67] Die Differenz markiert dabei nur einen Teil der Zahl der Toten des Atlantiks, denn der westafrikanisch-iberisch-portugiesische ›Vorspann‹ 1450–1521 ist in dieser Tabelle nicht erfasst; 156 000 Verschleppte vermutet Ivana Elbl.[68] Zu den Toten der gesamten transkontinentalen und transatlantischen Infrastruktur der *Atlantic slavery* sagt James Walvin, dass nicht nur Millionen auf dem Ozean umkamen, sondern viele schon in Afrika selbst den Razzien und Kriegen der afrikanischen Sklavenjagden zum Opfer fielen (s. Tabelle nächste Seite).[69]

Neue Forschung korrigiert die Daten, die bis etwa 2015 galten; vor allem ist die Zahl von rund einer Million Verschleppten nach Spanisch-Amerika ergänzt worden auf 1,51 Millionen: Frühe, überwiegend iberische Sklavenhandelsfahrten direkt von Afrika nach Spanisch-Amerika und Schmuggel zum Río de la Plata sowie in die spanische Karibik, Venezuela und Neu-Granada und der inneramerikanische Schmuggel zwischen spanischen sowie niederländischen, britischen, französischen und portugiesischen Gebieten wurden bislang von den Zahlen für die Nationen abgezogen; beide zusammen kommen auf rund 0,57 Millionen. Insgesamt verantwortet der spanische atlantische Sklavenhandel mit 2,07 Millionen Verschleppten mehr Opfer als der britische, dessen Zahl auf rund 2,05 Millionen korrigiert wurde. Insgesamt geht man davon aus, dass 10,7 Millionen Verschleppte lebend Amerika erreichten.[70] Spanisch-Amerika war damit sowohl der früheste als auch zeitlich der letzte Empfänger von Versklavten aus Afrika. Spanisch-Amerika sowie speziell das (noch) spanische Kuba als die dynamischste Sklavenkolonie des 19. Jahrhunderts waren nach Brasilien außerdem die

	Spanien/ Kuba	Portugal/ Brasilien	Groß-britannien	Niederlande	USA	Frankreich	Dänemark / balt. Staaten	Summe
1501–1525	6 363	7 000	0	0	0	0	0	**13 363**
1526–1550	25 375	25 387	0	0	0	0	0	**50 763**
1551–1575	28 167	31 089	1 685	0	0	66	0	**61 007**
1576–1600	60 056	90 715	237	1 365	0	0	0	**152 373**
1601–1625	83 496	267 519	0	1829	0	0	0	**352 843**
1626–1650	44 313	201 609	33 695	31 729	824	1 827	1 053	**315 050**
1651–1675	12 601	244 793	122 367	100 526	0	7 125	653	**488 064**
1676–1700	5 860	297 272	272 200	85 847	3 327	29 484	25 685	**719 674**
1701–1725	0	474 447	410 597	73 816	3 277	120 939	5 833	**1 088 909**
1726–1750	0	536 696	554 042	83 095	34 004	259 095	4 793	**1 471 725**
1751–1775	4 239	528 693	832 047	132 330	84 580	325 918	17 508	**1 925 314**
1776–1800	6 415	673 167	748 612	40 773	67 443	433 061	39 199	**2 008 670**
1801–1825	168 087	1 160 601	283 959	2 669	109 545	135 815	16 316	**1 876 992**
1826–1850	400 728	1 299 969	0	357	1 850	68 074	0	**1 770 979**
1851–1866	215 824	9 309	0	0	476	0	0	**225 609**
Gesamt	**1 061 524**	**5 848 265**	**3 259 440**	**554 336**	**305 326**	**1 381 404**	**111 041**	**12 521 336**

Zahl der von europäischen Staaten verschleppten Sklaven aus Afrika. Quelle: Trans-Atlantic Slave Trade Database (www.slavevoyages.org/tast/assessment/estimates.faces (3. 12. 2011). Zu den neuen Schätzungen (2015) siehe Borucki/Eltis/Wheat: »Atlantic History and the Slave Trade to Spanish America«, in: *The American Historical Review* 120 (2015) Nr. 2, S. 433–461 (Tabelle S. 440).

Gebiete mit der zweithöchsten Menge an importierten Menschen aus Afrika, die wegen der unterschiedlichen Transporteure aus den unterschiedlichen Großregionen Afrikas auch die heterogenste Mischung darstellten – kein Wunder, dass das Konzept der Transkulturation auf Kuba entstand.

Im Einzelnen gerieten 40 Prozent der Verschleppten über die Küste Angolas, vor allem über Luanda, Benguela, Cabinda (Portugiesisch-Kongo) und Ambriz in den atlantischen Raum. Beatrix Heintze hat in auf mündliche Überlieferung zurückgehenden Quellen des späten 19. Jahrhunderts Hinweise darauf gefunden, dass aus dem Lunda-Reich im Hinterland Angolas »ein Drittel aller nach Luanda und Benguela gebrachten Sklaven«[71] stammte. Durch Sklavenrazzien und Handel (Salz, Textilien, Elfenbein, Kautschuk, Drogen, Farbstoffe, Perlen, Rinder, Waffen, Schnaps) expandierte das Lunda-Reich nach Osten und Süden; es reichte in seiner größten Ausdehnung vom Tanganjika-See bis fast zum Atlantischen Ozean. Die Verschleppung aus – vorwiegend – dem Kongo und Angola sowie deren Hinterländern wurde nach formeller Aufhebung der Sklaverei durch die Portugiesen (1878) fortgesetzt: etwa 97 000 Kontraktsklaven kamen in die Kakaoproduktion nach São Tomé und Príncipe.[72] Der bisherige Sklavenkauf wurde gemäß der Kontraktideologie des vierten Plateaus umfunktioniert in »Freikauf« oder unter den Diskursen der Abolition umgewandelt in »Kampf gegen den Sklavenhandel« – die Schulden dafür hatten die *serviciais* mit ihrer Arbeit abzuzahlen (siehe das Kapitel »Kein Ende nach dem Ende«).

Spanien eiferte dem erfolgreichen Modell Portugals in Afrika am Río Muní sowie in Bioko (Fernando Poo) nach und gründete die Kolonie Guinea-Ecuatorial (auch: Río Muní). Ähnliches geschah im sogenannten »Freistaat« Kongo unter der Regie des belgischen Königs Leopold II. und seit 1908 unter Kontrolle des belgischen Staates, aber auch in Portugiesisch-Kongo (heute als Cabinda eine Exklave Angolas).

Aus Mosambik kamen etwa fünf Prozent der ins iberische Amerika Verschleppten; eine ziemlich große Zahl dieser Menschen verstand schon Portugiesisch, was die Transkulturation im iberischen Menschenhandel, in Brasilien, aber auch auf Kuba erleichterte. Dort bildeten sie die *nación conga* (*congos*); manchmal auch *naciones macúas* genannt. Im Palo Monte, der Congo-Religion auf Kuba, ist *Nzambi* noch heute der Name Gottes. *Mambí* (die Bezeichnung für die kubanischen Unabhängigkeitskämpfer aus dem Oriente) ist eine Ableitung davon, weil die Unabhängigkeitskämpfer »wie Geister« bei Nacht angriffen. Die andere Hälfte der Verschleppten kam vom Golf von Guinea – 13 Prozent vom Golf von Biafra östlich der Nigermündung, die Mehrheit aber aus der Ethnie der *Igbo*, die in Hispanoamerika und auf Kuba als *carabalí* bekannt wurde. Über den Golf von Benin kam ein Fünftel, fast alles Yoruba (auf Kuba: *lucumí*; sowohl für Yoruba als auch für *lucumí* nimmt man heute komplizierte Prozesse der Akkulturation an). Aus den Gebieten östlich der Nigermündung und Kalabar kamen *carabalí*. Ghana, Togo und die Elfenbeinküste steuerten 13 Prozent bei, in der Mehrheit *Ewé* und *Asante* und andere Menschen, die Akan sprachen, auch als *minas* in Brasilien und Kuba bekannt. Der Rest bestand zu fünf bis neun Prozent aus *mandingas*, *mende*, (*cossoo*), *susu* (*soosoo*), *gangá*, *fula* (*fulbe*, *peul*), *bran* (*bambara*) und *jolof* (*wólof*) aus den Sklavenhandelshäfen und -plätzen zwischen Cabo Palmas in Liberia und der Senegalmündung. Die Amistad-Gefangenen, wären sie auf Kuba geblieben als Sklaven, hätten sich möglicherweise *cabildos* der *nación mandinga* oder der *nación gangá* angeschlossen. Cabildos waren ständische Ratsversammlungen und eine Besonderheit der iberischen politischen Kultur, die es allen urbanen Gruppen erlaubte, sich aufgrund gemeinsamer Herkunft zusammenzuschließen und ein eigenes Lokal (Versammlungshaus) zu haben; Sklaven und ehemalige Sklaven schlossen sich meist den Cabildos ihrer ›Nation‹ an.

Verschleppte aus Afrika in den Amerikas kamen zu 38,4 Prozent nach Brasilien, 26,3 Prozent in die britische Karibik, 12,1 Prozent in die französische Karibik (vor allem Barbados, Jamaika und Saint-Domingue) und 5,7 Prozent in die niederländische und dänische Karibik. Jeweils 9,2 Prozent gingen auf die spanischen Antillen (8,7

Prozent nach Kuba; 0,2 Prozent nach Puerto Rico; 0,2 Prozent nach Santo Domingo) sowie 4,3 Prozent in das kontinentale Hispanoamerika, und der Rest (rund 4,0 Prozent) in die britischen Kolonien Nordamerikas und die USA.[73] Um 1810 nahmen Rio und andere Häfen in Brasilien sowie La Habana und andere Häfen auf Kuba zusammen etwa 58 Prozent des atlantischen Sklavenhandels auf (Kuba 19 Prozent; Brasilien 39 Prozent). 1830 gingen dann schon 43 Prozent nach Kuba und 44 Prozent nach Brasilien (zwischen den beiden Verboten des atlantischen Sklavenhandels nach Brasilien 1831 und 1850 allein rund 750 000)[74]. 1850 war das Verhältnis 92 Prozent Kuba und 4 Prozent Brasilien, und 1860–1880 hatte Kuba den gesamten atlantischen Sklavenhandel für sich.

Die Bezeichnungen »Brasilien« oder »französische Karibik« sind allerdings sehr unscharf. Im Verhältnis zur Größe dieser Territorien waren Sklavenhandel und Sklaverei am intensivsten und kompaktesten auf den französischen Karibikinseln, Jamaika und Barbados sowie in den kleinen niederländischen Kolonien (Surinam/Guayana); Französisch-Amerika im 18. Jahrhundert war in dieser Hinsicht das Sklavenamerika par excellence. Auf den kleinen Inseln und der Inselhälfte Saint-Domingue/Haiti gab es relativ gesehen die meisten Sklaven. Deswegen brach in der Musterkolonie Saint-Domingue die größte Sklavenrevolution der Weltgeschichte aus (1791–1803), auch aus demografischen Gründen.

Sklavenschmuggel kann schwerlich quantifiziert werden; aber generell wird für den Schmuggel eine Größe von 25–35 Prozent über den offiziellen Zahlen des legalen Handels angenommen. Wie bereits mehrfach erwähnt, ist Amerika in diesem Sinne mehr das Ergebnis der Arbeit von versklavten Menschen aus Afrika als das von Siedlern aus Europa, zumindest bis 1840. Bis dahin waren sechs bis acht Millionen Afrikanerinnen und Afrikaner nach Amerika verschleppt worden, aber erst etwa zwei bis drei Millionen Menschen aus Europa in die Amerikas gekommen.

Selbst für Spanisch-Amerika, das sich vor allem in konservativ-hispanistischer sowie katholischer Wahrnehmung immer deutlich von ›Versklavernationen‹ wie Großbritannien und Portugal unterschied, sind die Zahlen für die einzelnen Kolonialterritorien erstaunlich hoch (alles grob geschätzt): Mexiko 200 000–300 000 (vor allem im 16. und 17. Jahrhundert, zwei Drittel Männer), Kuba nur im 19. Jahrhundert 780 000 (wahrscheinlich aber bis über eine Million), Puerto Rico 77 000, Santo Domingo (Dominikanische Republik) 30 000, Zentralamerika 21 000, Ecuador, Panama und Kolumbien 200 000, Venezuela 121 000, Peru 95 000 (Lima war Mitte des 17. Jahrhunderts eine »schwarze« Stadt), Bolivien (allein in der Audiencia de Charcas um 1650 etwa 30 000 *africanos*) und Río de la Plata (heute Argentinien, Paraguay und Uruguay) 100 000 sowie Chile 6000. Es bleibt aber noch viel zu erforschen.

Für die drei Territorien mit den großen modernen Sklavereien des 19. Jahrhunderts (*Second Slavery*) sind die Zahlen schlicht beeindruckend: Vor dem Verbot des Sklavenhandels 1808 waren zwischen 472 000 bzw. 388 000 Sklavinnen und Sklaven in die britischen Kolonien und in die frühen USA (denn auf der Überfahrt starben etwa achtzehn Prozent = 83 000 Menschen) verschleppt worden. Die rund 400 000 Versklavten entsprachen nur etwa vier Prozent des gesamten transatlantischen Sklavenhandels, das war für die kleinen und marginalen nordatlantischen Kolonien aber immer noch sehr viel. Die Insel Kuba führte in der Periode des »freien« Sklavenhandels 1790 bis 1820 etwa 300 000 Sklaven und Sklavinnen ein und bis um 1870 nochmals 500 000–700 000. Nach Jamaika gelangten knapp über eine Million und nach Brasilien zwischen 1580 und 1851 4,8 Millionen Versklavte aus Afrika, in der ersten Hälfte des 19. Jahrhunderts waren es bis um 1850 allein mehr als 1,5 Millionen. Die kleine Insel Barbados bringt es auf eine Zahl von 435 000 angelandeten Versklavten.[75]

Zwischen 1630 und 1700 kam jeder fünfte »Siedler« der späteren USA aus Afrika; zwischen 1700 und 1780 sogar jeder vierte.[76] Das absolut Erstaunliche aber ist, dass der nationale Zensus der USA von 1860 (nur) rund 80 Jahre später fast vier Millionen Sklaven verzeichnete – zehnmal mehr, als bis 1808 eingeführt worden waren.[77]

Da allerdings nach 1808 bereits an die schwere Plantagenarbeit gewöhnte Sklaven aus Kuba in die USA geschmuggelt wurden, lie-

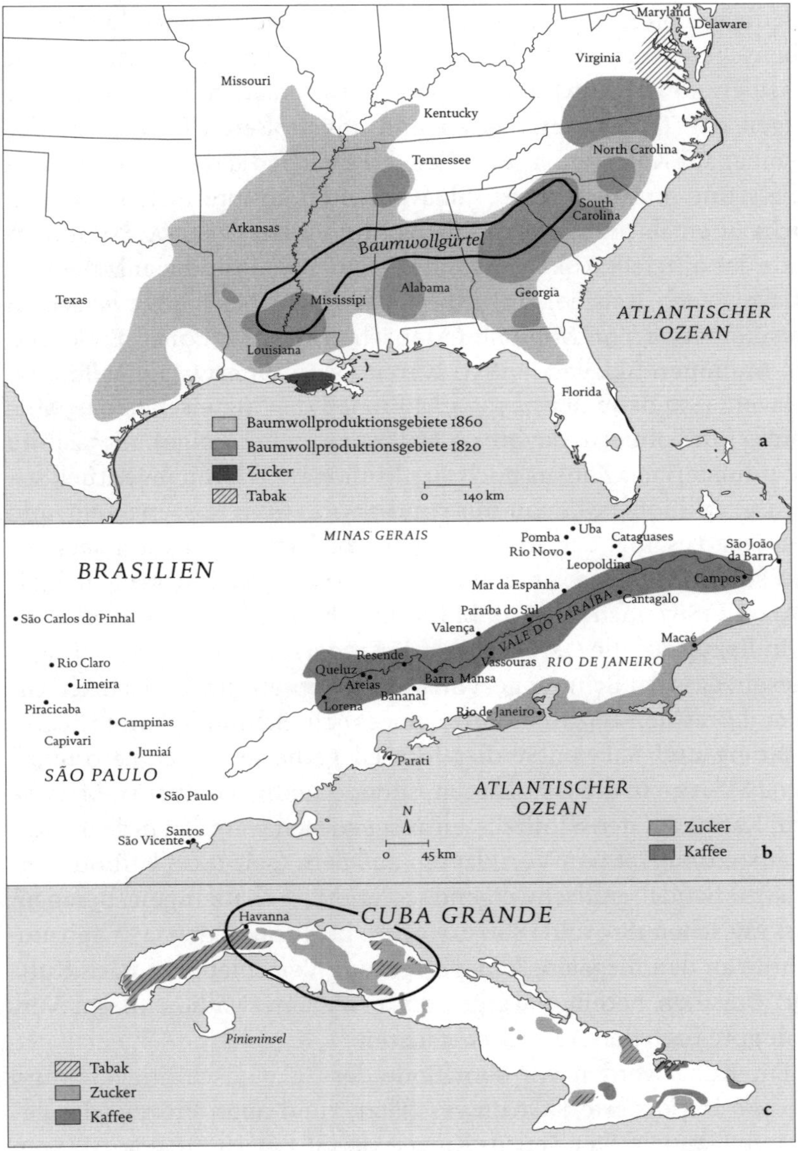

Second Slavery in den Amerikas im 19. Jahrhundert – a) Sklavengebiete USA South; b) Kaffeegebiet im Paraiba-Tal, Brasilien; c) Cuba grande

gen die ›inneren‹ Zahlen der USA möglicherweise höher. Die Überlebenschancen von Sklavenpopulationen in den USA einerseits und Brasilien sowie Kuba andererseits unterschieden sich, vor allem wegen der Tropenkrankheiten und des größeren Reichtums der Pflanzer auf Kuba und in Brasilien, erheblich; die reicheren kubanischen und brasilianischen Sklavenhalter konnten eher Sklaven nachkaufen als die ärmeren Pflanzer im Süden der USA.[78] Vor dem Ende des offiziellen Sklavenhandels 1850 waren rund vier Millionen Sklaven nach Brasilien verschleppt worden. Noch 1823 lebten in Brasilien etwa 3,96 Millionen Menschen, 2,81 Millionen Freie und 1,15 Millionen Sklaven.[79] 1850 waren es schon etwa 2,5 Millionen Sklaven, 1872 dann nur noch 1,5 Millionen (bei inzwischen 9,93 Millionen Einwohnern, davon 4,2 Millionen freie Farbige). 1875 zählte ein ministerialer Zensus noch 1,42 Millionen Sklaven (eventuell sogar 1,54 Millionen, davon nur rund 35 000 Freigelassene aufgrund des Gesetzes über den »freien Bauch« von 1871: Kinder von Sklavinnen sollten frei sein, obwohl die Mütter oft Sklavenstatus behielten) und 1887 noch etwa 0,7 Millionen Sklaven.[80]

In Bezug auf die USA hat Dale T. Graden auf die Tatsache hingewiesen, dass der Schmuggel von Verschleppten aus Afrika nach Kuba und Brasilien als Offshore-Business galt. Schmuggel war für US-Kapitäne und Sklavenhändler formell verboten. Aber da offiziell keine Sklaven in die USA kamen, sondern lediglich Zucker, Melasse oder Kaffee auf den Schiffslisten ausgewiesen waren, wurde der Kapitänsschmuggel von Versklavten aus dem (seit 1808 verbotenen) Atlantikhandel stillschweigend toleriert. Schätzungen besagen, dass zwischen 1815 und 1860 etwa 800 bis 1000 in den USA gebaute Schiffe an den illegalen Transporten von Verschleppten nach Kuba und Brasilien beteiligt waren, die etwa eine Million illegal Verschleppte nach den Amerikas brachten.[81]

Für Kuba werden vor dem Ende des Sklavenschmuggels rund 786 500 importierte Sklaven geschätzt, rund neun Prozent des gesamten Handels. Der Zensus Kubas von 1862 weist 370 000 Sklaven auf der Insel aus, und 1877 gab es noch rund 200 000 Sklaven. Zum Zeitpunkt der endgültigen Abolitionen (USA: 1865, Kuba: 1886 und

Brasilien: 1888) wiesen nur die USA zum Ende der Sklaverei viel mehr Sklaven auf, als importiert worden waren, egal, ob man den Schmuggel mitzählt oder nicht.

Wenn wir das Ganze in Bezug auf den Ausgangspunkt der drei A (Afrika-Atlantik-Amerika) zusammenfassen, ist zunächst festzustellen, dass der Markt in Afrika mindestens genauso groß wie der transatlantische Markt war. Viele verschleppte Frauen wurden innerhalb Afrikas verkauft, denn sie erzielten dort als Konkubinen und Feldsklavinnen höhere Preise – ein Vorteil für afrikanische Sklavenhändler. Afrika verfügte im 19. Jahrhundert und möglicherweise auch schon vorher über die meisten Sklavinnen sowie Sklaven und die unterschiedlichsten Sklavereien, darunter in Nordafrika auch nachgewiesenermaßen ›weiße‹ Versklavte und Verschleppte, die Opfer moriskisch-jüdisch-marokkanischer, algerischer, tripolitanischer und tunesischer Piraten, Sklavenjäger und Korsaren wurden. Robert C. Davis schätzt die dort Versklavten zwischen 1500 und 1800 auf mehr als eine Million Menschen. Im zweiten Drittel des 17. Jahrhunderts, als Briten begannen, atlantischen Sklavenhandel zu betreiben, und etwa 1000 Afrikaner pro Jahr (in die Karibik) verschleppten, wurden eventuell schon mehr britische Seeleute, Fischer, Kaufleute und Razzienopfer in nordafrikanischen Städten (und viele Muslime in Europa) als Sklaven gehalten.[82]

Die frühen Verschleppungen aus Afrika betrafen bis um 1620 vor allem Westafrika, in dem der Islam sich ausbreitete. Insgesamt, so besagt eine Schätzung, sollen 2,25–3 Millionen Muslime in die Amerikas verschleppt worden sein, im 18. und 19. Jahrhundert vor allem nach Brasilien, Trinidad und Kuba.[83] Spezialisten beziffern die aus Afrika Verschleppten insgesamt mit rund elf Millionen Überlebenden des atlantischen Westhandels (1450–1878) und etwa 17 Millionen im Osthandel des Indischen Ozeans, der Saharakarawanen und des Roten Meeres (650 bis Anfang des 20. Jahrhunderts).[84] Silviane A. Diouf dagegen nimmt »about seven millions« (7. –20. Jahrhundert) Verschleppte im Sahara- und Osthandel Afrikas an; Rudolph T. Ware kommt auf 11,75 Millionen im selben Zeitraum.[85]

Grob nach Handelsrichtungen geordnet setzte sich der Menschenexport unter Kontrolle meist muslimischer Sklavenhändler zusammen aus bis zu neun Millionen verschleppten Sklavinnen und Sklaven des Transsaharahandels, rund vier Millionen des Handels am Roten Meer sowie rund vier Millionen, die von der Swahiliküste in die arabischen Gebiete rund um das Rote Meer, den Persischen Golf (Siraf, Ubulla, Kish, Basra und Hormuz) und den Indischen Ozean gelangten, einige auch darüber hinaus.[86] Dazu kamen seit Ende des 18. Jahrhunderts Menschenexporte auf die Plantageninseln (wie Mauritius, Réunion) sowie nach Madagaskar. Den afrikanischen Ost- und Westhandel genau zu trennen, ist allerdings schwierig.

Allein der Aufschwung des Handels mit Maravi-, Macua- und Yao-Sklaven im 19. Jahrhundert betraf laut Edward Alpers für die kurze Zeitspanne von 1818 bis 1830 68 063 Menschen, mit einem Höhepunkt 1821 (12 272 Verschleppte; davon allein 2941 nach Rio de Janeiro) – weil Mosambik im 19. Jahrhundert vor allem nach Brasilien, Kuba und Madagaskar exportierte.[87] Auf Madagaskar formierte sich im 19. Jahrhundert mit Hunderttausenden von Sklavinnen und Sklaven eine Sklavengesellschaft im expansiven Merina-Reich; aus Ostafrika wurden bis 1895 rund 400 000 Sklaven auf die Insel verschleppt.[88]

Auch im Oyo-Reich (etwa heutiges Südnigeria) und in Dahomey existierten ausgeprägte Sklavereigesellschaften. Als das Oyo-Reich (Yoruba/*lucumí*) in der ersten Hälfte des 19. Jahrhunderts zusammenbrach, schnellten die Sklavenexporte wieder hoch, auch wegen der Dschihads, die zur Bildung der Futa-Reiche und des Sokoto-Kalifats führten. In Letzterem wiederum intensivierten sich Razziensklavereien, Sklavenhandel und Sklavereien. Um 1900 gab es in den Dschihadstaaten Westafrikas insgesamt 2 839 000 bis 4 337 000 Sklaven (zwischen 25 und 50 Prozent der Bevölkerung).[89] Insgesamt wurden über alle vier großen Menschenhandelskorridore Afrikas möglicherweise um die 28 Millionen Menschen zwischen dem 7. und frühen 20. Jahrhundert aus Afrika deportiert.

Im 19. Jahrhundert wuchsen, auch und gerade wegen des Sklavenhandels und der Ausweitung interner Sklavereien, die unterschiedlichen Handelsnetze in Afrika zusammen, besonders deutlich im Sudan sowie in Zentral- und Ostafrika. Nathan Nunn hat für alle heutigen afrikanischen Staaten eine Hochrechnung aus der ethnischen Herkunft der Sklaven und den Gesamtzahlen pro Land zwischen 1400 und 1900 erstellt. Die Kombination ist deshalb wichtig, weil nicht alle aus Afrika Verschleppten aus dem Hafen des Landes kamen, in dem sie als »exportiert« gezählt wurden (vor allem in europäischen Quellen). Die Ergebnisse bestätigen, dass die meisten Verschleppten aus Angola kamen (rund 3,6 Millionen), dann folgen Ghana (rund 1,6 Millionen), Nigeria (rund 1,4 Millionen), die Demokratische Republik Kongo (rund 760 000) und Benin (rund 456 000). Historisch hießen die Regionen Sklavenküste (Benin und Nigeria), Westzentralafrika (Angola, Kongo/Zaire und Loango) sowie Goldküste (Ghana). Aus Südafrika und Namibia stammten nach Nunn »virtually no slaves« (im Export).

Auffällig ist, dass Gebiete, die ganz viele bzw. fast überhaupt keine Sklaven exportierten, oft nebeneinanderlagen – so etwa die Goldküste mit sehr hohem Aufkommen neben Togo mit einem geringen, oder Kongo neben Gabun. Das heutige Mali belieferte einerseits westafrikanische Sklavenhäfen für den atlantischen Handel (vor allem Senegambia) mit rund 332 000 Sklavinnen und Sklaven. In den transsaharischen Sklavenhandel, u. a. nach Marokko und Ägypten, speiste es rund 510 000 Sklaven ein. Äthiopien (zusammen rund 1,5 Millionen) und Sudan (zusammen rund 863 000) exportierten vor allem Sklaven in den transsaharischen Handel, den Nilhandel und den Rotes-Meer-Handel; Mosambik (atlantisch: 382 000, ostafrikanisch: 243 000) etwas mehr in den transatlantischen Handel und geringfügig weniger in den ostafrikanischen Sklavenhandel.[90]

Mit dem Export der Karibikmoderne und dem Aufschwung von Plantagen auf den französischen Maskarenen, auf Réunion und Mauritius sowie der steigenden Nachfrage nach Sklaven am Kap entstand aus dem Osthandel auch ein afrikanischer Südhandel von Sklaven. Für das 19. Jahrhundert werden rund 500 000 Opfer des

Menschenhandels nach Madagaskar, zu Inseln des Indischen Ozeans (Komoren, Maskarenen) und mit südafrikanischen Kapgebieten geschätzt.[91]

Während der zwölfhundert Jahre des inneren Saharasklavenhandels (7.–20. Jahrhundert) könnten aus dem Sudan und schwarzafrikanischen Gebieten rund vier bis sechs Millionen Menschen, die in Afrika (meist Nordafrika) blieben, verschleppt worden sein. Die Totenzahlen beim Transport durch die Wüsten mögen sogar höher gewesen sein als die des atlantischen Sklavenhandels (1440–1878). Die Mehrheit der Opfer dieses gigantischen Saharasklavenhandels waren Schwarze aus Gebieten der südlichen Sahara und südlich der Sahara. Für den portugiesischen *Kafr*-Handel nach Goa ist davon auszugehen, dass bis in die Mitte des 18. Jahrhunderts pro Jahr durchschnittlich 500 Sklaven aus Ostafrika nach Goa verschifft wurden. Zwischen 1787 und 1834 hat man von Mosambik in die indischen Niederlassungen der Portugiesen in Damão und Diu sowie nach Goa zwischen vier und knapp 400 Sklaven pro Jahr transportiert.[92]

Für das 19. Jahrhundert besagen Schätzungen, dass auf Sklavenmärkten entlang des Arabischen Meeres bis nach Persien um eine Million Sklavinnen und Sklaven aus Ostafrika verkauft worden sind.[93] Auch im nördlichen und östlichen Afrika selbst nahmen Sklavenhandel und Sklavenarbeit zu, nachdem auf Madagaskar und im Zentral-Zandj (Ostafrika) der Imam von Oman und der Sultan von Sansibar islamische Subimperien gegründet hatten, die auf *Slaving* und Plantagenwirtschaft basierten. Auf Sansibar und Pemba sowie auf vielen Inseln des Indischen Ozeans entstanden effiziente agrarkapitalistische Plantagen mit Massensklaverei und massivem sowie weiträumigem Sklavenhandel.[94]

Auch im Innern Schwarzafrikas südlich der Sahara selbst sind Menschen verschleppt, verkauft, verurteilt und versklavt worden. Grenouilleau nimmt an, dass in der Zeit vor 1850 rund neun Millionen Menschen im inneren Handel in Afrika versklavt worden sind, und insgesamt bis 1950 um 14 Millionen Menschen.[95] Die Tendenz zum Verbleib in Afrika stieg nach 1850 (in einigen Gebieten schon früher) wegen der Abolition des europäischen Sklavenhandels und der Verfolgung des Schmuggels stark an. Afrikanische und arabische Sklavenjagdgebiete weiteten sich bis nach Zentralafrika aus. Sklaven wurden für lokale Versklaver und Sklavenhalter preiswerter. Einerseits nahm der Menschenschmuggel aus Afrika zwischen 1800 und 1880 auf dem *Hidden Atlantic* massiv zu (Kuba und Brasilien; seit etwa 1850 fast nur noch Kuba), andererseits fiel Afrika als Quelle versklavter Arbeitskräfte für Amerika allmählich aus. Deshalb sanken die Preise in Afrika; in Amerika stiegen sie. Afrika wurde nun zunehmend auch direktes Opfer des europäischen Imperialismus, und afrikanische Eliten sowie Kolonialherren beuteten Sklaven in Afrika aus.

Nach 1850 war die Nachfrage in Afrika und auf Madagaskar sowie anderen Inseln schon so hoch, dass sie das Volumen des West- und Ostsklavenhandels überschritt. Den Eliten der sich selbst als »christliche Zivilisation« definierenden Gesellschaften Westeuropas und Nordamerikas war die *Slaving*-Aktivität afrikanischer Eliten allerdings ein Dorn im Auge. Am lautesten beschwerten sich die Briten. Dass Afrika Opfer des europäischen Imperialismus wurde, legitimierte man mit dem afrikanischen und arabisch-islamischen Sklavenhandel. Die wahre Grundlage aber waren Ressourcen und Profite des sogenannten *legitimate trade* (in Zeiten des Kampfes gegen den Sklavenhandel der Begriff für erlaubten Handel). Auf Basis ungleicher Verträge, christlicher Mission und der Antisklavenhandelspolitik breitete sich europäischer Kolonialismus direkt in Afrika aus, nur um den inneren Sklavenhandel sowie die Sklaven und Sklavinnen afrikanischer Sklavereiformen nun intensiver vor Ort zu nutzen (auch und gerade in den deutschen Kolonien)[96]. Den afrikanischen Eliten blieb lediglich ein Teil der Profite, und auch das meist nur bei Wohlverhalten. Die mehr oder weniger seit 1650 im atlantischen Raum außerhalb Afrikas virulenten Bilder Schwarzafrikas verstärkten sich nochmals. Afrika wurde nun endgültig als das unzivilisierte, barbarische, kannibalistische ›Andere‹ der Modernität des viktorianischen, wilhelminischen und rooseveltschen Westens konstruiert. Zugleich entwickelten sich in Ansätzen afrikanische, atlantikkreolische und afroamerikanische *countercultures of modernity*.

Ganz kompliziert wird das Thema, wenn wir uns die Frage nach der Anzahl von Sklavenhändlern und Sklavenhaltern stellen, zumal die Nachkommen und Historiker einer glorreichen Vergangenheit des Empire nicht an Aufdeckung interessiert sind. Ich kann deshalb nur auf die äußerst nützlichen Schätzungen von Robin Blackburn zu Sklavenhaltern (Eigentümern) in den drei wichtigsten amerikanischen Plantagengesellschaften verweisen:

> »Bis 1860 war die Zahl der Sklaven in den Amerikas auf sechs Millionen gestiegen, und die von ihnen erwirtschaftete Ernte stellte mehr als zwei Drittel des gesamten Exports der Hemisphäre dar. Es gab mindestens 40 000 Plantagenbesitzer mit Sklavenhaltung in den USA, 10 000 in Brasilien und mehr als 2000 auf Kuba.«[97]

Als 1833 die Sklaverei im atlantischen und karibischen Raum durch die britische Regierung aufgehoben wurde, gründete man die *Slave Compensation Commission*, die die Entschädigungsforderungen der Sklavenhalter aufzunehmen, zu bewerten und die Auszahlung zu legitimieren hatte (ein Sklaven-, Sklavenhalter- und Wertzensus von außerordentlicher Bedeutung). Für die rund 800 000 Versklavten bekamen rund 46 000 Sklavenhalter (darunter viele heute noch bekannte und zum Teil berühmte Familien) rund 20 Millionen Pfund (in heutigen Werten zwischen 16 und 17 Milliarden Pfund), die größte Auszahlung der britischen Geschichte vor dem Banken-Bail-out 2009. Größter Empfänger von Entschädigungsgeldern war John Gladstone, Vater des britischen Premierministers William Ewart Gladstone. Er erhielt 106 769 Pfund Entschädigung für 2508 Versklavte, die er auf neun Plantagen besessen hatte (in modernen Werten 80 Millionen Pfund).[98] George Orwells Ur-Ur-Großvater Charles Blair erhielt die Summe von 4442 Pfund (heute etwa drei Millionen Pfund). Andere auf den Listen sind Vorfahren des Schriftstellers Graham Greene, der Dichterin Elizabeth Barrett Browning und des Architekten Sir George Gilbert Scott oder entfernte Vorfahren des ehemaligen Premierministers David Cameron.

Fast noch erstaunlicher ist, wie viele Menschen nur einige wenige Sklaven, aber meist keine Plantagen besaßen, weshalb sie ihre Sklaven oft an die großen Plantagenbesitzer vermieteten. David Olusoga schreibt, dass sich in dieser Kategorie Vikare, Schmiede und sehr viele Witwen fanden. Überhaupt nimmt er an, dass 40 Prozent aller Sklavenhalter in den Kolonien Frauen waren; oft erbten sie die Sklaven von ihren verstorbenen Ehemännern.[99] Die ehemals Versklavten, die nach dem 1. August 1834 noch für rund vier Jahre *apprentices* hießen, bekamen nicht nur keine Entschädigung für die Jahre der Versklavung, sie mussten auch weiterhin 45 Stunden pro Woche ohne Lohn für ihre ehemaligen Besitzer arbeiten.

Kein Ende nach dem Ende – Diskurse und Realitäten der globalen Sklaverei seit 1800

»In a way, the situation of the *emancipados* was worse than that of slaves«.[1]

Nimmt man die Perspektive nicht nur der Institution Sklaverei (oder Sklavereien), sondern der Menschen in und um diese Institutionen, vor allem der Versklavten, ein, drängt sich eine ganz einfache Frage auf: Wie kommt es, dass wir von Sklavereiplateaus außerhalb der bekannten Sklavereien (vor allem im Süden der USA) so wenig wissen? Ich meine vor allem die Plateaus Nr. 4 und Nr. 5, die in vorliegendem Buch erstmals als Teil einer Globalgeschichte der Sklaverei (»bis heute«) präsentiert werden. Kann das an der Medienfixierung auf Abolition liegen? Geschichtsschreibung unter »Medien« und »Diskurse« zu fassen, ist sicherlich stark nivellierend, aber ich will das Problem verdeutlichen. »Abolition« wiederum werde ich nicht im Hinblick auf »Freiheit«, sondern auf »Unfreiheit«/Sklaverei und Abhängigkeit analysieren.

Grundsätzlich hat weder die Aufklärung vor 1794 noch die Französische Revolution in ihrer Anfangsphase mit der Erklärung der Menschen- und Bürgerrechte Sklavenhandel und/oder Sklaverei aufgehoben oder gar beendet. Völlig unbekannt außerhalb Spaniens ist, dass das iberische Imperium zwischen 1495 und 1680 die erste große formale Abolition einer Sklaverei (von *yndios*) in ähnlich diskursiver Weise wie die Abolition des 19. Jahrhunderts zwar nicht »zu Ende brachte«, aber formal in einem Rechtstext kodifizierte (*Recoplilación de las Leyes de Indias*). Erst die Revolution von Saint-Domingue/Haiti (1791–1803) brachte das sofortige Ende der Sklaverei von aus Afrika Verschleppten und ihrer Nachkommen in den Amerikas mit blutiger Gewalt aufs globale Tapet.[2]

Wie wir gesehen haben, war speziell das Ende des dritten Plateaus und das vierte Plateau der globalen Sklavereientwicklung einerseits durch Diskurse vom »Ende der Sklaverei und des Sklavenhandels«, von Abolition/»Zivilisation« und »Freiheit« geprägt, vor allem im Britischen Imperium; mit »Zivilisation« meinte man damals »christliche Zivilisation«. Andererseits stand diese Zeit erstens unter dem Eindruck der Kapital-Transsubstantionen, die der *Atlantic slavery* im dritten Plateau inhärent waren. Gemeint ist die Umwandlung des Kapitals menschlicher Körper in andere Kapitalformen, Institutionen (wie Banken) und »Vermögen«, die vor allem am Beispiel Großbritanniens aufgrund der Quellenlage sehr gut nachvollziehbar sind. Kaum 20 Jahre nach der Abolition der Sklaverei hielten allerdings die meisten Beobachter im britischen Einflussgebiet die wirtschaftlichen Folgen für katastrophal und die reale Lage der ehemals gesetzlich Versklavten für schlimmer als zu Zeiten der legitimen Sklaverei.[3] Zweitens war die Epoche, vor allem seit um 1820, geprägt durch die Fortentwicklung realer Sklavereien im Rahmen imperialer Nationsbildungen (besonders deutlich in Brasilien sowie den USA, aber auch im Sokoto-Kalifat und in Ostafrika), die oftmals der Abolition oder angeblichen Maßnahmen zur Rettung von Christen und/oder Rassismus sowie der Wirtschaftsentwicklung (USA) einen neuen Aufschwung verdankten. Hinzu kamen drittens die kulturalistische Verbrämung von lokalen Sklavereien als »Tradition« oder Brauch und viertens die flexiblen Kombinationen von freien und unfreien Arbeitsverhältnissen in der globalen Expansion vor allem westeuropäischer kapitalistischer Wirtschaftskräfte, gedeckt durch imperiale Macht, die zur Bildung neuer Kolonien führte. Aber auch die Expansion anderer imperialer Mächte (wie China und Russland) und eigenständiger regionaler Sklavereien (besonders bekannt: die Omanis im Indischen Ozean sowie Sklavereien in Südostasien) machte sich bemerkbar.

Zum »Ende von Sklavenhandel und Sklaverei« im Britischen Empire: Wie gesagt wurden rund 46 000 *slave-owners* in Großbritannien für das, was sie an menschlichen Körpern in der Endphase des dritten Plateaus sowie der Anfangsphase des vierten Plateaus besessen und nun »verloren« hatten, mit Stichtag 1. August 1834 entschädigt. Das Buch *British Slave-ownership* zeigt, wie sich für eine neue imperiale britische Reformelite das »afterlife of slavery following Emancipation«[4], die als imperialer Rechtsakt für die britische Karibik, Mauritius und die Kapkolonie galt, gestaltete. Zugleich setzten zwischen 1808 und 1840 in der Zeit der formalen Abolition des maritimen Sklavenhandels auf dem Atlantik Verschleierung, Marginalisierung, Beschönigung und Nichtnennen von Tatsachen in Bezug auf den »Erwerb« von »Vermögen« aus Sklavenhandel und Sklavenbesitz, aber auch im Hinblick auf weiterexistierende reale Sklavereien und ihre »Namen« ein.[5] Insofern ist das britische Beispiel einzigartig. Noch deutlicher wird die Verschleierungsfunktion von Diskursen in der östlichen Hemisphäre bei der von Großbritannien proklamierten »Abolition« der Sklaverei in Indien und anderen Gebieten unter britischer Kontrolle (1843).[6]

»Abolition« diente meist als Vorwand für weitere imperiale Expansion – den Briten vor allem, um gegen indigene Eliten oder andere Imperien vorzugehen (wie Indien und China), aber auch gegen »westliche« Konkurrenten. Im Herrschaftsbereich eigener Kolonien wurden Formen der Haus- und Sexsklaverei meist toleriert.[7] Wegen dieser seit damals mächtigen Diskurse sowie der Verschleierung realer Sklavenarbeit und -dienste (und meist auch der zugehörigen Politik- und Eigentumsstrukturen) und den von Sklavereien geprägten Kombinationen verschiedener Formen von Arbeit weigern sich viele Forscher und Intellektuelle, noch heute Sklavereien außerhalb der »hegemonischen« Sklaverei als solche zu bezeichnen. Im besten Falle nutzen sie die lokalen ›Namen‹ dieser Sklavereien oder eben, wie unter Definitionen gezeigt, Ersatzmakrokonzepte.

Die ehemaligen britischen Sklavenhalter und *West Indians* (sowie einige andere Gruppen) jedenfalls legten ihre »identity of slave-owner«[8] ab und wurden zu wichtigen Eliten des in Expansion befindlichen britischen »Zivilisationsimperiums«. Gleiches dürfte für britische Sklavenhändler und Sklavenschiffskapitäne gelten. Über Letztere wurde nicht mehr als Sklavenhalter oder -händler gesprochen oder geschrieben.[9] Die alten Juwelen des britischen Imperiums, Westindien, Jamaika, Barbados und die anderen Inseln, verkamen zu »Armenhäusern« und Problemterritorien: »Slavery was something to be regretted and forgotten, best expunged in so far as was possible from public memory«.[10]

Andere große Sklavereien und »westliche« Kombinationen von Arbeitsregimes mit lokalen Sklavereien betrieb man weiter, durchaus nun auf imperialem sowie globalem Niveau, während der ›zivilisatorische‹ Abolitionsdiskurs lauter tönte. Besonders gut ließen sich lokale Sklavereien und kollektive Zwangsarbeitssysteme in den »neuen« Kolonien europäischer, aber auch anderer imperialistischer Mächte kombinieren. Dabei entstanden kulturalistische Konzepte und Diskurse, um reale Sklavereien als eigenständige Traditionen zu bezeichnen, meist unter dem Oberbegriff *bondage* oder *servitude* (bzw. Zwangsarbeit – siehe unter Definitionen). Oft geschah das in den Worten oder ›Namen‹ der jeweiligen Kultur, besonders in China, Indien, der indonesisch-malaiischen Welt und im Osmanischen Reich. In Letzterem etwa beriefen sich Eliten und Sklavenbesitzer auf »alte, tief in der sozialkulturellen Ordnung verwurzelte Traditionen von Militärsklaverei und Harem«[11], von weiblichen und männlichen Haussklaven, von billigen Arbeitskräften, Knechten, Konkubinen und Sklaven als Statussymbol. Trotz der Tanzimat-Reformen, trotz der Schließung des größten osmanischen Sklavenmarktes (in Istanbul, 1846), trotz des Verbotes des Handels mit Verschleppten aus Afrika (1857) und trotz Verträgen mit Großbritannien gegen den Menschenhandel wurde Sklaverei im Osmanischen Reich bis zum Ersten Weltkrieg beibehalten sowie Razziensklaverei und Menschenhandel auch.[12]

Militärsklaverei war, unabhängig von den konkreten Ausgestaltungen in Bezug auf Sozial- und Arbeitsbeziehungen, ein Kontinuum der Geschichte im türkisch-islamisch-asiatischen Bereich – in der Makroregion Asien bis hin zur Militärsklaverei der Manchu/Qing in China. Die Konzentration der Briten auf Afrika und das Mittelmeer begünstigten an den Rändern des Osmanischen Reiches sogar Sklavenrazzien, Menschenhandel und Sklaverei im und um den Kaukasus.[13] Die Zahl von ›weißen‹ Sklaven und Sklavinnen aus dem Kaukasus sowie zeitweilig aus griechischen Gebieten und Regionen des Balkans erhöhte sich drastisch.

In der zweiten Hälfte des 19. Jahrhunderts, als Spanien 1886 und schließlich 1888 auch Brasilien die Sklaverei von *negros/pretos* in der atlantischen Welthälfte formal aufgehoben hatten (woraufhin bald ihre Imperien zusammenbrachen)[14], wurden die abolitionistischen Diskurse zusammengefasst in »the catchall project known as the ›civilizing mission‹«[15]. In Wahrheit blieben die Strukturen sowie Statusminderungen der *Second Slavery* und Sklavereipraktiken der Arbeit aber erhalten. Sie wurden sogar erweitert, und verschiedene Formen von Arbeitskraftbeschaffung wurden kombiniert.

Irgendwann, in den meisten Ländern im 19. oder 20. Jahrhundert, schienen Diskurse der Abolition allgegenwärtig.[16] Selbst Sklavenhalter wie José Antonio Saco, der 1832 den atlantischen Sklavenhandel erstmals öffentlich verurteilte, und der Papst (1839) schlossen sich an – wenn auch sehr halbherzig und Ersterer gegen massive Zensur.[17] In den Gesellschaften der Massensklaverei des dritten Plateaus war es vor den 1870er Jahren sogar noch extrem gefährlich, gegen die Sklaverei zu sprechen. Als Besitz- und Wirtschaftsform sowie als Arbeits- und Verdienstmöglichkeit blieb Sklaverei (und lange Zeit auch illegaler Sklavenhandel) überall höchst erfolgreich und gewinnträchtig, trotz der abolitionistischen Bewegungen (im Falle Kubas vor allem der Revolution von Haiti und der britischen praktischen Marinepolitik seit 1815 sowie dem Bürgerkrieg der USA).[18]

In der Tat waren globalhistorisch Saint-Domingue/Haiti sowie der Bürgerkrieg in den USA zwischen Norden und Süden (1861–1865) die einzigen wirklichen Ausnahmen – die Versklavten wurden in einer Revolution und schlagartig, in Haiti sogar dank ihrer eigenen Aktivitäten (auch in den USA gab es schwarze Soldaten und Truppen), befreit. Zu den Hauptmotiven des Bürgerkrieges gehörten Sklaverei, Sklavenhandel und Sklavereimoderne; in seinem Verlauf wurde eine der kriegführenden ›weißen‹ Seiten gezwungen, die Abolition der Sklaverei und des internen Sklavenhandels zu proklamieren und durchzusetzen: »Lincoln committed an unprecedented revolutionary act«[19]. Die USA wurden das revolutionärste Land der Welt und veröffentlichten mit der Proklamation der Sklavenbefreiung in den USA (1863) und dem 13. Zusatz der Verfassung (1865) den fortschrittlichsten Text in der langen Geschichte der Weltsklaverei. Erstens wurden die etwa vier Millionen Versklavten sofort und dauerhaft befreit, und zweitens gab es keine Entschädigung für Sklavenhalter.[20] Leider erhielten auch Versklavte keine Entschädigung; sie verblieben meist im marginalisierten Status der extremen Armut. Daher wurde nach mehr als einem Jahrzehnt die revolutionäre Emanzipationspolitik der (damaligen) Republikaner abgebrochen. Föderale Gesetze zur materiellen Entschädigung mit Land und Werkzeug bzw. *forty acres and a mule* kamen nicht zur Anwendung, und die diskursive sowie reale Politik des Südens konnte Raum gewinnen. Gemeint sind die Verklärung des »alten Südens« (etwa in Reden vom *Plantation Myth* oder einer *Lost Cause*, aber auch im Buch und Film *Gone with the Wind*), *racialization*, staatliche Rassentrennung und die Verschärfung des niederen Status aus der Sklavereizeit mit Rassenargumenten und dem Schüren von Angst vor der Sexualität ehemaliger Versklavter.[21] Auch diese revolutionäre Abolition blieb also unvollendet.[22] Allerdings waren danach formelle Sklaverei (und interner Sklavenhandel) als Basis für eine ›moderne Nation‹ obsolet – auch für Brasilien, Russland, Spanien sowie Rumänien und mittelfristig für das Osmanische Reich, Persien und China.[23]

Was konkrete Abolitionen für Versklavte und ehemalige Versklavte in ihrer Lebensrealität bedeuteten, wird immer noch debattiert – die Forschungsrichtung heißt *Postemancipation* (und nicht Postabolition)[24], da Abolition und Emanzipation für Historiker und Sozialwissenschaftler unterschiedliche Prozesse sind. Besonders Imperien widersetzten sich der Abolition, wie wir gerade gesehen haben, aber auch der längerfristigen Emanzipation Unterdrückter. Eine Reihe von Imperien (wie Brasilien) oder Fast-Imperien (wie die Südstaaten der USA) zerbrachen an der Frage der Abolition. Nicht umsonst hieß eine der letzten Arbeiten des früh verstorbenen Christopher Schmidt-Nowara »Imperien gegen Emanzipation«[25]. Und die langfristige Emanzipation ist keineswegs abgeschlossen.

Für das 19. und 20. Jahrhundert haben Rebecca Scott und Jean-Michel Hébrard gezeigt, dass agile ehemalige Versklavte die großen

Narrative von Sklaverei, Freiheit oder Revolution/Reform bzw. der Geschichte territorialer Räume überwanden, um die »Aufhebung« der Sklaverei wirklich für ihr individuelles Leben und das ihrer Nachkommen abzusichern und in Freiheit sowie Status mit einem sicheren Einkommen leben zu können. Sie bewegten sich sozusagen quer zu den Narrativen, Wirtschaftsräumen oder Nationen bzw. politischen Großereignissen (Revolutionen). Dabei profitierten sie vom translokalen Emanzipationspotenzial der Revolutionen und unterliefen in gewissem Sinne die sich bildenden nationalen Räume, um ihre Mobilität auf den ganzen atlantischen Raum, Nordamerika und Europa auszudehnen.[26] Selbst dann aber war ihre »Freiheit« äußerst prekär. Das zeigt auch das Beispiel der abolitionistisch-westlichen Entwicklungspolitik »vor der Entwicklungspolitik« in Afrika. Die britische Kolonie Sierra Leone war mit dem ausdrücklichen Ziel der Ansiedlung »befreiter Sklaven« (*emancipated/liberated slaves*) um 1800 gegründet worden. Offiziell war Sierra Leone eine der ersten Postsklavereigesellschaften der Welt.[27] Der mikrohistorische Blick aber zeigt, dass »befreite« Sklaven in Sierra Leone, wie etwa James Kaweli Covey (später Übersetzer in den Amistad-Prozessen), schon seit frühester Jugend aktiv zwischen von Armut geprägter »Freiheit«, zeitweiliger Sklaverei und Welten der *Atlantic slavery* hin- und herpendeln mussten, um überhaupt zu überleben. James/Kaweli lernte die gesamte Welt des *Hidden Atlantic* »von unten« kennen. Sein extrem mobiles Leben zwischen »Freiheit«, extremster Abhängigkeit und verschiedenen Sklavereiformen sprach den hehren Abolitionsdiskursen Hohn. Lisa Lindsay schreibt über »an Atlantic world in which slavery was nearly ubiquitous and freedom was ambigous«.[28]

Dennoch bedeutete Abolition den Versklavten viel. Zurück wollte niemand. Aber sie gaben dem ›von oben‹ begonnenen Prozess, zwecks wirklicher Emanzipation im Sinne der ehemaligen Sklavin Rosalie und ihren Nachkommen, eine eigene Bedeutung ›von unten‹; indem sie oft »freiwillig« migrierten und, um überhaupt den Transport finanzieren zu können, neue, informelle Sklavereibeziehungen eingingen (etwa mit Kapitänen) und Sklavenarbeiten machten. Alle »befreiten« Sklaven mussten sehr viel tun für die reale Erweiterung ihrer Möglichkeiten. Denn Abolitionen bedeuteten in vielen Gebieten und für sehr viele ehemals Versklavte nicht einmal größere Mobilität (vor allem, weil es sehr oft lokale Arbeit nur saisonal in der Exportlandwirtschaft gab, und wegen vieler anderer Abhängigkeiten). Eventuell wurde etwas mehr Konsum möglich, wenn Geld oder Produkte übrig waren. Viele der ehemals Versklavten machten sich allerdings auf den Weg, um ihre durch die Sklaverei zerstörten Familien, meist nur einzelne Angehörige, zu finden.[29] Oder sie suchten neue Arbeit und Aufstiegsmöglichkeiten (wie paradigmatisch viele Kulis oder Haitianer und Jamaikaner in der großen Zuckerindustrie Kubas oder im Kanalbau in Panama).

Das Europa des Biedermeier-Kapitalismus trat, vor allem wegen seiner Versuche, nach den Napoleonischen Kriegen 1815 die alte Ordnung in Europa und die kolonialen *Anciens régimes* wiederherzustellen, nach außen als eine Art Weltpolizist in Sachen Sklaverei und Kolonialismus auf (siehe auch die Ängste amerikanischer indigener Eliten vor Interventionen, wie sie Simón Bolívar, die US-Doktrin des Manifest Destiny usw. verkörperten). Die alten neuen Eliten der Karlsbader Beschlüsse (vor allem der österreichische Kanzler Metternich) versuchten die europäischen Mittelklassen zu entpolitisieren, indem sie ihnen höheren Konsum vor allem von Kolonialwaren, die von Sklaven produziert wurden, ermöglichten.

In Bezug auf Saint-Domingue/Haiti hatte Napoleon 1802 recht offen zugunsten der Haltung »Imperium braucht Sklaverei« interveniert und deren Restauration durchgesetzt.[30] Noch deutlicher war der (zum Glück nicht realisierbare) Plan der französischen Restaurationseliten, die gesamte Bevölkerung Haitis, die 1804 durch Revolution und staatliche Abolition »frei« wurde, durch einen Krieg auszurotten (*war of extermination*)[31], d.h. etwa 300 000–400 000 Menschen, und durch neue Verschleppte aus Afrika zu ersetzen. Großbritannien hatte in geheimen Klauseln des Vertrages von 1814 sogar erklärt, für fünf Jahre den französischen transatlantischen Sklavenhandel wieder zuzulassen.

Die Sklavenrevolution von Saint-Domingue (1791–1803) und die frühe Geschichte der zwei postkolonialen Staaten Haitis (1806–1822) können als gutes Beispiel für die gigantischen Widersprüche des liberalen Abolitionismusdiskurses und seiner Sprecher dienen. Saint-Domingue verkörperte im europäischen Bewusstsein das Schreckbild der Revolution und Rache der Versklavten. Das europäische schlechte Gewissen und die Angst vor Rache klingen in den Erzählungen Heinrich von Kleists nach.[32]

Am anderen Ende der Welt gab es keinen größeren Unterstützer der Quäker und der Abolition des Sklavenhandels sowie der Sklaverei auf Haiti als ausgerechnet den russischen Zaren Alexander I. Er kämpfte auch gegen den (meist islamischen) Sklavenhandel in der Kaukasusregion, der zugleich im Expansionsgebiet des Russischen Reiches lag, und zeigte sich als Beschützer versklavter Christen im Osmanischen Reich; zugleich war er ein erbitterter Feind der Revolutionäre in Frankreich und Europa. Diese wiederum wunderten sich über die abolitionistischen Gefühle des despotischen Zaren angesichts der Millionen von leibeigenen Bauern in Russland und in Polen.

Die meisten Arbeiten über Abolition beziehen sich auf Gesetze und Diskurse – viele auch auf Moral und Werte. Eliten feierten sich in Reden, Hekatomben von Texten, Literaturen, Bildern und Repräsentationen (auch in den Wissenschaften).[33] Aber die bejubelte »Abolition« existierte nur auf dem Papier für Menschen, die als Gruppe den Namen »emanzipierte Sklaven« (*emancipated slaves* oder *emancipados*) trugen und oftmals sogar offizielle Freilassungspapiere erhielten. Ihre reale Existenz war schlechter als die von formalen Sklaven und Sklavinnen – sie lebten in einer Art neuer Staatssklaverei des vierten Plateaus, deren ›Name‹ vorgaukeln sollte, dass ihre Lebensrealität keine Sklaverei mehr war.[34]

Dabei gab es starke globalhistorische Unterschiede und Verflechtungen.[35] Noch um das Jahr 1900 lebten »more legally defined slaves« in Afrika[36] und Asien, als es jemals in den Kolonien Amerikas gegeben hatte (siehe das Kapitel »Versklavte weltweit in Zahlen«). Hinzu kamen *Indian slaves*, für die die Abolition der Sklaverei in den USA erst sehr spät galt. In Afrika und vielen Teilen Asiens bedeutete die abolitionistische (und diskursive) Verurteilung der Sklaverei im Grunde ihre Rekonstruktion im Sinne von Sklavereien ›ohne Sklaverei‹ oder ihre Kombination mit anderen Sklaverei- und Ausbeutungsformen (siehe viertes Plateau).

Die »westliche« Abolition entfaltete ihre globale Hauptwirkung auf anderen Gebieten. Um die Mitte des 19. Jahrhunderts (mit der Revolution von 1848–1851) begann die Befreiung des Konsums der Mittel- und Unterschichten – erst der britischen, dann der europäischen und dann der des weiteren »Westens«. Was hat das mit Sklaverei zu tun? Ganz viel, denn seit dieser Zeit waren freie Arbeit und Freihandel die beiden Hauptwerte des Britischen Empires, das militärisch global agieren (Opiumkriege) und sich als »die Zivilisation« schlechthin darstellen konnte. Nach den Erfahrungen der Konsumausweitung im Biedermeier-Kapitalismus (*romantic capitalism / capitalismo romántico*) in Mitteleuropa (1815–1860) und seit die britischen Mittel- und Unterklassen nicht mehr nur Gin, sondern die ganze Palette der tropischen Produkte, samt chinesischem Tee, wirklich (auch) haben wollten, entfaltete die Abolition als in den großen politischen Diskursen eher unsichtbare »Befreiung des Konsumenten« des »Westens« ihre ganze Kraft. Zwar war die Abolition für die »Befreiten« wichtig, aber eher begrenzt, wie auch in ihrer politischen Wirkung (wie viele Sklavenschiffe wurden wirklich erwischt?). Doch die eigentliche Wirkung der Abolition lag im symbolisch-moralischen Diskurs eines Weltreiches (des britischen), das seinen Mittel- und Unterschichten den bis dahin eher aristokratischen Konsum freigab.

Ehemalige Sklaven waren der unterste Teil dieser Unterschichten, vor allem in bestimmten Regionen. Sie machten meist die gleiche Arbeit, erlitten die gleiche Gewalt wie früher, sanken zu Kleinbauern herab, meist ohne Landbesitz, oder richteten sich mehr schlecht als recht in Grenz- und Gebirgszonen ein. Die ehemaligen kolonialen Perlensklavereiterritorien (wie Jamaika) wurden zu Armenhäusern des Imperiums. In den Zentren wurden das umgewandelte Kapital aus menschlichen Körpern (siehe zur Entschädigung in Großbritannien) und die Gewinne dieser Konsumgesellschaften oft in reformerische Projekte gesteckt wie Bildung und Behausungen für europäische Unterschichten.

Ich will zunächst, da es in Sklaverei- und Abolitionsgeschichten normalerweise nicht behandelt wird, nochmals Ostasien analysieren. Kaum jemand hat die Frage nach Abolition und Emanzipation für China gestellt – eine Kultur, deren Eliten sich seit 2000 Jahren als Zentrum der Welt sahen und die sich heute im postkolonialen Sinne als Alternative zum »Westen« darstellen. Es gab dort keine kompakte, systemische Sklaverei, sondern eine extreme Gemengelage von meist informellen und lokalen Sklavereien und massiven Menschenhandelsformen, aber auch keine Philosophie des »freien Individuums« und somit auch keinen übergreifenden Diskurs der »Freiheit«, von daher ist schon die Frage nach »Abolition« von Sklaverei schwierig.

Claude Chevaleyre hat sie trotzdem gestellt und kommt zum Ergebnis, dass es in der langen und bewegten Geschichte der Gebiete, die heute China bilden, mindestens vier große Abolitionsbestrebungen gegeben hat. Die erste überlieferte Aufhebung der Sklaverei wird dem Usurpator des kaiserlichen Thrones, Wang Mang, von der kurzlebigen Xin-Dynastie (etwa 9–23) zugeschrieben.[37] Im Jahr 9 soll Wang Mang den Sklavenhandel abgeschafft haben. Leider geriet die damit verbundene Landreform zum Fiasko, er konnte keine eigene Hausmacht und Dynastie etablieren. Am Ende des 14. Jahrhunderts habe Kaiser Hongwu, der bäuerliche Gründer der Ming-Dynastie (1368–1644), möglicherweise im Zuge seiner umfangreichen Säuberungspolitik von 1368 bis 1398 bestimmte Leibeigenschaften aufgehoben, um alte Eliten leichter zu bekämpfen.[38] Die nächste Abolition soll während der Reformen unter Qing-Kaiser Yongzheng (1723–1735) stattgefunden haben, der auch die Todesstrafe abgeschafft habe. Yongzheng habe »einige der schlimmsten Formen der Sklaverei [beendet], so dass bestimmte Klassen freier Bürger [entstanden seien]«[39]. Der Kaiser habe auch die »erbliche Leibeigenschaft« durch eine Reihe von »Emanzipations-Edikten« aufgehoben.

Ich füge hinzu, dass auch die Taiping in der größten sozialen Revolutionsbewegung des 19. Jahrhunderts (1851–1864) die Sklaverei abgeschafft haben sollen. Schließlich finden wir, dass die Sklaverei in China während der letzten zehn Jahre der Qing-Dynastie (1644–1911) abgeschafft worden sei – je nach Autor entweder 1906, 1909 oder 1910. Offensichtlich geschah das unter dem Druck westlicher Interventionen und des westlichen Abolitions-/Zivilisationsdiskurses.[40] Im letzten Drittel des 19. Jahrhunderts hatte das imperiale China deshalb auch schon eine weltweite Abolitionskampagne zur Untersuchung der Lebensverhältnisse chinesischer Kulis gestartet und den Kuli-»Export« aus China formal gestoppt.[41] Von den Abolitionsversuchen des späten Qing-Imperiums haben zwar einige Zeitgenossen Notiz genommen, ansonsten aber brach das Qing-Kaisertum zusammen. Die beiden ersten Sklavereiplateaus blieben in China bis 1949 weitgehend intakt bzw. gingen im Laufe des 19. und 20. Jahrhunderts in das vierte und fünfte Plateau über.

In gängigen Geschichten ›der‹ Sklaverei gilt nicht etwa die eben beschriebene »Abolition« in China (oder andere »Abolitionen« des 20. Jahrhunderts wie in Saudi-Arabien), sondern 1888 (Abolition der Sklaverei in Brasilien) als Schlusspunkt. Das ist richtig und falsch. Im atlantischen Raum wurde für Kuba (1886) und Brasilien (1888) in der Tat das formelle Ende der legalen Sklaverei im, sagen wir, erweiterten »Westen« (Europa und die Amerikas) proklamiert. China taucht in solchen Sklavereigeschichten gar nicht auf, und die andere Hälfte der Welt, die in der heutigen Sklavereiforschung oft als *Indian Ocean World* bezeichnet wird, nur sehr selten. Auch das Innere Afrikas und Asiens, Indien, die Philippinen, die pazifische Welt, Australien und Sibirien, weite Teile der Welt also, kommen nicht vor.

Vor allem in den Amerikas hatten sich schon im dritten Sklavereiplateau mit den USA, Brasilien und Kuba sowie Surinam Gesellschaften gebildet, deren Basis der Sklavereikapitalismus darstellte (*Second Slavery*), ehe Letzterer, ausgehend vom Bürgerkrieg in den USA (1861–1865), im Zuge von Kriegen, Revolutionen und Staatszusammenbrüchen beendet wurde. Auf Kuba und Puerto Ri-

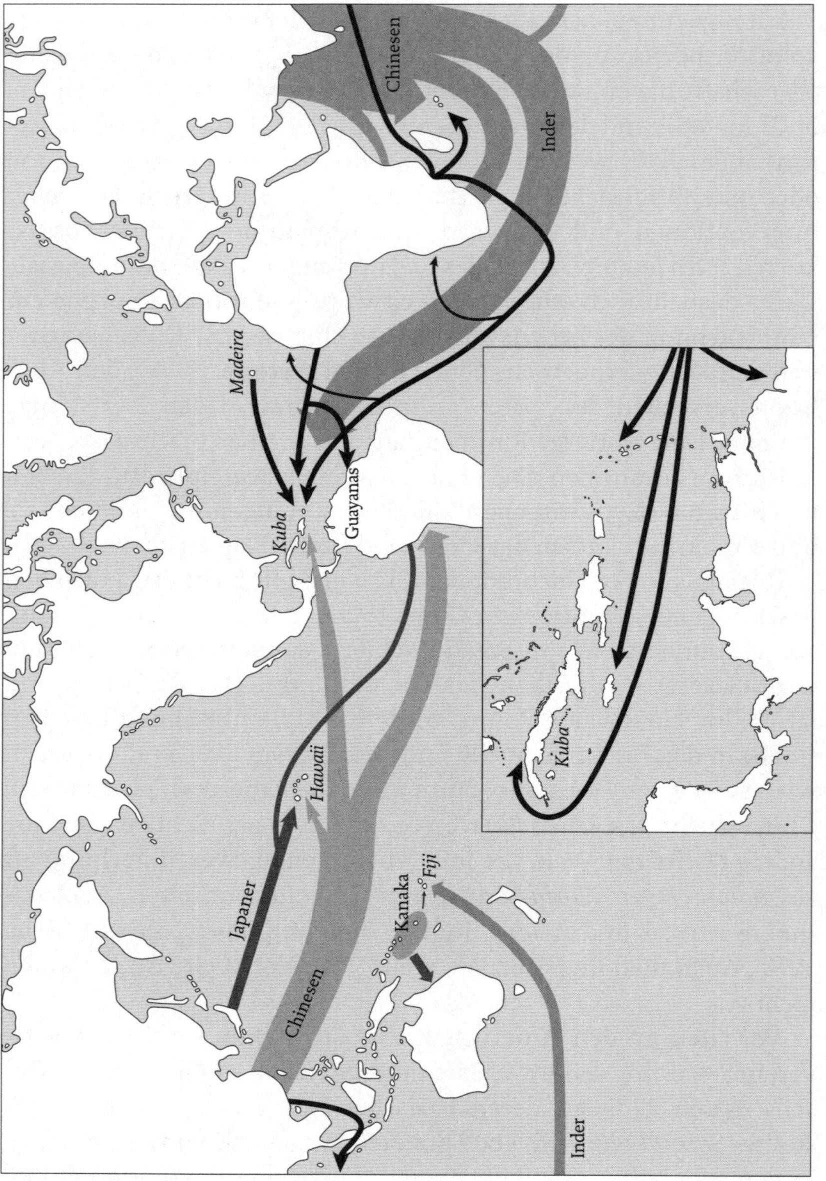

Asiatische Migrationen im vierten Plateau

co hielt sich die Sklaverei bis 1886 bzw. 1873, als sie unter dem Druck der antikolonialen Bewegung sowie des allgemeinen Zivilisationsdiskurses fiel, während der (spanische) Kolonialismus in der Karibik bis zu den antikolonialen Revolutionen 1895–1898 fortbestand. Mit dem Spanisch-Amerikanischen Krieg 1898 mischten sich die USA ein, sodass die beiden Inseln unter mehr oder weniger direkter (Puerto Rico) und indirekter Kontrolle (Kuba) der USA blieben – die ehemaligen Versklavten waren nun zwar formal frei, mussten aber bald feststellen, dass fast alles andere wie früher war. Von den extrem kargen Löhnen mussten sie jetzt freilich die Unterkunft in Sklavenbaracken, Lebensmittel und medizinische Behandlung selbst zahlen.[42] In der Kultur der Inseln, auch der Inseln anderer Kolonialmächte (Großbritannien, Frankreich und Niederlande; Dänemark verkaufte seine Gebiete an die USA), erhielten sich Überbleibsel der Sklavereimoderne und informeller Sklavereikapitalismus z. B. in tiefsitzenden Rassismen, den statusmindernden Folgen ehemaliger Sklavenarbeit sowie im Charakter dieser Arbeit selbst (Sklavereipraktiken, vor allem der Bestrafung, wurden beibehalten).

Um die Narrative der »westlichen« Abolitionsdiskurse kritisch mit der Fortexistenz der unterschiedlichsten Sklavereien und Menschenhandelssysteme zu konfrontieren, will ich einen für die Globalgeschichte symptomatischen Prozess des verlängerten Übergangs am Beispiel des portugiesischen Imperiums darstellen. Zuvor ist ein kurzer Rundblick über die Durchsetzung der Abolition nötig. Wie erwähnt hatte das britische Parlament, das heute gern wegen des Antisklavenhandelserlasses gelobt wird, Dutzende Gesetze erlassen, die die Sklaverei und den Sklavenhandel förderten.[43] Meist wird in Artikeln über die »westliche Abolition« darauf hingewiesen, dass schon zur ersten *World Anti-Slavery Convention* in London 1840 alle europäischen Sklavenhandelsnationen den Sklavenhandel auf Druck des britischen Parlaments und der britischen Regierung abgeschafft hätten (in Wirklichkeit galt das nicht einmal für den atlantischen Sklavenhandel – siehe *Hidden Atlantic* oben) und es bald auch zu Abolitionen anderer Sklavereien gekommen sei. Freilich war die Sklaverei in den USA – noch unmittelbar vor dem Bürgerkrieg um 1860 die größte der atlantischen Hemisphäre – die einzige, deren Abschaffung ohne Entschädigung der Sklavenhalter ablief.

Dabei wird meist auf die Vorreiterrolle des britischen Abolitionsprozesses im atlantischen Westen verwiesen.[44] Die anderen Nationen seien gefolgt (was in Bezug auf Dänemark und auf die Länder des ehemaligen Spanisch-Amerika nicht ganz richtig ist): Frankreich mit der Revolution von 1848 oder die Niederlande (1863/1873, mit Entschädigung der Eigentümer). Preußen erließ schon 1807 das berühmte Oktoberedikt, das kaum jemals in diesem globalen Sklavereizusammenhang erwähnt wird, und hob die Leibeigenschaft für seine »Bauernsklaven« kurz nach dem britischen Abolitionsgesetz auf.[45] Russland zog erst 1861 nach (Ende 1906).[46]

Vergleichbar in Bezug auf die Ambivalenz der Abolitionsprozesse ist übrigens auch Niederländisch-Indien (Indonesien), wo die Briten nach Eroberung Javas zwar schon 1811 formell den Sklavenhandel aufhoben. Der Kampf gegen Piraterie und Menschenhandel (vor allem im Sulu-Archipel), mit dem auch die weitere Kolonialisierung legitimiert wurde, wurde mit unfreien Arbeitsformen kombiniert, um die ›eigenen‹ Kolonialressourcen maximal auszubeuten, dauerte aber noch bis zum Ende des 19. Jahrhunderts, z. T. bis ins 20. Jahrhundert. Das spanische Imperium vor und nach der Unabhängigkeit der kontinentalen Kolonien in Amerika (1808–1830) liegt nach neuesten Schätzungen auf dem zweiten Platz der Sklavereiimperien (vor allem das sogenannte »Imperium nach einem Imperium«, d. h. mit Kuba, Puerto Rico, den Philippinen, Inseln und Plätzen in Afrika, die alle noch nach 1830 in den Menschenhandel des *Hidden Atlantic* involviert waren). In Spanien gab es nur eine »modest local antislavery tradition« einzelner Personen und lokaler Initiativen (vor allem in Barcelona)[47] – dieses Imperium nutzte die Moralität der Abolitionsdiskurse eher selten für neue globale Expansionen und Rechtsordnungen (wie Großbritannien)[48], sondern berief sich auf die (natürlich katholische) »Mildheit« der eigenen Sklaverei.

Seymour Drescher hat den niederländischen Abolitionsprozess »The Long Goodbye« genannt, da die Niederlande, meist im Schatten Großbritanniens, noch weit bis in das 19. Jahrhundert hinein Sklaverei- und Kolonialmacht (formale Sklaverei bis 1863) blieben.[49] Das gilt noch mehr für Portugal. Im »long, long, long goodbye« des portugiesischen Imperiums zirkulierten »Abolitionsdiskurse ohne Abolition und ohne Abolitionisten«. Im Grunde verwandelte sich die Sklaverei quälend langsam in andere Formen von Abhängigkeit, was innerhalb der komplizierten Nationsbildungen ehemaliger Kolonien wie Angola oder Mosambik, die immerhin bis 1974 portugiesische Kolonien waren, oft heute noch nicht abgeschlossen ist. Nie kam es zur wirklichen Aufhebung von Sklavereien und Menschenhandel, vor allem in Afrika nicht.

Im Gegenteil breiteten sich ältere Sklavereiformen (oft unter anderer Bezeichnung) wieder aus, sehr häufig bezogen auf Kinder und Frauen, die meist in Haushalten, oft auch in Branchen wie Transport oder Straßen-, Hafen- und Eisenbahnbau arbeiten mussten. Oder es kam in der praktischen Kolonialpolitik zu neuen Sklavereisystemen, wie im vierten Plateau dargestellt, mit Anpassung der Diskurse und Sprachregelungen. Hier war Großbritannien wirklich Vorreiter. Sprache ist verräterisch: Im Grunde kannte die Sprache des portugiesischen Imperiums die Worte »Abolition« und »Emanzipation« nicht. Es gab einzelne Rechtsakte, an die sich nicht einmal die Eliten hielten, die sie eigentlich durchsetzen sollten. Es ist bezeichnend, dass in der Welthauptstadt der Sklavenverschiffung, Luanda, in der es von Sklaven wimmelte, im Laufe des 19. Jahrhunderts von den dortigen aus britischen und portugiesischen Richtern zusammengesetzten *mixed commissions* (oder *mixed courts*) nur 137 Versklavte freigesprochen wurden.[50] Ähnliches gilt für den ganzen portugiesisch dominierten Raum des Südatlantiks.

Schon 1761 waren durch ein Dekret des ersten Ministers Marquês de Pombal (Sebastião José de Carvalho e Mello), des großen portugiesischen Staatsmanns, alle ins europäische Portugal eingeführten Sklaven für frei erklärt worden. 1773 kamen ein Gesetz über den »freien Bauch« und die Aufhebung der alten Zwangstrennung in

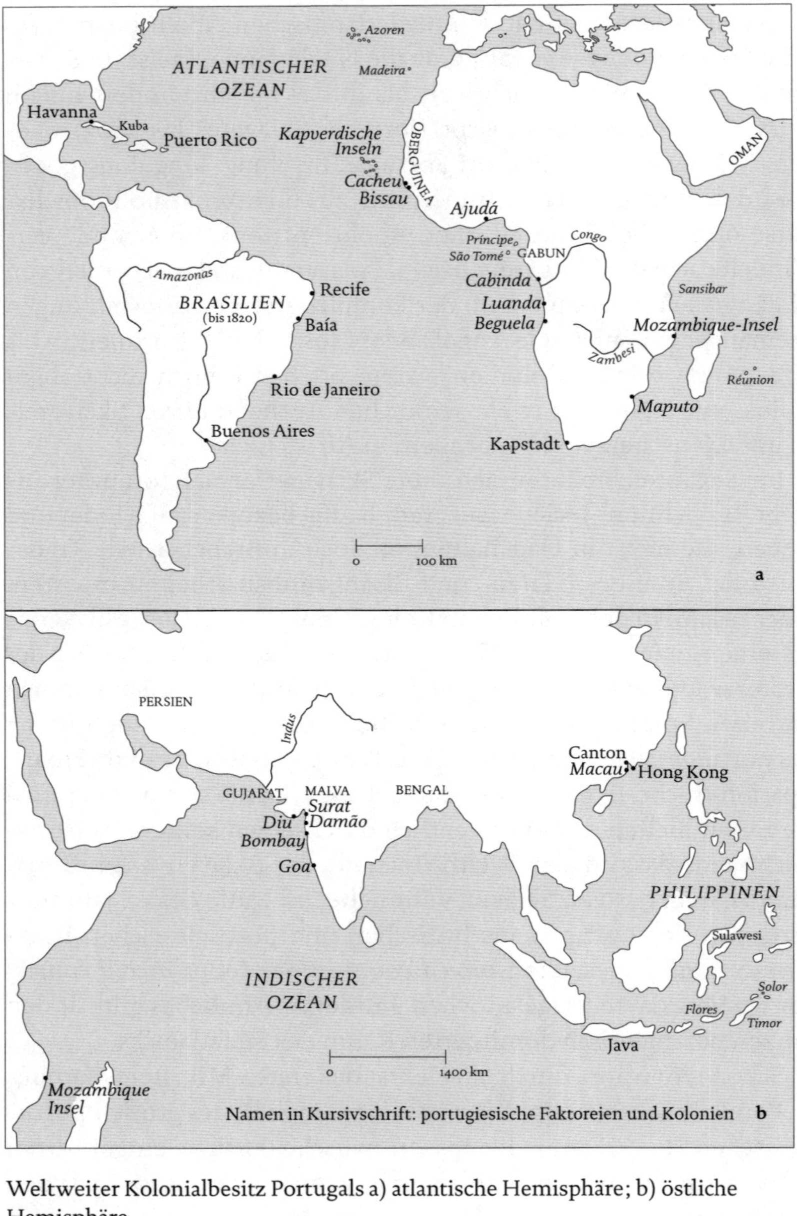

Weltweiter Kolonialbesitz Portugals a) atlantische Hemisphäre; b) östliche Hemisphäre

alte und »neue« Christen hinzu.[51] In vielen europäischen Kolonialmetropolen existierte diese *free-soil*-Politik (»freier Boden«) – in Frankreich etwa seit 1538. Politiken des »freien Bauches« dienten zur Verschiebung und Verschleierung des Problems. 1763 wurden Sklavenhandel und Sklaverei auf Madeira und auf den Azoren aufgehoben. All diese Maßnahmen sollten den Luxus von versklavten Dienern in Portugal und auf den atlantischen Inseln eingrenzen, den Sklavenhandel nach Brasilien lenken und dort die ländliche Sklaverei stimulieren.

Seit der Krise des europäischen Kolonialismus in den 1780er Jahren spielten Überlegungen eine Rolle, Ressourcenproduktion in Afrika selbst ohne traditionelle Sklaverei, aber mit direkterem Kolonialismus zu etablieren; Vorreiter waren Dänemark und Spanien. Für Portugal wurden diese Fragen seit der Unabhängigkeit Brasiliens virulent (1822). 1810 verpflichtete der portugiesische König im Freundschaftsvertrag mit Großbritannien seine Untertanen, nur noch Sklavenhandel (auf portugiesischen Schiffen) in portugiesischen Territorien und nicht in den Gebieten der Engländer oder anderer Nationen in Afrika zu treiben. 1815 unterzeichnete Portugal (als Vereinigtes Königreich Portugal, Brasilien und der Algarven) das Abschlussdokument des Wiener Kongresses (22. Januar 1815). 1817 wurde in London eine Ergänzungsakte des Wiener Vertrages von 1815 unterschrieben (26. Juli 1817), die die Schaffung der *mixed courts / comissiones mixtas / comissões mistas* (eine erste Form wirklich internationaler Gerichtshöfe) vorsah. Darin wurde ab 1818 der Sklavenhandel nördlich des Äquators (d. h. in Senegambia, auf den Kapverden, an den Windward-Küsten, in der Karibik sowie der Gold- und Sklavenküste) verboten.

1822 trennte sich Brasilien rechtlich von Portugal, blieb aber dessen wichtigster Sklavenmarkt. 1836 erfolgte das Verbot des atlantischen Sklavenhandels für die ganze Monarchie (europäisches Portugal und Kolonien), verbunden mit der Utopie eines »dritten Imperiums« in Afrika. Das war, wie portugiesische Historiker hervorheben, »um projecto de carácter essencialmente colonial«, ein essenzielles koloniales Projekt. Und Sklavenhändler aus Angola konnten ganz legal, so sie wie die meisten *fazendas* (Sklavenplantagen) in Brasilien hatten, Sklaven nach Brasilien verschiffen lassen.[52] Das Verbot des internationalen Sklavenhandels auf dem Atlantik wurde zwar 1842 durch einen Vertrag mit Großbritannien verschärft, der den Handel zwischen den Gebieten beider Mächte untersagte und *mixed commissions* auf den Kapverden und in Kapstadt einführte (2. Juli 1842). Doch die Auseinandersetzungen um die reale Abolition der Sklavereien und des Menschenschmuggels kamen erst danach. Der Sklavenhandel innerhalb der portugiesischen Gebiete wurde lediglich mit dem Gesetz vom 23. Februar 1869, nach schwersten Auseinandersetzungen in den Kolonien, aufgehoben.

In den Auseinandersetzungen um die Sklaverei selbst war im Mai 1843 ein Gesetz über einen Zensus der Sklaven in Mosambik erlassen worden, d. h., es musste erst einmal erfasst werden, wie viele Versklavte es überhaupt gab. Erst am 14. Dezember 1854 folgte jedoch die Anweisung (*decreto*), endlich ein Register aller Sklaven im gesamten afrikanischen Kolonialreich zu erstellen und alle ehemaligen Sklavinnen und Sklaven als *libertos* (Freigelassene) zu betrachten, die nicht durch ihre Herren eingeschrieben worden seien. Sicherheitshalber war vorher der »freie« Transport der *libertos* zwischen Angola und Príncipe (für São Tomé galt Ähnliches) per Gesetz reguliert worden – natürlich im Sinne der Plantagenbesitzer auf der Insel sowie der Agenten in Angola. Der Blick auf die Gesetze Portugals zum Sklavenhandel zeigt zweierlei: Schon im Bezug auf den Außenhandel folgte Portugal im Grunde britischen Diskursen. Und in Bezug auf den internen Sklavenhandel gibt es nirgends eine klare Formulierung, die es Staatsanwälten, Richtern oder Anwälten ermöglicht hätte, eine sofortige Freilassung illegal geschmuggelter Menschen zu erwirken.

Sowohl Register als auch Zensus wurden erheblich kompliziert durch den Imperialismus der portugiesischen Eliten in den einzelnen Kolonien sowie durch Elitesklaven, die in Mosambik (vor allem in Sena und Tete) *botaca* genannt wurden. Jene versklavten Chefs von Sklavensiedlungen hatten oft selbst mehr Sklaven als ihre Besitzer. Sklavenhalter, gerade wenn sie selbst versklavt waren, ließen ihre Sklaven kaum in das Register eintragen. 1859, als der portugiesische Staat 200 Soldaten (*cafrães*) für Indien und Macau brauchte, gab es in ganz Mosambik faktisch keine freien jungen Männer. Noch zwischen 1869 und 1879 wurden im Innern des Landes versklavte Menschen formal von afrikanischen Chefs »freigekauft« (die Summe mussten die »Freien« dann »abarbeiten« – vgl. das vierte Sklavereiplateau), an die Küste verschleppt und dort von den Behörden als *libertos* registriert oder gleich an Menschenschmuggler verkauft, die sie nach Kuba, Brasilien oder in den Indischen Ozean transportierten. Dazu kam in Mosambik und anderen Kolonialgebieten das Problem, dass selbst die Kolonialbehörden, die offiziell Menschenhandel und Sklavereien zu bekämpfen hatten, Kontraktsklavereien mit dem Hinweis auf die zivilisierende Wirkung von Arbeit förderten. Unter der Rechtsfiktion des *libre engagement* (eine Art Kontraktsklaverei) wurden Massen von Menschen auf die französischen Plantageninseln im Indischen Ozean transportiert; auch aus Angola gingen Kontraktsklaven sowohl nach São Tomé wie auch in den Indik.

In Angola, für das das Registergesetz von 1854 ebenfalls galt, gab es kaum einen Sklavenhalter, der sich daran hielt. Die Menschenhändler selbst und ihre weitverzweigten Netzwerke leisteten massiven Widerstand gegen jegliche Abolition – es sei denn, sie scherten sich einfach nicht darum oder schickten Sklavenhändler in Kolonialverwaltungen (die die Krone mit lokalen Honoratioren besetzte). Es gab zwei weitere Phänomene in der riesigen Kolonie Angola, mit denen sich die realhistorischen Sklavereien vor den Kolonialbehörden verschleiern ließen (viele Kolonialbeamte machten auch mit): Einmal waren da die sogenannten *serviciais de São Tomé*, Kontraktarbeiter auf Kakao- oder Zuckerplantagen (nicht nur) auf der Insel São Tomé im Golf von Biafra. Die *serviçaes*, eine Art Dienstverpflichtete mit Vertrag, waren de facto Sklaven. Viele Kolonialautoritäten gaben das auch zu, bestritten aber mit Verweis auf die »freiwilligen« Kontrakte den Sklavereicharakter. Die Verschleppung von Menschen nach São Tomé dauerte noch bis zum Ende der

Kolonialzeit an. Das Sklavenhandelskapital der Eliten, die bis 1869 innerhalb der einzelnen portugiesischen Gebiete Menschenhandel betrieben, wurde in Kakaoplantagen und Transporte von Zwangsarbeitern nach São Tomé investiert. Die Nachkommen ehemaliger Sklaven auf São Tomé aus den Zeiten vor 1850, *crioulos*, konnten sich immerhin wehren. Bis 1910 traten rund 80 000 Menschen aus Angola Transporte nach São Tomé an.[53]

Die zweite Möglichkeit der Kaschierung boten die sogenannten *cargadores* (Träger), deren Anstellung freilich bereits 1839 formal verboten worden war. Doch alle Karawanen hielten sich weiterhin Träger. »Der Unterschied zwischen Trägern und Sklaven bestand in der Tatsache, dass diese schwere Zwangsarbeit durch ›freie Neger‹ ausgeübt wurde, die in Wirklichkeit versklavt waren«[54] und ihre Körper unter Gewalt wie Sklaven einsetzen mussten – aber zugleich davon lebten. Es handelte sich um Sklavenarbeit »ohne (legale) Sklaverei«. Die Träger- und Rinderkarawanen zogen bis ins 20. Jahrhundert durch Angola und den Kongo sowie durch ganz Ost- und Zentralafrika.[55] Kamele, Esel und Maultiere konnten sich nicht durchsetzen, Pferde fielen dem Klima oft zum Opfer, weshalb die Karawanenführer auf Rindern ritten. Auch Zambesia im heutigen Mosambik war bis weit in das 20. Jahrhundert »more like an open slave trading camp«[56] als eine Kolonie nach der Abolition.

1856 dekretierte Portugals Minister Visconde de Sá de Bandeira für die Kolonien, in denen das Dekret von 1773 nicht galt (fast alle), ein Gesetz des »freien Bauches« – alle seit dem 30. Juli 1856 geborenen Kinder von Sklavinnen sollten frei sein, allerdings den Herren ihrer Mütter für zwanzig Jahre dienen. Zugleich wurde massiv Indigenatspolitik betrieben (die verhindern sollte, dass die »Eingeborenen« der Kolonien Portugiesen würden), noch ohne formale Gesetze: Die Menschen, die in den Kolonien lebten, waren diskursiv nicht mehr einfach *negros, gentios* oder *pretos* (obwohl sie das auch blieben) und hatten keine Bürgerrechte im gesamten Imperium oder im europäischen Portugal, sondern galten nun als »unzivilisierte« Indigene (Eingeborene) mit eigentlich nur Pflichten – vor allem der Pflicht zur Arbeit. Was »Eingeboren-Sein« noch bedeutete, konnten portugiesische Imperialeliten in der Genozidkolonialgeschichte Australiens, Deutsch-Südwestafrikas, Argentiniens oder des Westens der USA studieren.

Am 29. April 1858 wurde alle koloniale Sklaverei mit einer Zwanzigjahresfrist endgültig verboten. Dem folgte am 25. Februar 1859 ein Dekret, dass die Sklavereien im gesamten Territorium Portugals (Europa und Kolonien) umzuwandeln (um nicht zu sagen: umzubenennen) seien; die ehemaligen Sklaven sollten als *libertos* (»Freigelassene«) für mindestens zehn Jahre bei ihren jetzigen Herren bleiben müssen. Keinesfalls aber sollten ihnen diese Dienste nach der im Gesetz von 1858 festgesetzten Frist (bis zum 28. April 1878) noch abverlangt werden können. Niemand überprüfte das wirklich, obwohl es Kommissionen dafür gab. Sklaven blieben Sklaven, auch wenn sie nun *serviçaes* genannt wurden und etwas Geld oder Naturalien bekamen.

In Portugiesisch-Indien (im 19. Jahrhundert: Goa, Diu und Damão) gab es massiven Widerstand gegen die Abolition. In Macau wiederum folgte Portugal dem Beispiel Großbritanniens in Indien; Sklaven wurden nicht mehr Sklaven genannt: »Die Besitzer hatten die meisten Haussklaven und versklavten Kinder nicht registrieren lassen«, wie es in einer Quelle heißt.[57] Haus- und Kindersklaverei hatte Tradition in Macau.

Dass Haussklaverei (zweites Plateau) weltweit ein wichtiges Problem war, zeigt auch das Schicksal ehemaliger Haussklavinnen auf Saint-Domingue nach 1794: Angesichts der Unfähigkeit spanischer Behörden an Orten, die an Saint-Domingue/Haiti grenzten (wie Santo Domingo, die heutige Dominikanische Republik), eine effiziente Sklaveneinfuhr zu etablieren, beschafften sich die Sklavenhalter und -händler von Santo Domingo Nachschub entweder durch Kauf, legal oder illegal, durch die Wiederversklavung von geflohenen Sklaven (*cimarrones*) oder durch Versklavung von Soldaten (Haitis), die Sklaven gewesen waren, aber von den jakobinischen abolitionistischen Dekreten profitiert hatten. Die Durchlässigkeit der Grenze, die die beiden Teile der Insel verband, ermöglichte diese Formen des Erwerbs von Sklaven bzw. die gewaltsame Wiederversklavung von Freigelassenen.

Anderenorts mussten Sklaven ohne Institution, wie die vielen Geraubten, Geflohenen oder Verschleppten aus Südchina, nicht mehr Sklaven genannt werden – sie wurden zu Kulis. Das Gesetz von 1858 war eine der Voraussetzungen für den massiven Aufschwung der chinesischen Kuli-Diaspora auf Kuba und in Peru sowie in Panama ab 1857.

1865/1866 hatte es für Portugal und seine Kolonien schon einmal einen Vorstoß gegeben, ein wirklich endgültiges und sofortiges Abolitionsgesetz zu erlassen (u. a. wegen des Bürgerkriegs und der Abolition in den USA). Die Eliten konnten sich aber nicht auf einen »endgültigen« Termin einigen. Konsens bestand nur darüber, dass selbst nach dem »Ende« noch nicht Schluss sein sollte, sondern per Gesetz die ehemals Versklavten und jetzt »Freie« Genannten »Entschädigung« für ihre »Freiheit« leisten sollten (an die Sklavenhalter). Im Entwurf des *Projecto de Lei para a Abolição da Escravidão nas Provincias Ultramarinas* (Gesetzesprojekt für die Abolition der Sklaverei in den überseeischen Provinzen) heißt es im *Artigo 3º*:

> »Alle befreiten Individuen entschädigen laut diesem Gesetz die Person, die durch frühere Gesetze ein Recht auf ihre Dienste hat, wie folgt: 1. Mit ihrem Dienst über den Zeitraum von zehn Jahren [»zehn« per Hand durchgestrichen und »treze« = dreizehn drüber geschrieben – M. Z.], wenn sie als Sklaven registriert sein sollten: 2. Mit ihrem Dienst für die Zeit, die sie noch leisten müssen, wenn sie sich im Zustand eines Freigelassenen befinden [die wohl individuell festgelegt wurde – M. Z.]«[58].

Ein noch besseres Beispiel dafür, dass die Abolition eigentlich nur die interessierte, die sie eigentlich verhindern wollten, ist ein schmuckloses Blatt in der Dokumentensammlung des portugiesischen *Ministério de Ultramar* (Überseeministerium), auf dem sich ein Beamter darüber klar zu werden versuchte, um wie viele Sklaven es sich denn im portugiesischen Überseegebiet, d. h. in den Kolonien, überhaupt handelte. Das Blatt zeigt eines ganz genau: Er hatte keine wirkliche Ahnung.[59]

Die vielen Dekrete und Gesetze beweisen, wie aktiv der Gesetzgeber versuchte, die wirkliche Befreiung von Versklavten hinauszuzögern oder weiter reale Sklaverei zu verschleiern. Er überließ, im Grunde ganz bewusst, die Durchführung der Abolitionen den einzelnen Gouverneuren und *moradores*, während er mit juristischen Diskursen, Zivilisationsrhetoriken und Metanarrativen der Abolition, der »Freiheit« und des »Vertrages« die weiter existierenden kolonialen Sklaverei- sowie Menschenhandelsformen und deren Dynamik verschleierte. Noch 1875 wird über Quelimane im heutigen Mosambik berichtet, dass die offiziell freien »Neger nur mit Ketten an den Füßen arbeiteten; wenn nicht, würden sie fliehen«[60]. Auf der Insel Mosambik hatten die Eliten immer noch Massen von Haussklaven, nicht so sehr, weil sie sie wirklich brauchten, sondern aus Tradition und als Statussymbol.

Ähnliches geschah auf den Kapverden sowie in Bissau und Cacheu sowie auf der Sandelholz- und Sklavenhandelsinsel Timor (Ost-Timor), wo Sklaverei formal 1854 abgeschafft worden war, aber bis ins 20. Jahrhundert üblich blieb. Am 31. Oktober 1874 wurden alle Sklaven der Kapverden sowie Cacheus und Bissaus zu *libertos* dekretiert, blieben aber bei ihren Herren. Da 1863 das *morgadio*-System des unseparierten Landbesitzes aufgehoben worden war, brauchten die Eigentümer kleinerer Latifundien viele Arbeitskräfte. Am 28. April 1875 folgte die legale Abolition der Sklaverei; die Zwangsdienste der *libertos* sollten ein Jahr nach der legalen Abolition enden (1876). Bis zum 29. April 1878 ließ man sie aber noch unter öffentlicher Vormundschaft. Entschädigungen für die Besitzer, die über dieses Datum hinausgingen, wurden immer wieder debattiert, aber vor Ort mit Sicherheit praktiziert. In Tete in Mosambik waren die Gesetze 1881 noch nicht einmal proklamiert worden, und Sklaverei sowie Menschenhandel florierten.[61]

Wann endeten die Sklavereien de facto? Wir müssen den Zeitrahmen im Grunde bis in die 1940er oder 1960er Jahre ziehen. Sean Stilwell setzt für Afrika das »Ende« der Sklaverei mit dem

Zweiten Weltkrieg an.[62] Er hebt dabei die Rolle Versklavter auch im Kampf gegen Statusdegradierungen hervor: Viele Sklaven hätten begonnen, selbst über die Vertragsbedingungen ihrer Abhängigkeit zu verhandeln und auf Respekt und anständigen Umgang zu pochen.[63] ›Kleine‹ und informelle Sklavereien sind aber bis heute nicht verschwunden, sie gingen eher in etwas anderes über, oft in Formen von Arbeitsmigration unter harten, rücksichtslosen Bedingungen – de facto Bedingungen des Sklavenhandels – und Sklavereipraktiken (Transport, Bestrafungen, Essen, Unterbringung).[64] Im Grunde versickerten die Abolitionsakte im Sand der umbenannten Sklavereien und vor allem der kolonialen Interessen. Kin- und Stammesformen der Sklaverei in den Bantu-Gesellschaften existieren noch heute in subtilen Varianten. Die Formen, die Europäer als Sklaverei fassten, dauerten in Angola mindestens bis 1910. Im Sambesiland (*Zámbesia*), im kontinentalen Innern Mosambiks, dem Land der *muzungos* (eigentlich afroportugiesische Großgrundbesitzer, aber auch Bezeichnung für mulattische und schwarze ›große‹ Herren), *moleques* (Kindersklaven; Diener), *mujojos* (Sklavenhändler), *botacas* (Versklavte, die selbst Sklaven hielten) und *nhanhas* (schwarze Konkubinen von Weißen), dauerten Razzien, Sklavenhandel und Sklavereien noch bis weit in das 20. Jahrhundert an.[65]

Aus neuen Formen von Ressourcenproduktion und der neuen Mobilität ab etwa 1830 ergeben sich weitere welthistorische Klassifizierungsmöglichkeiten für die Sklavereien im 19. Jahrhundert und danach. Es lässt sich etwa die bereits mehrfach genutzte Unterscheidung von »Erster Sklaverei« (bis um 1800) – dann würden Sklavereiplateaus der westlichen Hemisphäre bis gegen Ende des Plateaus der *Atlantic slavery* der Vor-Globale angehören, weil sie im Wesentlichen »nur« den Atlantikraum erfasste – sowie »Zweiten Sklavereien« anwenden (*Second Slavery*: Süden der USA, Kuba, Süden Brasiliens, Ägypten / Rotes Meer, Sokoto, Ostafrika-Sansibar, Südostasien, Indonesien, Surinam, Puerto Rico)[66]. Die *Second Slaveries* wären dann der eigenständige Großtypus nicht nur einer »violent Atlantic modernity«[67], sondern auch einer *violent global modernity*, die vor allem in translokalen, transhemisphärischen und transozeanischen Migrationen erkennbar wurde.

Es handelte sich um hochkomplexe ›moderne‹ Sklavereien als globale kapitalistische Wirtschaften mit beträchtlicher erzwungener wie gewaltsamer Arbeitsmigration – meist innerhalb der Welten des Zuckers, des Kaffees, des Tees, der Tabake, der Gewürze (Nelken, Muskat), der Baumwolle, der Drogen (Opium u. v. a. m.), der Farbstoffe (Indigo), des Kautschuks und des Kakaos; tropische Früchte für den Norden (wie Bananen) sowie getrocknete Datteln und Feigen kamen seit Ende des 19. Jahrhunderts dazu. Neu war, dass ehemals Versklavte, lokal Versklavte, Menschen mit Schulden oder Menschen niederen Status meist am Beginn der Migration aktiv zustimmten und sich eine Verbesserung ihres Daseins erhofften. Darauf hebt das Moment des Kontraktes ab. All diese neuen Sklavereien schufen neue *slaving*- und Transkulturationsräume mit Razzien-, Technologie- und Warengrenzen oder ›alte‹ Sklavereiräume dockten an die neuen Räume an. Es entstanden globalisierte ›kosmopolitische‹ Arbeitswelten (siehe allein die Gewerbe und Fabriken des Zucker- oder Tabaksektors) und komplizierte Ökologien.[68]

Globalisierende *Second Slaveries*, die in ihren amerikanischen Ausprägungen zugleich im Wesentlichen die »hegemonischen« Sklavereien der Historiografie bilden, entfalteten sich trotz des zwischen 1807 und 1836 stattfindenden diskursiven und legislativen Abolitionswettlaufs des äußeren atlantischen Sklavenhandels unter britischem Druck. Beschlossen wurde das auf dem Wiener Kongress 1815 (Dänemark 1792 – nach einer Zehn-Jahresfrist für 1803); Großbritannien 1807/1808; Niederlande (zum Zeitpunkt der Eroberung niederländischer Kolonien durch die Briten, z. B. Surinam und Karibik 1803, Java 1811) 1815/1818; Frankreich 1793/94–1802 (zeitweilig), 1815 (Napoleon erließ 1815 ein Dekret zur Abolition des Sklavenhandels) / 1818 / 1831, 1848; Spanien 1814, 1817/1820, 1835, 1845, 1866 und Brasilien (als Kolonie 1810, 1815 und 1817) 1831, 1845, 1850/1851/1852 sowie Portugal 1810, 1815, 1817/1818 und 1836/1842 (äußerer Sklavenhandel sowie Sklavenhandel zwischen portugiesischen und britischen Gebieten), 1854/1871 (Verschärfungen für alle Gebiete der Monarchie); USA 1807/1808 (Texas erst 1840/45); fast alle lateinamerikanischen Republiken zwischen 1810 und 1830; einige neue Republiken des späteren Lateinamerika hatten, wie schon gesagt, 1815–1825 nicht nur den Sklavenhandel, sondern auch die Sklaverei aufgehoben, noch vor Großbritannien.[69]

Um 1840 hatten alle europäischen und amerikanischen Sklavenhandelsnationen formal den äußeren Meeressklavenhandel verboten, doch die Menschenhandelsozeane existierten trotzdem weiter. Die britische Navy wurde zu einem Instrument der imperialen, moralischen und legalistischen Politik der britischen Regierung. Die formalen Abolitionen der ›großen‹ Sklavereien dauerten noch viel länger. In den meisten Gebieten wurden informelle ›kleine‹ Sklavereien beibehalten oder entstanden neu.[70]

Man hat in der Forschung alle formalen Abolitionen des Sklavenhandels sowie die Abolitionspolitiken in der atlantischen Welt als »Erhaltung des (schönen) Scheins«[71] bezeichnet oder die »Abolition *der* Sklaverei« als eine »Kolonialutopie«.[72] Die Komplexität der globalgeschichtlichen *slaving*-Prozesse besteht nicht nur darin, dass die ›alten‹ Plateaus sich sowohl eigenständig weiterentwickelten (und oft auch heute noch existieren) als auch wichtige Rollen bei der Entstehung anderer Plateaus von Sklavereien spielten, wie am Begriff »zusammengesetzte Sklavereien« deutlich wird. Abolitionen komplexer, rechtlich abgesicherter Sklavereien führen häufig zum Weiterleben oder zur Neubelebung älterer, kleinerer oder lokaler Sklavereien – oft unter anderem Namen. Es änderten sich ständig Worte, Diskurse, Begriffe und Gesetze. Ganz abgesehen davon blieben die Arbeiten, die vermeintlich Freie tun mussten, um nicht zu verhungern, die gleichen, während Statusdegradierungen kaum wegfielen und weiter Gewalt gegen ihre Körper ausgeübt wurde. Und noch etwas unterscheidet den Gegenstand der Geschichtswissenschaft von denen der systematischen Wissenschaften: Die ›alten‹ Stufen können nach Zusammen- oder Abbruch von komplexeren Stufen legaler Sklavereien wieder sehr einflussreich werden und ein neues Eigenleben entwickeln. Es ist erstaunlich, wie sehr heutige Formen von Sklavereien den ›alten‹ Entwicklungsstufen ›Sklavinnen ohne Sklaverei‹, Kindersklavereien und Kin-Sklavereien oder Luxussklavereien (für die sich Menschen in Castings quasi selbst versklaven oder von ihren Eltern ausgewählt werden) gleichen. Das gilt auch für die (meist) dazugehörenden Systeme des Menschenhandels. All das zeigt, dass es für die längste Zeit der Welt- und Globalgeschichte keinen Gegensatz zwischen »Freiheit« und »Sklaverei« gab und gibt – obwohl Abolitionsdiskurse und Freiheitsrhetoriken das zu vermitteln versuchten.

Abolitionen sollten nicht nur aus Perspektive des Staates, der Eliten und Sklavenhalter und Sklavenhändler oder der Rechtstexte bewertet werden. Der ›Sinn‹ von Abolitionen erschließt sich nur aus der Lebenserfahrung derer, die Sklavereien und Sklavenhandel sowie die Abolitionspolitik der Eliten erleiden mussten und die sich aktiv damit auseinandersetzten: Sklavinnen und Sklaven sowie ihre Nachkommen. Das zeigt eine Reihe neuer mikrohistorischer Arbeiten zur sozialen Geschichte des Rechts und zu Narrativen ehemaliger Sklaven und Sklavinnen wie das zitierte Buch von Rebecca Scott und Jean-Michel Hébrard. Statusdegradierungen beispielsweise sind Bestandteile jeder Sklaverei. Die größte und längste Statusdegradierung gründet im Rassismus gegenüber Menschen aus Afrika. Nach der Präsidentschaft von Barack Obama wird dies in den USA und weit darüber hinaus intensiver problematisiert und diskutiert als je zuvor – ohne absehbaren Abschluss.

Es gibt aber auch das positive Beispiel der *agency* ehemals Versklavter, die sich ihr *standing* in der Geschichte gesucht haben; sie werden vor allem im Kontext der Revolution auf Saint-Domingue sowie unter der Lupe der Mikrogeschichte sichtbar. Das belegt, dass Abolitionsakte wichtig waren, aber die Befreiung einen Prozess darstellte, dem die ehemals Versklavten eigene Realität und Bedeutung gaben, auch durch räumliche Mobilität und Migration, sogar Massenmigration.[73] Freiheit blieb aber auf lange Sicht sehr prekär. Im Falle der Revolution von Saint-Domingue ist eines allerdings nicht zu eskamotieren, egal wie man die globalhistorische Reichweite der Revolution und ihres Beispiels einschätzt: Nur im heutigen Haiti gelang für kurze Zeit einmal die komplette Abschaffung der Sklaverei, im Zusammenwirken aus abolitionistischen Ideen und faktischer Revolution sowie Krieg (Bürgerkrieg und Großmachtkonflikte sowie Intervention Napoleons).[74] Aber auch dort kam es eher zu einer Deformalisierung größerer Sklavereiblöcke und einer Änderung des Aggregatzustandes der Sklaverei, hin zu kleineren, mobileren Sklavereien bzw. unendlichen Kombinationen von Sklavereien mit anderen Arten von Arbeit und flexiblen Arbeitssystemen.

Sklavereien endeten für Versklavte in den allermeisten Fällen in der gesamten Weltgeschichte nicht in »Freiheit«, sondern mit dem Tod im Sklavenhandel, im Umfeld des *slaving* oder in der jeweiligen Sklaverei. Deshalb spielten (und spielen) auch der Tod und der Kontakt mit Toten in Kulten und Religionen, an denen Sklaven partizipierten, sowie in den Religionen des *slaving*-Atlantiks eine so wichtige Rolle. Versklavte entkamen den Sklavereien durch Suizid, Tötung (Opfer), Lösegeldzahlung, Flucht (*cimarronaje*, *marronage*), Schiffsrevolten, Rebellionen, Kriege (*bella servilia*) oder selten durch Revolution (wie Haiti 1791–1803). Auch der Selbstfreikauf mit schriftlichem Dokument (*ahorramiento*, *coartación*, *autocompra*, *auto-alforria / carta de alforria*) und die Manumission (individuelle Freilassung, oft auch testamentarisch) durch einen individuellen Privateigentümer oder institutionellen Sklavenhalter, einen Herrscher, Kaiser, Sultan, den Staat, waren mögliche Auswege.

Im Falle der staatlichen Freilassung bzw. der Aufhebung des Sklavenhandels vor allem im 19. Jahrhundert wird für die Freilassung meist der Begriff »Emanzipation« gebraucht: ein Rechtsakt, der eine Person aus der Autorität eines Herrn befreit. In der Geschichtsschreibung wird Emanzipation in einem viel weiteren Sinne gebraucht – als gleichberechtigte Integration in eine gegebene Gesellschaft. Für den staatlich-gesetzlichen Akt der endgültigen Aufhebung als »Recht« gilt der Begriff Abolition. Die Rechtsrituale der Manumission, Emanzipation und Abolition, als legal definierte Akte mit Zeugen, schriftlichem Notat (Protokoll) und unter Aufsicht einer staatlich bestellten Rechtsperson (Schreiber, Notar, *síndico*), gibt es seit der römischen Sklaverei ab etwa 200 v. Chr. In die mediterrane Sklaverei unter Kontrolle europäischer Kaufleute und Eliten gelangte sie durch die Rezeption des »römischen« Rechts, die auch den Prozess des atlantischen *slaving* sowie die europäisch kontrollierten Sklavereien am Indischen Ozean entscheidend beeinflusste. Philosophische und praktische Grundlagen von Abolitionen wurden allerdings auch in arabischen Gebieten und in Afrika schon vor 1750 entwickelt. Auch in Afrika regte sich massiver Widerstand gegen Versklavung und Razzienpraktiken sowie gegen Sklavereien – allerdings meist ohne Abolitionismus, zumindest nicht den Abolitionismus, der im westlichen Europa und in den USA zwischen 1760 und 1888 zusammen mit dem westlich-christlichen Zivilisationsdiskurs aufgekommen war.[75]

Unser Ausgangsproblem, die Frage nach dem ›Nichtende‹ bzw. dem periodischen Wiederaufkommen von Sklavereienzyklen, vor allem des ersten und zweiten Plateaus sowie von Elementen des vierten Plateaus, ist aber immer noch ungelöst. Gleiches gilt für die Eingangsfrage nach unserem ›Nichtwissen‹ über die Plateaus Nr. 4 und Nr. 5 sowie heutige Sklavereien. Selbst die formale ›große‹ Abolition des atlantischen Sklavenhandels und der Sklaverei des dritten Plateaus im Westen 1794 bzw. 1808–1888 konnte nur durch ganze Ketten von Revolutionen, Staatskrisen und Kriegen erwirkt werden – die zwar der ›großen‹ und sichtbaren Institution, nicht aber den Statusminderungen oder den Schuldsklavereien, dem Rassismus, der Kindersklaverei, Zwangsprostitution oder Sklavenarbeit und anderen Formen ›moderner‹ Sklaverei allgemein ein Ende machten – im Gegenteil waren sie oft der Ausgangspunkt für eine Wiederbelebung älterer Sklavereiplateaus.[76] Die Abolition ist noch nicht abgeschlossen – selbst in Ländern nicht, in denen sie mit Krieg und Revolution daherkam und Höhepunkte wie die 1960er Jahre erlebte.[77]

Das fünfte Plateau unter den Sklavereien, gegen das Dantes Beschreibung der Hölle ein schöner, weil feingeistiger Diskurs ist, wurde durch große Weltkriege beendet – was die Lagersklaverei der

Nazis betrifft. Die sowjetischen Lager wurden erst zwischen 1956 und 1970 stark reduziert; bis Ende 1956 erhielten 617 000 Häftlinge die formale Rehabilitation. Mitte der 1970er Jahre lebten noch etwa 10 000 Häftlinge in den beiden verbleibenden Gulags.[78] Lager dieser Art und große Gefängniskomplexe gibt es heute noch.

Allgemein kann für die Zeit um das Jahr 2000 mit Suzanne Miers folgendes Fazit der bisherigen Geschichte der Sklaverei gezogen werden:

> »Generell kann man sagen, dass zwar Privatsklaverei am Ende des Jahrhunderts ein Relikt der Vergangenheit war, aber eine bis dato ungekannte Menge von Menschen einer Form der ›zeitgenössischen Sklaverei‹ unterlag, und das sowohl weiträumig als auch vielleicht zunehmend. Auch kamen ständig neue Formen hinzu«.[79]

Das klingt weder optimistisch noch nach Ende. Miers gehört mit mir zu den Sklavereihistorikern, die die Schätzung von Kevin Bales über »rund 27 Millionen« heute versklavte Menschen für eher vorsichtig halten.[80]

Seymour Drescher zieht etwas optimistischere Schlüsse, vor allem, weil er kontrafaktisch zeigt, was aus den großen Lager- und Besatzungsmachtssklavereien der Alten Welt geworden wäre, wenn in der Neuen Welt die legale »große« Sklaverei nicht schon abgeschafft gewesen wäre. Drescher sagt:

> »Den globalen Erfolgen der Antisklavereibewegung verdanken wir zwei unauslöschliche Vermächtnisse. Im Verlauf von anderthalb Jahrhunderten [1770er–1920er Jahre] wurde eine Institution zerstört oder streng eingehegt, die die Leben von Dutzenden Millionen Menschen in zwei Hemisphären ruiniert und verkürzt hatte. Und Mitte des 20. Jahrhunderts gelang es, Sklaverei ganz oben auf die Liste der verdammenswerten Praktiken in der Allgemeinen Erklärung der Menschenrechte [1948] zu setzen. Seit mehr als sechzig Jahren kommt ein Wiederauflebenlassen der

> Sklaverei als Traum einer zeitgenössischen Bewegung oder als Ziel eines Staates nicht mehr in Frage«.[81]

Jürgen Osterhammel diagnostiziert Ähnliches:

> »Erst seit wenigen Jahrzehnten ist die Welt von solchen riesigen Zwangsarbeitssystemen [wie dem sowjetischen Gulag, chinesischen Lagern und nationalsozialistischen KZs – M. Z.] weithin frei, wenngleich neue Formen extrem fremdbestimmter Arbeit, manchmal als ›neue Sklaverei‹ bezeichnet, im Zuge der Globalisierung an Boden gewinnen«.[82]

Aus der Geschichte dürfen wieder Lehren gezogen werden – wozu man in Deutschland meist britische Historiker bemüht: Ian Mortimer nennt in seinem Buch *Zeiten der Erkenntnis* in einer Fußnote die Zahl von 30 Millionen Versklavten in der heutigen Welt (2013) und listet die zehn Länder mit den meisten Versklavten auf: Indien (mit fast 14 Millionen), China, Pakistan, Nigeria, Äthiopien, Russland, Thailand, Kongo, Myanmar und Bangladesch[83] – obwohl das entsprechende Kapitel in seinem Buch »Das Ende der Sklaverei«[84] heißt, womit er Europa um 1100 meint. Wir befinden uns jedoch im Jahr 2018. Es gibt weiterhin Millionen von Versklavten auf der Welt. Joseph Miller wird noch deutlicher:

> »Das Thema ist gründlich politisiert und daher inhärent ideologisch – genaugenommen auf neoabolitionistische Weise –, eigentlich aufgrund seines Aufkommens im Zuge der Abolition des 19. Jahrhunderts oder, international gesehen, im Kontext der fortschreitenden Imperialisierung«.[85]

Es gibt kein Ende nach dem Ende. Sollten Sklavereien, auch in Gestalt des (heute im Westen) schattenhaften Menschenkapitalismus wirklich ewig sein? Bei José Antonio Saco, der diese Worte vor mehr als 140 Jahren mit anderen Interessen als ich heute niederschrieb, heißt es:

»Hat jemals ein Volk existiert, in das diese [die Sklaverei] nicht in irgendeiner Form, die sie annimmt, eindringt? Gibt es zufällig in den Chroniken der Menschheit irgendeine Zeit, so kurz sie auch sei, in der sie von der Erde verschwunden wäre?«[86]

Um Saco (wenigstens) die Stimme eines ehemals Versklavten entgegenzustellen, die zwar nicht viel optimistischer, aber kämpferischer ist, gebe ich den bereits am Anfang dieses Buches zitierten Frederick Douglass, der sich mit den Worten »I am a slave« präsentierte, ausführlicher wieder:

»Die Sklaverei hat sich immer wieder neue Namen gegeben. Sie wurde ›die eigenartige Institution‹, ›das soziale System‹ und ›das Erschwernis‹ genannt, wie das die Generalversammlung der Methodist Episcopal Church tat. Man hat sie bei zahlreichen Namen genannt, und sie wird sich noch andere Namen geben; und Sie und ich und wir alle sollten besser abwarten, welche neue Form dieses Monster annehmen wird, in welcher neuen Haut diese alte Schlange daherkommen wird«.[87]

Anmerkungen

Sklaverei – eine sehr alte Schlange

1 Douglass [1865] (1955), S. 169.
2 »Der Mensch ist frei geboren, und überall liegt er in Ketten.« (Jean-Jacques Rousseau, *Vom Gesellschaftsvertrag oder Grundsätze des Staatsrechts*. In Zusammenarb. mit Eva Pietzcker, übers. und hrsg. von Hans Brockard, Stuttgart: Reclam, 1977, S. 5.
3 Zeuske, Michael, »Historische Grundlagen des atlantischen Sklavenhandels und des Hidden Atlantic«, in: Zeuske (2015a), S. 3–49.
4 Kienlin/Zimmermann (2012); Reséndez, Andrés, »Powerful Nomads«, in: Reséndez (2016), S. 172–195.
5 Weber, Klaus, »Blurred Concepts of Slavery«, in: Hilgendorf/Marschelke/Sekora (2015), S. 17–47, hier S. 20.
6 Kolchin (1993), S. 57.
7 Miller, Joseph C., »Slaving as Historical Process: Examples From the Ancient Mediterranean and the Modern Atlantic«, in: Dal Lago / Katsari (2008), S. 70–102; J. C. M., »Defining Slaving as a Historical Strategy«, in: Miller (2012), S. 18–24.
8 Gronenborn (2001).
9 Zeuske, Michael, »Hegemonische Sklavereien«, in: Zeuske (2013), S. 63–70; s. a.: Lagerlof, Nils-Petter, »Slavery and Other Property Rights«, in: *Review of Economic Studies* 76 (2009) S. 319–342.
10 Major, Andrea, »›To Call a Slave a Slave‹: Recovering Indian Slavery«, in: Major (2012), S. 18–38, hier S. 18.
11 Johne [1992] (1994), S. 5.
12 Ebd., S. 18.
13 Ebd.
14 Mirković, Miroslava, »Der Kolonat und die Freiheit«, in: Herrmann-Otto (2008), S. 53–69, hier S. 67.
15 Miller, Joseph C., »Defining Slaving as a Historical Strategy«, in: Miller (2012), S. 18–24, hier S. 19. Übersetzungen, sofern nicht anders gekennzeichnet, von Michael Zeuske.
16 Warren (2003).
17 Tomich, Dale W., »The Wealth of the Empire: Francisco de Arango y Parreño, Political Economy, and the Second Slavery in Cuba«, in: *Comparative Studies in Society and History. An International Quarterly* 45 (2003) Nr. 1, S. 4–28; Piqueras, José Antonio, »La misión de Guarico y el nacimiento del buen esclavista cubano«, in: *Opatrný* (2010), S. 139–156; Sánchez Cobos, Amparo, »Ramón de la Sagra y la esclavitud acomodada. Colonialismo y abolición en Cuba a mitad

del siglo XIX«, in: *Anuario Colombiano de Historia Social y de la Cultura* 44 (Jan./Juni 2017) Nr. 1, S. 223–258.

18 Cantero, Justo G., *Los Ingenios. Colección de vistas de los principales ingenios de azúcar de la isla de Cuba*, unter Mitarb. von Eduardo Laplante, La Habana: Impreso en la litografía de Luis Marquier, 1857; [Facsimile]: García Mora, Luís Miguel / Santamaría García, Antonio (Hrsg.), *Los Ingenios. Colección de vistas de los principales ingenios de azúcar de la Isla de Cuba*, Text von Justo G. Cantero, unter Mitarb. von Eduardo Laplante, Madrid: CEDEX_CEHOPU; CSIC, Fundación Mapfre Tavera y Ediciones Doce Calles, S.L., 2005.

19 Ortiz, Fernando, *Los negros brujos (apuntes para un estudio de etnología criminal)*, Carta prólogo del C. Lombroso, Madrid: Librería de Fernando Fe, 1906; F. O., *Hampa afro-cubana: Los negros esclavos. Estudio sociológico y de derecho público*, La Habana: Revista Bimestre Cubana, 1916 [*Los negros esclavos*, La Habana: Ed. de Ciencias Sociales, 1976]; F. O., *Contrapunteo cubano del tabaco y del azúcar (advertencia de sus contrastes agrarios, económicos, históricos y sociales, su etnografía y su transculturación)*, Einl. von Bronislaw Malinowski, La Habana: Jesús Montero, 1940 (Biblioteca de Historia, Filosofía y Sociología, v. 8); F. O., »El fenómeno social de la transculturación y su importancia en Cuba«, in: *Revista Bimestre Cubana, La Habana* XLVI (Juli-Dez. 1940), S. 273–278.

20 Barnet, Miguel, *Biografia de un cimarrón*, La Habana: Instituto de Etnología y Folklore, 1966.

21 Franco, José Luciano, *Historia de la Revolución de Haití*, La Habana: Acad. de Ciencias de Cuba, 1966 (La batalla por el dominio del Caribe y el golfo de México 3); J. L. F., *Los Palenques de los esclavos Cimarrones*, La Habana: Colección Historia, 1973; J. L. F., »Piratas, corsarios, filibusteros y contrabandistas, siglo XVIII y XIX«, in: J. L. F., *Ensayos históricos*, La Habana: Editorial de Ciencias Sociales, 1974, S. 45–92; J. L. F., *Las Minas de Santiago del Prado y la rebelión de los Cobreros*, La Habana: Editorial de Ciencias Sociales, 1975; J. L. F., *Las conspiraciones de 1810 y 1812*, La Habana: Editorial de Ciencias Sociales, 1977; J. L. F., *La diáspora africana en el Nuevo Mundo*, La Habana: Editorial de Ciencias Sociales, 1978; J. L. F., *Comercio clandestino de esclavos*, La Habana: Editorial de Ciencias Sociales, 1980 ([3]1996, mit Publikationsliste, S. 283–285); J. L. F., *La presencia negra en el Nuevo Mundo*, La Habana: Casa de las Américas, 1981; Deschamps Chapeaux, Pedro, *El negro en la economía habanera del siglo XIX*, La Habana: UNEAC, 1971; P. D C. / Pérez de la Riva, Juan, *Contribución a la historia de gentes sin historia*, La Habana: Ed. de Ciencias Sociales, 1974.

22 Moreno Fraginals, Manuel, *El Ingenio. Complejo económico social cubano del azúcar*, 3 Bde., La Habana: Ed. de Ciencias Sociales, 1978.

23 Guerra y Sánchez, Ramiro, *Azúcar y población en las Antillas*, La Habana: Ed. de Ciencias Sociales, [6]1976 (La Habana: Cultural, S. A., [1]1927); Cepero Bonilla, Raúl, *Azúcar y abolición: apuntes para una historia crítica del abolicionismo*, La

Habana: Ed. Cenit, 1948; Higman, Barry W., »The Making of the Sugar Revolution«, in: Thompson, Alvin O. (Hrsg.), *In the Shadow of the Plantation. Caribbean History and Legacy*, Kingston: Ian Randle Publishers, 2002, S. 40–71; Morales Carrión, Arturo, *Auge y decadencia de la trata negrera en Puerto Rico (1820–1860)*, San Juan: Centro de Estudios Avanzados de Puerto Rico y el Caribe and Instituto de Cultura Puertorriqueña, 1978; Cabrera Salcedo, Lizette, *De los bueyes al vapor. Caminos de la tecnología del azúcar en Puerto Rico y el Caribe*, San Juan: La Editorial, Universidad de Puerto Rico, 2010; s. a.: Ayala, César, »The Twentieth-Century Plantation«, in: C. A., *American Sugar Kingdom. The Plantation Economy of the Spanish Caribbean 1898–1934*, Chapel Hill / London: The University of North Carolina Press, 1999, S. 183–230.

24 Feierman, Steven, »A Century of Ironies in East Africa (c. 1780–1890)«, in: Curtin, Philipp [u. a.] (Hrsg.), *African History. From Earliest Times to Independence*, London: Longman 1995, S. 368.

25 Ich fasse hier zusammen: Zeuske, Michael, »Weltgeschichte, Atlantic Slavery und atlantische Sklavenhändler«, in: Zeuske (2015a), S. 3–54, bes. S. 6–24.

26 Siehe Scott/Hébrard (2012) sowie neuerdings: Cottias/Mattos (2016); Sanz, Vicent / Zeuske, Michael, »Microhistoria de esclavos y esclavas«, in: Sanz/Zeuske (2017), S. 9–21.

27 Kuchenbuch, Ludolf, »Meine zehn Zürcher Gebote für künftige Forschungen zur Sklaverei«, in: Hanß/Schiel (2014), S. 559 f.

28 Bush, Michael L. (Hrsg.), *Serfdom & Slavery. Studies in Legal Bondage*, Essex: Addison Wesley Longman, 1996; M. L. B., *Servitude in Modern Times*, Cambridge: Polity Press, 2000; Tomlins, Christopher, »Reconsidering Indenture Servitude. European Migrations and the Early American Labor Force, 1600–1775«, in: *Labor History* 42 (2001), S. 5–43.

29 Osterhammel, Jürgen, »Arbeit: Die physischen Grundlagen der Kultur«, in: Osterhammel (2009), S. 958–1009.

30 Zeuske, Michael, »Karl Marx, Formationstheorie, ursprüngliche Akkumulation, Sklavereien und Global South – eine globalhistorische Skizze«, in: Wemheuer (2016), S. 96–144.

31 Ebd., hier bes.: Osterhammel, Jürgen, »Freie Arbeit«, in: Ebd., S. 992–994, hier S. 993; siehe auch die Verwendung des Konzepts für ein und dieselbe Realität: Bénot, Yves, *La Modernité de l'esclavage. Essai sur la servitude au cœur du capitalisme*, Paris: La Découverte, 2003 sowie: Weber, Klaus, »Blurred Concepts of Slavery«, in: Hilgendorf/Marschelke/Sekora (2015), S. 17–47.

32 Mallinckrodt, Rebekka von, »There Are No Slaves in Prussia?«, in: Brahm/Rosenhaft (2016), S. 109–131.

33 Hall, Catherine / Draper, Nicholas / McClelland, Keith, »Introduction«, in: Hall/Draper/McClelland (2014), S. 1–33, hier S. 17.

34 Boatcă, Manuela, »Coloniality of Labor in the Global Periphery Latin America

and Eastern Europe in the World-System«, in: *Review* XXXVI (2013) Nr. 3/4, S. 287–314, hier S. 287.

35 O'Connell Davidson, Julia, »The Making of Modern Slavery: Whose Interests are Served by the New Abolitionism?«, in: *British Academy Review* 24 (2014), S. 28–31, hier S. 28; Zeuske (2015b), S. 280–391.

36 Zur Markierung von Sklaven dürften auch besondere Ohrringe benutzt worden sein. Die Stelle stammt aus 2. Mose 21,6; siehe: Kessler, Rainer, »Knechtschaft«, in: www.wibilex.de.

37 Rosal, Miguel Ángel, »Carimba. Las marcas de los esclavos«, in: Rosal (2016), S. 107–144 (auf S. 120–144 sind bildliche Darstellungen von Brandzeichen zu finden).

38 Toledano, Ehud R., »Understanding Enslavement as a Human Bond«, in: Toledano (2007), S. 9–59, hier S. 13.

39 Clendinnen, Inga, »Victims«, in: I. C., *Aztecs: An Interpretation*. Cambridge: Cambridge University Press, 1991, S. 87–109, hier S. 104–107 und S. 298 ff.; Cervera Obregón, Marco Antonio, »Capítulo VIII. Guerra y religión«, in: M. A. C. O., *Guerreros aztecas*, Madrid: Ediciones Nowtilus, 2011, S. 149–167.

40 Krieger, Martin, »Der dänische Sklavenhandel auf dem Indischen Ozean im 17. und 18. Jahrhundert«, in: *Jahrbuch für Europäische Überseegeschichte* 12 (2012), S. 9–30, hier S. 13.

41 Warren (2003), S. 112 (s. a.: Zweites und Viertes Sklavereiplateau).

42 Snyder, Christina, *Slavery in Indian Country: The Changing Face of Captivity in Early America*, Cambridge: Harvard University Press, 2010, S. 12.

43 Hund, Wulf D., »Racist King Kong Fantasies. From Shakespeare's Monster to Stalin's Ape-Man [on the Conjunction of Sexism, Racism and Dehumanization/Simianization in Historical Perspective]«, in: *Racism Analysis | Yearbook* 6 (2015/16) (= *Simianization. Apes, Gender, Class, and Race*, hrsg. von W. D. H. / Mills, Charles W. / Sebastiani, Silvia), S. 43–73.

44 Witzenrath, Christoph, »Introduction«, in: Witzenrath (2015), S. 1–79, hier S. 5.

45 Banaji, Jairus, »The Fictions of Free Labour: Contract, Coercion, and So-Called Unfree Labour«, in: Historical Materialism 11 (2003) Nr. 3, S. 69–95.

Globalhistorische Sklavereiplateaus

1 Inikori (1999), S. 50. Zitat von: Cooper, Frederic, »The Problem of Slavery in African Studies«, in: *J. Afr. H.* XX (1979) Nr. 1, S. 103–125.

2 Gronenborn (2001). Für Westasien ist die Quellensituation etwas besser: Taylor, Timothy, »Believing the Ancients: Quantitative and Qualitative Dimensions of Slavery and the Slave Trade in Later Prehistoric Eurasia«, in: *World Archaeology* 33 (2001) Nr. 1, S. 27–43; für das spätere Ost- und Mitteleuropa: Henning (1992); Henning, Joachim, »Slavery or Freedom? The Causes of Early Medieval Europe's Economic Advancement«, in: *Early Medieval Europe* 12 (2003) Nr. 3, S. 269–277.

3 Bartelheim, Martin, »Detecting Social Structures in the Bronze Age of Southeastern Spain«, in: Kienlin/Zimmermann (2012), S. 339–354, hier S. 340.

4 Benz, Marion, »›Little Poor Babies‹-Creation of History Through Death at the Transition from Foraging to Farming«, in: Ebd., S. 169–182, hier S. 177 f.

5 Rowland, Mike, »Ancestors, Substances and Elites – West Africa and China Comparisons«, in: Ebd., S. 55–66, hier S. 56.

6 Müller, Johannes, »Wie entsteht Ungleichheit?«, in: Ebd., S. 203–211; s. a.: Gronenborn, Detlef, »Beyond the Models: ›Neolithisation‹ in Central Europe«, in: *Proceedings of the British Academy* 144, Oxford 2007, S. 73–98.

7 Allgemein und mit globalem Anspruch siehe: Gronenborn (2001); Detlef Gronenborn / Scharl, Sylviane, »Das Neolithikum als globales Phänomen«, in: Otten, Thomas [u. a.] (Hrsg.), *Revolution Jungsteinzeit*, Darmstadt: Theiss, 2015 (Schriften zur Bodendenkmalpflege in Nordrhein-Westfalen 11, Nr. 1), S. 58–71; zum Bericht Herodots über die Skythen (gilt *cum grano salis* auch für andere Sklavereien): Herodot, *Neun Bücher zur Geschichte*. Einl. von Lars Hoffmann, Wiesbaden: Marix, 2007, 4. Buch, S. 321–405, hier vor allem S. 346–351.

8 Gronenborn (2001), S. 22.

9 Müller, Johannes, »Wie entsteht Ungleichheit?«, in: Kienlin/Zimmermann (2012), S. 203–211; Müller nutzt als Laboratorium ein »spätneolithisches Dorf« (Ebd., S. 203).

10 Zeuske, Michael, »Sklavinnen ohne institutionalisierte Sklavereien«, in: Zeuske (2013), S. 150–173; s. a.: Campbell/Miers/Miller (2007–2008); Campbell/Miers/Miller (2009); Campbell/Miers/Miller (2011); Campbell/Elbourne (2014); siehe auch zu Konkubinat und Sklaverei im arabisch-islamischen Bereich: Croucher, Sarah K., »›A Concubine Is Still a Slave‹: Sexual Relations and Omani Colonial Identities in Nineteenth-Century East Africa«, in: Voss, Barbara L. / Casella, Eleanor Conlin (Hrsg.), *The Archaeology of Colonialism: Intimate Encounters and Sexual Effects*, Cambridge / New York [u. a.]: Cambridge University Press, 2012, S. 67–84.

11 Cave, Scott, »Madalena: The Entangled History of One Indigenous Floridan

Woman in the Atlantic World«, in: *The Americas* 74 (Apr. 2017) Nr. 2, S. 171–200, hier S. 172, Anm. 2.

12 Peabody, Sue, *»There are No Slaves in France«: The Political Culture of Race and Slavery in the Ancien Régime*, Oxford / New York: Oxford University Press, 1996; Mallinckrodt, Rebekka von, »There Are No Slaves in Prussia?«, in: Brahm/ Rosenhaft (2016), S. 109–131.

13 Zu »Haus-Gesellschaften« siehe: González-Ruibal, Alfredo / Ruiz-Gálvez, Marisa, »House Societies in the Ancient Mediterranean (2000–500 BC)«, in: *Journal of World Prehistory* 29 (2016) Nr. 4, S. 383–437.

14 Gronenborn (2001), S. 22.

15 Kristiansen, Kristian, »Bronze Age Dialectics: Ritual Economies and the Consolidation of Social Divisions«, in: Kienlin/Zimmermann (2012), S. 381–392, hier S. 381; zur Kritik, vor allem der an der Extrapolation punktueller Evidenzen von Begräbnissen zum Status sozialer Ungleichheit (»Sklaven«) und zu sozialen Formationen (Evolutionismus), siehe: Kienlin, Tobias L., »All Heroes in Their Armour Bright and Shining? Comments on the Bronze Age ›Other‹«, in: T. L. K. (Hrsg.), *Fremdheit – Perspektiven auf das Andere*, Bonn: Habelt, 2015 (Universitätsforschungen zur prähistorischen Archäologie, Bd. 264 / Kölner Beiträge zu Archäologie und Kulturwissenschaften, Bd. 1), S. 153–193; s. a.: Kristiansen/ Larsson (2005).

16 Nash Briggs, Daphne, »Servants at a Rich Man's Feast: Early Etruscan Household Slaves and Their Procurement«, in: *Etruscan Studies. Journal of the Etruscan Foundation* 9 (2002), S. 153–176.

17 Ebd., S. 154.

18 Kristiansen/Suchowska-Ducke (2015).

19 Gronenborn (2001), S. 22; Meyer, Christian / Lohr, Christian / Strien, Hans-Christoph / Gronenborn, Detlef / Alt, Kurt W., »Interpretationsansätze zu ›irregulären‹ Bestattungen während der linearbandkeramischen Kultur: Gräber en masse und Massengräber«, in: Müller-Neeßel, Nils (Hrsg.), *›Irreguläre‹ Bestattungen in der Urgeschichte: Norm, Ritual, Strafe ...?* Akten der Internationalen Tagung in Frankfurt a. M. vom 3. bis 5. Februar 2012, Bonn: Dr. Rudolf Habelt GmbH, 2013, S. 111–122.

20 Herrmann-Otto, Elisabeth, »Sonderformen der Unfreiheit«, in: Herrmann-Otto (2017), S. 74–87.

21 Zeuske, Michael, »Kin-Sklavereien, ›kleine‹ und ›große‹ Sklavereien«, in: Zeuske (2013), S. 174–199.

22 Kahane, Henry / Kahane, Renée, »Notes on the Linguistic History of Sclavus«, in: *Studi in onore di Ettore Lo Gatto e Giovanni Maver*, Firenze: Sansoni, 1962, S. 345–360; Epstein, Steven A., *Speaking of Slavery. Color, Ethnicity, and Human Bondage in Italy*, Ithaca: Cornell University Press, 2001; Golden, Peter B., »al-Saqâliba«, in: *Encyclopaedia of Islam* VIII, S. 143–144, 872–878.

23 Rotman, Youval, »The Language of Slavery«, in: Rotman (2009), S. 82–93.

24 Generell zum welt- und globalgeschichtlichen Phänomen, fast eine Universalie, von *slaving-zones* siehe: Martínez (2016).

25 Henning (1992); Schramm (1995); Zeuske, Michael, »Tausend Namen der Sklaverei«, in: Zeuske (2013), S. 525–563.

26 Verkaufsdokument aus Genua, 11. Mai 1248, für eine Sklavin aus Malta namens Maimona, in: *Medieval Trade in the Mediterranean World. Illustrative Documents.* Einl., Anm. und Übers. von Lopez, Robert S. / Raymond, Irving W. Vorw. und Bibliogr. von Olivia Remie Constable, New York: Columbia University Press, ³2001, S. 116.

27 Hardt, Matthias, »Erfurt im Frühmittelalter. Überlegungen zu Topographie, Handel und Verkehr eines karolingerzeitlichen Zentrums anlässlich der 1200sten Wiederkehr seiner Erwähnung im Diedenhofener Kapitular Karls des Großen im Jahr 805«, in: *Mitteilungen des Vereins für Geschichte und Altertumskunde von Erfurt* 66, NF 13 (2005), S. 9–39, hier S. 31.

28 Trudel, Marcel, *L'esclavage au Canada français: Histoire et conditions de l'esclavage*, Quebec: Presses Universitaires Laval, 1960; Hyde, George E., *The Pawnee Indians*, Norman: The University of Oklahoma Press, 1974 [1951] (The Civilization of American Indian Series 128), S. 24; Perdue, Theda, *Slavery and the Evolution of Cherokee Society, 1540–1866*, Knoxville: University of Tennessee Press, 1979; Rushforth, Brett, »›A Little Flesh We Offer You‹: The Origins of Indian Slavery in New France«, in: *William and Mary Quarterly* LX (Okt. 2003) Nr. 4, S. 777–808; Starna, William A. / Watkins, Ralph, »Northern Iroquois Slavery«, in: *Ethnohistory* 38 (1991), S. 34–57; Weltfish, Gene, *The Universe Lost: Pawnee Life and Culture*, New York: Bison Books, 1977 [1965]; Hämäläinen, Pekka, *The Comanche Empire*, New Haven und London: Yale University Press, 2008 (The Lamar Series in Western History).

29 Pelteret, David A. E., *Slavery in Early Medieval England: From the Reign of Alfred until the 12th Century*, Woodbridge/Rocherster: The Boydell Press, 1995; Wyatt, David, *Slaves and Warriors in Medieval Britain and Ireland 800–1200*, Leiden: Brill, 2009.

30 Bohn, Robert, »Gesellschaft und Wirtschaft im Mittelalter«, in: R. B., *Dänische Geschichte*, München: Beck, ²2010, S. 12–20.

31 Korpela, Jukka, »›... And They Took Countless Captives‹: Finnic Captives and the East European Slave Trade during the Middle Ages«, in: Witzenrath (2015), S. 171–190.

32 Toledano, Ehud R., »An Empire of Many Households: The Case of Ottoman Enslavement«, in: Culbertson, Laura (Hrsg.), *Slaves and Households in the Near East*, Chicago: The Oriental Institute, 2011, S. 85–97; Martínez (2016), S. 224–247 (siehe das Unterkapitel »Slavery in Asia before 1800«, in: Ebd., S. 227–231).

33 Klein (2016), S. 327.

34 Testart, Alain, *L'Esclave, la Dette et le Pouvoir: Études de Sociologie Comparative*, Paris: Errance, 2001.

35 Adshead, Samuel A. M., »Cross-Social Comparison, 500–1000«, in: S. A. M. A., *T'ang China. The Rise of the East in World History*, Houndmill / New York: Palgrave Macmillan, 2004, S. 121–129, hier S. 123 f.

36 Perry (2017).

37 Ahlert, Regine, »Präkoloniale Sklaverei«, in: Ahlert (2015), S. 69–81, hier S. 79.

38 Helfrich, Klaus, *Menschenopfer und Tötungsrituale im Kult der Maya*, Berlin: Gebr. Mann, 1973, S. 51–68.

39 Erkes, Eduard, *Das Problem der Sklaverei in China*, Berlin: Akademie, 1952 (= Berichte über die Verhandlungen der sächsischen Akademie der Wissenschaften zu Leipzig, Philologisch-historische Klasse, Bd. 100, H. 1), S. 1–30, hier S. 22; zur Sklaverei in China siehe auch: Schottenhammer (2003); Crossley (2011), S. 186–213; zu frühen Imperien siehe: Morris, Ian / Scheidel, Walter, *The Dynamics of Ancient Empires: State Power From Assyria to Byzantium*, New York: Oxford University Press, 2009.

40 Nolte, Hans-Heinrich, »Iasyry: Non-Orthodox Slaves in Pre-Petrine Russia«, in: Witzenrath (2015), S. 247–266.

41 Stanziani, Alessandro, »Serfs, Slaves, or Wage Earners? The Legal Status of Labour in Russia From a Comparative Perspective, From the Sixteenth to the Nineteenth Century«, in: *Journal of Global History* 3 (Juli 2008) Nr. 2, S. 183–202.

42 Nolte, Hans-Heinrich, »Iasyry: Non-Orthodox Slaves in Pre-Petrine Russia«, in: Witzenrath (2015), S. 247–266.

43 Ebd. Ich danke Hans-Heinrich Nolte für Ratschläge und Kritik.

44 Vgl. Toledano, Ehud R., »Circassian-Ottoman History: Nineteenth-Century Stories of Pain and Courage«, in: E. R. T., *Circassians Paper* (2015), S. 1–16, hier S. 2; publiziert unter: E. R. T., »Çerkes-Osmanlı Tarihi: On Dokuzuncu Yüzyıldan Acı ve Cesaret Hikayeleri«, in: *Anavatandan Sürülüşlerinin* 150. Yılında Çerkesler, Ankara: Kafdav Yayınları, 2015, S. 181–200, hier S. 3; s. a.: E. R. T., »Shemsigül: A Circassian Slave in Mid-Nineteenth-Century Cairo«, in: Burke, III, Edmund (Hrsg.), *Struggle and Survival in the Modern Middle East*, Berkeley / Los Angeles: University of California Press, 1993, S. 59–74.

45 Inikori (1999), S. 49–75; Landau, Peter, »Slavery and Semifreedom in the High Middle Ages – in the Perspective of the Church«, in: Hernæs, Per; Iversen, Tore (Hrsg.), *Slavery across Time and Space: Studies in Medieval Europe and Africa*, Trondheim: Department of History, NTNU, 2002 (Trondheim Studies in History 38), S. 97–104; McCormick, Michael, *Origins of the European Economy: Communication and Commerce*, AD 300–900, Cambridge: Cambridge

University Press, 2001; Klein, Martin A., »Introduction: Modern European Expansion and Traditional Servitude in Africa and Asia«, in: Klein (1993), S. 3–36.

46 Bloch, Marc, »Comment et pourquoi finit l'esclavage antique?«, in: *Annales E.S.C.* 2 (1947), S. 30–44 und S. 161–170.

47 Die *devotio* wurde von den Römern auch bei den Iberern hervorgehoben, siehe: Barceló, Pedro, »Iberer und Kelten«, in: *Kleine Geschichte Spaniens*, hrsg. von Peer Schmidt, Stuttgart: Philipp Reclam jun., 2004, S. 21–23, hier S. 22. Allgemein zur Unfreiheit bei den Kelten siehe: Peschel, Karl, »Archäologisches zur Frage der Unfreiheit bei den Kelten während der vorrömischen Eisenzeit«, in: *Ethnographisch-Archäologische Zeitschrift* 31 (1990) Nr. 3/4, S. 370–417; siehe auch Maier, Bernhard, »Gesellschaft«, in: B. M., *Geschichte und Kultur der Kelten*, München: Beck, 2012, S. 249 f.

48 Hechberger, Werner, *Adel, Ministerialität und Rittertum im Mittelalter*, München: Oldenbourg, 2004.

49 Achim, Viorel, *The Roma in Romanian History*, Budapest: Central European University Press, 2004; V. A., »The Gypsies in the Romanian Principalities: The Emancipation Laws, 1831–1856«, in: *Historical Yearbook* I (2004), S. 109–120.

50 *SspLR.* III 42 – Buch III, Kap. 42, §§ 1–6. Ich danke Hans-Heinrich Nolte für den Hinweis auf den *Sachsenspiegel*. Ich übernehme den hier zitierten Text des *Sachsenspiegels* von der Website zum Deutschen Rechtswörterbuch der Universität Heidelberg, online: http://drw-www.adw.uni-heidelberg.de/drw-cgi/zeige (27. 1. 2017).

51 Ebd.

52 Ebd.

53 Siehe: »Glossar der Wortbedeutungen«, in: Eckhardt, Karl August (Hrsg.), *Sachsenspiegel*, 2 Teile, Göttingen [u. a.]: Musterschmidt, 1956 (Teil 1: Landrecht; Teil 2: Lehnrecht), Teil 2, S. 220–250, hier S. 226, online: http://www.dmgh.de/de/fs1/object/display/bsb00000672_00226.html?sortIndex=020%3A070%3A0001%3A010%3A02%3A00&zoom=0.75 (28. 1. 2017); als »Unfreiheit« bei: Dorn (2005).

54 Siehe neben Franz Dorn auch: Seybold, Steffen, »Dass jemand des anderen solle sein: Unfreiheit im Sachsenspiegel«, in: *Zeitschrift der Savigny-Stiftung für Rechtsgeschichte: Germanistische Abteilung*, Bd. 132, (Juli 2015) Nr. 1, S. 479–494, online: https://doi.org/10.7767/zrgga-2015-0116 (6. 7. 2015).

55 Vgl.: *Deutsches Rechtswörterbuch der Universität Heidelberg*, online: http://drw-www.adw.uni-heidelberg.de/drw-cgi/zeige (27. 1. 2017).

56 Übersetzung nach: Sachsse, Carl Robert (Hrsg.), *Sachsenspiegel oder Sächsisches Landrecht: Mit Uebersetzung und reichhaltigem Repertorium*, Heidelberg: Winter, 1848, Kap. 42, S. 248–252, hier S. 251 f.

57 Rio, Alice, »Self-sale and Voluntary Entry Into Unfreedom, 300–1100«, in:

Journal of Social History 45 (2012) Nr. 3, S. 661–685, hier S. 662 (sinngemäße Übersetzung von M. Z.).

58 Domar, Evsey, »The Causes of Slavery or Serfdom: A Hypothesis«, in: *Economic History Review* 30 (März 1970) Nr. 1, S. 18–32.

59 Dominik Nagel, der interessante Sklavereielemente im englischen Armenrecht beschreibt, schwankt zwischen »niemand [scheint] tatsächlich versklavt worden zu sein« (S. 641) und der Aussage »eine Reihe von Bestimmungen des Vagrancy Act von 1547 [waren] gängige Praktiken im England der Tudor-Zeit« (Ebd.); siehe: Nagel, Dominik, »Recht und Praxis der Sklaverei in England, Massachussetts und South Carolina«, in: D. N., *No Part of the Mother Country, but Distinct Dominions. Rechtstransfer, Staatsbildung und Governance in England, Massachussetts und South Carolina, 1630–1769*, Münster [u. a.]: LIT, 2013 (Studien zu Geschichte, Politik und Gesellschaft Nordamerikas 33), S. 635–700, hier S. 641.

60 Karras, Ruth Mazo, »Slavery and Freedom«, Karras (1988), S. 122–163.

61 Ich danke Hans-Heinrich Nolte für den Hinweis.

62 Blickle, Renate, »Opus publicum – Dienst und Strafe. Anmerkungen zur Zwangsarbeit im Bayern der frühen Neuzeit«, in: Kabadayi, M. Erdem / Reichardt, Tobias, *Unfreie Arbeit. Ökonomische und kulturgeschichtliche Perspektiven*, Hildesheim / Zürich / New York 2007, S. 166–199.

63 Schoeman, Karel, »Beginnings«, in: K. S., *Early Slavery at the Cape of Good Hope, 1652–1717*, Pretoria: Protea Book House, 2007, S. 11–49, hier S. 20.

64 Martín Casares, Aurelia / García Barranco, Margarita, »Legislation on Free Soil in Nineteenth-Century Spain: The Case of the Slave Rufino and Its Consequences«, in: Slavery & Abolition 32 (Sept. 2011) Nr. 3, S. 461–476, hier S. 464 und Anm. 15, S. 474.

65 Toledano, Ehud R., »Understanding Enslavement as a Human Bond«, in: Toledano (2007), S. 9–59; E. R. T., »Circassian-Ottoman History: Nineteenth-Century Stories of Pain and Courage«, in: E. R. T., *Circassians Paper* (2015), S. 1–16. Ich danke Hans-Heinrich Nolte für den Hinweis auf »Neurussland«.

66 Bonnassie, Pierre, *From Slavery to Feudalism in South-Western Europe*, Cambridge: Cambridge University Press, 1991; mittlerweile werden ganze Kongresse abgehalten, um die institutionellen Unterschiede zwischen Serfdom und Sklaverei zu betonen; siehe: Cavaciocchi, Simonetta (a cura di), *Schiavitù e servaggio nell'economia europea. Secc. XI–XVIII = Serfdom and Slavery in the European Economy*. 11th–18th Centuries: atti della »Quarantecinquesima settimana di studi«, 14.–18. April 2013, Firenze: Firenze University Press, 2014.

67 Anderson, Clare / Maxwell-Stewart, Hamish, »Convict Labour and the Western Empires, 1415–1954«, in: Aldrich, Robert / McKenzie, Kirsten (Hrsg.), *The Routledge History of Western Empires*, London / New York: Routledge, 2014, S. 102–117.

68 Stanziani (2014).

69 Cluse, Christoph, »Sklaverei im Mittelalter – der Mittelmeerraum«, online: http://med-slavery.uni-trier.de/minev/MedSlavery/publications/Einfuhrung.pdf (4. 5. 2012), S. 1–18; Haverkamp, Alfred, »Die Erneuerung der Sklaverei im Mittelmeerraum während des hohen Mittelalters. Fremdheit, Herkunft und Funktion«, in: Herrmann-Otto (2008), S. 130–166.

70 Lübke, Christian, »Kriegsgefangene im mittelalterlichen Osteuropa. Ein Beitrag zur Frage der Ansiedlung slawischer Gefangener im Wendland in vergleichender Sicht«, in: Jürries, Wolfgang (Hrsg.), *Rundlinge und Slawen: Beiträge zur Rundlingsforschung*, Begleitband zur Rundlingsausstellung im Rundlingsmuseum Wendlandhof Lübeln, Lüchow: Köhring, 2004 (Bd. 16 der Schriftenreihe des Heimatkundlichen Arbeitskreises Lüchow-Dannenberg; Bd. 6 der Veröffentlichungen des Rundlingsvereins), S. 77–89; Hardt, Matthias, »Fernhandel und Subsistenzwirtschaft. Überlegungen zur Wirtschaftsgeschichte der frühen Westslawen«, in: *Nomen et Fraternitas. Festschrift für Dieter Geuenich zum 65. Geburtstag*, hrsg. von Uwe Ludwig und Thomas Schilp, Berlin / New York: De Gruyter, 2008, S. 741–763.

71 Schmidt, Christoph, »Typologie«, in: C. S., *Leibeigenschaft im Ostseeraum: Versuch einer Typologie*, Köln/Weimar/Wien: Böhlau, 1997, S. 127–144.

72 Schneider, Rolf, »Sklaverei«, in: R. S., *Alltag im Mittelalter. Das Leben in Deutschland vor 1000 Jahren*, München: Bassermann, 2006, S. 30 f., hier S. 31.

73 Ebd.

74 Schmidt, Christoph, »Typologie«, in: C. S., *Leibeigenschaft im Ostseeraum: Versuch einer Typologie*, Köln/Weimar/Wien: Böhlau, 1997, S. 127–144.

75 Zit. nach: Osterhammel, Jürgen, *Die Entzauberung Asiens. Europa und die asiatischen Reiche im 18. Jahrhundert*, München: Beck, 1998, S. 46.

76 Smith, Adam, *Untersuchung über Wesen und Ursachen des Reichtums der Völker*, übers. von Monika Streissler, hrsg. und eingel. von Erich W. Streissler, Tübingen 2012, S. 411 f.

77 Humboldt, Alexander von, »Sklaven« (Herbst 1800, Cumaná), in: A. v. H., *Lateinamerika am Vorabend der Unabhängigkeitsrevolution. Eine Anthologie von Impressionen und Urteilen aus den Reisetagebüchern*, erl. von Margot Faak. Einl. Studie von Manfred Kossok, Berlin: Akademie, 1982, S. 244–247 (Dok. Nr. 164).

78 Schmidt, Christoph, »Bäuerliche Freiheit gegen Schollenpflicht. Schweden und Polen als konträre Muster auf dem Weg in die Neuzeit«, in: Komlosy, Andrea / Nolte, Hans-Heinrich / Sooman, Imbi (Hrsg.), *Ostsee 700–2000. Gesellschaft, Wirtschaft, Kultur*, Wien: Promedia, 2007, S. 61–70; in einem Band über die Weltgeschichte der Sklaverei hat Edgar Melton sehr schön die Gemeinsamkeiten und Unterschiede herausgearbeitet: Melton, Edgar, »Manorialism and Rural Subjection in East Central Europe, 1500–1800«, in: Eltis/Engerman (2011), S. 297–322.

79 Patnaik, Utsa / Dingwaney, Manjari (Hrsg.), *Chains of Servitude: Bondage and*

Slavery in India, Madras: Sangam Books; Hyderabad, India: Distributed by Orient Longman, 1985; Chatterjee/Eaton (2006); Mishra, Lakshmidhar, *Human Bondage: Tracing its Roots in India*, London: Sage Publications, 2011; Campbell (2011).

80 Sears (2015).

81 Seijas (2008).

82 Martínez (2016).

83 Vink, Markus, »›The World's Oldest Trade‹: Dutch Slavery and Slave Trade in the Indian Ocean in the Seventeenth Century«, in: *Journal of World History* 14, (Juni 2003) Nr. 2, S. 131–177.

84 Seijas (2014).

85 Pinto, Jeanette, *Slavery in Portuguese India: 1510–1842*, Bombay [u. a.]: Himalaya Publishing Home, 1992; Ménard, Caroline, »›Un esclavo que se llama Antonio‹: Venta de dos esclavos asiáticos en Galicia a inicios del siglo XVII« in: *Cuadernos de Estudios Gallegos* LIX (2012) Nr. 125, S. 233–244.

86 Caldeira (2013a); Caldeira (2013b).

87 Reséndez, Andrés, »The Trafficker and his Network«, in: Reséndez (2016), S. 76–99.

88 *Particularides del Nuevo Reino por los Oficiales Reales de Santafé de Bogotá, 1572*, hier zitiert nach: Matallana-Peláez, Susana E., »Yndios Conquistadores: Yanacona Servants, Lovers, and Allies«, in: S. E. M.-P., *Spotlight on the Indians: What Ysavel Agad Might Have Told Captain Ospina or the First One-Hundred Years After the Spanish Conquest of the Alto Magdalena Region (1535–1629)*, PhDiss., Rutgers University, New Brunswick, 2011, S. 16–46, hier S. 16, online: https://de.scribd.com/document/136084210/Columbia-Rutgers-Lib-33930-PDF-1 (24. 4. 2016).

89 Reséndez, Andrés,»An Empire of Slaves«, in: Reséndez (2016), S. 131–135.

90 Reséndez, Andrés,»A New Era of Indian Bondage«, in: Ebd., S. 266–294.

91 Bernand, Carmen, *Negros esclavos y libres en las ciudades hispanoamericanas*, Madrid : Fund. Histórica Tavera, 2001; Farias [u. a.], *Ciudades Negras: Africanos, crioulos e espaços urbanos no Brasil escravista do século XIX*, São Paulo: Alameda, 2008; Barcia, María del Carmen, *Los ilustres apellidos: Negros en la Habana Colonial*, La Habana: Ed. Boloña, 2009; Adelman, Jeremy, »The Slave Hinterlands of South America«, in: Adelmann (2006), S. 58–64; Cañizares-Esguerra / Jorge; Childs, Matt D. / Sidbury, James (Hrsg.), *The Black Urban Atlantic in the Age of the Slave Trade*, Philadelphia: University of Pennsylvania Press, 2013.

92 Searing, James F., *West African Slavery and Atlantic Commerce. The Senegal River Valley, 1700–1860*, Cambridge: Cambridge University Press, 1993.

93 Zeuske, Michael, »Atlantik und Weltgeschichte«, in: Zeuske (2012), S. 28–42.

94 Vgl. Harms, Robert W., *The Diligent. A Voyage through the Worlds of Slave Trade*, New York: Basic Books, 2001, S. XIV.

95 Ebd., S. XIX; s. a.: Kelley, Sean M., *The Voyage of the Slave Ship Hare: A Journey into Captivity from Sierra Leone to South Carolina*, Chapel Hill: University of North Carolina Press, 2016.

96 »Venta de esclavo«, in: *Archivo General de la Nación*, Buenos Aires (AGN), Escribanías Antiguas (EA), tomo (t.) 34, folio (f.) verso (v) 389 – f. 390 recto (r), 12. 4. 1658; hier zit. nach: Rosal, Miguel Ángel, »Forma y evolución de la trata de esclavos«, in: Rosal (2016), S. 20–105, hier S. 64 f.

97 Ebd.

98 Walvin, James, »Introduction: Slavery and Abolition«, in: Walvin (2007), S. 1–4, hier S. 2.

99 Zum Konzept des »Kriegskapitalismus« siehe: Beckert, Sven, »Einleitung«, in: Beckert (2014), S. 7–18, hier S. 12 f.; zur Debatte um Sklaverei als Kapitalismus siehe: Fogel, Robert W., »American Slavery. A Flexible, Highly Developed Form of Capitalism«, in: Harris, J. William (Hrsg.), *Society and Culture in the Slave South*, London: Routledge, 1992, S. 77–99; Johnson, Walter, »The Pedestal and the Veil: Rethinking the Capitalism/Slavery Question«, in: *Journal of the Early Republic* 24 (2004) Nr. 2, S. 299–308; Marrero Cruz, Eduardo, »Traficante de esclavos y chinos«, in: E. M. C., *Julián de Zulutea y Amondo. Promotor del capitalismo en Cuba*, La Habana: Ediciones Unión, 2006, S. 46–79; Tomich/Zeuske (2009); Beckert (2004); Buchanan, Thomas C., *Black Life on the Mississippi: Slaves, Free Blacks, and the Western Steamboat World*, Chapel Hill: University of North Carolina Press, 2004; Kolchin, Peter, »The South and the World«, in: *The Journal of Southern History* 75 (Aug. 2009) Nr. 3, S. 565–580; Brass, Tom, »Capitalism, Primitive Accumulation and Unfree Labour«, in: Veltmeyer, Henry (Hrsg.), *Imperialism, Crisis and Class Struggle: The Enduring Verities of Capitalism – Essays Presented to James Petras*, Leiden: Brill, 2010, S. 67–149; Baptist, Edward E., *The Half Has Never Been Told: Slavery and the Making of American Capitalism*, New York: Basis Books, 2014; Grandin, Greg, *The Empire of Necessity. Slavery, Freedom, and Deception in the New World*, New York: Metropolitan Books, 2014; Marquese/Salles (2015).

100 Fabre, Geneviève, »The Slave Ship Dance«, in: Diedrich, Maria / Gates Jr., Henry Louis / Pedersen, Carl (Hrsg.), *Black Imagination of the Middle Passage*, Oxford: Oxford University Press, 1999, S. 33–46; Fernández Olmos, Margerite / Paravisini-Olmos, Lizabeth, *Creole Religions of the Caribbean. An Introduction from Vodou and Santería to Obeah and Espiritismo*, New York / London: New York University Press, 2003; Reis, João J., *Rebelião escrava no Brasil. A história do levante dos malê em 1835*. Edição revista e ampliada, São Paulo: Companhia Das Letras, 2003; Young, Jason R., *Rituals of Resistance. African Atlantic Religion in Kongo and the Lowcountry South in the Era of Slavery*, Baton Rouge: Louisiana State University Press, 2007; Brown, Vincent, *The*

Reaper's Garden: Death and Power in the World of Atlantic Slavery, Cambridge: Harvard University Press, 2008.

101 Freyre, Gilberto, *Casa-Grande & Senzala*, o.O. [Rio de Janeiro]: Schmidt-Editor, 1933 (*Casa-grande & senzala. Formação da família brasileira sob o regime da economia patriarcal.* Aprensentação de Fernando Henrique Cardoso. Biobibliografia de Edson Nery da Fonseca. Notas bibliográficas revistas e índices por Gustavo Henrique Tuna, São Paulo: Global Editora, [51]2006); G. F., *Herrenhaus und Sklavenhütte. Ein Bild der brasilianischen Gesellschaft*. Köln/Berlin: Kiepenheuer & Witsch, 1965.

102 Häberlein, Mark, »›Mohren‹, ständische Gesellschaft und atlantische Welt. Minderheiten und Kulturkontakte in der frühen Neuzeit«, in: Schnurmann, Claudia / Lehmann, Hartmut (Hrsg.), *Atlantic understandings: essays on European and American History in Honor of Hermann Wellenreuther*, Münster: LIT, 2006, S. 77–102; Kuhlmann-Smirnov, Anne, »Sklaverei in Zentraleuropa?«, in: Kuhlmann-Smirnov (2013), S. 68–77; Bulach, Doris / Schiel (Hrsg.), *Europas Sklaven*, Essen: Klartext, 2015 (WerkstattGeschichte 66–67); Wendt, Reinhard, »Fremde Menschen«, in: Wendt (2016), S. 204 f.; Brahm/Rosenhaft (2016), passim.

103 Drayton, Richard, »The Collaboration of Labor: Slaves, Empires, and Globalizations in the Atlantic World, ca. 1600–1850«, in: Hopkins, Antony G. (Hrsg.), *Globalizations in World History*, New York: W. W. Norton, 2002, S. 99–115; Brown, Laurence, »›A Most Irregular Traffic‹. The Oceanic Passages of the Melanesian Labor Trade«, in: Christopher/Emma/Pybus/Rediker (2007), S. 184–203; Zeuske, Michael, »Europäischer Sklavenhandel global – Plantagen und Sklavereimoderne weltweit«, in: Zeuske (2015a), S. 270–295; Tappe/Lindner (2016); Tappe, Oliver, »Coolie Chains: Global Commodities, Colonialism and the Question of Labour«, in: Die Erde 147 (2016) Nr. 2, S. 205–208; Varma, Nitin, *Coolies of Capitalism. Assam Tea and the Making of Coolie Labour*, Berlin/Boston: DeGruyter, 2016 (Work in Global and Historical Perspective 2).

104 Donoghue/Jennings (2015); Mendiola (2016).

105 Hanß, Stefan, »Sklaverei im vormodernen Mediterraneum«, in: *Zeitschrift für Historische Forschung* 40 (2013) Nr. 4, S. 623–661, hier S. 628; s. a.: Hanß/Schiel (2014), passim.

106 Cooper, Frederic, *From Slaves to Squatters: Plantation Labor and Agriculture in Zanzibar and Coastal Kenya, 1890–1925*, New Haven: Yale University Press, 1980; F. C., *Plantation Slavery on the East Coast of Africa*, Portsmouth: Heinemann, 1997; Hopper, Matthew S., *Slaves of One Master: Globalization and Slavery in Arabia in the Age of Empire*, New Haven / London: Yale University Press, 2015.

107 Chatterjee, Indrani, »Abolition by Denial? Slavery in South Asia after 1843«, in: Campbell (2005), S. 150–168; Ahuja, Ravi, »Networks of Subordination –

Networks of the Subordinated. The Case of South Asian Maritime Labour under British Imperialism (c. 1890–1947)«, in: Fischer-Tiné, Harald / Tambe, Ashwini (Hrsg.), *Spaces of Disorder. The Limits of British Colonial Control in South Asia and the Indian Ocean,* London: Routledge, 2008, S. 13–48.

108 Das heißt, es gab nicht wirklich einen *decline of slavery*, siehe die Begründung des Konzepts »bondage« gegen das Konzept der Sklaverei: Reid, Anthony, »The Decline of Slavery in Nineteenth-Century Indonesia«, in: Reid (1983), S. 64–82.

109 Tinker, Hugh, *A New System of Slavery: The Export of Indian Labour Overseas, 1830–1920*, London: OUP, 1974 (London: Hansib, ²1993); Seibert, Julia, »More Continuity than Change? New Forms of Unfree Labor in the Belgian Congo, 1908–1930«, in: Linden (2011), S. 369–386; Houben/Lindblad (1999); Houben/Seibert (2013); Allen (2013).

110 Tomlins, Christopher, »Reconsidering Indenture Servitude. European Migrations and the Early American Labor Force, 1600–1775«, in: *Labor History* 42 (2001), S. 5–43; Menard, Russel R., *Migrants, Servants, and Slaves: Unfree Labor in Colonial British America*, Aldershot: Ashgate, 2001.

111 Warren (2003).

112 McKeown (2004); McKeown (2010).

113 »Appendix 1: Indian Slaves in the Americas, 1492–1900 (in Thousands)«, in: Reséndez (2016), S. 324.

114 Makulo, Akambu, *La vie de Disasi Makulo: ancien esclave de Tippo Tip et catéchiste de Grenfell, par son fils Makulo Akambu*, Kinshasa: Éditions Saint Paul Afrique, 1983.

115 Houben/Seibert (2013).

116 Osterhammel, Jürgen, »Mikrobenschock und Gewaltexzesse«, in: Osterhammel (2009), S. 194–197, hier S. 196.

117 Osterhammel, Jürgen, »Großwildjagd«, in: Ebd., S. 551–556, hier S. 555.

118 Ich danke Oliver Tappe für kritische Lektüre und Hinweise; siehe: Turton, Andrew, »Thai Institutions of Slavery«, in: Condominas, Georges (Hrsg.), *Formes extrêmes de dépendance: contributions à l'étude de l'esclavage en Asie du Sud-Est*, Paris: Éditions de l'École des Hautes Études en Sciences Sociales, 1998, S. 411–457.

119 Campbell/Stanziani (2013a).

120 Tappe, Oliver, »Variants of Bonded Labour in Precolonial and Colonial Southeast Asia«, in: Damir-Geilsdorf/Lindner/Müller/Tappe/Zeuske (2016), S. 103–131 (siehe ebd., »Patterns of Slavery and Servitude in Mainland Southeast Asia«, S. 105–109).

121 Saco, José Antonio, »Análisis por Don José Antonio Saco de una obra sobre el Brasil, intitulada, Notices of Brazil in 1828 and 1829 by Rev. R. Walsh author of a journey from Constantinople, etc«, in: J. A. S., *Obras* II, La Habana: Imagen

Contemporánea, 2001, S. 28–77, online: http://bdigital.bnjm.cu/secciones/literatura/autores/63/obras/JAS1.pdf (30. 1. 2016); Zitate: J. A. S., »La supresión del tráfico de esclavos africanos en la isla de Cuba, examinada con relación a su agricultura y a su seguridad«, in: Ebd., S. 78–137, hier S. 79.

122 Ebd., S. 106 [Großbuchstaben im Original].

123 Keese (2011).

124 Martino, Enrique, »PANYA. Economies of Deception and the Discontinuities of Indentured Labour Recruitment and the Slave Trade, Nigeria and Fernando Pó, 1890s–1940s«, in: *African Economic History* 44 (2016), S. 91–129.

125 Beckert, »Die Bildung globaler Netzwerke«, in: Beckert (2014), S. 197–229, hier S. 202.

126 Ebd.

127 Ebd.

128 Stanziani, Alessandro, »Introduction«, in: A. S., *Sailors, Slaves, and Immigrants. Bondage in the Indian Ocean World, 1750–1914*, New York: Palgrave MacMillan, 2014, S. 1–11, hier S. 2.

129 Tappe/Lindner (2016); Campbell/Stanziani (2013a), passim.

130 Reid (1983); s. a.: Derks, Annuska, »Bonded Labour in Southeast Asia: Introduction«, in: *Asian Journal of Social Science* 38 (2010), S. 839–852; Tappe, »Variants of Bonded Labour in Precolonial and Colonial Southeast Asia«, in: Damir-Geilsdorf/Lindner/Müller/Tappe/Zeuske (2016), S. 103–131.

131 Martínez (2016), hier S. 228 (siehe auch das Unterkapitel »Slavery in Asia before 1800«, in: Ebd., S. 227–231).

132 Campbell/Stanziani (2013b); Campbell/Stanziani (2013a), passim.

133 Ewald, Janet J., »The Nile Valley System and the Red Sea Slave Trade, 1820–1880«, in: *Slavery and Abolition* 9 (1988), S. 71–92; J. J. E., *Soldiers, Traders, and Slaves: State Formation and Economic Transformation in the Greater Nile Valley, 1700–1885*. Madison: University of Wisconsin Press, 1990; J. J. E., »Crossers of the Sea: Slaves and Migrants in the Western Indian Ocean, c. 1800–1900«, in: *The American Historical Review* 105 (2000), S. 69–91; J. J. E., »African Slavery and the African Slave Trade: A Review Essay«, in: *The American Historical Review* 97 (1992), S. 465–485.

134 Allen (2014b).

135 Allen (2013), S. 184.

136 Ebd.

137 Zit. nach: Yun, Lisa, *The Coolie Speaks. Chinese Indentured Laborers and African Slaves in Cuba*, Philadelphia: Temple University Press 2008, S. 120.

138 Reséndez (2016), S. 137 sowie S. 369, Anm. 21.

139 Ich danke Reinhard Wendt für die Informationen.

140 Zur heutigen Rolle der Philippinen siehe: Wendt, Reinhard, »Überlebensstrategie Migration: das Beispiel der Philippinen«, in: Wendt (2016), S. 373–374.

141 Vor allem natürlich die für das vierte und das fünfte Plateau noch oft erwähnte Suzanne Miers (2003); Raphael, Lutz, »Krieg, Diktatur und imperiale Erschließung. Arbeitszwang und Zwangsarbeit 1880 bis 1960«, in: Herrmann-Otto (2005), S. 258–280; Spoerer (2001); Füllberg-Stolberg, Claus, »Zwangsarbeit in der Moderne. Vergleichende Überlegungen«, in: *Zeitschrift für Weltgeschichte* 3 (2002) Nr. 2, S. 71–88; Buggeln (2012); Buggeln (2014a); Buggeln (2014b); Mendiola (2016).

142 Auch wenn sich die Arbeiten Marc Buggelns nur auf die Südstaaten-Sklaverei der USA und nicht auf globale Sklaverei beziehen: Buggeln (2016).

143 Hund, Wulf D., »Racist King Kong Fantasies. From Shakespeare's Monster to Stalin's Ape-Man [on the Conjunction of Sexism, Racism and Dehumanization/Simianization in Historical Perspective]«, in: *Racism Analysis | Yearbook* 6 (2015/16) (= *Simianization. Apes, Gender, Class, and Race*, hrsg. von W. D. H. / Mills, Charles W. / Sebastiani, Silvia), S. 43–73.

144 Drescher, Seymour, »Abolitions in the Old World, 1880s–1920s«, in: Drescher (2009), S. 371–411, hier S. 397.

145 Buggeln (2016).

146 Archer, Léonie (Hrsg.), *Slavery and Other Forms of Unfree Labour*, London: Routledge, 1988, S. 21 f.

147 Buggeln (2014a), S. 234.

148 Ebd.

149 »Sklavereiabkommen«, online: http://www.admin.ch/opc/de/classified-compilation/19260034/index.html (7. 12. 2014); s. a.: Allain, Jean, »The Definition of Slavery in International Law«, in: *Howard Law Journal* 52 (2008–2009), S. 239–275.

150 Buggeln (2014a), S. 234.

151 Miers, Suzanne, »The International Labor Organization and the Forced Labor Convention«, in: Miers (2003), S. 148.

152 Drescher, Seymour, »The Soviet Gulag«, in: Drescher (2009), S. 416–425, hier S. 416.

153 Mendiola, Fernando / Beaumont Esandi, Edurne, *Esclavos del franquismo en el Pirineo. La carretera Igal-Vidángoz-Roncal (1939–1941)*, Tafalla: Editorial Txalaparta, 2006; Mendiola (2016).

154 Buggeln (2016).

155 Vgl. Drescher, Seymour, »The Soviet Gulag«, in: Drescher (2009), S. 416–425, hier S. 417.

156 Ebd., S. 146.

157 Buggeln (2016); s. a.: De Vito, Christian G. / Lichtenstein, Alex (Hrsg.), *Global Convict Labour*, Leiden: Brill 2015.

158 Herbert, Ulrich, *Fremdarbeiter. Politik und Praxis des »Ausländer-Einsatzes« in der Kriegswirtschaft des Dritten Reiches*, Bonn: Dietz 1999 [1985]; U. H.

(Hrsg.), *Europa und der »Reichseinsatz«. Ausländische Zivilarbeiter, Kriegsgefangene und KZ-Häftlinge in Deutschland 1938–1945*, Essen: Klartext, 1991; Spoerer (2001); Buggeln (2012); Buggeln (2014b), passim.

159 Roth, Karl Heinz / Abraham, Jan-Peter, *Reemtsma auf der Krim. Tabakproduktion und Zwangsarbeit unter der deutschen Besatzungsherrschaft 1941–1944*, Hamburg: Nautilus, 2011, S. 455.

160 Buggeln (2014a), S. 247 f.

161 Drescher, Seymour, »Germany's Racial Slavery«, in: Drescher (2009), S. 426–449, hier S. 430; Spoerer/Fleischhacker (2002), S. 201.

162 Buggeln (2014a), S. 236.

163 Spoerer/Fleischhacker (2002), hier vor allem S. 176.

164 Buggeln (2014a), S. 243.

165 Ebd.

166 Spoerer, Jochen, »Zwangsarbeit im Dritten Reich«, S. 1–31, hier S. 21, online: http://www.wollheim-memorial.de/files/993/original/pdf_Mark_Spoerer_Zwangsarbeit_im_Dritten_Reich.pdf (4. 4. 2016).

167 Spoerer/Fleischhacker (2002), hier vor allem S. 176.

168 Ebd.

169 Ebd.

170 Ebd.

171 Drescher, Seymour, »Germany's Racial Slavery«, in: Drescher (2009), S. 426–449, hier S. 430.

172 Buggeln (2014a), S. 244.

173 Ebd.

174 Ebd., S. 433 f., 435.

175 Ebd., S. 436.

176 Vgl. auch Morris, Ian, »Die Weltkriege«, in: I. M., *Wer regiert die Welt? Warum Zivilisationen herrschen oder beherrscht werden*. Übers. aus dem Engl. von Klaus Binder / Waltraud Götting / Andreas Simon dos Santos, Frankfurt a. M. / New York: Campus, 2012, S. 507–517, hier S. 513.

177 Drescher, Seymour, »Asia and Africa«, in: Drescher (2009), S. 450–455, hier S. 450.

178 Vgl. ebd.; s. a.: Tavaka, Yuki, *Japan's Comfort Women: Sexual Slavery and Prostitution during World War II and the U.S. Occupation*, London: Routledge, 2002.

179 Drescher, Seymour, »Asia and Africa«, in: Drescher (2009), S. 450–455, hier S. 451.

180 Domenach, Jean-Luc, *Der vergessene Archipel. Gefängnisse und Lager in der Volksrepublik China*, Hamburg: Hamburger Edition, 1995; Levy, Katja, »Laojiao Abolished, Arbitrariness Retained: Stability Maintenance in an Academic Debate in the PRC«, in: *Berliner China-Hefte* (Münster) 45 (2015), S. 91–114.

181 Mühlhahn, Klaus, *Criminal Justice in China. A History*, Cambridge: Harvard University Press, 2009; Simon, Karla W., *Civil Society in China: The Legal Framework from Ancient Times to the »New Reform Era«*, Oxford / New York: Oxford University Press, 2013.

182 Perdue, Peter, »Korea«, in: Reinhard (2015), S. 178–193, hier S. 183; zu den »Kastenlosen« als Quasi-Sklaven in einer Statusgesellschaft wie Japan, siehe: McCormack, Noah Y., *Japan's Outcaste Abolition. The Struggle for National Inclusion and the Making of the Modern State*, Abingdon, Oxon / New York: Routledge, 2013.

183 Forman, Jr., James, »Racial Critiques of Mass Incarceration: Beyond the New Jim Crow«, in: *New York University Law Review* 87 (2012), S. 101–146, hier S. 102.

184 Patterson, Orlando, *Slavery and Social Death*, Cambridge [u. a.]: Harvard University Press, 1982; viele Einzelaspekte zu den harten Status-Traditions-Strukturen: O. P., *Rituals of Blood*, New York: Basic Civitas Books, 2003, passim; Alexander, Michelle, *The New Jim Crow. Mass Incarceration in the Age of Colorblindness*, New York: The New Press, 2010.

185 Tannenbaum, Frank, *Slave and Citizen: The Negro in the Americas*, New York: Alfred A. Knopf, 1946 (Nachdr.: Boston: Beacon Press, 1992), S. 117 [Übers. M. Z.].

186 Bales (2001); Miers (2003); Sage, Jessica / Kasten, Liora, *Enslaved. True Stories of Modern Day Slavery*, New York: Palgrave Macmillan, 2006; Kara, Siddharth, »Tráfico sexual: una visión global«, in: S. K., *Tráfico sexual. El negocio de la esclavitud moderna*, Madrid: Alianza Editorial, 2010, S. 23–80; Cacho, Lydia, *Sklaverei – Im Inneren des Milliardengeschäfts Menschenhandel*. Übers. von Jürgen Neubauer, Frankfurt a. M.: S. Fischer, 2011; Bales/Sarich (2012), S. 241–253; Jürgs, Michael, *Sklavenmarkt Europa. Das Milliardengeschäft mit der Ware Mensch*, München: C. Bertelsmann / Random House, 2014; O'Connell Davidson, Julia, *Modern Slavery. The Margins of Freedom*, Basingstoke: Palgrave/Macmillan, 2015.

187 Miers, Suzanne, »The Final Struggle for a United Nations Slavery Committee 1966–1974«, in: Miers (2003), S. 373–391, hier S. 386.

188 Vgl. ebd.

189 Siehe: »Table 2: An Extrapolation Estimate of Slavery in Europe in 2012«, in: Datta, Monti Narayan / Bales, Kevin, »Slavery in Europe: Part 1, Estimating the Dark Figure«, in: *Human Rights Quarterly* 35 (2013), S. 817–829, hier S. 828, online: http://www.kevinbales.net/uploads/1/1/4/2/1142278/hrq_datta-bales.pdf (24. 2. 2016); s. a.: M. N. D. / K. B., »Slavery in Europe: Part 2, Testing a Predictive Model«, in: *Human Rights Quarterly* 36 (2014), S. 277–295, online: http://www.kevinbales.net/uploads/1/1/4/2/1142278/slavery_in_europe,_datta_and_bales.pdf (24. 2. 2016); s. a.: »Slavery Today«, online: http://www.bbc.co.uk/worldservice/specials/1357_slavery_today/index.shtml (3. 5. 2016).

190 Barrientos, Stephanie W., »›Labour Chains‹: Analysing the Role of Labour Contractors in Global Production Networks«, in: *Journal of Development Studies* 49 (2013) Nr. 8, S. 1058–1071; S. W. B. / Kothari, Uma / Phillips, Nicola, »Dynamics of Unfree Labour in the Contemporary Global Economy«, in: Ebd., S. 1037–1041; Damir-Geilsdorf, Sabine, »Contract Labour and Debt Bondage in the Arab Gulf States. Policies and Practices within the Kafala System«, in: Damir-Geilsdorf/Lindner/Müller/Tappe/Zeuske (2016), S. 163–189.

191 Allgemein zum Handel mit Organen und Teilen menschlicher Körper: Scheper-Hughes, Nancy, »The Global Traffic in Human Organs«, in: *Current Anthropology* 41 (2000) Nr. 2, S. 191–224; N. S.-H., »Bodies for Sale – Whole or in Parts«, in: N. S.-H. / Wacquant, Loïc (Hrsg.), *Commodifying Bodies*, London: Sage Publications, 2002, S. 1–8.

192 Miers, Suzanne, »Contemporary Forms of Slavery«, in: Miers (2003), S. 415–444.

193 Miers, Suzanne, »Chattel Slavery and its ›vestiges‹«, in: Ebd., S. 418–423.

194 Ebd., S. 420 f.

195 Warren (2003); s. a.: Suzanne Miers, »Debt-Bondage«, in: Miers (2003), S. 423–425.

196 Krieger, Martin, »Der dänische Sklavenhandel auf dem Indischen Ozean im 17. und 18. Jahrhundert«, in: *Jahrbuch für Europäische Überseegeschichte* 12 (2012), S. 9–30, hier S. 13.

197 Crossley (2011), S. 188 f.

198 Ebd., S. 187.

199 Ebd., S. 189.

200 Testart, Alain, »Slaves That Are Not Slaves, Yet Really Are« (Erweiterte Zusammenfassung in Englisch von: A. T., *L'Esclave, la Dette et le Pouvoir: Études de Sociologie Comparative*, Paris: Errance, 2001, online: http://www.alaintestart.com/UK/documents/engslaves2011.pdf (8. 12. 2014). Alain Testart hat sich wohl am umfassendsten mit dem Phänomen von Schuldsklavereien weltweit und in welthistorischer Tiefe auseinandergesetzt, siehe: A. T. / Jacobs, Amy, »The Extent and Significance of Debt Slavery«, in: *Revue Française de Sociologie* (2002) Nr. 1, S. 173–204, online: http://www.persee.fr/web/revues/home/prescript/article/rfsoc_0035-2969_2002_sup_43_1_5570 (3. 1. 2015).

201 Suzanne Miers, »The Exploitation of Children«, in: Miers (2003), S. 425–431.

202 Ebd., S. 426 f.

203 Ebd., S. 426–429.

204 Ebd., S. 430.

205 Vgl.: https://www.unicef.org/media/media_70610.html (19. Januar 2017).

206 Lieten / Nederveen Meerkerk (2011).

207 Miers, Suzanne, »Adult Trafficking and Forced Prostitution«, in: Miers (2003), S. 432–434.
208 Miers, Suzanne, »Servile Marriage, Early and Forced Marriage«, in: Ebd., S. 434–435.
209 Ebd.
210 Miers, Suzanne, »Forced Labor and Sweatshops«, in: Ebd., S. 436–438.
211 Bales (2008), S. 11 f.; Marschelke, Jan-Christoph, »Moderne Sklavereien«, in: *Politik und Zeitgeschichte* 65 (2015) Nr. 50, S. 15–23, hier S. 22.
212 Ebd., S. 20 f.
213 Barrientos, Stephanie W., »›Labour Chains‹: Analysing the Role of Labour Contractors in Global Production Networks«, in: *Journal of Development Studies* 49 (2013) Nr. 8, S. 1058–1071; S. W. B. / Kothari, Uma / Phillips, Nicola, »Dynamics of Unfree Labour in the Contemporary Global Economy«, in: Ebd., S. 1037–1041; Brass (2014); Mendiola (2016).

Was kosten menschliche Körper?

1 Die wahrscheinlich empirischsten und genauesten Vergleiche von Sklavenpreisen zu den Preisen von Tieren, Waren, Löhnen und Lebenskosten finden sich bei: Rosal, Miguel Ángel, »Avalúo de productos«, in: Rosal (2016), S. 77–92; s. a.: Bergad, Laird W. / Iglesias García, Fe / Barcia, María del Carmen, »Introduction: Prices and the Historiography of Slavery«, in: L. W. B. / F. I. G. / M. d. C. B., *The Cuban Slave Market 1790–1880*, New York [u. a.]: Cambridge University Press, S. 1–14; L. W. B., »American Slave Markets During the 1850s: Slave Price Rises in the United States, Cuba, and Brazil in Comparative Perspective«, in: Eltis/Lewis/Sokoloff (2004), S. 219–235; L. W. B., *The Comparative Histories of Slavery in Brazil, Cuba, and the United States*, Cambridge: Cambridge University Press, 2007; s. a.: Twaddle, Michael (Hrsg.), *The Wages of Slavery. From Chattel Slavery to Wage Labour in Africa, the Caribbean and England*, London: Frank Cass, 1993, passim.
2 Ich greife hier zurück auf: Zeuske, Michael, »Kaufsklaverei und früher Menschenhandel«, in: Zeuske (2013), S. 266–270.
3 Sommer, Michael, »Die phönizische Expansion im Mittelmeerraum«, in: M. S., *Die Phönizier. Handelsherren zwischen Orient und Okzident*, Stuttgart: Alfred Kröner, 2005, S. 113–143.
4 Schumacher, Leonhard, »Sklavenmarkt und Sklavenverkauf«, in: Schumacher (2001), S. 44–65, hier S. 46.
5 Fonseca, Jorge, »Preços«, in: J. F., *Escravos no sul de Portugal (Séculos XVI e XVII)*, Lissabon: Vulgata, 2002, S. 67–76, hier S. 68, 73.
6 Ebd., S. 69, 73.

7 Ebd., S. 70, 74.
8 Ebd., S. 75.
9 Rotman, Youval, »Forms of Slavery«, in: Horden, Peregrine / Kinoshita, Sharrn (Hrsg.), *A Companion to Mediterranean History*, Malden/Oxford: John Wiley & Sons, 2014, S. 263–279, hier S. 269.
10 St. Clair, William, »Buying«, in: W. St. C., *The Grand Slave Emporium. Cape Code Castle and the British Slave Trade*, London: Profile Books, 2007, S. 204–219, hier S. 204.
11 Originalkopie eines Schreibens von Honorio Pereira Baretto, Tenente Coronel Governador da Guiné Portugueza an Joaquim Pereira Marinho, Brigadeiro e Governador Geral desta Provincia, Villa da Praia, maio vinte e trez, 1839, in: AHU Lisboa, Secretaria de Estado da Marinha e Ultramar, Direcção Geral do Ultramar, ACL-Semu-DGU, Cx. 56, Cabo Verde 1839 (ohne Foliierung).
12 Liberato, Carlos F., »Money, Cloth-Currency, Monopoly, and Slave Trade in the Rivers of Guiné and the Cape Verde Islands, 1755–1777«, in: Eagleton, Catherine / Fuller, Harcourt / Perkins, John (Hrsg.), *Money in Africa*, London: The British Museum, 2009, S. 9–19.
13 Zu unterschiedlichen Typen von *commodity money* in Westafrika (Cowries, Menschenkörper, Kupfer, Eisen, Stoffe, Gold, Münzen) siehe: Hogendorn, Jan S. / Gemery, Henry A., »Abolition and Its Impact on Monies Imported to West Africa«, in: Eltis/Walvin (1981), S. 99–115.
14 Carreira, António, *Panaria caboverdiano guineense: aspectos históricos e socio-económicos*, Lissabon: Junta de Investigações do Ultramar, 1969; A. C., *Cabo Verde: formação e extinção de una sociedade escravocrata (1460–1878)*, Praia: Instituto da Promoção Cultural, ³2000; A. C., *O tráfico de escravos nos rios de Guiné e Ilhas de Cabo Verde (1810–1850) (Subsídios para o seu estudio)*, Lissabon: Junta de Investigações Científicas do Ultramar. Centro de Estudos de Antropologia Cultural, 1981 (= Estudos de Antropologia Cultural Nr. 14).
15 Tardieu, Jean-Pierre, »El esclavo como valor en las Américas españolas«, in: *Iberoamericana. América Latina – España – Portugal. Ensayos sobre letras, historia y sociedad* 7 (2001), S. 59–71.
16 Vgl. Ebd., S. 66.
17 Ebd., S. 67.
18 Ebd.
19 Ebd., hier S. 68 f.; zu Mittelamerika siehe auch: Ahlert, Regine, »Sklavenpreise«, in: Ahlert (2015), S. 153–159; R. A., »Preisentstehung und Preise«, in: Ebd., S. 276–292.
20 Heywood, Linda, »Slavery and its Transformation in the Kingdom of Kongo: 1491–1800«, in: *Journal of African History* 50 (2009), S. 1–22, hier S. 5.
21 Hair, Paul E. H. / Jones, Adam / Law, Robin (Hrsg.), *Barbot on Guinea. The Writ-*

ings of Jean Barbot on West Africa 1678–1712, 2 Bde., London: Hakluyt Society, 1992, Bd. II, S. 549; s. a.: Sparks, Randy, *Die Prinzen von Calabar. Eine atlantische Odyssee*, Berlin: Rogner & Bernhard bei Zweitausendundeins, 2004, S. 53.

22 Sparks, Randy, »›Nichts als edle Gesinnung und ehrbarer Handel‹. Old Calabar und die Auswirkungen des Sklavenhandels auf die afrikanischen Gesellschaften«, in: Ebd., S. 49–84.

23 Sousa (Fernão de), »O extenso relatório do governador a seus filhos« (1625–1630), in: Heintze, Beatrix, *Fontes para a história de Angola do século XVII* (colectânea Fernão de Sousa, 1622–1635), 2 Bde., Stuttgart: Steiner, 1985 (Bd. I), 1988 (Bd. II), Bd. I, S. 217–362, hier S. 310 (ich danke Martin Lienhard für den Hinweis); s. a.: Lienhard, Martin, »Milonga. The ›Dialogue‹ between Portuguese and Africans in the Congo and Angola (Sixteenth and Seventeenth Centuries)«, in: Rheinberger-Phaf, Ineke / Oliveira Pinto, Tiago de (Hrsg.), *AfricAmericas. Itineraries, Dialogues and Sounds*, Madrid: Iberoamericana / Frankfurt a. M., 2008, S. 91–123, hier S. 91.

24 Ferreira, Roquinaldo, »Debt and Enslavement«, in: Ferreira (2012), S. 66–71, hier S. 67.

25 Conneau, Théophile, »How the Free Black Becomes a Slave« [Chapter 19th], in: T. C., *A Slaver's Log Book*, New York: Avon Books, 1977, S. 104–106, hier S. 105 (Originalmanuskript: Brantz Mayer (Hrsg.), *Captain Canot. Or Twenty Years of an African Slaver being an Account of His Career and Adventures on the Coast, in the Interior, on Shipboard, and in the West Indies*. New York: D. Appleton and Company / London: George Routledge and Co., M.DCCC.LIV [1854], siehe auch unter: B. M., *Captain Canot*, Kap. 15, S. 128, online: www.gutenberg.org/files/23034/23034-h/23034-h.htm (10. 10. 2010). Ich nutze hier die Version: Canot, Theodore, »13. Kapitel. Unser Sklavenhandel wird verraten. Mein Freund Josef flüchtet. Englands und Frankreichs Interessen am Sklavenhandel«, in: T. C., *Abenteuer afrikanischer Sklavenhändler*, Wiesbaden: Fourier, 2003, S. 142–146, hier S. 145.

26 Ebd., S. 144 f. Im Original: Conneau, Théophile, »How the Free Black Becomes a Slave« [Chapter 19th], in: T. C., *A Slaver's Log Book*, S. 104–106, hier S. 105.

27 Maltzan, Heinrich Freiherr von, »Menschenhandel in Afrika«, in: *Die Gartenlaube*, Leipzig 1873, S. 519, online: https://de.wikisource.org/wiki/Seite:Die_Gartenlaube_%281873%29_519.JPG (1. 10. 2015).

28 Marx, Karl, »Die sogenannte ursprüngliche Akkumulation«, in: K. Marx, *Das Kapital*, Bd. I, Berlin: Dietz, 1962 (Marx Engels Werke – MEW, Bd. 23), S. 741–791.

29 Graden, Dale T., »U.S. Involvement in the Transatlantic Slave Trade to Cuba and Brazil«, in: D. T. G., *Disease, Resistance, and Lies. The Demise of the Transatlantic Slave Trade to Brazil and Cuba*, Baton Rouge: Louisiana State University Press, 2014, S. 12–39, hier S. 19.

30 Ebd., S. 279, Anm. 125; Marcus Rediker schätzt einen Dollar von 1839 auf 24 Dollar 2012; siehe: Rediker, Marcus, *The Amistad Rebellion: An Atlantic Odyssey of Slavery and Freedom*, New York: Viking, 2012, S. 111; allgemein zu Preisen menschlicher Körper: Exenberger/Nussbaumer (2007).

31 Bales (2008), S. 8 f.

32 Es gibt unterschiedliche Schätzungen, siehe z. B.: Williamson, Samuel H. / Cain, Louis P., »Measuring Slavery in 2016 dollars«, MeasuringWorth, 2016, online: http://www.measuringworth.com/slavery.php (16. 8. 2017).

33 Hellie (1982), S. 318–340, hier S. 338.

34 Ich danke Hans-Heinrich Nolte für die Information.

35 Skinner, Benjamin, *Menschenhandel. Sklaverei im 21. Jahrhundert*, Bergisch-Gladbach: Gustav Lübbe, 2008, S. 13.

36 Jürgs, Michael, *Sklavenmarkt Europa. Das Milliardengeschäft mit der Ware Mensch*, München: C. Bertelsmann / Random House, 2014; O'Connell Davidson, Julia, Modern Slavery. *The Margins of Freedom*, Basingstoke: Palgrave/ Macmillan, 2015.

Andere globale Räume – andere Sklavereien. Fallbeispiel China

1 Ch'ü T'ung-tsu, »Masters and Slaves«, in: T. C., *Law and Society in Traditional China*, Paris: Rainbow-Bridge Book Co., 1965 (Le Monde d'Outre-Mer passé et présent. Première Série. Études IV), S. 188–200, hier S. 188 f., Anm. 93.

2 Major, Andrea, »›To Call a Slave a Slave‹: Recovering Indian Slavery«, in: A. M. (2012), S. 18–38.

3 Vgl. Chevaleyre (2013), hier S. 238; Zeuske, Michael, »Coolies – Asiáticos and Chinos: Global Dimensions of Second Slavery«, in: Damir-Geilsdorf / Lindner / Müller / Tappe / M. Z. (2016), S. 35–57.

4 Rowe, William T., »In the Tiger's Mouth«, in: W. T. R., *Crimson Rain. Seven Centuries of Violence in a Chinese County*, Stanford: Stanford University Press, 2007, hier S. 112.

5 Mazumdar (2001), S. 93.

6 Chevaleyre (2013), S. 246, Anm. 29.

7 Crossley (2011), S. 198.

8 Mazumdar (2001), S. 93.

9 Hansen, Valerie, »The Effects of China's Population Increase«, in: V. H., *The Open Empire. A History of China to 1600*, New York: W. W. Norton Company, 2000, S. 412–414, hier S. 412.

10 Crossley (2011), S. 187.

11 Ebd.

12 Ebd.

13 Ransmeier, Johanna, »Body-Price. Ambiguities in the Sale of Women at the End of the Qing Dynasty«, in: Campbell/Elbourne (2014), S. 319–344, hier S. 322.

14 Ebd., S. 336.

15 Ebd.

16 Vgl. Crossley (2011), S. 186.

17 Liu, »The First Emperor's Mausoleum and the Terracotta Army«, in: Delroy, Ann (Hrsg.), *Two Emperors – China's Ancient Origins*, Melbourne: Praxis Exhibitions Australia, 2002, S. 44–53.

18 Erkes, Eduard, *Das Problem der Sklaverei in China*, Berlin: Akademie, 1952.

19 Zu den »Sklaven«-Strafen siehe: Simon, Karla W., *Civil Society in China: The Legal Framework from Ancient Times to the »New Reform Era«*, Oxford / New York: Oxford University Press, 2013, S. 22.

20 Ch'ü, T'ung-tsu, »Masters and Slaves«, in: T. C., *Law and Society in Traditional China*, Paris: Rainbow-Bridge Book Co., 1965, S. 188–200, hier S. 189 f.

21 Erkes, Eduard, *Das Problem der Sklaverei in China*, Berlin: Akademie, 1952, S. 16–22.

22 Ransmeier, Johanna, »Body-Price. Ambiguities in the Sale of Women at the End of the Qing Dynasty«, in: Campbell/Elbourne (2014), S. 319–344, hier S. 336.

23 Vankeerbergen, Griet, »A Sexual Order in Making: Wives and Slaves in Early Imperial China«, in: Ebd., S. 121–139, hier S. 122.

24 Watson (1980a).

25 Wilbur, C. Martin, *Slavery in China during the Former Han-Dynastie: 206 B.C. – A.D. 25*, Chicago: Field Museum of Natural History, 1943.

26 Gernet, Jacques, »Riches marchands et notables«, in: Gernet (2005) [1972], S. 128–130, hier S. 129.

27 Gernet, Jacques, »Les nouvelles bases de l'empire restauré«, in: Ebd., S. 134 f., hier S. 134.

28 Schottenhammer (2003), S. 143.

29 Adshead, S. A. M., »The Management of Chinese Economic Growth, 500–1000«, in: S. A. M. A., *T'ang China. The Rise of the East in World History*, Houndmill / New York: Palgrave Macmillan, 2004, S. 88–93.

30 Lewis, Mark Edward, »The Emergence of a Chinese Buddhism«, in: M. E. L., *China's Cosmopolitan Empire. The Tang Dynasty*, Cambridge/London: The Belknap Press of Harvard University Press, 2009, S. 214–225, hier S. 217.

31 Gernet, Jacques, »Royaumes et Empires de Barbares sinisés en Chine du Nord«, in: Gernet (2005) [1972], S. 164–173, hier S. 170.

32 Adshead, S. A. M., »Imported Physical Technology«, in: S. A. M. A., *T'ang China. The Rise of the East in World History*, Houndmill / New York: Palgrave Macmillan, 2004, S. 83 f., hier S. 84.

33 Adshead, S. A. M., »Territory«, in: Ebd., S. 75–77, hier S. 77.

34 Adshead, S.A.M., »Imported Social Technology«, in: Ebd., S. 84–86.
35 Vogelsang, Kai, *Geschichte Chinas*, Stuttgart: Reclam, 2018, S. 292.
36 Ptak, Roderich, *Die maritime Seidenstraße. Küstenräume, Seefahrt und Handel in vorkolonialer Zeit*, München: Beck, 2007, S. 65; R. P., »Zwischen Tang-Reich und Kalifat«, in: Ebd., S. 109–147, hier S. 144.
37 Ptak, Roderich, »Chinesische Wahrnehmungen des Seeraumes vom Südchinesischen Meer bis zur Küste Ostafrikas ca. 1000–1500«, in: Rothermund, Dietmar / Weigelin-Schwiedrzik, Susanne (Hrsg.), *Der Indische Ozean. Das afro-asiatische Mittelmeer als Kultur- und Wirtschaftsraum*, Wien: Verein für Geschichte und Sozialkunde & Promedia, 2004 (Edition Weltregionen, Bd. 9), S. 37–59, hier S. 44; Freitag, Ulrike, »Islamische Netzwerke im Indischen Ozean«, in: Ebd., S. 61–82.
38 Seth, Michael J., »Slaves and Outcasts«, in: M. J. S., *A History of Korea. From the Antiquity to the Present*, Lanham / Boulder [u. a.]: Rowman & Littlefield, 2011, S. 167–171.
39 Perdue, Peter, »Korea«, in: Reinhard (2015), S. 178–193, hier S. 183.
40 Gernet, Jacques, »Le régime mongol«, in: Gernet (2005) [1972], S. 320–426, hier S. 320.
41 Tsai, Shih-shan Henry, *The Eunuchs in the Ming Dynasty*, New York: Suny Press, 1996, S. 27.
42 Brook, Timothy, »The South China Sea World Economy«, in: T. B., *The Troubled Empire. China in the Yuan and Ming Dynasties*, Cambridge: Belknap Press of Harvard University Press, 2010, S. 225–237, hier S. 231; s. a.: Cheng Wie-chung, »The Tributary System Challenged«, in: C. W.-c., *War, Trade and Piracy in the China Seas 1622–1683*, Leiden: Brill, 2013, S. 11–25; zur Anbindung an die Weltökonomie Portugals / der iberischen Reiche siehe: Souza, George Bryan, »Early Global Encounters with Beauty: The Pacific and Indo-Atlantic Exchanges between Asia and America«, in: *Review-literature and Arts of The Americas* 39 (2006) Nr. 1, S. 13–29.
43 Robinson, David M. (Hrsg.), *Culture, Courtiers, and Competition. The Ming Court (1368–1644)*, Cambridge: Harvard University Asia Center, 2008 (Harvard East Asian Monographs 301), S. 2.
44 Ebd., S. 2, Anm. 2.
45 Allen, Richard B. / Bassino, Jean-Pascal / Ma, Debin / Moll-Murata, Christine / van Zanden, Jan L., »Wages, Prices, and Living Standards in China, 1738–1925: In Comparison with Europe, Japan, and India«, in: *The Economic History Review* 64 (Feb. 2011) (Sonderausg.: Asia in the Great Divergence, Supplement S1), S. 8–38, hier S. 9.
46 Guo, »Reform of the Tax and Labor Service System, and Increase of People's Freedom«, in: Xingpei, Yuan / Wenming, Yan / Chuanxi, Zhang / Yulie, Lou (Hrsg.), *The History of Chinese Civilization*, Bd. IV: L. Y. [u. a.] (Hrsg.), *Late Ming*

and Qing Dynasties (1525–1911), Cambridge: Cambridge University Press, 2012, S. 222–233, hier S. 222.

47 Siehe die Stichworte zu »bondservant« (genau einmal) und »Sklaven« (etwa zehnmal), in: Yonglin, Jiang (Hrsg.), *The Great Ming Code Da Ming lü*, Seattle/London: University of Washington Press, 2005 (Asian Law Series 17).

48 Vgl. Gernet, Jacques, »La conquête el l'instauration de l'ordre mandchou«, in: Gernet (2005) [1972], S. 405–412, hier S. 407; Moll-Murata (2016).

49 Gernet, Jacques, »La conquête el l'instauration de l'ordre mandchou«, in: Gernet (2005) [1972], S. 405–412, hier S. 408; s. a.: Goldstone, Jack A., »Neither Late Imperial nor Early Modern: Efflorenscences and the Qing Formation in World History«, in: Struve, Lynn A. (Hrsg.), *The Qing Formation in World-Historical Time*, Cambridge/London: Harvard University Press, 2004, S. 242–302, hier S. 258 f.; Zurndorfer, Harriet T., »Cotton Textile Manufacture and Marketing in Late Imperial China and the ›Great Divergence‹«, in: *Journal of the Economic and Social History of the Orient* 54 (2011), S. 701–738, hier S. 703.

Versklavte weltweit in Zahlen

1 Saco, José Antonio, »India-China«, in: J. A. S., *Historia de la Esclavitud* (Bd. I), Einl., Zusammenstellung und Notizen von Eduardo Torres-Cuevas, La Habana: Imagen Contemoránea, 2002 (Biblioteca de Clásicos Cubanos), S. 77–120, hier S. 101.

2 Ich folge in diesem Kapitel grob: Zeuske, Michael, »Zahlen und Menschen: ›numbers games‹?«, in: Zeuske (2013), S. 451–478. Ich habe allerdings eine ganze Reihe von neuen Forschungsergebnissen eingearbeitet.

3 Binsfeld, Andrea, »Sklaverei als Wirtschaftsform. Sklaven in der Antike – omnipräsent, aber auch rentabel?«, in: *Geschichte in Wissenschaft und Unterricht (GWU)* 5/6 (2015), S. 262–279, hier S. 278 (auch auf Basis der Arbeiten von Walter Scheidel).

4 Lombard, Maurice, *Monnaie et histoire d'Alexandre à Mahomet*, Paris: Mouton u. École des Hautes Études en Sciences Sociales, 2001, S. 202 f.

5 Cluse, Christoph, »Femmes en esclavage: quelques remarques sur l'Italie du Nord (XIVe–XVe siècles)«, online: http://med-slavery.uni-trier.de/minev/MedSlavery/publications/Femmes.pdf (4. 5. 2012), S. 1–16, hier S. 3.

6 Skirda, Alexandre, »La traite par Gênes, XIIIe–XVe siécles«, in: A. S., *La traite des Slaves. L'esclavage des Blancs du VIIIe au XVIIIe siècle*, Paris: Les Éditions de Paris, 2010, S. 162–169; Stello, Annika, »Die Entwicklung Caffas«, in: A. St., *Grenzerfahrung. Interaktion und Kooperation im spätmittelalterlichen Schwarzmeerraum*, Diss. Trier 2011, online: http://ubt.opus.hbz-nrw.de/volltexte/2012/753/pdf/Stello_Diss.pdf (4. 3. 2016), S. 43–54; A. St., »Wirtschaft

und Handel unter genuesischer Aufsicht: Der Sklavenhandel«, in: Ebd., S. 155–206.

7 Preiser-Kapeller, Johannes, »Civitas Thauris. The Significance of Tabrīz in the Spatial Frameworks of Christian Merchants and Ecclesiastics in the 13th and 14th Century«, in: Pfeiffer, Judith (Hrsg.), *Politics, Patronage and the Transmission of Knowledge in 13th–15th Century Tabriz*, Leiden / New York / Köln: Brill, 2013 (Brill Companions to the Byzantine World), S. 251–299, hier S. 258.

8 Skirda, Alexandre, »La traite orientale des Slaves, VIIIe–XVIIIe siècles«, in : A. S., *La traite des Slaves. L'esclavage des Blancs du VIIIe au XVIIIe siècle*, Paris: Les Éditions de Paris, 2010, S. 137–220, hier vor allem S. 170–175.

9 Matzuki, Eizo, »The Crimean Tatars and their Russian-Captive Slaves. An Aspect of Muscovite-Crimean Relations in the 16th and 17th Centuries«, S. 171–182, hier S. 173 f., online: https://hermes-ir.lib.hit-u.ac.jp/rs/bitstream/10086/14906/1/chichukai0001801710.pdf (2. 5. 2016).

10 Skirda, Alexandre, »La traite orientale des Slaves, VIIIe–XVIIIe siècles«, in : A. S., *La traite des Slaves. L'esclavage des Blancs du VIIIe au XVIIIe siècle*, Paris: Les Éditions de Paris, 2010, S. 137–220, hier S. 172.

11 Hellie, Richard, »Russia 1600–1725: The Background«, in: R. H., *The Economy and Material Culture of Russia 1600–1725*, Chicago/London: The University of Chicago Press, 1999, S. 1–11, hier S. 4.

12 Matzuki, Eizo, »The Crimean Tatars and their Russian-Captive Slaves. An Aspect of Muscovite-Crimean Relations in the 16th and 17th Centuries«, S. 171–182, hier S. 173 f., online: https://hermes-ir.lib.hit-u.ac.jp/rs/bitstream/10086/14906/1/chichukai0001801710.pdf (2. 5. 2016)

13 Richardson, David, »Involuntary Migration in the Early Modern World, 1500–1800«, in: Eltis/Engerman (2011), S. 563–593, hier S. 570; Davis, Robert C., »How Many Slaves?«, in: R. C. D., *Christian Slaves, Muslim Masters. White Slavery in the Mediterranean, the Barbary Coast, and Italy, 1500–1800*, London: Palgrave Macmillan, 2003, S. 2–26.

14 Vor Ende des 19. Jahrhunderts gibt es für Russland nur Schätzungen der Steuerzahler (sog. »Seelen«-Revisionen); zu den Schätzungen siehe: Nolte (1981), S. 108–110.

15 Hellie, Richard, »Number of Slaves«, in: Hellie (1982), S. 679–689, hier S. 689.

16 Rotman, Youval, »Forms of Slavery«, in: Horden, Peregrine / Kinoshita, Sharrn (Hrsg.), *A Companion to Mediterranean History*, Oxford: John Wiley & Sons, 2014, S. 263–279, hier S. 272.

17 Fernández Álvarez, Manuel, *La sociedad española en el Siglo de Oro*, Madrid: Editora Nacional, 1983, S. 153, 156 ff.; Cortés López, José Luis, *La esclavitud negra en la España peninsular del siglo XVI*, Salamanca: Ediciones Universidad de Salamanca, 1989, S. 203.

18 Zit. nach: Blackburn, Robin, *The Making of New World Slavery*, London [u. a.]; Verso, 1997, S. 113.

19 Morgado García, Arturo, »Guerra y esclavitud en el Cádiz de la modernidad«, in: Martín Casares, Aurelia / Garcia Barranco, Margarita (Hrsg.), *La esclavitud negroafricana en la historia de España siglos XVI y XVII*, Granada: Comares, 2010, S. 55–74, hier S. 57.

20 Morgado García, Arturo, »Esclavos turcos en el Cádiz de la edad moderna«, in: *Anales de la Historia Antigua, Medieval y Moderna* 46 (2013).

21 El Hamel, Chouki, »The Black Army's Functions and the Role of Women«, in: C. E. H., *Black Morocco: A History of Slavery, Race, and Islam*, S. 185–208, hier S. 188.

22 El Hamel, Chouki, »The Political History of the Black Army. Between Privilege and Marginality«, in: Ebd., S. 209–240.

23 Scheidel, Walter, »Galley Slaves«, in: Finkelmann, Paul / Miller, Joseph C. (Hrsg.), Macmillan Encyclopaedia of World Slavery, 2 Bde., New York: Macmillan, 1998, Bd. I, S. 355 f.; Bono, Salvatore, »Schiavi europei, ottomano-maghrebini, neri e altri nel mondo mediterraneo. Un confronto (XVI–XIX secolo)«, in: Hanß/Schiel (2014), S. 445–471.

24 Nach: Richardson, »Involuntary Migration in the Early Modern World, 1500–1800«, in: Eltis/Engerman (2011), S. 563–593, hier S. 570; s. a.: Davis, Robert C., »Counting European Slaves on the Barbary Coast«, in: *Past and Present* 172 (2001), S. 87–124. Versklavte und Verschleppte aus islamischen Gebieten in Europa sind nicht ausgewiesen.

25 Durand, Jean-Baptiste, *Voyage au Sénégal fait dans les années 1785 et 1786*, 2 Bde., Paris: Dentu, 1807, Bd. I, S. 191.

26 Toledano, Ehud R., »Enslavement in the Ottoman Empire in the Early Modern Period«, in: Eltis/Engerman (2011), S. 25–46, hier S. 26.

27 Toledano, Ehud R., »The Volume of the Slave Trade to the Ottoman Empire«, in: Toledano (1982), S. 81–90, hier speziell S. 90.

28 Toledano, Ehud R., »Shemsigül: A Circassian Slave in Mid-Nineteenth-Century Cairo«, in: Burke, III, Edmund (Hrsg.), *Struggle and Survival in the Modern Middle East*, Berkeley / Los Angeles: University of California Press, 1993, S. 59–74, hier S. 61, 65.

29 Chevaleyre (2013), S. 257.

30 Brook, Timothy, *The Troubled Empire: China in the Yuan and Ming Dynasties*, Cambridge: Belknap Press of Harvard University Press, 2010, S. 42–45.

31 Watson (1980b), S. 223.

32 Perdue, Peter, »Korea«, in: Reinhard (2015), S. 178–193, hier S. 183.

33 Campbell (2011), S. 52–63.

34 Mann, Michael, »Die Siddi von Janjira und Ostafrikaner in Goa und Sri Lanka«, in: Mann (2011), S. 82–86.

35 Mann, Michael, »Die Cherumar in Malabar«, in: Ebd., S. 89–93.

36 Sinha, Nitin, » For the Drink of the Nation: Drink, Labour, and Plantation Capitalism in the Colonial Tea Gardens of Assam in the Late Nineteenth and Early Twentieth Century«, in: Linden/Mohapatra (2009), S. 295–317.

37 Mann, Michael, »Sklaverei in Assam, Maharashra, Rajputana, Bengalen, Awadh und Nepal«, in: Mann (2011), S. 93–101.

38 Mann, Michael, »Sklaverei in Birma, Siam und auf der Malayischen Halbinsel«, in: Ebd., S. 105–110.

39 Mann, Michael, »Sklaverei im Malayisch-Indonesischen Archipel«, in: Ebd., S. 110–122.

40 Ward, Kerry, »›Tavern of the Seas‹? The Cape of Good Hope as an Oceanic Crossroads During the Seventeenth and Eighteenth Centuries«, in: Bentley, Jerry / Wigen, Karen / Bridenthal, Renate (Hrsg.), *Seascapes: Maritime Histories, Littoral Cultures and Transoceanic Exchanges*, Honolulu: University of Hawai'i Press, 2007, S. 137–152; Eldredge, Elizabeth A. / Morton, Fred, *Slavery in South Africa: Captive Labor on the Dutch Frontier*, Boulder: Westview Press / Pietermaritzburg, University of Natal Press, RSA, 1994; Schoeman, Karel, *Early Slavery at the Cape of Good Hope, 1652–1717*, Pretoria: Protea Book House, 2007; K. S., *Portrait of a Slave Society. The Cape of Good Hope, 1717–1795*, Pretoria: Protea Book House, 2012.

41 Eldredge, Elizabeth A. / Morton, Fred, *Slavery in South Africa: Captive Labor on the Dutch Frontier*, Boulder: Westview Press / Pietermaritzburg, University of Natal Press, RSA, 1994.

42 Brown, Laurence, »›A Most Irregular Traffic‹. The Oceanic Passages of the Melanesian Labor Trade«, in: Christopher/Emma/Pybus/Rediker (2007), S. 184–203, hier S. 185.

43 Reséndez, Andrés, »Pánuco Slaves«, in: Reséndez (2016), S. 81–87.

44 Clendinnen, Inga, »The Conquest of Yucatán«, in: Hanke, Lewis / Rausch, Jane M. (Hrsg.), *Peoples and Issues in Latin American History. The Colonial Experience*, Princeton: Markus Wiener, 2000, S. 127–132, hier S. 127.

45 »Appendix 1: Indian Slaves in the Americas, 1492–1900 (in Thousands)«, in: Reséndez (2016), S. 324.

46 Lowell, W. George / Lutz, Christopher H., »Perfil etnodemográfico de la Audiencia de Guatemala«, in: *Revista de Indias LXIII*, (2003) Nr. 227, S. 157–174.

47 Ahlert, Regine, »Die Sklaverei an der Mosquitoküste«, in: Ahlert (2015), S. 431–472.

48 Campbell, Marvis C., »Aftermath of the Battle of St George's Cay: Slavery in the Timber Industry«, in: M. C. C., *Becoming Belize. A History of an Outpost of Empire Searching for Identity, 1528–1823*, Jamaica/Barbados/Trinidad and Tobago: UWI Press, 2011, S. 283–314, hier S. 283.

49 Ebd., S. 285–290; s. a.: Santos Delgado, Adriana, »Haciendas, esclavos y eco-

nomía. Valledupar entre 1810 y 1850«, in: Asociación de Colombianistas / Congreso de Colombianistas (Hrsg.), *Colombia y el Caribe / XIII Congreso de Colombianistas*, Barranquilla: Ediciones Uninorte, 2005, S. 61–70.

50 Handler, Jerome S. / Lange, Frederick / Riordan, Robert V., *Plantation Slavery in Barbados. An Archeological and Historical Investigation*, Cambridge: Harvard University Press, 1978, S. 16–29, hier S. 17.

51 Miller, Joseph C., »Slaving in Historical Africa: Early Times to ca. 2000 BCE«, in: Miller (2012) S. 90–96.

52 Miller, Joseph C., »Change as Collective Continuity: Defining and Maintaining Ethnicity, ca. 2000 BCE – 500 CE«, in: Ebd., S. 96–100.

53 Miller, Joseph C., »Kings as Marginal: Slaving as a Strategy of Composite Political Integration, ca. 500–1600 CE«, in: Ebd., S. 100–109, hier S. 100–103.

54 Miller, Joseph C., »Atlantic Credit and the Corruption of the Communal Ethos, 1600–1900«, in: Ebd., S. 109–115.

55 Miller, Joseph C., »Slaving in Historical Africa: Early Times to ca. 2000 BCE«, S. 90–96, hier S. 91.

56 Manning, Patrick, *Slavery and African Life. Occidental, Oriental and African Slave Trades*, Cambridge: Cambridge University Press, 1990 (⁸2004).

57 Bellagamba, Alice / Greene, Sandra E. / Klein, Martin A. / Brown, Carolin, »Introduction. When the Past Shadows the Present: The Legacy in Africa of Slavery and the Slave Trade«, in: Bellagamba/Greene/Klein (2013), S. 1–27, hier S. 2.

58 Morgan, Jennifer L., »Women and Slavery in the Transatlantic Slave Trade«, in: Tibbles, Anthony (Hrsg.), *Transatlantic Slavery. Against Human Dignity*, Liverpool: National Museums Liverpool, 2005, S. 60–69, hier S. 61.

59 Elbl, Ivana, »The Volume of the Early Atlantic Slave Trade, 1450–1521«, in: *Journal of African History* 38 (1997), S. 31–75, hier S. 72.

60 Labat, Jean-Baptiste, *Noveau Voyage aux Isles d'Amérique*, 6 Bde., Paris: Guillaume Cavelier, 1722, Bd. V, S. 41, hier zit. nach: http://gallica.bnf.fr/ark:/12148/bpt6k1028176/f48.image.r=.langFR (4. 9. 2013).

61 Heyden, Ulrich van der, »Der große Kurfürst als Sklavenhändler«, in: U. v. d. H., *Rote Adler an der Küste Afrikas. Die brandenburg-preußische Kolonie Großfriedrichsburg in Westafrika*, Berlin: Selignow, 2001, S. 44–61; Pieken, Gorch, »Fürsten, Menschenhändler und Piraten im transatlantischen Handel Brandenburg-Preußens 1682–1721«, in: Hofbauer, Martin (Hrsg.), *Piraterie in der Geschichte*, Potsdam: Zentrum für Militärgeschichte und Sozialwissenschaften der Bundeswehr, 2013, S. 39–62; die genaue Zahl stammt aus: Stamm, Malte, »Anhang 1: Handelsfahrten und Sklaventransporte unter kurbrandenburgischer und preußischer Flagge 1680–1718«, in: M. S., *Das koloniale Experiment. Der Sklavenhandel Brandenburgs im transatlantischen Raum 1680–1718*, Diss. Universität Düsseldorf, 2011, S. 398–401, hier S. 401, online: d-nb.info/1036727564/34 (1. 7. 2016).

62 Williams (1994) [1944].
63 Vos, Jelmer / Eltis, David / Richardson, David, »The Dutch in the Atlantic World: New Perspectives from the Slave Trade with Particular Reference to the African Origins of the Traffic«, New Haven / London: Yale University Press, 2008, S. 228–249, hier S. 234.
64 Siehe dazu: Zeuske (2013); Zeuske (2015a), passim.
65 Zeuske (2015b).
66 Manning, Patrick, »The Rise of Slave Trade to 1700«, in: P. M., *Slavery and African Life. Occidental, Oriental and African Slave Trades*, Cambridge: Cambridge University Press, 1990 ([8]2004), S. 27–32.
67 Eltis, David, »O significado da investigação sobre os africanos escapados de navios negreiros no século XIX«, in: *Historia: Questões & Debates, Curitiba* (Jan./Jul. 2010) Nr. 52, S. 13–39, hier S. 13.
68 Elbl, Ivana, »The Volume of the Early Atlantic Slave Trade, 1450–1521«, in: *Journal of African History* 38 (1997), S. 31–75, hier S. 72.
69 Vgl. Walvin, James, »Slavery, Commerce and the Slave Ships«, in: Walvin (2007), S. 21–34, hier S. 31; zusammenfassend: Zeuske (2015a), passim.
70 Borucki, Alex / Eltis, David / Wheat, David, »Atlantic History and the Slave Trade to Spanish America«, in: *The American Historical Review* 120 (2015) Nr. 2, S. 433–461, bes. die Tabelle auf S. 440.
71 Heintze, Beatrix, »Waren und Wege«, in: Heintze (2002), S. 199–232, hier S. 201.
72 Miers, Suzanne, »From Slavery to New Forms of Exploitation«, in: Miers (2003), S. 47–57; Keese (2011), S. 373–392.
73 Moya, José C., »Migración africana y formación social en las Américas, 1500–2000«, in: *Revista de Indias* LXXII (Mai–Aug. 2012) Nr. 255, S. 321–348, hier S. 324; die neuen Zahlen müssen noch zu Spanisch-Amerika und Kuba hinzugerechnet werden, siehe: Borucki, Alex / Eltis, David / Wheat, David, »Atlantic History and the Slave Trade to Spanish America«, in: *The American Historical Review* 120 (2015) Nr. 2, S. 433–461.
74 Chalhoub (2015), S. 167.
75 Vgl.: http://abolition.nypl.org/essays/us_slave_trade (24. 1. 2017).
76 Byrd, Alexander X., *Captives and Voyagers: Black Migrants across the Eighteenth-Century British Atlantic World*, Baton Rouge, LA: Louisiana State University, 2008.
77 Dal Lago, Enrico, *American Slavery, Atlantic Slavery, and Beyond. The U. S. »Peculiar Institution« in International Perspective*, Boulder/London: Paradigm Publishers, 2012.
78 Tadman, Michael, »The Demographic Coast of Sugar: Debates on Slave Societies and Natural Increase in the Americas«, in: *American Historical Review* 105 (Dez. 2000) Nr. 5, S. 1534–1575.

79 Mattoso, Katia M. de Queirós, *To Be a Slave in Brazil, 1550–1888*, New Brunswick: Rutgers University Press, 1986, S. 50.

80 Badaró Mattos, Marcelo, *Escravizados e livres: experiências comuns na formação da classe trabalhadora carioca (1850–1910)*, Rio de Janeiro: Bom Texto, 2008.

81 Graden, Dale T., »U. S. Involvement in the Transatlantic Slave Trade to Cuba and Brazil«, in: D. T. G., *Disease, Resistance, and Lies. The Demise of the Transatlantic Slave Trade to Brazil and Cuba*, Baton Rouge: Louisiana State University Press, 2014, S. 12–39, hier S. 39.

82 Davis, Robert C., »How Many Slaves?«, in: R. C. D., *Christian Slaves, Muslim Masters. White Slavery in the Mediterranean, the Barbary Coast, and Italy, 1500–1800*, London: Palgrave Macmillan, 2003, S. 2–26.

83 Austin, Allan D., *African Muslims in Antebellum America: A Sourcebook*, New York: Garland Publishers, 1984; Diouf, Silviane A., »African Muslims, Christian Europeans, and the Atlantic Slave Trade«, in: S. A. D., *Servants of Allah: African Muslims Enslaved in the Americas*, New York / London: New York University Press, 1998, S. 4–48, hier vor allem S. 46–48; Barcia, Manuel, »West African Islam in Colonial Cuba«, in: *Slavery and Abolition* 35 (2014) Nr. 1, S. 292–305.

84 Pétré-Grenouilleau, Olivier, »Traites internes«, in: O. P.-G., *Les traites négrières. Essai d'histoire globale*, Paris, Gallimard, 2004, S. 185 f.

85 Diouf, Silviane A., »Introduction«, in: *Fighting the Slave Trade: West African Strategies*, Athens: Ohio State University, 2003, S. IX–XXVII, hier S. IX; Ware III, Rudolph T., »Slavery in Islamic Africa, 1400–1800«, in: Eltis/Engerman (2011), S. 47–80, hier S. 51.

86 Austen, Ralph, *African Economic History: Internal Developments and External Depency*, London; Portsmouth: John Currey and Heinemann, 1987, S. 275; Ewald, Janet J., »Slavery in Africa and the Slave Trades from Africa«, in: *The American Historical Review* 97 (1992) Nr. 2, S. 465–485; Jayasuriya, Shihan de Silva / Angenot, Jean-Pierre (Hrsg.), *Uncovering the History of Africans in Asia*, Leiden/Boston: Brill, 2008.

87 Alpers, Edward A., »The Growth and Impact of the Slave Trade after 1810«, in: E. A. A., *Ivory & Slaves in East Central Africa*, Berkeley: University of California Press, 1975, S. 209–263 (S. 213: Exporte aus Moçambique 1818–1830); Capela, José, *O tráfico de escravos nos portos de Moçambique: 1733–1904*, Porto: Ed. Afrontamento, 2002; Alpers, Edward A., »›Moçambiques‹ in Brazil: Another Dimension of the African Diaspora in the Alantic World«, in: Curto, José C. / Renée Soulodre-La France (Hrsg.), *Africa and the Americas: Interconnections During the Slave Trade*, Trenton: Africa World Press, 2005, S. 42–68.

88 Mann, Michael, »Die Sklavengesellschaft im Merina-Reich auf Madagaskar, 1770–1897«, in: Mann (2011), S. 73–76.

89 Zahlen nach: Klein, Martin A., *Slavery and Colonial Rule in French West Africa*, Cambridge: Cambridge University Press, 1998, S. 252–256; Lovejoy, Paul E. /

Hogendorn, Jan S., *Slow Death for Slavery: The Course of Abolition in Northern Nigeria, 1897–1936*, Cambridge: Cambridge University Press, 1993, S. 1, S. 305 Anm.

90 Nunn, Nathan, »The Long-Term Effects of Africa's Slave Trades«, in: *The Quarterly Journal of Economics* (Feb. 2008), S. 139–176; zu Namibia siehe aber: Gewald, Jan-Bart, »Untapped Sources: Slave Exports from Southern and Central Namibia up to c. 1850«, in: Hamilton, Carolyn (Hrsg.), *The Mfecane Aftermath: Reconstructive Debates in Southern African History*, Johannesburg: Transaction, 1995, S. 417–435.

91 Mann, Michael, »Sklavenhandel im Arabischen Meer, im östlichen und südlichen Afrika«, in: Mann (2011), S. 124–149.

92 Bauss, Rudy, »The Portuguese Slave Trade from Mozambique to Portuguese India and Macau and Comments on Timor, 1750–1850«, in: *Camoes Centre Quarterly* 6–7 (1997), S. 21–26. Siehe auch: Souza, Teotonio R. de, »French Slavetrade in Portuguese Goa (1773–1791)«, in: T. R. S. (Hrsg.), *Essays in Goan History*, New Delhi: Concept Publication Co., 1989, S. 119–132.

93 Mann, Michael, »Globalgeschichte des 19. Jahrhunderts. Einleitende Überlegungen«, in: M. M. (Hrsg.), *Die Welt im 19. Jahrhundert*, Wien: Mandelbaum, 2009 (Globalgeschichte der Welt 1000–2000, hrsg. von Feldbauer, Peter [u.a.], Bd. VI), S. 11–33, hier S. 18.

94 Sheriff, Abdul, *Slaves, Spices & Ivory in Zanzibar. The Integration of an East African Commercial Empire into the World Economy, 1770–1872*, London: James Currey, 1987; A. S., »The Slave Trade and its Fallout in the Persian Gulf«, in: Campbell (2005), S. 103–119.

95 Grenouilleau, 2004, S. 185 f.

96 Deutsch, Jan-Georg, *Emancipation Without Abolition in German East Africa, c. 1844–1914*, Oxford: James Currey / Athens: Ohio University Press, 2006; Eckert, Andreas, »Abolitionist Rhetorics, Colonial Conquest, and the Slow Death of Slavery in Germany's African Empire«, in: Linden (2011), S. 351–368.

97 »The Rise and Fall of New World Slavery. Robin Blackburn interviewed by Anthony Arnove«, in: International Socialist Review 79 (2011), online: http://isreview.org/issue/79/rise-and-fall-new-world-slavery (24. 7. 2014).

98 Olusoga, David, »The History of British Slave Ownership Has Been Buried: Now Its Scale Can Be Revealed. A New BBC Documentary Tells How a Trove of Documents Lays Bare the Names of Britain's 46,000 Slave Owners, Including Relatives of Gladstone and Orwell«, in: The Guardian (11. 7. 2015), online: www.theguardian.com/world/2015/jul/11 (12. 7. 2015).

99 Ebd.; zusammenfassend siehe alle Ergebnisse in: Hall/Draper/McClelland (2014), passim.

Kein Ende nach dem Ende – Diskurse und Realitäten der globalen Sklaverei seit 1800

1 Roldán de Montaúd, Inés, »On the Blurred Boundaries of Freedom: Liberated Africans in Cuba, 1817–1870«, in: Tomich (Hrsg.), *New Frontiers of Slavery*, Albany: State University of New York Press, 2015, S. 127–155, hier S. 135.

2 Ehrard, Jean, *Lumières et Esclavage. L'esclavage et l'opinion publique en France au XVIII*[e] *siècle*, Bruxelles: André Versaille Éditeur, 2008; Pétré-Grenouilleau (dir.), *Abolir l'esclavage: Un réformisme à l'épreuve* (France, Portugal, Suisse, XVIIIe–XIXe siècles), Rennes: Presses Universitaires de Rennes, 2008.

3 Miers, Suzanne, »The British Indian Model of Emancipation«, in: Miers (2003), S. 30 f.

4 Hall, Catherine / Draper, Nicholas / McClelland, Keith, »Introduction«, in: Hall/Draper/McClelland (2014), S. 1–33, hier S. 6.

5 Ebd., S. 1–33.

6 Chatterjee, Indrani, »Abolition by Denial? Slavery in South Asia after 1843«, in: Campbell (2005), S. 150–168.

7 Martínez (2016), S. 224–247 (siehe das Unterkapitel »Colonial Expansion and Accusations of Slavery«, in: Ebd., S. 231–234); s. a.: Klein, Martin A., »The Emancipation of Slaves in the Indian Ocean«, in: Campbell (2005), S. 180–195.

8 Hall, Catherine / Draper, Nicholas / McClelland, Keith, »Introduction«, Hall/Draper/McClelland (2014), S. 1–33, hier S. 7.

9 Ebd., S. 1–33.

10 Ebd., S. 8.

11 Calic, Marie-Janine, »Piraten, Pest und andere globale Herausforderungen«, in: M.-J. C., *Südosteuropa. Weltgeschichte einer Region*, München: Beck, 2016, S. 265–276.

12 Ebd., s. a.: Erdem, Y. Hakan, *Slavery in the Ottoman Empire and its Demise, 1800–1909*, London: Macmillan Press Ltd., 1996.

13 Ebd., s. a.: Toledano, Ehud R., »Ottoman Concepts of Slavery in the Period of Reform, 1830s–1880s«, in: Klein (1993), S. 37–63.

14 Tsuchiya, Akiko / Acree, William G. (Hrsg.), *Empire's End. Transnational Connections in the Hispanic World*, Nashville: Vanderbilt University Press, 2016.

15 Afigbo, Adiele Eberechukwu E., *The Abolition of the Slave Trade in Southeastern Nigeria 1885–1950*, Rochester: University of Rochester Press, 2006, S. 31; s. a.: Ribi Forclaz, Amalia, *Humanitarian Imperialism. The Politics of Anti-Slavery Activism, 1880–1940*, Oxford: Oxford University Press (Oxford Historical Monographs), 2015.

16 Oldfield, John R., *Transatlantic Abolitionism in the Age of Revolution: An International History of Anti-Slavery, c. 1787–1820*, Cambridge / New York: Cambridge University Press, 2013.

17 Portuondo Zúñiga, Olga, *José Antonio Saco: Eternamente Polémico*, Santiago de Cuba: Editorial Oriente, 2005, S. 73; Priesching, Nicole, »Die Verurteilung der Sklaverei unter Gregor XVI. im Jahr 1839«, in: Saeculum 59 (2008), S. 143–162; siehe zum Schmuggel und zum Erhalt der Sklaverei trotz der Gesetze und Diskurse über Abolition des Sklavenhandels: Meriño Fuentes, Maria / Perera Díaz, Aisnara, *Contrabando de bozales en Cuba: perseguir el tráfico y mantener la esclavitud (1845–1866)*, La Habana: Ediciones Montecallado, 2015; Ghorbal, Karim, »Peligros, controles y silencios atlánticos: censura y esclavitud en Cuba«, in: *Dirāsāt Hispānicas. Revista Tunecina de Estudios Hispánicos* 2 (2015), S. 25–48, online: http://dirasathispanicas.org/index.php/dirasathispanicas/article/view/27/html#_ftn47 (Jun. 2016).

18 Ferrer, Ada, »Cuban Slavery and Atlantic Antislavery«, in: Fradera/Schmidt-Nowara (2013), S. 134–157.

19 Dal Lago, Enrico, »The American Civil War, Emancipation, and Nation Building. A Comparative Perspective«, in: Tomich, Dale W. (Hrsg.), *The Politics of Second Slavery*, Albany: Suny, 2016, S. 229–251, hier S. 241.

20 Drescher (2009), S. 265–280.

21 Foner, Eric, *Reconstruction: America's Unfinished Revolution, 1863–1877*, New York: HarperCollins, 1989/2011; Zeuske, Michael / Finzsch, Norbert, »What Came after Emancipation? A Micro-Historical Comparison between Cuba and the United States«, in: Linden (2011), S. 285–318; N. F., »The End of Slavery, the Role of the Freedmen's Bureau and the Introduction of Peonage«, in: Schmieder, Ulrike / Füllberg-Stolberg, Katja / Zeuske, Michael (Hrsg.), *The End of Slavery in Africa and the Americas, A Comparative Approach*. Berlin: Lit, 2011, S. 141–164; Parry, Tyler D., »White Southern Memories and the Legacy of ›Slave Marriages‹ in the United States«, in: *Journal of Global Slavery* 1 (2016) Nr. 2–3, S. 296–324.

22 Prior, David, »After the Revolution: An Alternative Future for Atlantic History«, in: History Compass 12 (März 2014) Nr. 3, S. 300–309.

23 Marquese, Rafel de Bivar, »A Guerra Civil Dos Estados Unidos E A Crise da Escravidão No Brasil«, in: *Afro-Ásia* 51 (2015), S. 37–71; Dal Lago, Enrico, »The American Civil War, Emancipation, and Nation Building. A Comparative Perspective«, in: Tomich, Dale W. (Hrsg.), *The Politics of Second Slavery*, Albany: Suny, 2016, S. 229–251.

24 Slavery and Anti-Slavery in the Atlantic World. A Joint Virtual Issue of The American Historical Review and Past & Present, online: http://www.oxfordjournals.org/en/our-journals/arts-and-humanities/slavery-and-anti-slavery-in-the-atlantic-world.html (6. 3. 2016).

25 Schmidt-Nowara, Christopher, »Empires against Emancipation: Spain, Brazil, and the Abolition of Slavery«, in: Tomich/Zeuske (2009), Bd. 1, S. 101–119.

26 Scott, Rebecca / Hébrard, Jean-Michel, »Citizen Rosalie«, in: Scott/Hébrard

(2012), S. 49–64; und: R. S. / J.-M. H., »Crossing the Gulf«, in: Ebd., S. 65–82; R. S. / J.-M. H., »One Woman, Three Revolutions: Rosalie of the Poulard Nation«, in: Bender, Thomas / Dubois, Laurent / Rabinowitz, Thomas Richard (Hrsg.), *Revolution! The Atlantic World Reborn*, London: Antique Collectors Club Ltd, 2011, S. 199–220; s. a.: R. S. / Zeuske, Michael, »Property in Writing, Property on the Ground: Pigs, Horses, Land, and Citizenship in the Aftermath of Slavery, Cuba, 1880–1909«, in: *Comparative Studies in Society and History. An International Quarterly* 44 (Okt. 2002) Nr. 4, S. 669–699.

27 Lovejoy, Paul E. / Schwarz, Susanne (Hrsg.), *Slavery, Abolition and the Transition to Colonialism in Sierra Leone*, Trenton: Africa World Press, 2015.

28 Lawrance, Benjamin N., »La Amistad's ›Interpreter‹ Reinterpreted: James Kaweli Covey's Distressed Atlantic Childhood and the Production of Knowledge about Nineteenth-Century Sierra Leone«, in: Ebd., S. 215–256. Lindsay, Lisa A., *Atlantic Bonds: A Nineteenth Century Odyssey from America to Africa*, Chapel Hill: University of North Carolina Press, 2017, S. 11.

29 Zeuske, Michael / Finzsch, Norbert, »What Came after Emancipation? A Micro-Historical Comparison between Cuba and the United States«, in: Linden (2011), S. 285–318; M. Z., »Postemancipación y trabajo en Cuba«, in: *Boletín Americanista Año* LXIV:1 (2014) Nr. 68, S. 77–99; Williams, Heather Andrea, *Help Me to Find My People: The African American Search for Family Lost in Slavery*, Chapel Hill: University of North Carolina Press, 2012.

30 Archivo Nacional de Cuba (ANC), La Habana, fondo Donativos y Remisiones (DyR), leg. 210, no. 441 (1791): »Esclavitud. Decreto por el cuál queda abolida la esclavitud de los negros en las colonias francesas. Impreso en frances. Donativo de la Srta. Carlota Párraga 1951. Por encargo de los descendientes de Lic. Héctor Ponce de León«. Es handelt sich um Drucke des Dekrets zur Abolition der Sklaverei von 1794 und des Dekrets zur Restauration der Sklaverei von 1802, die in der Karibik zirkulierten.

31 Gómez, »Images de l'apocalypse des planteurs. Contribution à l'étude de l'iconographie des ›horreurs‹ de la Révolution haïtienne, 1784–1861«, in: *L'Ordinaire des Amériques* [En ligne], 215 | 2013, mis en ligne le 23 février 2014, consulté le 05 juin 2016, online: http://orda.revues.org/665; Pestel, Friedemann, »The Impossible ›Ancien Régime Colonial‹: Postcolonial Haiti and the Perils of the French Restoration«, in: *Journal of Modern European History* 15 (2017) Nr. 2, S. 261–279.

32 Blänkner, Reinhard (Hrsg.), *Heinrich von Kleists Novelle ›Die Verlobung in St. Domingo‹. Literatur und Politik im globalen Kontext um 1800*, Würzburg: Königshausen & Neumann, 2013.

33 Wood, Marcus, *The Horrible Gift of Freedom: Atlantic Slavery and the Representations of Emancipation*, Athens: Ohio University Press, 2010.

34 Roldán de Montaúd, »On the Blurred Boundaries of Freedom: Liberated Afri-

cans in Cuba, 1817–1870«, S. 127–155; Zeuske, Michael, »Emancipados oder ›befreite‹ Verschleppte als Staatssklaven der Atlantisierung«, in: Zeuske (2018).

35 Castellanos, Jorge / Castellanos, Isábel, »Nuevos aportes al corpus de la primera literatura abolicionista«, in: J. C. / I. C., *Cultura afrocubana*, 4 Bde., Miami: Edición Universal, 1988–1994 (Colección Ébano y canela) (Bd. I: El negro en Cuba 1492–1844; 1988; Bd. II: El negro en Cuba 1845–1959; 1990; Bd. III: Las religiones y las lenguas; 1992; Bd. IV: Letras, música, arte, 1994), Bd. IV, S. 431–461.

36 Engerman (2007), S. 13; s. a.: Gestrich, Andreas, »Die Antisklaverei-Bewegung im ausgehenden 18. und 19. Jahrhundert. Forschungsstand und Forschungsperspektiven«, in: Herrmann-Otto (2005), S. 237–257.

37 Chevaleyre, Claude, »Under Pressure and out of Respect for Human Dignity: the 1910 Chinese Abolition«, in: Cottias, Myriam / Rossignol, Marie-Jeanne (Hrsg.), *Distant Ripples of the British Abolitionist Wave: Africa, Asia and the Americas*, Trenton [u. a.]: Africa Word Press, 2017, S. 147–198.

38 Rodriguez, Junius P., *Chronology of World Slavery*, Santa Barbara: Abc-Clio, 1999, S. 106; Vogelsang, Kai, *Geschichte Chinas*, Stuttgart: Reclam, 2013, S. 372 ff.

39 Wakeman Jr., Frederic, *The Great Enterprise: The Manchu Reconstruction of Imperial Order in Seventeenth Century China*, 2 Bde., Berkeley: University of California Press, 1985, Bd. I, S. 635.

40 Martínez (2016), S. 224–247 (siehe das Unterkapitel »Colonial Expansion and Accusations of Slavery«, in: Ebd., S. 231–234).

41 Rimner, Steffen, »Chinese Abolitionism: The Chinese Education Mission in Connecticut, Cuba, and Peru«, in: *Journal of Global History* 11 (2016), S. 344–364.

42 Zeuske, Michael, »Postemancipación y trabajo en Cuba«, in: *Boletín Americanista Año* LXIV:1 (2014) Nr. 68, S. 77–99.

43 Walvin, James, »Commemorating Abolition, 1807–2007«, in: Linden (2011), S. 57–67.

44 Zu einer wirklich globalhistorischen Wertung siehe: Linden, Marcel van der, »Unanticipated Consequences of ›Humanitarian Intervention‹: The British Campaign to Abolish the Slave Trade, 1807–1900«, in: *Theory and Society* 39 (2010) Nr. 3/4, S. 281–298; zum Instrument der Intervention siehe: Angster, Julia, *Erdbeeren und Piraten. Die Royal Navy und die Ordnung der Welt 1770–1860*, Göttingen: Vandenhoeck & Ruprecht, 2012.

45 Vgl. Schneider, Karl H., *Geschichte der Bauernbefreiung*, Stuttgart: Reclam, 2010.

46 Hellie, »Russian Slavery and Serfdom«, in: Eltis/Engerman (2011), S. 275–295; Nolte, Hans-Heinrich, »Russische Bauern zwischen Waldeinsamkeit, Kommune und Kapitalismus. Unterdrückung und Emanzipation«, in: Gumblies, Florian / Weise, Anton (Hrsg.), *Unterdrückung und Emanzipation in der Weltgeschichte. Zum Ringen um Freiheit, Kaffee und Deutungshoheit*, Hannover: Jens Bolm, 2014, S. 62–97.

47 Garcia Balanya, Albert, »Antislavery Before Abolitionism: Networks and Motives in Early Liberal Barcelona, 1833–1844«, in: Fradera/Schmidt-Nowara (2013), S. 229–255, Zitat S. 232, zur katalanischen Anti-Sklaverei »ohne Abolitionismus« siehe: Fradera, Josep María, »Limitaciones históricas del abolicionismo catalán«, in: Solano, Francisco / Guimerá, Agustín (Hrsg.), *Esclavitud y derechos humanos. La lucha por la libertad del negro en el siglo XIX*, Madrid: Consejo Superior de Investigaciones Científicas, 1990, S. 125–133.

48 Angster, Julia, *Erdbeeren und Piraten. Die Royal Navy und die Ordnung der Welt 1770–1860*, Göttingen: Vandenhoeck & Ruprecht, 2012, passim.

49 Drescher, Seymour, »The Long Goodbye: Dutch Capitalism and Antislavery in Comparative Perspective«, in: Oostindie, Gert (Hrsg.), *Fifty Years Later. Antislavery, Capitalism and Modernity in the Dutch Orbit*, Leiden/Pittsburgh: Kitlv Press/University of Pittsburgh Press, 1995, S. 25–66.

50 Coghe, Samuël, »The Problem of Freedom in a Mid Nineteenth-Century Atlantic Slave Society: The Liberated Africans of the Anglo-Portuguese Mixed Commission in Luanda (1844–1870)«, in: *Slavery & Abolition: A Journal of Slave and Post-Slave Studies* 33 (2012) Nr. 3, S. 479–500.

51 Guizelin, Gilberto da Silva, »A abolição do tráfico de escravos no Atlântico Sul: Portugal, o Brasil e a questão do contrabando de africanos«, in: *Almanack. Guarulhos* 5 (2013), S. 123–144; Silva, Luiz Geraldo, »Esperança da liberdade. Interpretações populares da abolição ilustrada (1773–1774)«, in: *Revista de História* 144 (Jul. 2001), S. 107–149; De Almeida Mendes, António, »Esclavage et race au Portugal: une expérience de longue durée«, in: Cottias/Mattos (2016), S. 67–83.

52 Caldeira, Arlindo Manuel, »A pressão britânica sobre Portugal e a legislação para inglês ver«, in: Caldeira (2013a), S. 235–244.

53 Clarence-Smith, »African and European Cocoa Producers on Fernando Póo, 1880s to 1910s«, in: *Journal of African History* 35 (1994) Nr. 2, S. 182–183.

54 Capela, José, *Escravatura: a empresa de saque; o abolicionismo (1810–1875)*, Porto: Afrontamento, 1974.

55 Heintze, Beatrix, »Die Karawanen«, in: Heintze (2002), S. 175–198.

56 Vail, Leroy / White, Landeg, *Capitalism and Colonialism in Mozambique: A Study of Quelimane District*, London: Heinemann, 1980, S. 224.

57 Silva, Susana S., »Do Abolicionismo as novas formas de Escravatura. Portugal e os Açores no século XIX«, in: Machado, Margarida / Gregorio, Rute Dias / S. S. S. (Hrsg.), *Para a história da escravatura insular nos séculos XV a XIX*, Lissabon: Esfera dos Livros, 2013, S. 97–207 (S. 133–207: »Apêndice Documental« – die Texte der wichtigsten Gesetze und Verträge, siehe vor allem S. 186 f., hier S. 187).

58 »Projecto de Lei para a Abolição da Escravidão nas Provincias Ultramarinas«, s. a. [für ein 1866 geplantes Gesetz], in: Ebd.

59 Blatt ohne Datum und Unterschrift [1865, 1866?], in: Ebd.

60 Zit. nach: Capela, José, »Abolición y abolicionismo en Portugal y sus colonias«, in: Solano, Francisco / Guimerá, Agustín (Hrsg.), *Esclavitud y derechos humanos. La lucha por la libertad del negro en el siglo XIX*, Madrid: Consejo Superior de Investigaciones Científicas, 1990, S. 577–603, hier S. 600.

61 Ebd., S. 577–603, hier S. 601 f.

62 Stilwell, Sean Arnold, »The End of Slavery in Africa«, in: S. A. S., *Slavery and Slaving in African History*, Cambridge: Cambridge University Press, 2014, S. 176–214, hier S. 213.

63 Ebd.

64 Ebd.

65 Capela, José, »Abolición y abolicionismo en Portugal y sus colonias«, in: Solano, Francisco / Guimerá, Agustín (Hrsg.), *Esclavitud y derechos humanos. La lucha por la libertad del negro en el siglo XIX*, Madrid: Consejo Superior de Investigaciones Científicas, 1990, S. 577–603, hier S. 602 f.; s. a.: »Database Slavers Operating From Mozambique«, online: www.eurescl.eu (15. 7. 2015).

66 González Mendoza, Juan R., »Puerto Rico's Creole Patriots and the Slave Trade after the Haitian Revolution«, in: Geggus (2001), S. 58–71.

67 Palmié, Stephen, »Naming the Beast, Naming its Slayer«, in: S. P., *Wizards & Scientists. Explorations in Afro-Cuban Modernity & Tradition*, Durham/London: Duke University Press, 2002, S. 127–135, hier S. 127.

68 Moore, Jason W., »Sugar and the Expansion of the Early-Modern World Economy: Commodity Frontiers, Ecological Transformation, and Industrialization«, in: *Review* XXIII (2000) Nr. 3, S. 409–433; Engel, Alexander, *Farben der Globalisierung: Die Entstehung moderner Märkte für Farbstoffe 1500–1900*, Frankfurt a. M. / New York: Campus, 2009 (Globalgeschichte Bd. 5); Stanfield, Michael E., *Red Rubber, Bleeding Trees: Violence, Slavery, and Empire in Northwest Amazonia, 1850–1933*, Albuquerque: University of New Mexico Press, 1998.

69 Eichmann, Flavio, »Die letzte Schlacht – Guadeloupe 1815: Koloniale Konflikte im Schatten von Napoleons Sklavenhandelsverbot«, in: *Zeitschrift für Weltgeschichte* 16 (2015) Nr. 2, S. 93–112; Pestel, Friedemann, »The Impossible ›Ancien Régime Colonial‹: Postcolonial Haiti and the Perils of the French Restoration«, in: *Journal of Modern European History* 15 (2017) Nr. 2, S. 261–279.

70 Campbell (2005), passim.

71 Mason, Matthew, »Keeping Up Appearances: The International Politics of Slave Trade Abolition in the Nineteenth-Century Atlantic World«, in: *William and Mary Quarterly*, 3rd Ser., LXVI (Okt. 2009), S. 820–828.

72 Vergès, Françoise, *Abolir l'esclavage. Une utopie coloniale, les ambiguïtés d'une politique humanitaire*, Paris: Albin Michel, 2001.

73 Sanz/Zeuske (2017).

74 Marques, João Pedro, »Saint-Domingue«, in: Drescher/Emmer (2010), S. 19–27, hier S. 25.

75 Diouf, Sylviane A., *Fighting the Slave Trade: West African Strategies*, Athens: Ohio State University, 2003; Alpers, Edward A. / Campbell, Gwyn / Salman, Michael (Hrsg.), *Resisting Bondage in Indian Ocean Africa and Asia*, London / New York: Routledge, 2007; Anselin, Alain, *Le refus de l'esclavitude: Résistances Africaines a la Traite Négrière*, Paris: Editions Duboiris, 2009.

76 Mulligan/Bric (2013); Fergus, Claudius, »The Bicentennial Commemorations: The Dilemma of Abolitionism in the Shadow of the Haitian Revolution«, in: Caribbean Quarterly 56 (März/Juni 2010) Nr. 1/2, S. 139–158 (= Slavery, Memory and Meanings: The Caribbean and the Bicentennial of the Passing of the British Abolition of the Trans Atlantic Trade in Africans).

77 Sinha (2016).

78 Drescher, Seymour, »The Soviet Gulag«, in: Drescher (2009), S. 416–425, hier S. 425.

79 Miers, Suzanne, »Results of the Antislavery Campaign in the Twentieth Century«, in: Miers (2003), S. 453–456, hier S. 455.

80 Ebd.

81 Drescher, Seymour, »Cycles Actual and Counterfactual«, in: Drescher (2009), S. 457–462, hier S. 461 f.

82 Osterhammel, Jürgen, »Arbeit: Die physischen Grundlagen der Kultur«, in: Osterhammel (2009), S. 958–1009 (hier: J. O., »Freie Arbeit«, in: Ebd., S. 992–994, hier S. 993).

83 Mortimer, Ian, »Das Ende der Sklaverei«, in: I. M., *Zeiten der Erkenntnis. Wie uns die großen historischen Veränderungen bis heute prägen*, München/Berlin/Zürich: Piper, 2015, S. 37–41, hier S. 422, Anm. 10.

84 Ebd., S. 37–41.

85 Miller, Joseph C., »Slavery as Problem in Contemporary Culture«, in: Miller (2012), S. 9–18, hier S. 9.

86 Saco, José Antonio, »Introducción – Egipto – Etiopía – Hebreos – Fenicios«, in: J. A. S., *Historia de la Esclavitud*, La Habana: Imagen Contemoránea, 2002, S. 29–76, hier S. 29.

87 Douglass [1865] (1955), S. 166–169, hier S. 169; s. a.: Foner (1950–1955, Erg.-Bd. 1975).

Literaturhinweise

Die Archiv- und Feldforschungsreisen für vorliegendes Buch wurden durch Finanzierungen der Deutschen Forschungsgemeinschaft (DFG), des Global South Studies Center (GSSC, Universität zu Köln) sowie des Chinesisch-Deutschen Wissenschaftsforums für Geistes-, Sozial- und Rechtswissenschaften (CDWF) ermöglicht.[1]

Adelman, Jeremy: Sovereignty and Revolution in the Iberian Atlantic. Princeton/ Oxford: Princeton University Press, 2006.

Ahlert, Regine: La Pestilencia más horrible … Die Geschichte der indigenen und schwarzen Sklaverei in Nicaragua. Berlin: LIT, 2015.

Alencastro, Luiz Felipe de: O Trato dos Viventes. Formação do Brasil no Atlântico Sul, seculos 16. e 17. São Paulo: Companhia das Letras, 2000.

Allen, Richard B.: Slave Trading, Abolitionism, and »New Systems of Slavery« in the Nineteenth-Century Indian Ocean World. In: Harms, Robert / Freamon, Bernard K. / Blight, David W. (Hrsg.): Indian Ocean Slavery in the Age of Abolition. New Haven: Yale University Press, 2013. S. 183–199.

– Slaves, Convicts, Abolitionism and the Global Origins of the Post-Emancipation Indentured Labor System. In: Slavery & Abolition 35 (2014) Nr. 2. S. 328–348. [Zit. als 2014a.]

– European Slave Trading in the Indian Ocean, 1500–1850. Athens: Ohio University Press, 2014. [Zit. als 2014b.]

Amitai, Reuven: Diplomacy and the Slave Trade in the Eastern Mediterranean: A Re-examination of the Mamluk-Byzantine-Genoese Triangle in the Late Thirteenth Century in Light of the Existing Early Correspondence. In: Oriente Moderno. NS 87 (2008) Nr. 2. S. 349–368.

– Im Westen nichts Neues? Re-examining Hülegü's Offensive into the Jazīra and Northern Syria in Light of Recent Research. In: Krämer / Frank / Schmidt, Katharina / Singer, Julika (Hrsg.): Historicizing the »Beyond«. The Mongolian Invasion as a New Dimension of Violence? Heidelberg: Springer, 2011. S. 83–96.

– / Cluse, Christoph (Hrsg.): Slavery and the Slave Trade in the Eastern Mediterranean (c. 1000–1500 CE). Turnhout: Brepols, 2017.

Andrés-Gallego, José: La esclavitud en la América española. Madrid: Ediciones Encuentro, S. A. /Fundación Ignacio Larramendi, 2005.

Arnalte, Arturo: Los últimos esclavos de Cuba. Los niños de la goleta Batans. Madrid: Alianza Editorial, 2001.

1 DFG-Projekte ZE 302/15-1, »Atlantischer Sklavenhandel als Schmuggel: Ramón Ferrer und die ›Amistad, 1830–1840‹« (= »Amistad I«, 2007–2011) sowie ZE 302/18-1, »Sklavenhändlerprojekt« (»Amistad II«, 2011–2014).

Bales, Kevin: Die neue Sklaverei. Übers. aus dem Engl. von Inge Leipold. München: Verlag Antje Kunstmann, 2001.
– / Cornell, Becky: Moderne Sklaverei. Hildesheim: Gerstenberg, 2008.
– / Sarich, Jody: Afterwords. The Paradox of Women, Children, and Slavery. In: Lawrance, Benjamin N. / Roberts, Richard L. (Hrsg.): Trafficking in Slavery's Wake. Law and the Experience of Women and Children in Africa. Athens: Ohio University Press, 2012. S. 241–253.
Beckert, Sven: The Empire of Cotton. London: Macmillan, 2004. (Dt.: Beckert, Sven: King Cotton: Eine Geschichte des globalen Kapitalismus. München: Beck, 2014.)
Bellagamba, Alice / Greene, Sandra E. / Klein, Martin A. (Hrsg.): The Bitter Legacy. African Slavery. Past and Present. In Zusammenarbeit mit Carolin Brown. Princeton: Markus Wiener, 2013.
Berlin, Ira / Morgan, Philip D.: Cultivation and Culture: Labor and the Shaping of Slave Life in the Americas. Charlottesville: University Press of Virginia, 1993.
– Many Thousands Gone. The First Two Centuries of Slavery in North America. Cambridge/London: The Belknap Press of Harvard University Press, 1998.
– Generations of Captivity. A History of African-American Slaves. Cambridge/London: The Belknap Press of Harvard University Press, 2003.
Bodel, John / Scheidel, Walter (Hrsg.): On Human Bondage. After Slavery and Social Death. Malden/Oxford/ Chichester: Wiley-Blackwell, 2017.
Borucki, Alex / Eltis, David /Wheat, David: Atlantic History and the Slave Trade to Spanish America. In: The American Historical Review 120 (2015) Nr. 2. S. 433–461.
Brahm, Felix / Rosenhaft, Eva (Hrsg.): Slavery Hinterland. Transatlantic Slavery and Continental Europe, 1680–1850. Woodbridge: The Boydel Press, 2016.
Brass, Tom: Debating Capitalist Dynamics and Unfree Labour: A Missing Link? In: Journal of Development Studies 50 (2014) Nr. 4. S. 570–582.
Buggeln, Marc: Das System der KZ-Außenlager. Krieg, Sklavenarbeit und Massengewalt. Bonn: Friedrich Ebert Stiftung, 2012. (Gesprächskreis Geschichte, H. 95.)
– Unfreie Arbeit im Nationalsozialismus. Begrifflichkeiten und Vergleichsaspekte zu den Arbeitsbedingungen im Deutschen Reich und in den besetzten Gebieten. In: M. B. / Wildt, Michael (Hrsg.): Arbeit im Nationalsozialismus. München 2014, S. 231–252. [Zit. als 2014a.]
– Slave Labour in Nazi Concentration Camps. Oxford: Oxford University Press, 2014. [Zit. als 2014b.]
– Slavery and the Camp Systems in the 19th and 20th Century: From Private to State Slavery and Back Again. In: New Literary Observer 142 (2016) S. 266–291.
Caldeira, Arlindo Manuel: Escravos e Traficantes no Império Português: O Comér-

cio Negreiro Português no Atlântico Durante Os Séculos XV a XX. Lissabon: Esfera dos Livros, 2013. [Zit. als 2013a.]
– Aprender os Trópicos: Plantações e trabalho escravo na ilha de São Tomé. In: Vaz do Rego Machado, Margarida / Gregorio, Rute Dias / Silva, Susana Serpa (Hrsg.): Para a história da escravatura insular nos séculos XV a XIX. Lissabon: Cham, 2013, S. 25–54. [Zit. als 2013b.]

Campbell, Gwyn (Hrsg.): Abolition and Its Aftermath in Indian Ocean Africa and Asia. London/Portland: Frank Cass, 2005.
– Slavery in the Indian Ocean World. In: Heuman, Gad / Burnard, Trevor (Hrsg.): The Routledge History of Slavery. London / New York: Routledge, 2011, S. 52–63.
– / Miers, Suzanne / Miller, Joseph C. (Hrsg.): Women and Slavery. 2 Bde. Athens: Ohio University Press, 2007–2008.
– / – / – (Hrsg.): Children in Slavery through the Ages. Athens: Ohio University Press, 2009.
– / – / – (Hrsg.): Child Slaves in the Modern World. Athens: Ohio University Press, 2011.
– / Elbourne, Elizabeth (Hrsg.): Sex, Power, and Slavery. Athens: Ohio University Press, 2014.
– / Stanziani, Alessandro (Hrsg.): Bonded Labour and Debt in the Indian Ocean World. London/Vermont: Pickering & Chatto, 2013. [Zit. als 2013a.]
– / – (Hrsg.): Debt and Slavery in the Mediterranean and Atlantic Worlds. London/Vermont: Pickering & Chatto, 2013. [Zit. als 2013b.]

Carney, Judith A. / Rosomoff, Richard N.: In the Shadow of Slavery. Africa's Botanical Legacy in the Atlantic World. Berkeley [u. a.]: University of California Press, 2009.

Chalhoub, Sidney: The Politics of Ambiguity: Conditional Manumission, Labor Contracts, and Slave Emancipation in Brazil (1850s–1888). In: International Review of Social History 60 (August 2015) Nr. 2. S. 161–191.

Chatterjee, Indrani: Gender, Slavery and Law in Colonial India. New Delhi: Oxford University Press, 1999.
– / Eaton, Richard M. (Hrsg.): Slavery and South Asian History. Bloomington/ Indianapolis: Indiana University Press, 2006.

Chevaleyre, Claude: Acting as Master and Bondservant: Considerations on Status, Identities, and the Nature of Bond-servitude in Late Ming China. In: Stanziani, Alessandro (Hrsg.): Labour, Coercion, and Economic Growth in 17th–20th Centuries. Leiden: Brill, 2013. S. 237–272.
– Under Pressure and out of Respect for Human Dignity: the 1910 Chinese Abolition. In: Cottias, Myriam / Rossignol, Marie-Jeanne (Hrsg.): Distant Ripples of the British Abolitionist Wave: Africa, Asia and the Americas. Trenton [u. a.]: Africa World Press, 2017. S. 147–198.

Christopher, Emma: The Bloody Rise of Western Freedom. In: E. C.: Slave Ship Sailors and Their Captive Cargoes, 1730–1807. Cambridge [u. a.]: Cambridge University Press, 2006. S. 91–121.

– / Pybus, Cassandra / Rediker, Marcus (Hrsg.): Many Middle Passages. Forced Migration and the Making of the Modern World. Berkeley [u. a.]: University of California Press, 2007.

Clarence-Smith, William Gervase (Hrsg.): The Economics of the Indian Ocean Slave Trade in the Nineteenth Century. London: Frank Cass, 1977.

– The Third Portuguese Empire, 1825–1975. A Study in Economic Imperialism. Manchester/Dover: Manchester University Press, 1985.

– Islam and the Abolition of Slavery. London: Hurst & Company, 2006.

– Slaves, Peasants and Capitalists in Southern Angola 1840–1926. Cambridge: Cambridge University Press, 2007.

– / Topik, Steven (Hrsg.): The Global Coffee Economy in Africa, Asia and Latin America, 1500–1989. Cambridge: Cambridge University Press, 2003.

Cluse, Christoph: Sklaverei im Mittelalter – der Mittelmeerraum. Online: http://med-slavery.uni-trier.de/minev/MedSlavery/publications/Einfuhrung.pdf (4. 5. 2012), S. 1–18.

Conermann, Stephan: South Asia and the Indian Ocean. In: Reinhard, Wolfgang (Hrsg.): Empires and Encounters: 1350–1750. Cambridge/London: The Belknap Press of Harvard University Press, 2015 (= Iriya, Akita / Osterhammel, Jürgen [Hrsg.]: A History of the World). S. 389–552.

Cornaby, William A.: Chinese Girl Slavery and the Shanghai Municipality. In: Morse, Hosea Ballou: The Trade and Administration of China. London [u. a.]: Longmans, Green, ^{3}1982 [1908]. S. 483–485.

Cottias, Myriam / Mattos, Hebe (Hrsg.), Esclavage et subjectivités dans l'Atlantique luso-brésilien et français (XVIIe–XXe siècles). Marseille: OpenEdition Press, 2016.

Crossley, Pamela K.: Slavery in Early Modern China. In: Eltis, David / Engerman, Stanley L. (Hrsg.): The Cambridge World History of Slavery 3: AD 1420–AD 1804. Cambridge [u. a.]: Cambridge University Press, 2011. S. 186–213.

Cwik, Christian: Atlantische Netzwerke: Neuchristen und Juden als Lançados und Tangomãos. In: Schmieder, Ulrike /Nolte, Hans-Heinrich (Hrsg.): Atlantik. Sozial- und Kulturgeschichte der Neuzeit. Wien: Promeida, 2010. S. 66–85.

Davidson, Julia O‹Connell: Children in the Global Sex Trade. Malden: Polity Press, 2005.

Dal Lago, Enrico / Katsari, Constantina (Hrsg.): Slave Systems. Ancient and Modern. Cambridge/London: Cambridge University Press, 2008.

Damir-Geilsdorf, Sabine / Lindner, Ulrike / Müller, Gesine / Tappe, Oliver / Zeuske, Michael (Hrsg.): Bonded Labour: Global and Comparative Perspectives (18th–21st Century). Bielefeld: transcript, 2016.

Donoghue, John / Jennings, Evelyn P. (Hrsg.): Building the Atlantic Empires: Unfree Labor and Imperial States in the Political Economy of Capitalism, ca. 1500–1914. Leiden: Brill, 2015.
Dorn, Franz: Der Unfreiheitsdiskurs in deutschen Rechtsbüchern des Hoch- und Spätmittelalters. In: Herrmann-Otto, Elisabeth (Hrsg.): Unfreie Arbeits- und Lebensverhältnisse von der Antike bis zur Gegenwart. Eine Einführung. Hildesheim [u. a.]: Georg Olms, 2005. S. 167–205.
Douglass, Frederick: The Need for Continuing Anti-Slavery Work. Speech at the Third Annual Meeting of the American Anti-Slavery Society, May 9, 1865. In: Foner, Philip S. (Hrsg.): The Life and Writings of Frederick Douglass. 5 Bde. New York: International Publishers, 1950–1955. Erg.-Bd. (1975). Bd. IV (1955) S. 166–169. Online: http://www.harperhighschool.org/ourpages/auto/2010/2/16/43984325/doc_ch12_5.pdf (24. 2. 2016).
Drescher, Seymour: Abolition. A History of Slavery and Antislavery. Cambridge: Cambridge University Press, 2009.
– / Emmer, Pieter C. (Hrsg.): Who Abolished Slavery? Slave Revolts and Abolitionism. A Debate with João Pedro Marques. New York / Oxford: Berghahn Books, 2010.
Eckert, Andreas: Sklavenhandel und politische Fragmentierung. Afrika südlich der Sahara. In: Hausberger, Bernd (Hrsg.): Die Welt im 17. Jahrhundert. Wien: Mandelbaum Verlag, 2008. S. 165–184. (= Globalgeschichte der Welt 1000–2000. Hrsg. von Feldbauer, Peter [u. a.]. Bd. IV.)
– (Hrsg.): Europe, Slave Trade and Colonial Forced Labour. München: Beck, 2009. (= Journal of Modern European History 7 [2009] Nr. 1.)
– (Hrsg.): Golbal Histories of Work. Berlin/Boston: De Gruyter Oldenbourg, 2016 (Work in Global and Historical Perspective 1.)
Eltis, David: The Rise of African Slavery in the Americas. Cambridge: Cambridge University Press, 2000.
– (Hrsg.): Coerced and Free Migration: Global Perspectives. Stanford: Stanford University Press, 2002.
– / Behrendt, Stephen D. / Richardson, David / Klein, Herbert S.: The Transatlantic Slave Trade: A Database on CD-ROM. Cambridge: Cambridge University Press, 1999. (²2008: www.slavevoyages.org)
– / Engerman, Stanley L. (Hrsg.): The Cambridge World History of Slavery 3: AD 1420 – AD 1804. Cambridge [u. a.]: Cambridge University Press, 2011.
– / Lewis, Frank / Sokoloff, Kenneth (Hrsg.): Slavery in the Development of the Americas, Cambridge: Cambridge University Press, 2004.
– / Walvin, James (Hrsg.): The Abolition of the Atlantic Slave Trade. Origins and Effects in Europe, Africa and the Americas. Madison/London: The University of Wisconsin Press, 1981.
Emmer, Pieter C.: The Abolition of the Abolished: The Illegal Dutch Slave Trade

and the Mixed Courts. In: Eltis, David / Walvin, James (Hrsg.): The Abolition of the Atlantic Slave Trade. Origins and Effects in Europe, Africa and the Americas. Madison/London: The University of Wisconsin Press, 1981. S. 177–192.

Engerman, Stanley L.: Slavery in World Perspective. In: S. L. E.: Slavery, Emancipation & Freedom. Comparative Perspectives. Baton Rouge: Louisiana State University Press, 2007. S. 1–36.

Erdem, Y. Hakan: Slavery in the Ottoman Empire and its Demise, 1800–1909. London: Macmillan Press Ltd, 1996.

Ette, Anton Wilhelm Amo: Philosophieren ohne festen Wohnsitz. Eine Philosophie der Aufklärung zwischen Europa und Afrika. Berlin: Kulturverlag Kadmos, 2014.

Exenberger, Andreas / Nussbaumer, Josef (Hrsg.): Von Menschenhandel und Menschenpreisen. Wert und Bewertung von Menschen im Spiegel der Zeit. Innsbruck: Innsbruck University Press, 2007.

Fábregas García, Adela: Del cultivo de la caña al establecimiento de las plantaciones. In: Região Autónoma da Madeira (Hrsg.): História e tecnologia do açúcar. Funchal: Centro de Estudos de História do Atlântico, 2000. S. 59–85.

Fall, Babacar / Phaf-Rheinberger, Ineke / Eckert, Andreas (Hrsg.): Travail et culture dans un monde globalisé: de l'Afrique à l'Amérique latine = Work and culture in a globalized world: from Africa to Latin America. Paris/Berlin: Karthala / Humboldt-Universität, 2015.

Ferreira, Roquinaldo: Cross-Cultural Exchange in the Atlantic World. Angola and Brazil during the Era of Slave Trade. Cambridge: Cambridge University Press, 2012.

Ferrer, Ada: Haiti, Free Soil, and Antislavery in the Revolutionary Atlantic. In: The American Historical Review 117 (Februar 2012) Nr. 1. S. 40–66.

– Freedom's Mirror. Cuba and Haiti in the Age of Revolution. New York: Cambridge University Press, 2014.

Fischer, Sybille: Modernity Disavowed. Haiti and the Culture of Slavery in the Age of Revolution. Durham: Duke University Press, 2004.

Flaig, Egon: Weltgeschichte der Sklaverei. München: Beck, 2009 (^{2}2012).

Foner, Philip S. (Hrsg.): The Life and Writings of Frederick Douglass. 5 Bde. New York: International Publishers, 1950–1955. Erg.-Bd. (1975).

Fradera, Josep María / Schmidt-Nowara, Christopher (Hrsg.): Slavery and Antislavery in Spain's Atlantic Empire. New York / Oxford: Berghahn, 2013.

Franco, José Luciano: Los mongos de la costa de África. In: J. L. F.: Comercio clandestino de esclavos. La Habana: Editorial de Ciencias Sociales, 1980 (^{3}1996). S. 178–202.

Füllberg-Stolberg, Claus: Transatlantischer Sklavenhandel und Sklaverei in den Amerikas. In: Schmieder, Ulrike / Nolte, Hans-Heinrich (Hrsg.): Atlantik. So-

zial- und Kulturgeschichte in der Neuzeit. Wien: Promedia, 2010. S. 86–115. (Edition Weltregionen.)
Gabaccia, Donna R. / Hoerder, Dirk / Mettele, Gisela (Hrsg.): Connecting Seas and Connected Ocean Rims. Indian, Atlantic, and Pacific Oceans and China Seas Migration from the 1830s to the 1930s. Leiden: Brill, 2011. (Studies in Global Social History. Bd. 8.)
Geggus, David P.: The Impact of the Haitian Revolution in the Atlantic World. Columbia: University of South Carolina Press, 2001.
Gernet, Jacques: Le monde chinois. [1972]. Paris: Armand Colin Éd., 2005.
Gonzalez-Ripoll Navarro, María Dolores / Naranjo, Consuelo / Ferrer, Ada / Garcia, Gloria / Opatrný, Josef (Hrsg.): El rumor de Haiti en Cuba. Temor, raza y rebeldia, 1789–1844. Madrid: Consejo Superior de Investigaciones Cientificas (CSIC), 2005.
Gronenborn, Detlef: Zum (möglichen) Nachweis von Sklaven/Unfreien in prähistorischen Gesellschaften Mitteleuropas. In: Ethnologisch-Archäologische Zeitschrift 42 (2001) Nr. 1. S. 1–42.
Hall, Catherine / Draper, Nicholas / McClelland, Keith [u. a.] (Hrsg.): Legacies of British Slave-ownership. Colonial Slavery and the Formation of Victorian Britain. Cambridge: Cambridge University Press, 2014. (Paperback 2016.)
Hanß, Stefan / Schiel, Juliane (Hrsg.): Mediterranean Slavery Revisited (500–1800). Neue Perspektiven auf mediterrane Sklaverei (500–1800). Zürich: Chronos, 2014.
Harms, Robert / Freamon, Bernard K. / Blight, David W. (Hrsg.): Indian Ocean Slavery in the Age of Abolition. New Haven: Yale University Press, 2013.
Heers, Jacques: Esclavos y sirvientes en las sociedades mediterráneas durante la Edad Media. Valencia: Edicions Alfons el Magnànim, 1989.
– Les négriers en terres d'islam. La première traite des Noirs VIIe–XVIe siècle. Paris: Perrin, 2003.
Heintze, Beatrix: Afrikanische Pioniere. Trägerkarawanen im westlichen Zentralafrika (ca. 1850–1890). Frankfurt a. M.: Otto Lehmbeck, 2002.
Hellie, Richard: Slavery in Russia 1450–1725. Chicago: University of Chicago Press, 1982.
Henning, Joachim: Gefangenenfesseln im slawischen Siedlungsraum und der europäische Sklavenhandel im 6. bis 12. Jahrhundert. Archäologisches zum Bedeutungswandel ›sklābos – sakāliba – sclavus‹. In: Germania 70 (1992) S. 403–426.
Herrmann-Otto, Elisabeth (Hrsg.): Unfreie Arbeits- und Lebensverhältnisse von der Antike bis zur Gegenwart. Eine Einführung. Hildesheim [u. a.]: Georg Olms, 2005.
– (Hrsg.): Unfreie und abhängige Landbevölkerung. Hildesheim / Zürich / New York: Georg Olms, 2008.

– (Hrsg.): Sklaverei und Zwangsarbeit. Hildesheim / Zürich / New York: Georg Olms, 2010.
– Sklaverei und Freilassung in der griechisch-römischen Welt. Hildesheim / Zürich / New York: Georg Olms, ²2017.
Heywood, Linda: Slavery and its Transformation in the Kingdom of Kongo: 1491–1800. In: Journal of African History 50 (2009) Nr. 1. S. 1–22.
Higman, Barry W.: Plantation Jamaica, 1750–1850: Capital and Control in a Colonial Economy. Kingston, Jamaica / Barbados / Trinidad and Tobago: UWI Press, 2005.
Hilgendorf, Eric / Marschelke, Jan-Christoph / Sekora, Karin (Hrsg.): Slavery as a Global and Regional Phenomenon. Heidelberg: Universitätsverlag Winter GmbH, 2015.
Houben, Vincent / Lindblad, J. Thomas (Hrsg.): Coolie Labour in Colonial Indonesia. A Study of Labour Relations in the Outer Islands, c. 1900–1940. Wiesbaden: Harrassowitz, 1999.
– / Seibert, Julia: (Un)freedom. Colonial Labour Relations in Belgian Congo and the Dutch East Indies Compared. In: Frankema, Ewout / Buelens, Frans (Hrsg.): Colonial Exploitation and Economic Development. The Belgian Congo and the Netherlands Indies Compared. London / New York: Routledge, 2013. S. 178–192.
Inikori, Joseph E.: Slaves or Serfs? A Comparative Study of Slavery and Serfdom in Europe and Africa. In: Okpewho, Isidore / Davies, Carole Boyce / Mazrui, Ali A. (Hrsg.): African Diaspora. African Origins and New World Identities. Bloomington/Indiana: Indiana University Press, 1999, S. 49–75.
Johne, Klaus-Peter: Von der Kolonenwirtschaft zum Kolonat. Ein römisches Abhängigkeitsverhältnis im Spiegel der Forschung. Antrittsvorlesung 20. Oktober 1992. Berlin 1994. Online: http://edoc.hu-berlin.de/humboldt-vl/johne-klaus-peter/PDF/Johne.pdf (24. 4. 2016).
Karras, Ruth Mazo: Slavery and Society in Medieval Scandinavia. New Haven / London: Yale University Press, 1988. (Yale Historical Publications 135.)
Keese, Alexander: Early Limits of Local Decolonisation: Forced Labour, Decolonisation and the ›Serviçal‹ Population in São Tomé and Príncipe from Colonial Abuses to Post-Colonial Disappointment, 1945–1976. In: International Journal of African Historical Studies 44 (2011) Nr. 3. S. 373–392.
Kienlin, Tobias L. / Zimmermann, Andreas (Hrsg.): Beyond Elites. Alternatives to Hierarchical Systems in Modelling Social Formations. Teil 1. Bonn: Habelt, 2012.
Klein, Herbert S.: The Atlantic Slave Trade. Cambridge: Cambridge University Press, 1999.
– / Luna, Francisco Vidal: Slavery in Brazil. Cambridge: Cambridge University Press, 2010.
Klein, Martin A. (Hrsg.): Breaking the Chains: Slavery, Bondage, and Emancipation in Modern Africa and Asia. Madison: University of Wisconsin Press, 1993.
– Global Slavery. In: Journal of Global Slavery 1 (2016) Nr. 2–3. S. 325–340.

Kolchin, Peter: American Slavery. 1619–1877. New York: Hill and Wang, 1993.
Kristiansen, Kristian / Larsson, Thomas B.: The Rise of Bronze Age Society: Travels, Transmissions and Transformations. Oxford: Cambridge University Press, 2005.
– / Suchowska-Ducke, Paulina: Connected Histories: the Dynamics of Bronze Age Interaction and Trade 1500–1100 bc. In: Proceedings of the Prehistoric Society 81 (Dezember 2015) S. 361–392.
Kuhlmann-Smirnov, Anne: Sklaverei in Zentraleuropa? In: A. K.-S.: Schwarze Europäer im Alten Reich. Handel, Migration, Hof. Göttingen: Vandenhoeck & Ruprecht, 2013. S. 68–77.
La Rosa Corzo, Gabino: Tatuados. Deformaciones étnicas de los cimarrones en Cuba. La Habana: Fundación Fernando Ortiz, 2011.
Landers, Jane J.: Atlantic Creoles in the Age of Revolutions. Cambridge/London: Harvard University Press, 2010.
Laviña, Javier / Zeuske, Michael (Hrsg.): The Second Slavery. Mass Slaveries and Modernity in the Americas and in the Atlantic Basin. Berlin / Münster / New York: LIT, 2014.
Law, Robin: Ouidah. The Social History of a West African Slaving ›Port‹, 1727–1892. Oxford: James Currey, 2004.
– The Oyo Empire, c. 1600 – c. 1836: A West African Imperialism in the Era of the Atlantic Slave Trade. Oxford: Clarendon, 1977.
Lawrance, Benjamin N.: La Amistad's ›Interpreter‹ Reinterpreted: James Kaweli Covey's Distressed Atlantic Childhood and the Production of Knowledge about Nineteenth-Century Sierra Leone. In: Lovejoy, Paul E. / Schwarz, Susanne (Hrsg.): Slavery, Abolition and the Transition to Colonialism in Sierra Leone. Trenton: Africa World Press, 2014. S. 215–256.
Lieten, Kristoffel / Nederveen Meerkerk, Elisa van (Hrsg.): Child Labour's Global Past 1650–2000. Bern [u. a.]: Peter Lang, 2011.
Linden, Marcel van der: Eine einfache und dennoch schwer zu beantwortende Frage: Warum gab (und gibt) es Sklaverei im Kapitalismus? In: Kabadayi, M. Erdem / Reichardt, Tobias: Unfreie Arbeit. Ökonomische und kulturgeschichtliche Perspektiven. Hildesheim / Zürich / New York: Olms, 2007. S. 260–279.
– (Hrsg.): Humanitarian Intervention and Changing Labor Relations. The Long-Term Consequences of the Abolition of the Slave Trade. Leiden/Boston: Brill, 2011.
– / Mohapatra, Prabhu P. (Hrsg.): Labour Matters. Towards Global Histories. Studies in Honour of Sabyasachi Bhattacharya. New Delhi: Tulika Books, 2009.
Lindsay, Lisa A.: Atlantic Bonds: A Nineteenth Century Odyssey from America to Africa. Chapel Hill: University of North Carolina Press, 2017.
Lohse, Russell K.: Mexico and Central America. In: Paquette, Robert; Smith

(Hrsg.): Oxford Handbook of Slavery in the Americas. Oxford: Oxford University Press, 2010. S. 46–67.
Lovejoy, Paul E.: Transformations in Slavery: a History of Slavery in Africa. Cambridge: Cambridge University Press, ³2000. (African Studies 36.)
Major, Andrea: Slavery, Abolition and Empire in India, 1772–1843. Liverpool: Liverpool University Press, 2012.
Mamigonian, Beatriz Gallotti: Africanos livres. A abolição do tráfico de escravos no Brasil. São Paulo: Companhia das Letras, 2017.
Mann, Michael: Sahibs, Sklaven und Soldaten. Geschichte des Menschenhandels rund um den Indischen Ozean. Darmstadt: Philipp von Zabern, 2011.
Manning, Patrick (Hrsg.): Slave Trades, 1500–1800. Globalisation of Forced Labour. Aldershot: Ashgate, 1996.
– (Hrsg.): World History. Global and Local Interactions. Princeton: Markus Wiener, 2005.
Marquese, Rafael de Bivar / Salles, Ricardo (Hrsg.): Escravidão e Capitalismo Histórico no Século XIX. Brasil, Cuba e Estados Unidos. Rio de Janeiro: Civilização Brasileira, 2015.
Martín Casares, Aurelia: Esclavitud, mestizaje y abolicionismo en los mundos hispánicos. Granada: Universidad de Granada 2015.
Martínez, Julia: Mapping the Trafficking of Women across Colonial Southeast Asia, 1600s-1930s. In: Journal of Global Slavery 1 (2016) Nr. 2–3. S. 224–247.
Mazumdar, Sucheta: Rights in People, Rights in Land: Concepts of Customary Property in Late Imperial China. In: Extrême-Orient, Extrême-Occident 23 (2001) Nr. 23. S. 89–107.
– Localities of the Global: Asian Migrations between Slavery and Citizenship. In: International Review of Social History 52 (2007) S. 124–134.
McKeown, Adam: Global Migration 1846–1940. In: Journal of World History 15 (2004) Nr. 2. S. 155–190.
– Chinese Emigration in Global Context, 1850–1940. In: Journal of Global History 5 (2010) S. 95–124.
Meillassoux, Claude: Anthropologie de l'esclavage. Paris: Presses Universitaires de France, 1988. (Dt.: C. M.: Anthropologie der Sklaverei. Übers. aus dem Französischen von Eva Moldenhauer. Frankfurt a. M.: Campus / Paris: Éditions de la Maison des Sciences de L'Homme, 1989).
Mendiola, Fernando: The Role of Unfree Labour in Capitalist Development: Spain and its Empire, Nineteenth to the Twenty-First Centuries. In: International Review of Social History 61 (2016) Nr. 24. (= Hofmeester, Karin / Kessler, Gijs / Moll-Murata, Christine [Hrsg.]: Conquerors, Employers and Arbiters: States and Shifts in Labour Relations, 1500–2000.) S. 187–211.
Miers, Suzanne: Slavery in the Twentieth Century: The Evolution of a Global Problem. Lanham/MA: Altamira Press, 2003.

Miller, Joseph C.: Way of Death: Merchant Capitalism and the Angolan Slave Trade, 1730–1830. Madison: The University of Wisconsin Press, 1988.

– The Problem of Slavery as History. A Global Approach. New Haven: Yale University Press, 2012.

– The Bibliography of Slavery and World Slaving. Online: http://www2.vcdh.virginia.edu/bib/about.php (7. 1. 2017).

Mintz, Sidney W.: Sweetness and Power: The Place of Sugar in Modern History. New York: Penguin Books, 1986.

– / Price, Richard: The Birth of African-American Culture. An Anthropological Perspective. Boston: Beacon Press, 1992.

– Tasting Food, Tasting Freedom: Excursions Into Eating, Power, and the Past. Boston: Beacon Press, 1996.

Moll-Murata, Christine: Tributary Labour Relations in China During the Ming-Qing Transition (Seventeenth to Eighteenth Centuries). In: International Review of Social History 61 (2016) Nr. 24. S. 27–48.

Monteiro, John M.: Labor Systems. In: Bulmer-Thomas, Victor / Coatsworth, John H. / Cortés, Roberto (Hrsg.): Cambridge Economic History of Slavery 1. Cambridge: Cambridge University Press, 2006. S. 395–422.

Morgan, Philip: Slave Cultures. Systems of Dominition and Forms of Resistance. In: Palmié, Stephan /Scarano, Franvisco (Hrsg.): The Caribbean. A History of the Region and its Peoples. Chicago [u. a.]: University of Chicago Press, 2011. S. 245–260.

Morris, Ian: Wer regiert die Welt? Warum Zivilisationen herrschen oder beherrscht werden Übers. aus dem Engl. von Binder, Klaus / Götting, Waltraud / Santos, Andreas Simon dos. Frankfurt a. M. / New York: Campus, 2012.

Moulier-Boutang, Yann: De l'esclavage au salariat. Économie historique du salariat bridé, Paris: Presses Universitaires de France, 1998. (Actuel Marx Confrontation.)

Mulligan, William / Bric, Maurice (Hrsg.): A Global History of Anti-Slavery Politics in the Nineteeth Century. London: Palgrave Macmillan, 2013.

Nerín, Gustau: Traficants d'ànimes. Els negrers espanyols a l'Àfrica. Barcelona: Raval Edicions SLU, Pòrtic, 2015.

Nolte, Hans-Heinrich: Der Aufstieg Russlands zur europäischen Großmacht. Stuttgart: Klett, 1981.

– Weltgeschichte. Imperien, Religionen und Systeme, 15.–19. Jahrhundert. Wien/Köln/Weimar: Böhlau, 2005.

– / Schalhorn, Bernhard / Bonwetsch, Bernd (Hrsg.): Quellen zur Geschichte Russlands. Stuttgart: Reclam, 2014.

Oostindie, Gert: Fifty Years Later. Antislavery, Capitalism and Modernity in the Dutch Orbit. Leiden/Pittburgh: KITLV Press / University of Pittsburgh Press, 1996.

Opatrný, Josef (Hrsg.): El Caribe hispano de los siglos XIX y XX. Viajeros y testimonios. Praga: Ed. Karolinum, 2010.

Osterhammel, Jürgen: Sklaverei und die Zivilisation des Westens. München: Carl Friedrich von Siemens Stiftung, 2000.

– Die Verwandlung der Welt. Eine Geschichte des 19. Jahrhunderts. München: Beck, 2009.

Ott, Undine: Europas Sklavinnen und Sklaven im Mittelalter. Eine Spurensuche im Osten des Kontinents. In: Bulach, Doris / Schiel, Juliane (Hrsg.): Europas Sklaven. Essen : Klartext, 2015. S. 31–53.

Perry, Craig: Historicizing Slavery in the Medieval Islamic World. In: International Journal of Middle East Studies 49 (2017) S. 133–138.

Piqueras, José Antonio [Arenas]: La esclavitud en las Españas. Un lazo transatlántico. Madrid: Catarata, 2011.

– (Hrsg.): Esclavitud y capitalismo histórico en el siglo XIX. Brasil, Cuba y Estados Unidos. Santiago de Cuba: Casa del Caribe, 2016.

Quakatz, Manja: ›Conversion Turci‹. Konvertierte und zwangsgetaufte Osmanen. Religiöse und kulturelle Grenzgänger im Alten Reich (1683–1710). In: Spannenberger, Norbert / Varga, Szabolcs (Hrsg.): Ein Raum im Wandel. Die osmanisch-habsburgische Grenzregion vom 16. bis 18. Jahrhundert. In Zusammenarbeit mit Robert Pech. Stuttgart: Franz Steiner, 2014, S. 215–231.

Rediker, Marcus: The Slave Ship. A Human History. New York: Viking, 2007.

– The Amistad Rebellion. An Atlantic Odyssey of Slavery and Freedom. New York: Viking, 2012.

Reid, Anthony (Hrsg.): Slavery, Bondage, and Dependency in Southeast Asia. St. Lucia / New York: University of Queensland Press, 1983.

– Southeast Asia in Age of Commerce. 2 Bde. New Haven: Yale University Press, 1993.

Reinhard, Wolfgang (Hrsg.): Empires and Encounters: 1350–1750. Cambridge/London: The Belknap Press of Harvard University Press, 2015 (= Iriya, Akita / Osterhammel, Jürgen [Hrsg.]: A History of the World).

– Die Unterwerfung der Welt. Globalgeschichte der europäischen Expansion, 1415–2015. München: Beck, 2016.

Reséndez, Andrés: The Other Slavery: The Uncovered Story of Indian Enslavement in America. Boston / New York: Houghton Mifflin Harcourt, 2016.

Robertson, Claire C. / Klein, Martin A. (Hrsg.): Women and Slavery in Africa. Madison: University of Madison Press, 1976. S. 49–66.

Rodrigo y Alharilla, Martin / Chaviano, Lizbeth J. (Hrsg.): Negreros y esclavos. Barcelona y la esclavitud atlántica (siglos XVI–XIX). Barcelona: Icaria editorial, 2017.

Rosal, Miguel Ángel: Africanos y afrodescendientes en Buenos Aires (siglos XVI–XVII). Esbozo de un estudio sobre fuentes inéditas y publicadas del Archivo General de la Nación. Saarbrücken: Editorial Académica Española, 2016.

Rossi, Benedetta: Dependence, Unfreedom, and Slavery in Africa. Towards an Integrated Analysis (Review Article). In: Africa 86 (2016) Nr. 3. S. 571–590.

Rotman, Youval: Les esclaves et l'esclavage. De la Méditerranée antique à la Méditerranée médiévale, VIe–XIe siècles. Paris: Les Belles Lettres, 2004. (Engl.: Y. R.: Byzantine Slavery and the Mediterranean World. Cambridge/London: Harvard University Press, 2009.)

Salman, Michael: The Embarrassment of Slavery: Controversies over Bondage and Nationalism in the American Colonial Philippines. Berkeley: University of California Press, 2001.

– Resisting Slavery in the Philippines: Ambivalent Domestication and the Reversibility of Comparisons. In: Slavery and Abolition 25 (2004) S. 30–47.

Sanz, Vicent / Zeuske, Michael (Hrsg.): Millars. Espai i Història, XLII (2017). Nr. 2 (= Sondernummer: Microhistoria de esclavas y esclavos.)

Scheidel, Walter: The Great Leveler. Violence and the History of Inequality from the Stone Age to the twenty-first century. Princeton/Oxford: Princeton University Press, 2017.

Schmidt-Nowara, Christopher: Empires Against Emancipation: Spain, Brazil, and the Abolition of Slavery. In: Tomich, Dale W. / Zeuske, Michael (Hrsg.): The Second Slavery: Mass Slavery, World-Economy, and Comparative Microhistories. 2 Bde. Binghamton: Binghamton University, 2009. (= Sonderausgabe: Review: A Journal of the Fernand Braudel Center. Binghamton University XXXI (2008) Nr. 2, 3. Bd. 1. S. 101–119.

Schmitz, Winfried: Überlegungen zur Verbreitung der Sklaverei in der griechischen Landwirtschaft. In: Mauritsch, Peter / Ulf, Christoph (Hrsg.): Kultur(en) – Formen des Alltäglichen in der Antike. Festschrift für Ingomar Weiler zum 75. Geburtstag. 2 Bde. Graz: Grazer Universitätsverlag, 2013. Bd. II. S. 535–552.

– (Hrsg.): Antike Sklaverei zwischen Verdammung und Beschönigung. Kolloquium zur Rezeption antiker Sklaverei vom 17. bis 20. Jahrhundert. Stuttgart: Franz Steiner, 2016.

Schottenhammer, Angela: Slaves and Forms of Slavery in Late Imperial China (Seventeenth to Early Twentieth Centuries). In: Campbell, Gwyn (Hrsg.): Slavery & Abolition. A Journal of Slave and Post-Slave Studies 24 (2003) Nr. 2: The Structure of Slavery in Indian Ocean Africa and Asia. S. 143–154.

Schramm, Gottfried: Venedi, Antes, Sclaveni, Sclavi. Frühe Sammelbezeichnungen für slawische Stämme und ihr geschichtlicher Hintergrund. In: Jahrbücher für Geschichte Osteuropas 43 (1995) Nr. 2. S. 161–200.

Schumacher, Leonhard: Sklaverei in der Antike. Alltag und Schicksal der Unfreien. München: Beck, 2001.

Scott, Rebecca J. / Hébrard, Jean-Michel: Freedom Papers: An Atlantic Odyssey in the Age of Emancipation, Cambridge 2012.

Scott, Rebecca J. / Barbosa, Leonardo Augusto de Andrade / Haddad, Carlos Henrique Borlido: How Does the Law Put a Historical Analogy to Work? Defining the Imposition of ›A Condition Analogous to That of a Slave‹ in Modern Brazil. In: Duke Journal of Constitutional Law & Public Policy 13 (2017) Nr. 1. Michigan Public Law Research Paper Nr. 568. Online: https://papers.ssrn.com/sol3/papers.cfm?abstract_id=3058191 (10. 11. 2017).

Sears, Christine E.: ›In Algiers, the City of Bondage‹: Urban Slavery in Comparative Context. In: Forret, Jeff / C. E. S. (Hrsg.): New Directions in Slavery Studies: Commodification, Community, and Comparison. Baton Rouge: Louisiana State University Press, 2015. S. 201–218.

Seibert, Gerhard: São Tomé & Príncipe. The First Plantation Economy in the Tropics. In: Law, Robin / Schwarz, Susanne / Strickrodt, Silke (Hrsg.): Commercial Agriculture & Slavery in Atlantic Africa. London: James Currey, 2013. (Western Africa Series.) S. 54–78.

Seijas, Tatiana: The Portuguese Slave Trade to Spanish Manila: 1580–1640. In: Itinerario XXXII (2008) Nr. 1. S. 19–38.

– Asian Slaves in Colonial Mexico: From Chinos to Indians. New York: Cambridge University Press, 2014.

– / Sierra Silva, Pablo Miguel: The Persistence of the Slave Market in Seventeenth-Century Central Mexico. In: Slavery & Abolition 37 (2016) Nr. 2. S. 307–333.

Sinha, Manisha: The Slave's Cause. A History of Abolition. New Haven: Yale University Press, 2016.

Spoerer, Mark: Zwangsarbeit unterm Hakenkreuz. Ausländische Zivilarbeiter, Kriegsgefangene und Häftlinge im Deutschen Reich und im deutsch besetzten Europa 1939–1945. Stuttgart/München: Deutsche Verlags-Anstalt, 2001.

– / Fleischhacker, Jochen: Forced Laborers in Nazi Germany: Categories, Numbers, and Survivors. In: Journal of Interdisciplinary History 33 (2002) Nr. 2, S. 169–204.

Stanziani, Alessandro: Bondage. Labor and Rights from the Sixteenth Century to the Early Twentieth Centuries. New York / Oxford: Berghahn Books, 2013.

– After Oriental Despotism: Eurasian Growth in Global Perspective. London: Bloomsbury, 2014.

Strickrodt, Silke: Afro-European Trade in the Atlantic World: The Western Slave Coast, c. 1550–1885. Suffolk/Rochester: James Currey, 2015. (Western Africa Series.)

Stubbe, Hannes: Kindersklaven – Historische und bildliche Zeugnisse europäischer Brasilienreisender (1808–1888). In: Grossegesse, Orlando / Koller, Erwin / Malheiro da Silva, Armando / Matos, Mário (Hrsg.): Portugal – Alemanha – Brasil. Actas do VI Encontro Lus-Alemão / 6. Deutsch-Portugiesisches Arbeitsgespräch II. Braga: Universidade do Minho / Centro de Estudos Humanísticos, 2003. S. 145–164.

Tappe, Oliver / Lindner, Ulrike: Global Variants of Bonded Labour. In: Damir-Geilsdorf, Sabine / U. L. / Müller, Gesine / O. T. / Zeuske, Michael (Hrsg.): Bonded Labour: Global and Comparative Perspectives (18th–21st Century). Bielefeld: transcript, 2016. S. 9–34.

Taterka, Thomas: Zu Bauernsklaven bekehrt. 700 Jahre deutsche Kolonialgeschichte im Baltikum. In: Auf den Ruinen von Imperien. Geschichte und Gegenwart des Kolonialismus (= Édition Le Monde diplomatique Nr. 18, 2016). S. 59–61.

Thornton, John K.: Africa and the Africans in the Making of the Atlantic World, 1400–1880. Cambridge: Cambridge University Press, 1998.

Thurston, Thomas: Slavery: Annual Bibliographical Supplement. In: Slavery & Abolition. A Journal of Slave and Post-Slave Studies 34 (2013) Nr. 4. S. 693–781.

Tishken, Joel / Falola, Toyin / Akinyemi, Akintunde (Hrsg.): Ṣàngó in Africa and the African Diaspora. Bloomington: Indiana University Press, 2009.

Toledano, Ehud R.: The Ottoman Slave Trade and Its Suppression, 1840–1890. Princeton: Princeton University, 1982.

– As if Silent and Absent: Bonds of Enslavement in the Islamic Middle East. New Haven: Yale University Press, 2007.

Tomich, Dale W.: The ›Second Slavery‹: Bonded Labor and the Transformations of the Nineteenth-Century World Economy. In: Ramírez, Francisco O. (Hrsg.): Rethinking the Nineteenth Century: Contradictions and Movement. New York: Greenwood Press, 1988. S. 103–117.

– Through the Prism of Slavery. Labor, Capital, and World Economy. Boulder [u. a.]: Rowman & Littlefield Publishers, Inc. 2004.

– / Zeuske, Michael (Hrsg.): The Second Slavery: Mass Slavery, World-Economy, and Comparative Microhistories. 2 Bde. Binghamton: Binghamton University, 2009 (= Sonderausgabe: Review: A Journal of the Fernand Braudel Center. Binghamton University XXXI [2008] Nr. 2, 3.)

– (Hrsg.): New Frontiers of Slavery. New York: SUNY Press, 2016.

Valante, Mary A.: Castrating Monks. Vikings, the Slave Trade, and the Value of Eunuchs. In: Tracy, Larissa (Hrsg.): Castration and Culture in the Middle Ages. Cambridge: D. S. Brewer, 2013. S. 174–187.

Verlinden, Charles: L'esclavage dans l'Europe médiévale. 2 Bde. Bruges: De Tempel, 1955 / Gent: Rijksuniversiteit te Gent, 1977. (Bd. I: Péninsule Ibérique, France; Bd. II: Italie, Colonies italiennes du Levant, Levant latin, Empire bysantin.)

Walvin, James: A Short History of Slavery. London: Penguin Books, 2007.

Warren, James Francis: The Structure of Slavery in the Sulu Zone in the Late Eighteenth and Nineteenth Centuries. In: Campbell, Gwyn (Hrsg.): Slavery & Abolition. A Journal of Slave and Post-Slave Studies 24 (2003) Nr. 2: The Structure of Slavery in Indian Ocean Africa and Asia. S. 111–128.

– The Sulu Zone, 1768–1898: The Dynamics of External Trade, Slavery and Eth-

nicity in the Transformation of a Southeast Asian Maritime State. Singapore: Singapore University Press, 2007.
Watson, James L. (Hrsg.): Asian and African Systems of Slavery. Oxford: Blackwell, 1980. [Zit. als 1980a.]
– Transactions in People: The Chinese Markets in Slaves, Servants, and Heirs. In: J. L. W. (Hrsg.): Asian and African Systems of Slavery. Oxford: Blackwell, 1980. S. 223–250. [Zit. als 1980b.]
Weber, Klaus: Deutschland, der atlantische Sklavenhandel und die Plantagenwirtschaft der Neuen Welt. In: Journal of Modern European History 7 (2009) Nr. 1. S. 37–67.
Weik, Terry: The Archaeology of Maroon Societies in the Americas: Resistance, Cultural Continuity, and Transformation in the African Diaspora. In: Historical Archaeology 31 (1997) Nr. 2. S. 81–92.
Wemheuer, Felix (Hrsg.): Marx und der globale Süden. Köln: PapyRossa, 2016.
Wendt, Reinhard: Vom Kolonialismus zur Globalisierung. Europa und die Welt seit 1500. Paderborn [u. a.]: Ferdinand Schöningh, 2016.
Williams, Eric: Capitalism & Slavery. Einl. von Colin A. Palmer. Chapel Hill / London: The University of North Carolina Press, 1994. [1944].
Wirz, Albert: Sklaverei und kapitalistisches Weltsystem. Frankfurt a. M.: Suhrkamp, 1984.
Witzenrath, Christoph (Hrsg.): Eurasian Slavery, Ransom and Abolition in World History, 1200–1860. Aldershot: Ashgate, 2015.
Zeuske, Michael: Schwarze Karibik. Sklaven, Sklavereikulturen und Emanzipation. Zürich: Rotpunktverlag, 2004.
– Die Geschichte der Amistad. Sklavenhandel und Menschenschmuggel auf dem Atlantik im 19. Jahrhundert. Stuttgart: Reclam, 2012.
– Handbuch Geschichte der Sklaverei. Eine Globalgeschichte von den Anfängen bis heute. Berlin/Boston: de Gruyter, 2013.
– Amistad. A Hidden Network of Slavers and Merchants. Übers. von Steven Rendall. Princeton: Markus Wiener Publishers, 2014.
– Sklavenhändler, Negreros und Atlantikkreolen. Eine Weltgeschichte des Sklavenhandels im atlantischen Raum. Berlin/Boston: De Gruyter Oldenbourg, 2015. [Zit. als 2015a.]
– ›Atlantic Slavery‹ und Wirtschaftskultur in welt- und globalhistorischer Perspektive. In: Geschichte in Wissenschaft und Unterricht 5/6 (2015) S. 280–301. [Zit. als 2015b.]
– Karl Marx, Formationstheorie, ursprüngliche Akkumulation, Sklavereien und Global South – eine globalhistorische Skizze. In: Wemheuer, Felix (Hrsg.): Marx und der globale Süden. Köln: PapyRossa, 2016. S. 96–144.
– Die Monte Christos des verborgenen Atlantik. Sklavenhandel und Atlantisierung Afrikas und Amerikas. [Erscheint 2018.]

Zurndorfer, Harriet T.: Contracts, Property, and Litigation: Intermediation and Adjudication in the Huizou Region (Anhui) in Sixteenth-Century China. In: Ma, Debin / van Zanden, Jan L. (Hrsg.): Law and Long-Term Economic Change. A Eurasian Perspective. Stanford: Stanford University Press, 2011. S. 91–114.

Webseiten

http://abolition.nypl.org
http://www.docsouth.unc.edu
https://www.globalslaveryindex.org
http://www.liberatedafricans.org
http://slavebiographies.org
http://www.slaveryimages.org
http://www.slavevoyages.org
http://www.vanderbilt.edu/esss/ (Ecclesiastical and Secular Sources for Slave Societies Database).